오직 스터디 카페 멤버에게만
주어지는 특별 혜택!

이기적 스터디 카페

이기적 스터디 카페

합격을 위한 기적 같은 선물
또기적 합격자료집

혼자 공부하기 외롭다면?
온라인 스터디 참여

모든 궁금증 바로 해결!
전문가와 1:1 질문답변

1년 내내 진행되는
이기적 365 이벤트

도서 증정 & 상품까지!
우수 서평단 도전

간편하게 한눈에
시험 일정 확인

합격까지 모든 순간 이기적과 함께!
이기적 365 EVENT

QR코드를 찍어 이벤트에 참여하고 푸짐한 선물 받아가세요!

1. 기출문제 복원하기
이기적 책으로 공부하고 시험을 봤다면 7일 내로 문제를 제보해 주세요!

2. 합격 후기 작성하기
당신만의 특별한 합격 스토리와 노하우를 전해 주세요!

3. 온라인 서점 리뷰 남기기
온라인 서점에서 책을 구매하고 평점과 리뷰를 남겨 주세요!

4. 정오표 이벤트 참여하기
더 완벽한 이기적이 될 수 있게 수험서의 오류를 제보해 주세요!

※ 이벤트별 혜택은 변경될 수 있으므로 자세한 내용은 해당 QR을 참고해 주세요.

모두에게 당신의 합격 스토리를 들려주세요
합격 후기 EVENT

합격하고 마음껏 자랑하세요.
후기를 남기면 네이버페이 포인트를 선물로 드려요.

 블로그에 자랑 남기기

개인 블로그에
합격 후기 작성하고 20,000원 받기!

 카페에 자랑 남기기

이기적 스터디 카페에
합격 후기 작성하고 5,000원 받기!

※ 자세한 참여 방법은 QR코드 또는 이기적 스터디 카페 '이기적 이벤트' 게시판을 확인해 주세요.
※ 이벤트에 참여한 후기는 추후 마케팅 용도로 활용될 수 있으며 혜택은 변동될 수 있습니다.

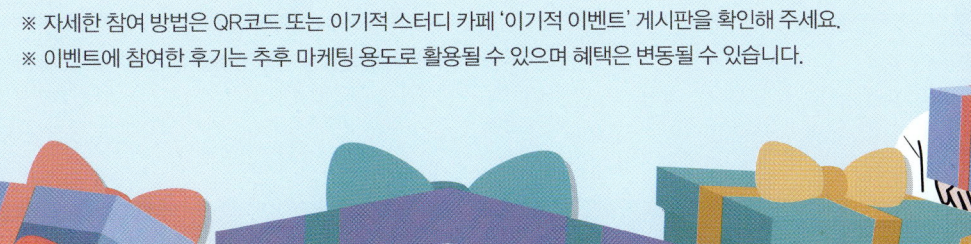

도서 인증하면 고퀄리티 강의가 따라온다!
100% 무료 강의

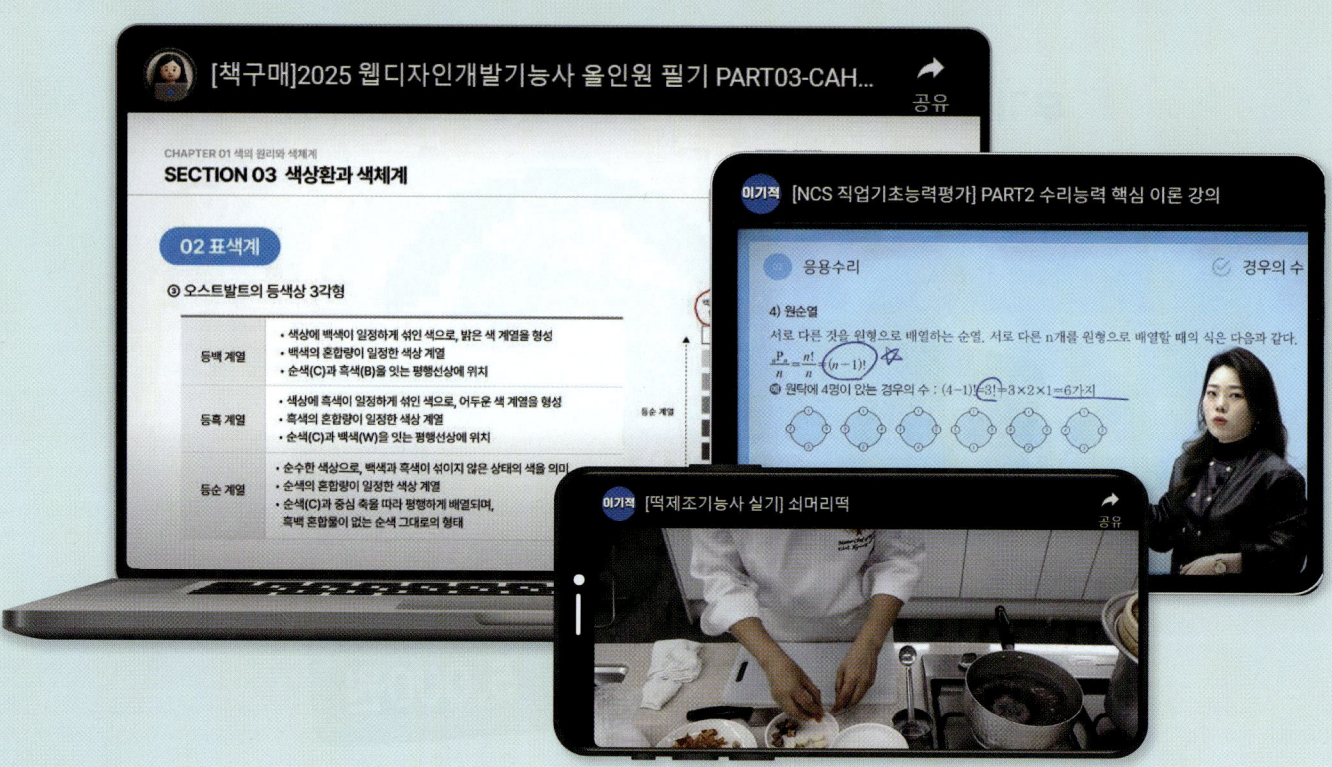

이용방법

| STEP 1 | STEP 2 | STEP 3 | STEP 4 |

 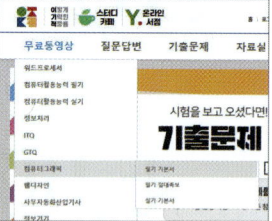 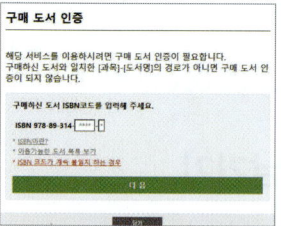 

이기적 홈페이지 (https://license.youngjin.com/) 접속 | 무료 동영상 게시판에서 도서와 동일한 메뉴 선택 | 책 바코드 아래의 ISBN 코드와 도서 인증 정답 입력 | 이기적 수험서와 동영상 강의로 학습 효율 UP!

※ 도서별 동영상 제공 범위는 상이하며, 도서 내 차례에서 확인할 수 있습니다.

◀ 이기적 홈페이지 바로가기

영진닷컴 이기적

책은 너무 무겁다면? 가볍게 만나자!
이기적 전자책(eBook)

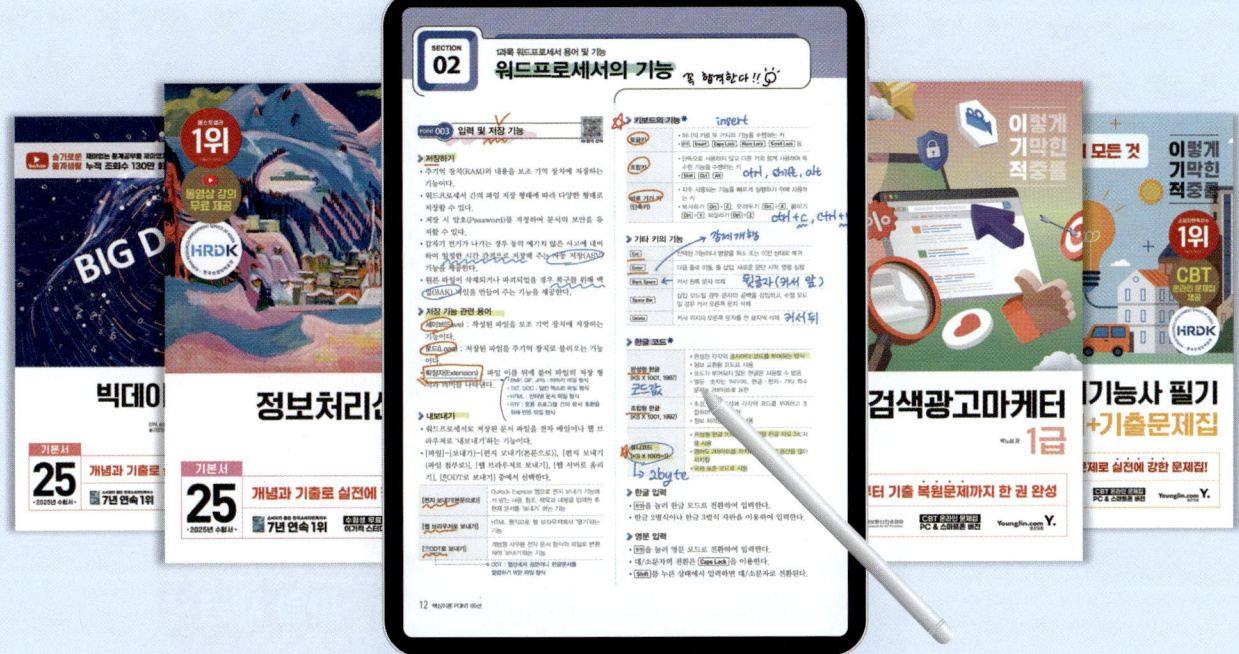

LIGHT
여러 권의 책도
eBook으로
구매하면 0.0g!

EASY
필요한 키워드
손쉽게 검색 &
무제한 필기 가능

FAST
배송 기다림 없이
즉시 다운받고
바로 학습 가능

이용방법

온라인 서점 접속 eBook 메뉴에서 이기적 도서 검색 [eBook] 상품 구매 서점별 eBook뷰어로 바로 이용 가능

※ eBook은 배송 과정이 없는 디지털 상품으로 온라인 서점별 앱에서 바로 이용 가능하며 이와 별개로 **도서 전체의 PDF 파일은 제공하지 않습니다.**

◀ 이기적 전자책 보러가기

또, 드릴게요! 이기적이 준비한 선물
또기적 합격자료집

1. 시험에 관한 A to Z 합격 비법서
책에 다 담지 못한 혜택은 또기적 합격자료집에서 확인

2. 편리하고 똑똑한 디지털 자료
PC · 태블릿 · 스마트폰으로 언제든 열람하고 필요한 부분만 출력 가능

3. 초보자, 독학러 필수 신청
혼자서도 충분한 학습 플랜과 수험생 맞춤 구성으로 한 번에 합격

※ 도서 구매 시 추가로 증정되는 PDF용 자료이며 실제 도서가 아닙니다.

◀ 또기적 합격자료집 받으러 가기

ITQ 엑셀 빈출 함수 정리

모바일로 보기

01 날짜/텍스트

함수	예문	설명
DATE	=DATE(년,월,일)	년, 월, 일에 해당하는 날짜를 구함
WEEKDAY	=WEEKDAY(날짜,[옵션])	날짜에 해당하는 요일의 번호를 구함 - 옵션 1 또는 생략 시 : 일요일이 '1' - 옵션 2 : 월요일이 '1'
YEAR	=YEAR(날짜)	날짜에서 연도를 추출
TODAY	=TODAY()	시스템에 설정된 오늘의 날짜를 반환
LEFT	=LEFT(문자열,개수)	문자열의 왼쪽에서 개수만큼 문자를 추출
MID	=MID(문자열,시작 위치,개수)	문자열의 시작 위치에서 개수만큼 문자를 추출
RIGHT	=RIGHT(문자열,개수)	문자열의 오른쪽에서 개수만큼 추출
REPT	=REPT(문자열,반복수)	문자열을 반복수만큼 표시함

02 수학

함수	예문	설명
SUM	=SUM(인수1,인수2,…)	인수들의 합계를 구함
SUMIF	=SUMIF(조건 범위,조건,합계 범위)	조건 범위에서 조건에 맞는 자료의 합계를 구함
ROUND	=ROUND(인수,자릿수)	인수를 지정한 자릿수까지 반올림
ROUNDUP	=ROUNDUP(인수,자릿수)	인수를 지정한 자릿수까지 올림
ROUNDDOWN	=ROUNDDOWN(인수,자릿수)	인수를 지정한 자릿수까지 내림
SUMPRODUCT	=SUMPRODUCT(배열1,배열2,…)	배열1과 배열2를 곱한 값들의 합계를 구함
MOD	=MOD(인수1,인수2)	인수1을 인수2로 나눈 나머지를 구함

03 데이터베이스

함수	예문	설명
DSUM	=DSUM(범위,열 번호,조건 범위)	범위에서 조건에 맞는 자료를 대상으로 지정된 열의 합계
DAVERAGE	=DAVERAGE(범위,열 번호,조건 범위)	범위에서 조건에 맞는 자료를 대상으로 지정된 열의 평균
DCOUNTA	=DCOUNTA(범위,열 번호,조건 범위)	범위에서 조건에 맞는 자료를 대상으로 지정된 열의 비어 있지 않은 셀 개수
DCOUNT	=DCOUNT(범위,열 번호,조건 범위)	범위에서 조건에 맞는 자료를 대상으로 지정된 열의 숫자가 있는 셀 개수

04 통계

함수	예문	설명
MAX	=MAX(인수1,인수2,…)	인수들 중 가장 큰 값을 표시
RANK.EQ	=RANK.EQ(인수1,범위,옵션)	범위에서 셀이 몇 번째 순위인지 구함 옵션이 0이거나 생략 시 내림차순 옵션이 1이면 오름차순
AVERAGE	=AVERAGE(인수1,인수2,…)	인수들의 평균을 구함
COUNTIF	=COUNTIF(범위,조건)	범위에서 조건을 만족하는 셀의 개수를 구함
COUNTA	=COUNTA(인수1,인수2,…)	인수들 중 비어 있지 않은 셀의 개수를 구함
COUNT	=COUNT(인수1,인수2,…)	인수들 중 숫자가 들어 있는 셀의 개수를 구함
COUNTBLANK	=COUNTBLANK(인수1,인수2,…)	인수들 중 비어 있는 셀의 개수를 구함
MIN	=MIN(인수1,인수2,…)	인수들 중 가장 작은 값을 구함
MEDIAN	=MEDIAN(인수1,인수2,…)	인수들 중 중간 값을 구함
LARGE	=LARGE(인수,숫자)	인수에서 숫자 번째로 큰 값을 구함

05 찾기/참조

함수	예문	설명
INDEX	=INDEX(범위,행 번호, 열 번호)	범위에서 행 번호와 열 번호에 위치한 데이터를 표시
MATCH	=MATCH(찾을 값,범위,옵션)	범위에서 찾을 값과 같은 데이터를 찾아 그 위치를 번호로 표시
CHOOSE	=CHOOSE(인수,첫 번째,두 번째,…)	인수가 1일 때 첫 번째, 2일 때 두 번째를 출력
VLOOKUP	=VLOOKUP(찾을 값,범위,열 번호)	범위의 첫 번째 열에서 찾을 값과 같은 데이터를 찾은 후 지정된 열 번호에서 동일한 행에 있는 데이터를 표시

06 논리값

함수	예문	설명
IF	=IF(조건,참,거짓)	조건이 참(TRUE)이면 참 내용을 표시, 거짓(FALSE)이면 거짓 내용을 표시
AND	=AND(조건1,조건2,…)	조건이 모두 참(TRUE)일 때만 TRUE를 표시
OR	=OR(조건1,조건2,…)	조건 중에 하나라도 참(TRUE)이면 TRUE를 표시

※ 이기적 스터디 카페(cafe.naver.com/yjbooks)에서 구매인증하고 "ITQ 엑셀 주요 함수 총정리" PDF를 받아보세요.

ITQ 엑셀 한눈에 보는 출제 포인트

ITQ 엑셀은 엑셀 스프레드시트 프로그램의 주요 기능을 두루 이해하고, 활용할 수 있는지를 평가하는 시험입니다. 타 과목에 비해서 학습 난도가 높은 편이지만 실무적인 활용도도 가장 높은 과목입니다. 60분 동안 4개의 작업시트를 작성해야 합니다.

제1작업 표 서식 작성 및 값 계산 — 배점 240점

▶ 체크포인트
- 셀 서식 기능과 유효성 검사
- 셀 병합 기능과 열 너비 조정
- 서식 도구 모음의 활용과 다양한 함수의 활용
- 그림 복사 기능과 조건부 서식 지정
- 그리기 도구 활용과 그림자 스타일 적용

▶ 평가기능
조건에 따른 서식과 다양한 함수 사용 능력 등을 종합적으로 평가

제2작업 목표값 찾기 및 필터/필터 및 서식 — 배점 80점

▶ 체크포인트
- 셀의 복사와 간단한 함수 이용
- 중복 데이터 제거와 자동 필터
- 선택하여 붙여넣기
- 고급 필터, 표 서식
- 목표값 찾기

▶ 평가기능
- 제1작업의 데이터를 이용하여 고급 필터 능력과 서식 적용 능력, 중복 데이터 제거 능력, 자동 필터 능력을 평가
- '목표값 찾기 및 필터'와 '필터 및 서식' 중 한 가지가 출제됨

제3작업 정렬 및 부분합/피벗 테이블 ─────────────────────────── 배점 80점

	A	B	C	D	E	F	G	H
1								
2		전시코드	전시명	전시구분	전시장소	전시 시작일	관람인원(단위:명)	전시기간
3		S4372	거장의 시선	특별	특별전시실	2023-05-10	45,820	25일
4		S2314	부처의 뜰	특별	특별전시실	2023-07-01	52,400	80일
5		S4325	근대 문예인	특별	특별전시실	2023-07-10	36,780	20일
6				특별 평균			45,000	
7			3	특별 개수				
8		A2314	메소포타미아	상설	1전시실	2023-07-08	12,750	61일
9		A2344	반가사유상	상설	2전시실	2023-07-05	28,000	92일
10		A2313	목칠공예	상설	3전시실	2023-06-05	48,000	57일
11				상설 평균			29,583	
12			3	상설 개수				
13		B3242	분청사기	외부	시립박물관	2023-06-02	15,480	30일
14		B3247	외규장각 의궤	외부	역사박물관	2023-05-12	27,500	30일
15				외부 평균			21,490	
16			2	외부 개수				
17				전체 평균			33,341	
18			8	전체 개수				

	A	B	C	D	E	F	G	H
1								
2			전시구분					
3			외부		특별		상설	
4		전시 시작월	개수 : 전시명	평균 : 관람인원(단위:명)	개수 : 전시명	평균 : 관람인원(단위:명)	개수 : 전시명	평균 : 관람인원(단위:명)
5		5월	1	27,500	1	45,820	**	**
6		6월	1	15,480	**	**	1	48,000
7		7월	**	**	2	44,590	2	20,375
8		총합계	2	21,490	3	45,000	3	29,583

✓ 체크포인트
- 셀의 복사와 정렬
- 개요 지우기
- 선택하여 붙여넣기
- 부분합과 피벗 테이블의 자세한 기능

▶ 평가기능
- 필드별 분류, 계산 능력과 특정 항목의 요약·분석 능력 평가
- '정렬 및 부분합', '피벗 테이블' 중 한 가지가 출제됨

제4작업 그래프 ─────────────────────────── 배점 100점

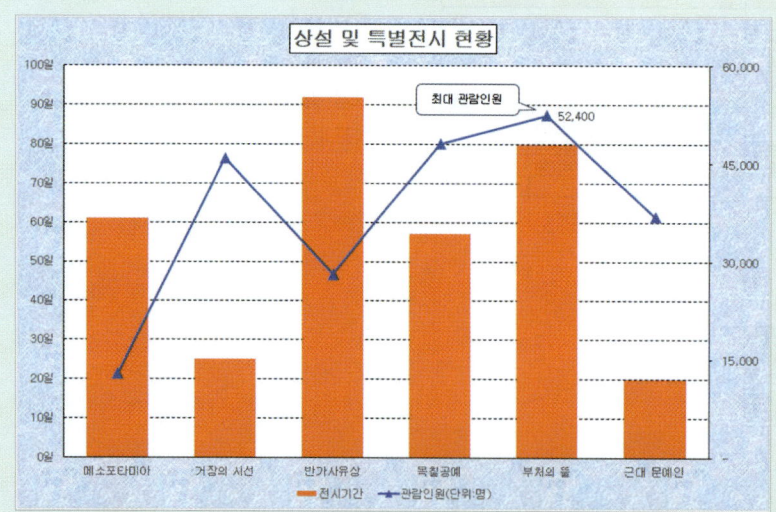

✓ 체크포인트
- 차트 종류와 데이터 범위 파악
- 차트 제목의 글꼴과 채우기
- 범례의 위치 및 수정
- 차트 영역 글꼴과 채우기 설정
- 축 최소값, 최대값, 기본 단위 설정
- 그림 영역 채우기
- 데이터 계열 표식과 레이블 설정
- 도형 삽입

▶ 평가기능
차트 작성 능력 평가

이렇게 기막힌 적중률

ITQ 엑셀
ver.2021

"이" 한 권으로 합격의 "기적"을 경험하세요!

차례

난이도에 따라 분류하였습니다.
- 상 : 반드시 반복 연습해야 하는 기능
- 중 : 여러 차례 풀어보아야 하는 기능
- 하 : 수월하게 익힐 수 있는 기능

▶ 합격 강의
동영상 강의가 제공되는 부분을 표시했습니다.
이기적 수험서 사이트(license.youngjin.com)에 접속하여 시청하세요.
▶ 본 도서에서 제공하는 동영상은 1판 1쇄 기준 2년간 유효합니다. 단, 출제기준안에 따라 내용은 변경될 수 있습니다.

PART 01 시험 유형 따라하기

하 CHAPTER 01	답안 작성요령	24
중 CHAPTER 02	[제1작업] 데이터 입력 및 서식 설정	32
하 CHAPTER 03	[제1작업] 도형 및 제목 작성	47
중 CHAPTER 04	[제1작업] 함수-1(날짜, 문자 반환, 조건)	57
중 CHAPTER 05	[제1작업] 함수-2(합계, 순위, 자릿수)	65
중 CHAPTER 06	[제1작업] 함수-3(목록, 범위)	73
중 CHAPTER 07	[제2작업] 목표값 찾기/고급 필터/표 서식	86
상 CHAPTER 08	[제3작업] 정렬 및 부분합	98
상 CHAPTER 09	[제3작업] 피벗 테이블	105
중 CHAPTER 10	[제4작업] 차트	114

PART 02 대표 기출 따라하기

대표 기출 따라하기 01회	132
대표 기출 따라하기 01회 해설	138
대표 기출 따라하기 02회	184
대표 기출 따라하기 02회 해설	190

PART 03 최신 기출문제

최신 기출문제 01회	239
최신 기출문제 02회	242
최신 기출문제 03회	245
최신 기출문제 04회	248
최신 기출문제 05회	251
최신 기출문제 06회	254
최신 기출문제 07회	257
최신 기출문제 08회	260
최신 기출문제 09회	263
최신 기출문제 10회	266

PART 04 실전 모의고사

실전 모의고사 01회	271
실전 모의고사 02회	274
실전 모의고사 03회	277
실전 모의고사 04회	280
실전 모의고사 05회	283
실전 모의고사 06회	286
실전 모의고사 07회	289
실전 모의고사 08회	292
실전 모의고사 09회	295
실전 모의고사 10회	298

BONUS 부록 또기적 합격자료집

- 시험장 스케치
- 스터디 플래너
- 비공개 구매 혜택(기출문제/모의고사 해설)
- 주요 함수 총정리

※ 참여 방법 : '이기적 스터디 카페' 검색 → 이기적 스터디카페(cafe.naver.com/yjbooks) 접속 → '구매 인증 PDF 증정' 게시판 → 구매 인증 → 메일로 자료 받기

실습 파일 사용법

ITQ 합격에 필요한 자료를 모두 모았습니다.

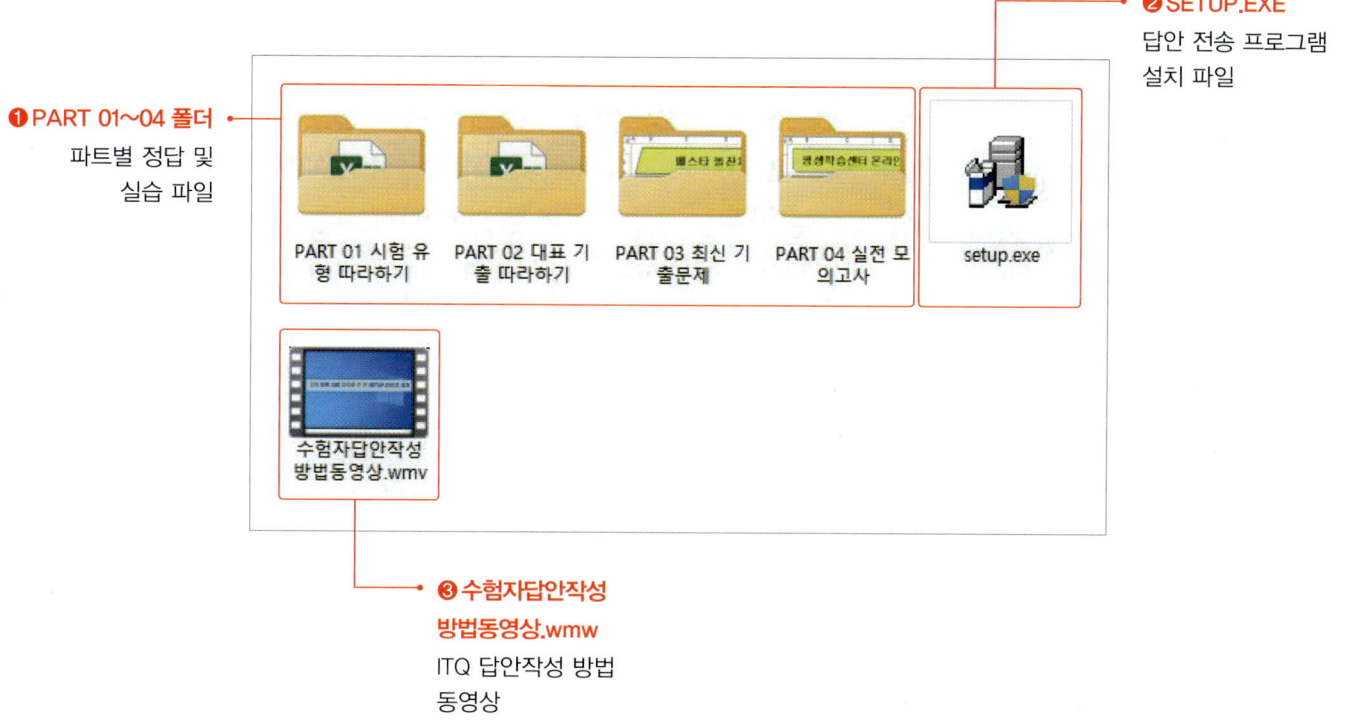

❶ PART 01~04 폴더
파트별 정답 및 실습 파일

❷ SETUP.EXE
답안 전송 프로그램 설치 파일

❸ 수험자답안작성방법동영상.wmw
ITQ 답안작성 방법 동영상

다운로드 방법

① 이기적 영진닷컴(license.youngjin.com)에 접속한다.
② 상단 메인 메뉴에서 [자료실] – [ITQ]를 클릭한다.
③ '[2026] 이기적 ITQ 엑셀 ver.2021 부록 자료' 게시글을 클릭하여 첨부파일을 다운로드한다.

사용 방법

① 다운로드한 '7944.zip' 압축 파일에서 마우스 오른쪽 버튼을 눌러 압축을 해제한다.
② 압축이 풀린 후 '7944' 폴더를 더블 클릭하여 모든 파일이 들어 있는지 확인한다.

※ ITQ 시험은 빈 문서에서 내용을 입력하는 것부터 시험 시작입니다. 처음 시험 공부를 하실 때에는 빈 문서에서 차근차근 연습해 주세요.

이 책의 구성

STEP 1 시험 유형 따라하기로 제대로 유형 학습

STEP 2 대표 기출 따라하기로 실제 시험 정복

처음부터 끝까지 세심하게, 구체적 작업과정 수록

동영상 강의와 함께, 시험 내용 전체 학습

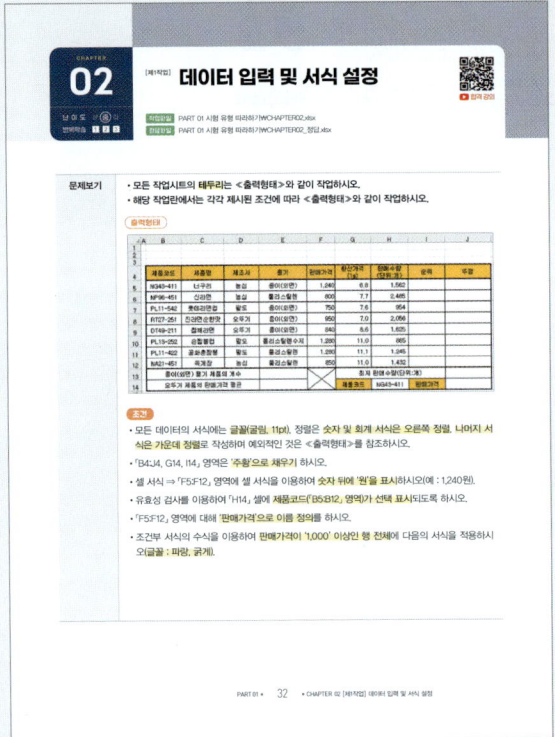

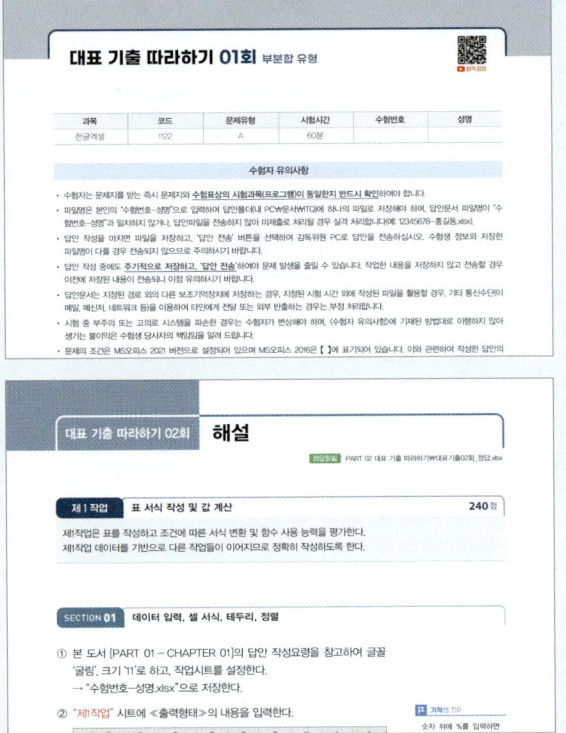

- 난이도별 집중 학습
- 실습에 편리한 작업/정답파일
- 다양한 팁으로 학습 능률 상승

- QR 코드로 강의 바로 시청
- 단계별 풀이과정으로 쉬운 연습

STEP 3 최신 기출문제, 실전 모의고사로 마무리 학습

BONUS
또기적 합격자료집

총 20회분 시험으로
막판 스퍼트

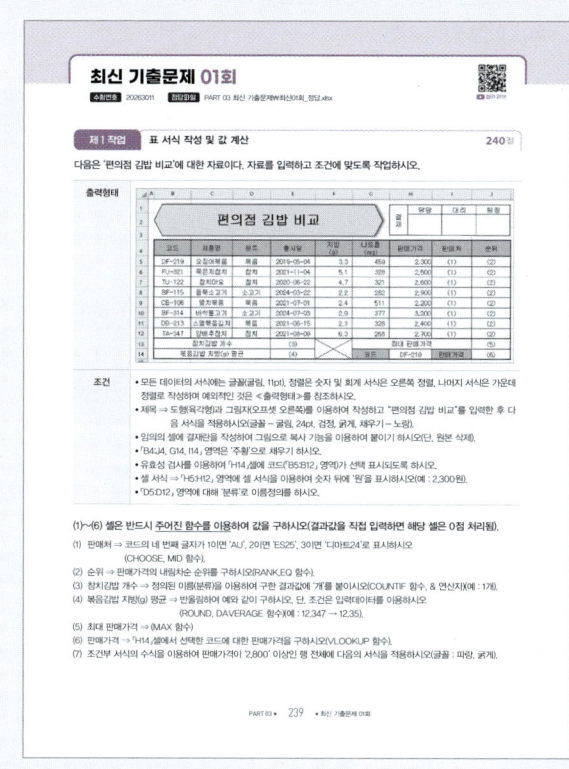

- 최신 기출문제로 출제경향 파악
- 실전과 동일한 모의고사로 완벽 마무리

도서 구매자 특별 제공

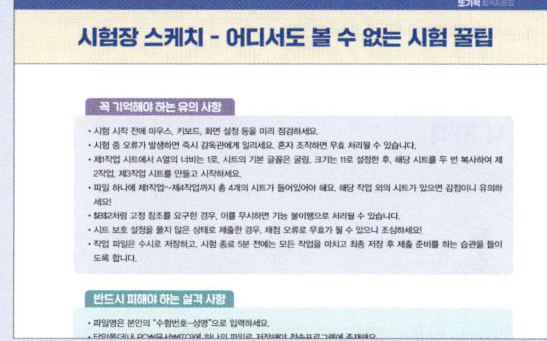

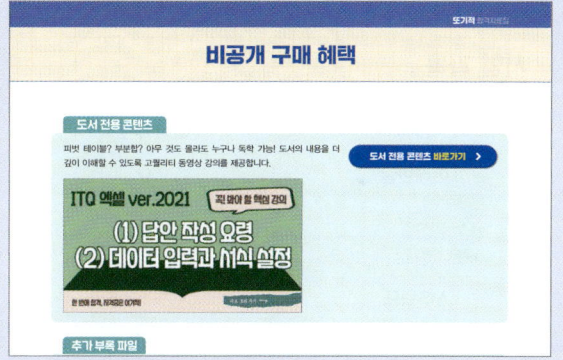

- 시험장 스케치
- 비공개 구매 혜택(기출문제/모의고사 해설)
- 스터디 플래너
- 주요 함수 총정리

시험의 모든 것

시험 알아보기

● 자격 소개 및 이슈
- 정보화 시대의 구성원들에 대한 정보기술능력 또는 정보기술 활용능력을 객관적으로 평가하는 시험
- 정보기술 관리 및 실무능력 수준을 지수화, 등급화하여 객관성을 높인 과학기술정보통신부 공식 인증 자격 시험
- 산업인력의 정보경쟁력 강화를 통한 국가정보화 촉진을 목적으로 시행, 초등학생부터 노년층에 이르기까지 다양한 계층에서 ITQ시험을 통해 IT실력을 검증

● 응시 자격
제한 없음

● 접수 방법
온라인/방문 접수

● 시험 과목

과목	이기적 도서
아래한글	✓
한셀	
한쇼	
MS워드	
한글엑셀	✓
한글액세스	✓
한글파워포인트	✓
인터넷	✓

● 응시 인원

검정 연도	응시자 수
2024년	245,068명
2023년	247,460명
2022년	241,754명
2021년	242,868명
2020년	220,321명

활용 사례

● 학점은행제
- 「학점인정 등에 관한 법률」에 의거, 전공학점 인정 가능
- 제27차 자격 학점인정 기준 참고
  (학점은행제 : https://www.cb.or.kr)
- 아래한글 · MS워드, 한글엑셀 · 한셀, 한글파워포인트 · 한쇼, 한글액세스, 인터넷 중 3개 과목을 각각 A 또는 B등급을 획득해야 학점 인정 가능

등급	대분류	중분류	인정학점
A	20. 공통/기초사무	기초사무	6
B			4

● 생활기록부
- 「초 · 중등교육법」에 의거, 자격 취득상황을 고교생활기록부에 등재 가능
- 기술 관련 국가공인 민간자격 ※ 고등학교 재학 중 취득한 경우 '자격증 및 인증 취득상황' 기입 가능

● 기타 활용 사례
- 군가산점제
- KPC자격 전문강사
- 마스터(MASTER) 제도
- 기업 채용우대, 인사고과, 내부직원 교육, 승진평가 등 HRM(D) 제도로 활용
- 대학교, 고등학교, 직업훈련기관의 인재양성제도

시험 기준

● 프로그램 버전
※ 2025년 기준

과목	버전
아래한글	한컴오피스 2022/2020 병행 (한셀, 한쇼 : 2022)
한셀	
한쇼	
MS워드	MS오피스 2021/2016 병행
한글엑셀	
한글액세스	
한글파워포인트	
인터넷	내장브라우저 IE8.0 이상

● 배점 및 시험 시간

시험 배점	과목당 500점
시험 방법	실무작업형 실기시험
시험 시간	과목당 60분

● 등급 점수 및 기준

500점 만점을 기준으로 200점 이상 취득자에게 등급별 자격을 부여하며, 200점 미만은 불합격 처리

등급	점수	수준
A	500~400	주어진 과제의 100~80%를 정확히 해결할 수 있는 능력 수준
B	399~300	주어진 과제의 79~60%를 정확히 해결할 수 있는 능력 수준
C	299~200	주어진 과제의 59~40%를 정확히 해결할 수 있는 능력 수준

출제 기준

● 아래한글/MS워드

문항	배점
스타일	50
표와 차트	100
수식편집기	40
그림/그리기	110
문서작성능력	200

● 한글엑셀/한셀

문항	배점
표작성	240
필터, 목표값찾기, 자동서식	80
부분합/피벗테이블	80
차트	100

● 한글파워포인트/한쇼

문항	배점
전체 구성	60
표지 디자인	40
목차 슬라이드	60
텍스트/동영상 슬라이드	60
표 슬라이드	80
차트 슬라이드	100
도형 슬라이드	100

고사장 및 시험 관련 문의

- 시행처 : 한국생산성본부(kpc)
- license.kpc.or.kr

📞 1577-9402

답안 전송 프로그램 설치법

답안 전송 프로그램이란?

ITQ 시험은 답안 작성을 마친 후 저장한 답안 파일을 감독위원 PC로 전송하여 제출해야 합니다. 시험장에서 당황하는 일이 없도록, 답안 전송 프로그램으로 미리 연습해 보세요.

다운로드 및 설치법

01 이기적 홈페이지(license.youngjin.com)에 접속한 후 상단에 있는 [자료실]-[ITQ]를 클릭한다. '[2026] 이기적 ITQ 엑셀 ver.2021 부록 자료'를 클릭하고 첨부 파일을 다운로드 받아 압축을 해제한다.

02 다음과 같은 폴더가 열리면 'SETUP.EXE'를 더블클릭하여 프로그램을 실행시킨다.

※ 운영체제가 Windows 7 이상인 경우는 마우스 오른쪽 버튼을 클릭해 '관리자 권한으로 실행'을 선택하여 실행시킨다.

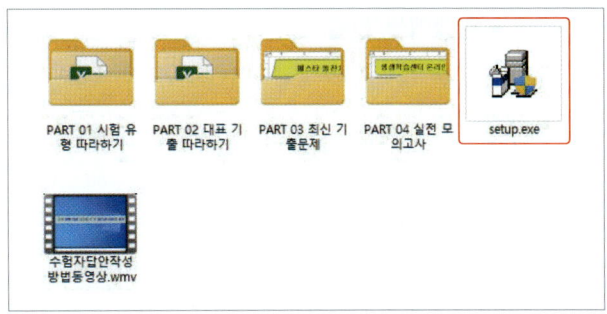

03 다음과 같이 설치 화면이 나오면 [다음]을 클릭하고 설치를 진행한다.

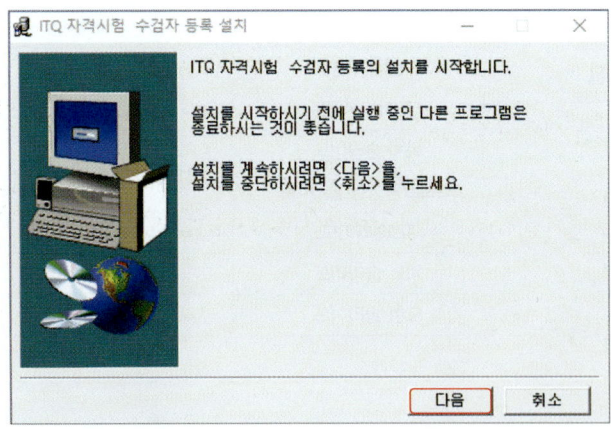

04 설치 진행이 완료되면 'ITQ 수험자용' 아이콘을 더블클릭하여 프로그램을 실행한다.

※ 여러 과목의 ITQ 시험을 함께 준비하는 수험생은 기존 과목의 프로그램을 삭제하지 마시고 그대로 사용하세요.

답안 전송 프로그램 사용법

시험 진행 순서

수험자 시험 시작 (20분 전 입실) ▶ 수험자 등록 (수험번호 등록) ▶ 시험 시작 (답안 작성) ▶ 답안 파일 저장 (수험자 PC 저장) ▶ 답안 파일 전송 (감독 PC로 전송) ▶ 시험 종료 (수험자 퇴실)

01 수험자 수험번호 등록

① 바탕화면에서 'ITQ 수험자용' 아이콘을 실행한다. [수험자 등록] 화면에 수험번호를 입력한 후 [확인]을 클릭한다.

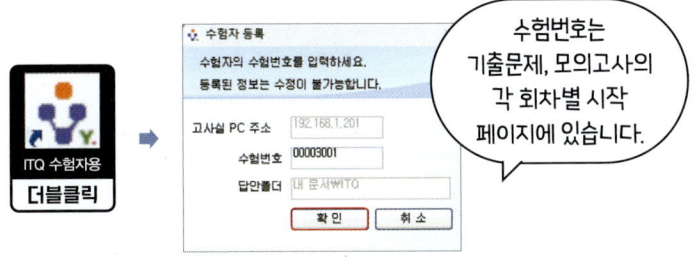

수험번호는 기출문제, 모의고사의 각 회차별 시작 페이지에 있습니다.

② 수험번호가 화면과 같으면 [예]를 클릭한다. 다음 화면에서 수험번호, 성명, 수험과목, 좌석번호를 확인한다.

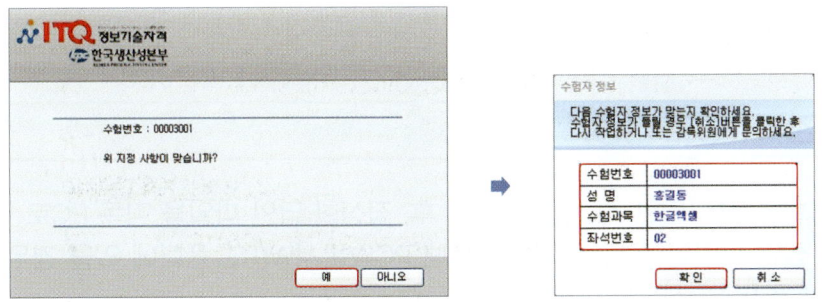

③ 다음과 같은 출력화면 확인 후 감독위원의 지시를 기다린다.

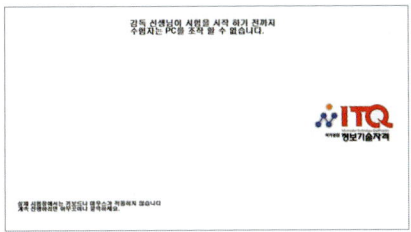

02 시험 시작(답안 파일 작성)

① 과목에 맞는 수검 프로그램(아래한글, MS오피스) 실행 후 답안 파일을 작성한다.

② 이미지 파일은 '내 PC₩문서₩ITQ₩Picture' 폴더 내의 파일을 참조한다(엑셀의 Picture 폴더는 비어있다).

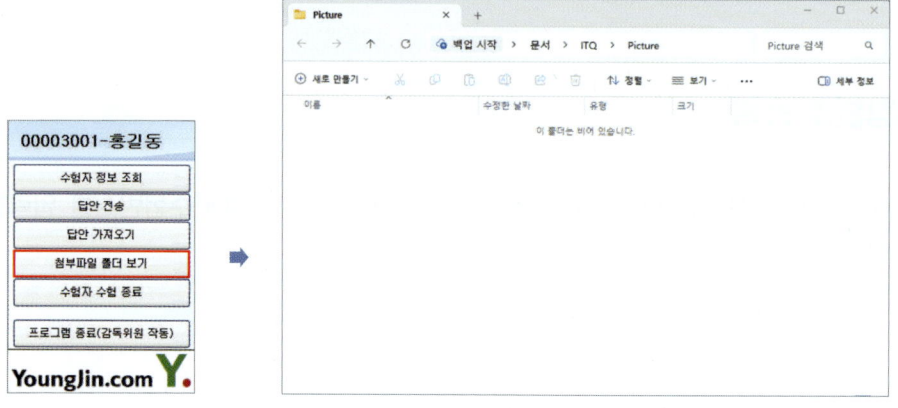

03 답안 파일 저장(수험자 PC 저장)

① 답안 파일은 '내 PC₩문서₩ITQ' 폴더에 저장한다.

② 답안 파일명은 '수험번호-성명'으로 저장해야 한다.
(단, 인터넷 과목은 '내 PC₩문서₩ITQ'의 '답안 파일-인터넷.hwp' 파일을 불러온 후 '수험번호-성명-인터넷.hwp'로 저장)

04 답안 파일 전송(감독 PC로 전송)

① 바탕화면의 실행 화면에서 [답안 전송]을 클릭한 후, 작성한 답안 파일을 감독 PC로 전송한다. 화면에서 작성한 답안 파일의 존재유무(파일이 '내 PC₩문서₩ITQ' 폴더에 있을 경우 '있음'으로 표시됨)를 확인 후 [답안 전송]을 클릭한다.

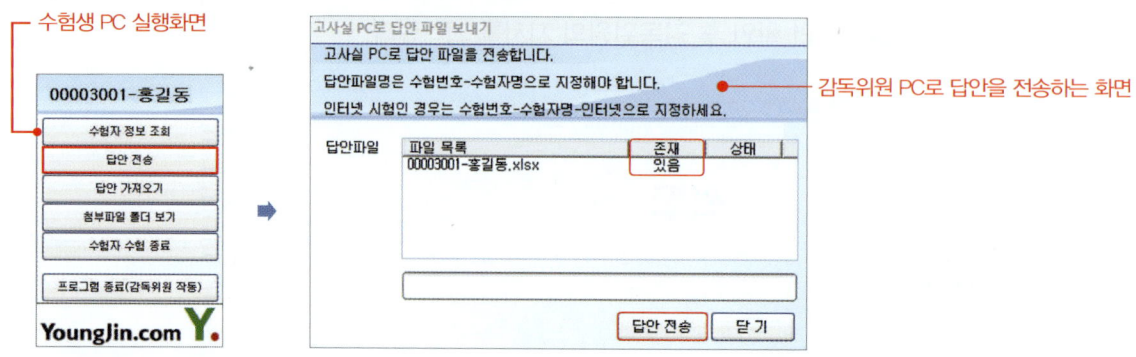

② 전송이 성공적으로 끝나면 상태 부분에 '성공'이라 표시된다.

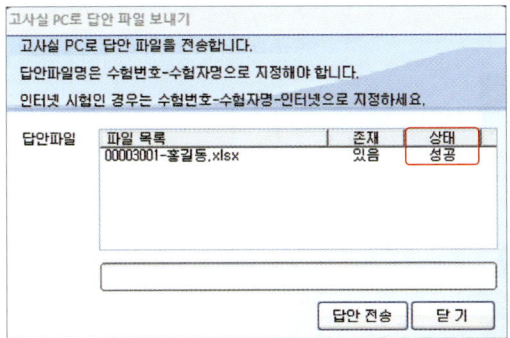

05 시험 종료

① 수험자 PC화면에서 [수험자 수험 종료]를 클릭한 후 감독위원의 지시를 기다린다.

② 감독위원의 퇴실 지시에 따라 퇴실한다.

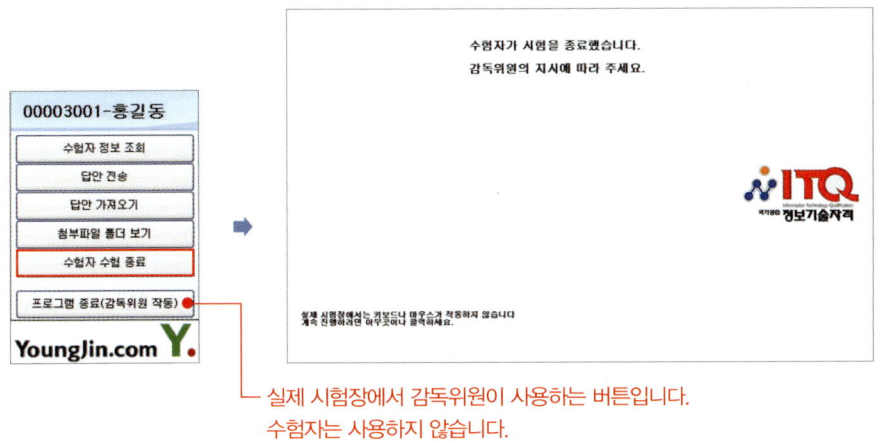

실제 시험장에서 감독위원이 사용하는 버튼입니다.
수험자는 사용하지 않습니다.

답안 전송 프로그램 안내

- **프로그램을 설치했는데 '339 런타임 오류가 발생하였습니다'라는 오류 메시지가 나타나는 경우**
  프로그램 설치 시 마우스 오른쪽 버튼을 클릭하여 '관리자 권한으로 실행'을 선택하여 설치하고, 설치 후 실행 시에도 '관리자 권한으로 실행'을 선택해 주세요. mscomctl.ocx 오류 시 이기적 홈페이지의 ITQ 자료실 공지사항에서 첨부 파일을 다운로드 해주세요.

- **프로그램을 실행하는데 'vb6ko.dll' 파일 오류가 나타나는 경우**
  이기적 홈페이지의 ITQ 자료실 공지사항을 확인해 주시고, 첨부 파일을 다운로드 받아 해당 폴더에 넣어주세요.
  – 윈도우 XP : C:\Windows\System
  – 윈도우 7/10 32bit : C:\Windows\System32
  – 윈도우 7/10 64bit : C:\Windows\System32와 C:\Windows\Syswow64

자동 채점 서비스 사용법

01 채점 서비스(itq.youngjin.com)에 접속한 후 ISBN 5자리 번호(도서 표지에서 확인)를 입력하고 [체크]를 클릭한다. 체크가 완료되면 [확인]을 클릭한다.

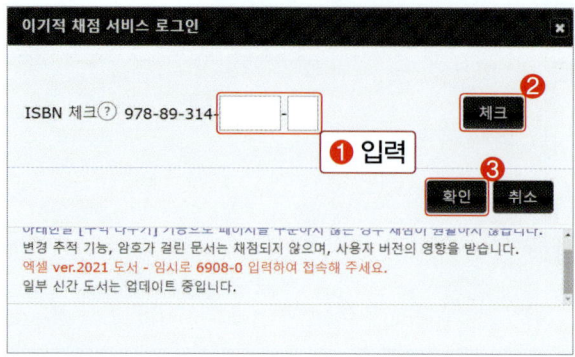

02 [작성한 파일 선택] 버튼을 클릭한다. 직접 작성하여 저장한 파일을 선택하고 '열기'를 클릭한다. 화면에 보이는 보안문자를 똑같이 입력하고 [실행]을 클릭한다.

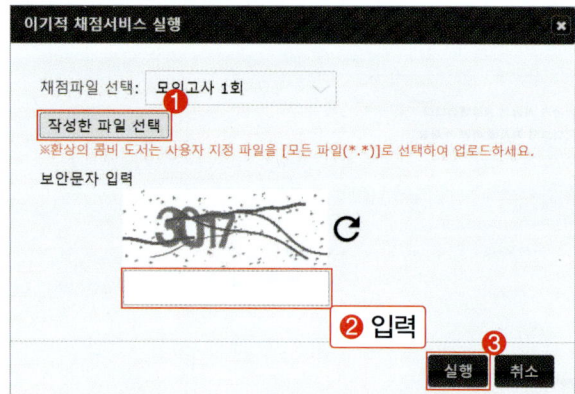

03 채점 결과를 확인한다(왼쪽 상단이 정답 파일, 하단이 사용자 작성 파일).

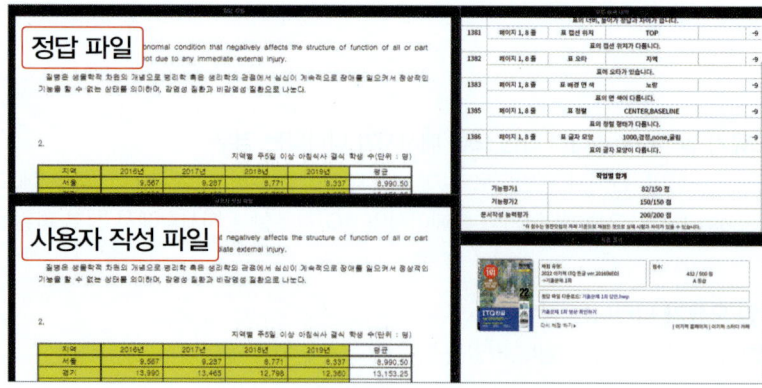

※ 현재 시범 서비스 중으로 도서의 일부 회차만 제공하고 있으며, 답안의 일부 요소는 정확한 인식이 되지 않을 수 있습니다.
※ 본 서비스는 영진닷컴이 직접 설정한 기준에 의해 채점되므로 참고용으로만 활용 바랍니다.

Q&A

Q ITQ는 어떤 시험인가요?

A ITQ는 실기 시험으로만 자격을 평가하는 시험으로 아래한글(MS워드), 엑셀, 파워포인트, 액세스, 인터넷 등의 과목으로 이루어져 있습니다. 이 중 한 가지만 자격을 취득하여도 국가공인 자격으로 인정됩니다.

Q 언제, 어디서 시험이 시행되나요?

A 정기 시험은 매월 둘째 주 토요일에, 특별 시험은 2, 5, 8, 11월 넷째 주 일요일에 시행됩니다. 지역센터에서 시험을 응시할 수 있습니다.

※ 시험 시행일은 시행처 사정에 따라 변경될 수 있으므로, 응시 전 꼭 시행처에 확인하세요.

Q OA MASTER 자격 취득은 어떻게 하는 건가요?

A OA MASTER는 ITQ 시험에 응시하여 3과목 이상 A등급을 취득한 자로, 온라인으로 신청 가능하며 발급 비용 및 수수료는 별도로 부과됩니다.

Q 작성한 답안과 정답 파일의 작성 방법이 달라요.

A ITQ는 실무형 시험으로 작성 방법은 채점하지 않습니다. 정답 파일은 모범답안이며 꼭 똑같이 작성하지 않아도 됩니다. 문제의 지시사항대로 출력형태를 참고하여 작성하면 됩니다.

Q 채점기준 및 부분점수 기준은 어떻게 되나요?

A 주어진 지시사항에 따라 출력형태가 동일하게 작성된 경우 감점되지 않습니다. 또한 ITQ 인터넷을 제외한 모든 과목은 부분채점이 이루어지며 채점기준과 부분점수는 공개되지 않습니다.

Q MS오피스, 아래한글 버전별로 문제지가 다른가요?

A ITQ 시험은 과목별로 아래한글 2022/2020, MS오피스 2021/2016의 두 개 버전 중 선택 응시가 가능합니다. 각 과목의 문제지는 동일하며, 버전별로 조건이 다른 부분은 문제지에 표시되어 있습니다.

※ 소프트웨어 버전은 변경될 수 있으므로, 응시 전 꼭 시행처에 확인하세요.

Q 취득 시 어떻게 활용할 수 있나요?

A 공기업/공단과 사기업에서 입사 시 우대 및 승진 가점을 획득할 수 있으며, 대학교 학점인정을 받을 수 있습니다. 정부부처/지자체에서도 의무취득 및 채용 가점, 승진 가점이 주어집니다.

PART 01

시험 유형 따라하기

- CHAPTER 01 답안 작성요령 … 24
- CHAPTER 02 [제1작업] 데이터 입력 및 서식 설정 … 32
- CHAPTER 03 [제1작업] 도형 및 제목 작성 … 47
- CHAPTER 04 [제1작업] 함수-1(날짜, 문자 반환, 조건) … 57
- CHAPTER 05 [제1작업] 함수-2(합계, 순위, 자릿수) … 65
- CHAPTER 06 [제1작업] 함수-3(목록, 범위) … 73
- CHAPTER 07 [제2작업] 목표값 찾기/고급 필터/표 서식 … 86
- CHAPTER 08 [제3작업] 정렬 및 부분합 … 98
- CHAPTER 09 [제3작업] 피벗 테이블 … 105
- CHAPTER 10 [제4작업] 차트 … 114

유형분석 문항 ⓪

답안 작성요령

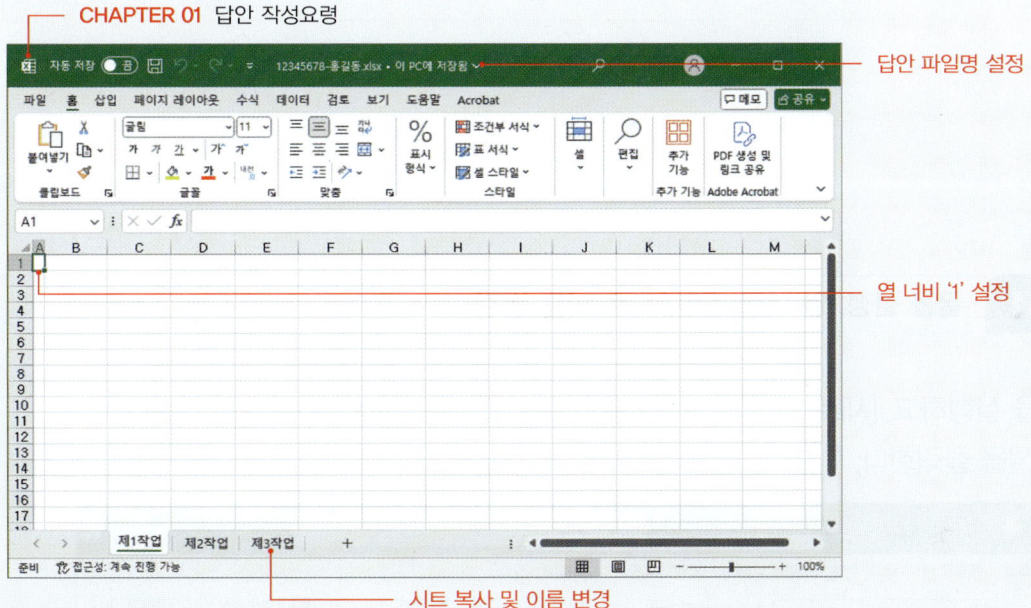

출제포인트
열 너비 설정 · 시트 이름 변경

A등급 TIP
답안 작성요령은 배점은 따로 없으나 앞으로 작성할 모든 문서의 틀이 되는 부분이므로 실수 없이 꼼꼼히 작업해야 합니다. 엑셀의 화면 구성과 각 기능의 명칭을 살펴보며 익혀 보세요.

답안 작성요령

정답파일 PART 01 시험 유형 따라하기₩CHAPTER01_정답.xlsx

답안 작성요령	• 온라인 답안 작성 절차 수험자 등록 ⇒ 시험 시작 ⇒ 답안파일 저장 ⇒ 답안 전송 ⇒ 시험 종료 • 문제는 총 4단계, 즉 제1작업부터 제4작업까지 구성되어 있으며 반드시 제1작업부터 순서대로 작성하고 조건대로 작업하시오. • 모든 작업시트의 A열은 열 너비 '1'로, 나머지 열은 적당하게 조절하시오. • 답안 시트 이름은 "제1작업", "제2작업", "제3작업", "제4작업"이어야 하며 답안 시트 이외의 것은 감점 처리됩니다. • 각 시트를 파일로 나누어 작업해서 저장할 경우 실격 처리됩니다.

SECTION 01 글꼴 설정, 열 너비 조절, 시트 이름 변경

① EXCEL을 실행하고, [새로 만들기]의 [새 통합 문서]를 클릭하여 새 문서를 만든다.
  → 「A1」 셀을 클릭한다.

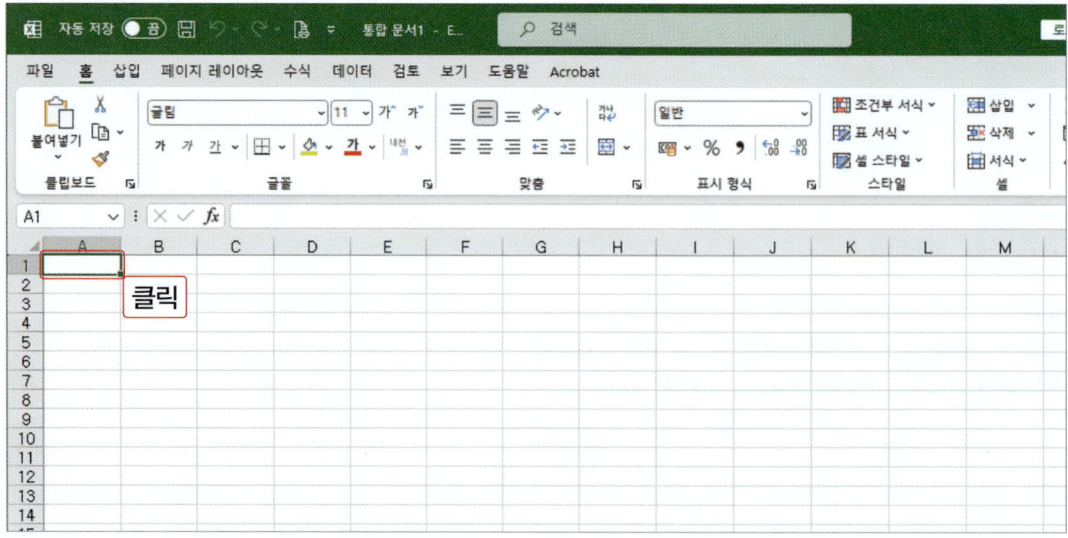

 기적의 TIP

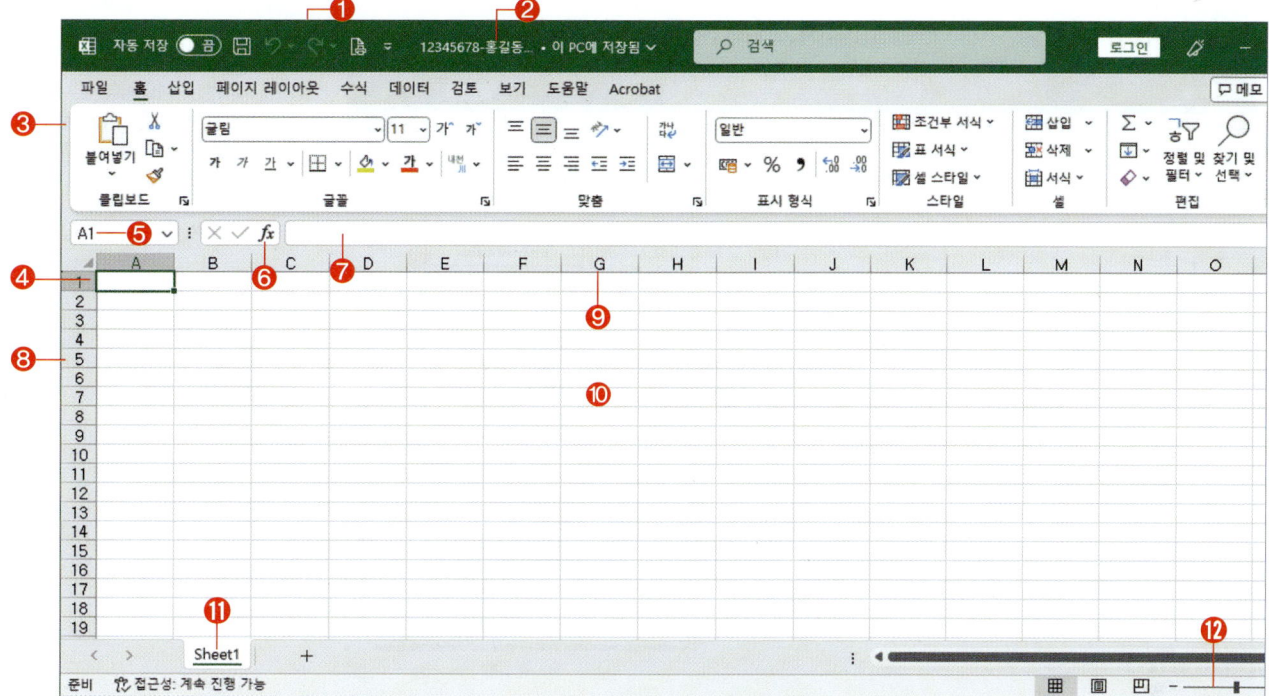

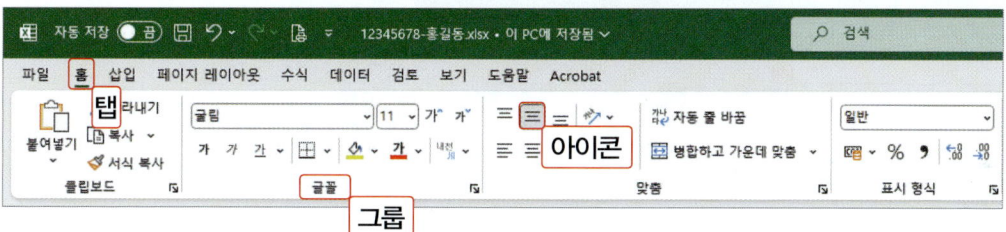

❶ **빠른 실행 도구 모음** : [저장], [실행 취소], [다시 실행] 등으로 구성되어 있다.
❷ **제목 표시줄** : 현재 열려 있는 문서의 이름이 표시된다.
❸ **리본 메뉴** : [탭]을 클릭하면 관련된 [그룹]과 [아이콘]들이 보여진다.

❹ **셀** : 행과 열이 교차하는 공간이다.
❺ **이름 상자** : 현재 셀 위치를 나타낸다.
❻ **함수 삽입(함수 마법사)** : 함수를 검색해서 입력할 수 있는 함수 마법사를 실행한다.
❼ **수식 입력줄** : 셀에 데이터나 수식을 입력할 수 있다.
❽ **행 머리글** : 행을 나타내는 숫자가 표시된다. 클릭하면 행 전체가 선택된다.
❾ **열 머리글** : 열을 나타내는 문자가 표시된다. 클릭하면 열 전체가 선택된다.
❿ **워크시트** : 문서를 작업하는 공간으로 셀들로 구성된다.
⓫ **시트 탭** : 시트의 이름이 표시된다.
⓬ **확대/축소** : 워크시트를 확대 및 축소하여 볼 수 있다.

② [홈] 탭 - [셀] 그룹 - [서식](🔲)을 클릭하고 [열 너비](↔)를 클릭한다.
→ [열 너비] 대화상자에 『1』을 입력하고 [확인]을 클릭한다.

> 해결 TIP
>
> **시험 시작할 때 기본 환경 설정은?**
> 답안 작성요령에 안내되어 있으며, 모든 작업 시트의 A열은 열 너비 '1'로 지정하는 것이 중요하다.

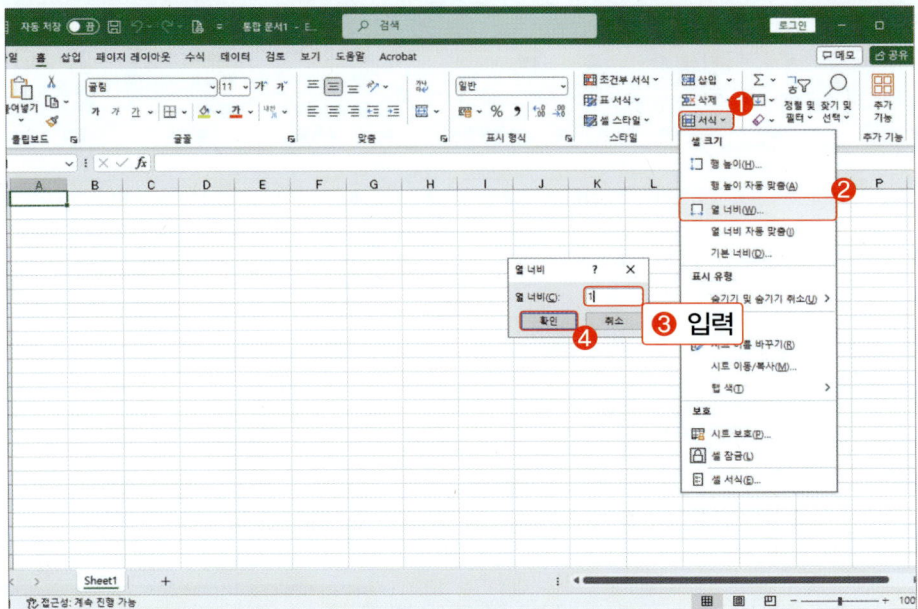

③ "제1작업" 시트에서 [모두 선택](◢) 버튼을 클릭한다.
→ 글꼴은 '굴림', 크기는 '11'을 설정한다.

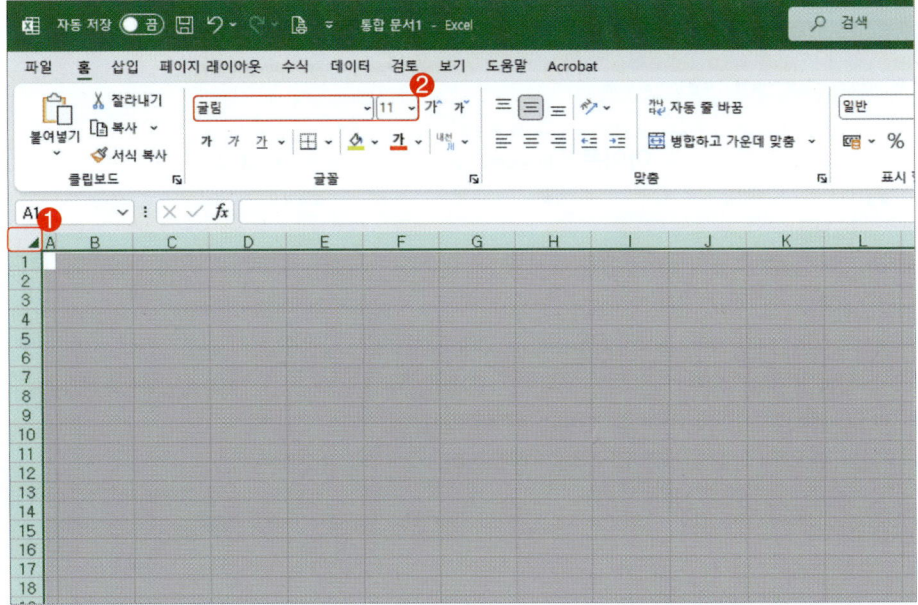

더 알기 TIP

Excel의 기본 글꼴을 설정하는 방법
다음의 방법으로 Excel 프로그램 실행 시 모든 시트의 기본 글꼴을 설정할 수 있다.

1. [파일]을 클릭하여 메뉴화면이 바뀌면 왼쪽 하단의 [옵션]을 클릭한다.

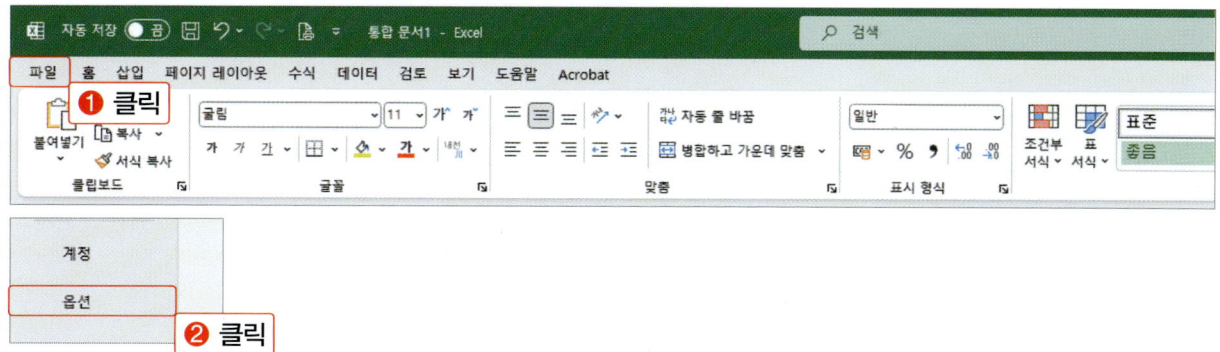

2. Excel 옵션 창의 **새 통합 문서 만들기**에서 기본 글꼴을 설정한다.

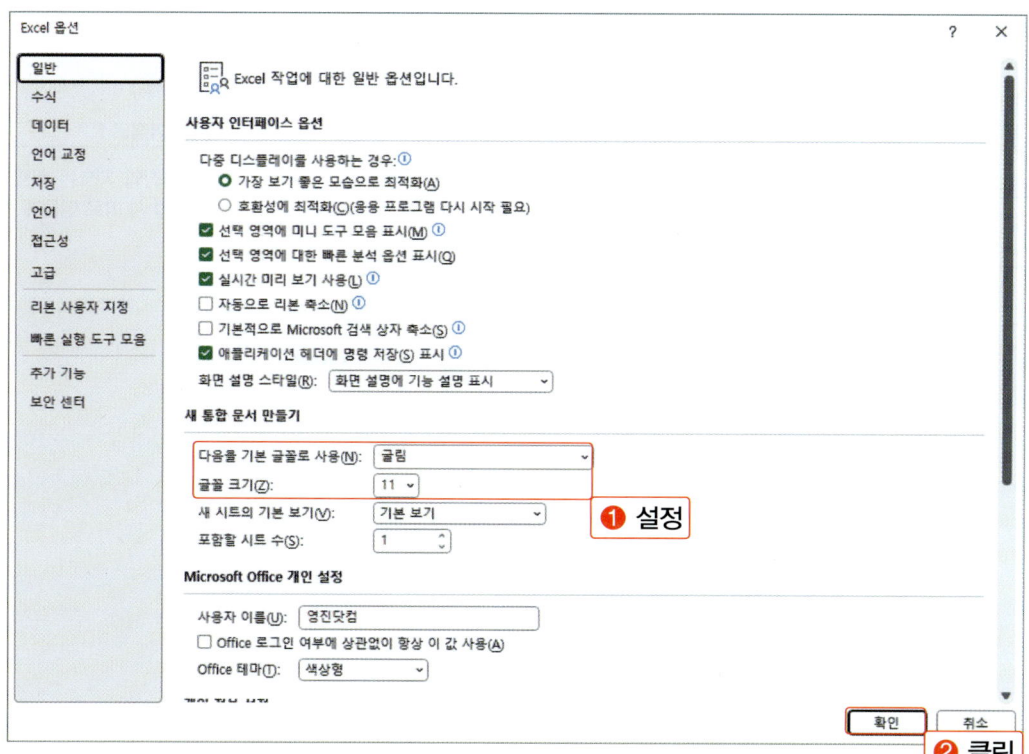

3. 메시지 창이 나타나면 [확인]을 클릭하고, Excel을 종료 후 다시 실행한다.

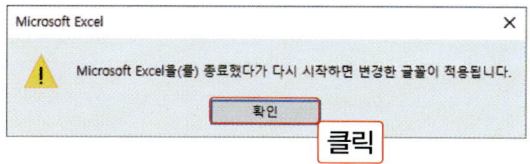

④ 아래의 "Sheet1" 시트를 Ctrl 을 누른 채 오른쪽으로 마우스 드래그하여 복사한다.
→ 한 번 더 복사하여 3개의 시트를 만든다.

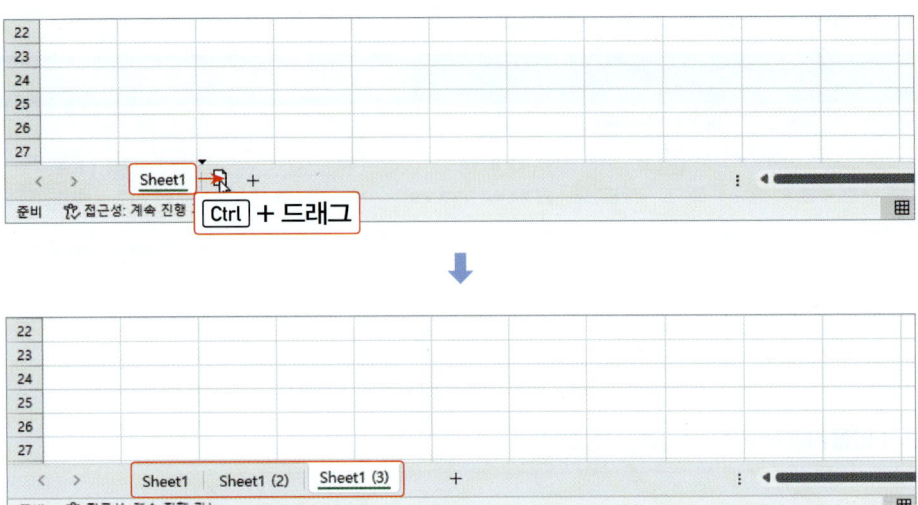

⑤ "Sheet1" 시트를 더블클릭하고 『제1작업』으로 이름을 변경한다.
→ 나머지 시트도 각각 『제2작업』, 『제3작업』으로 이름을 변경한다.

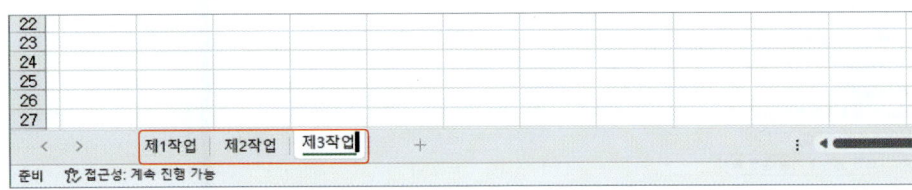

기적의 TIP

제4작업 시트는 차트 작성 작업 시 따로 만들게 된다.

SECTION 02 파일 저장

① [파일]을 클릭한다.

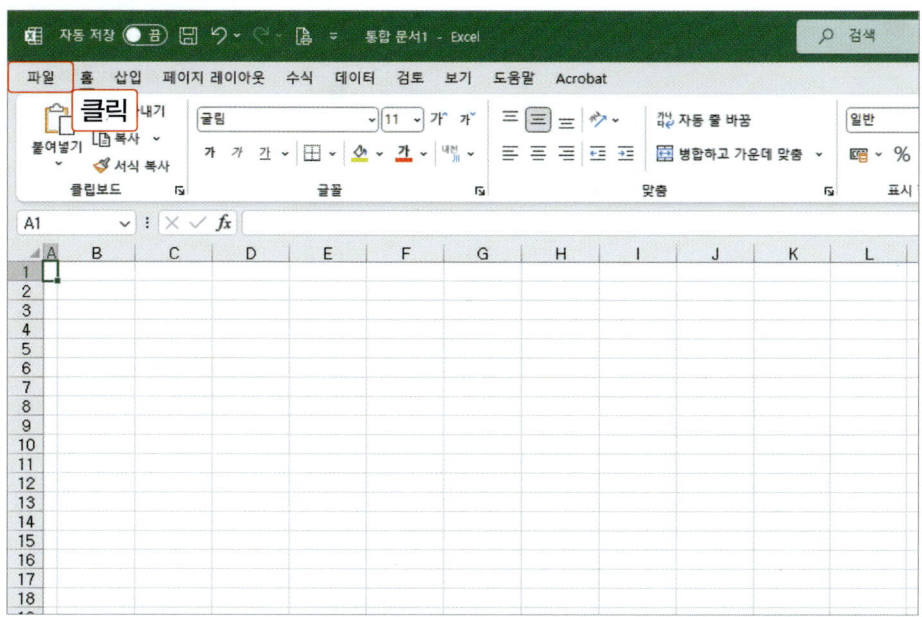

② [다른 이름으로 저장] – [찾아보기]를 클릭한다.

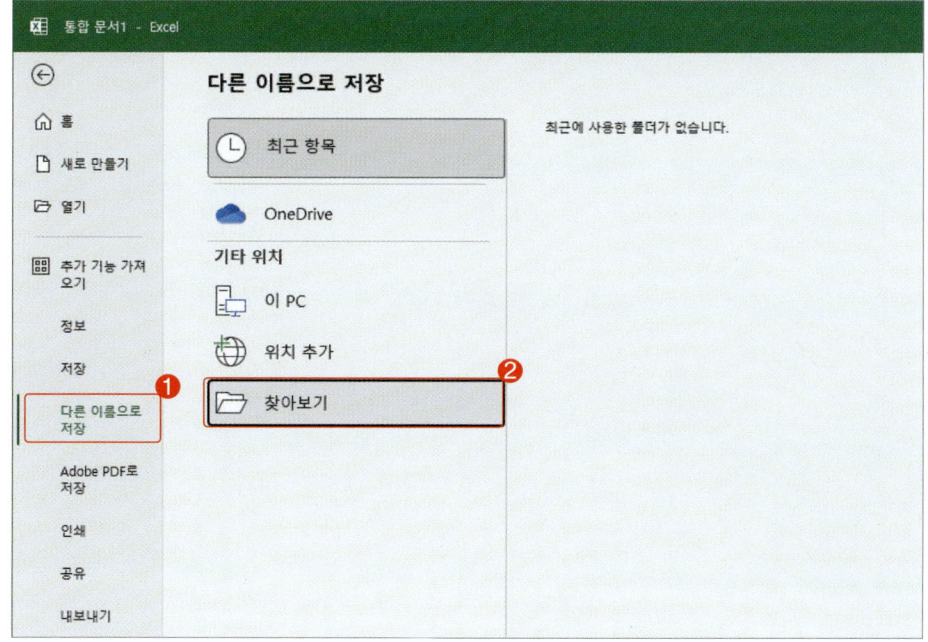

> **기적의 TIP**
>
> 작업 시 수시로 저장하며 예상치 못한 문제 발생에 대비하는 것이 좋다.
> 저장 단축키 : Ctrl + S

③ 나타나는 대화상자에서 파일을 저장할 폴더로 이동한다(시험에서는 '내 PC₩문서₩ITQ' 폴더).
　→ 파일 이름을 입력하고 [저장]을 클릭한다.

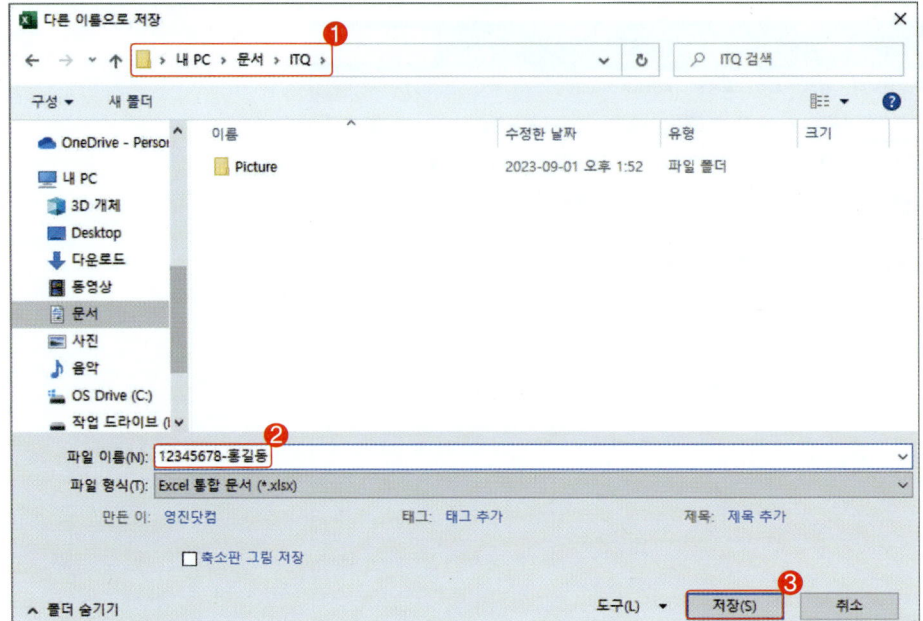

기적의 TIP

시험에서 파일 이름은 '수험번호-성명'으로 저장한다. 답안 문서 파일명이 '수험번호-성명'과 일치하지 않거나, 답안 파일을 전송하지 않아 미제출로 처리될 경우 실격 처리된다.

유형분석 문항 ①

제1작업
표 서식 작성 및 값 계산

배점 **240점** | A등급 목표점수 **200점**

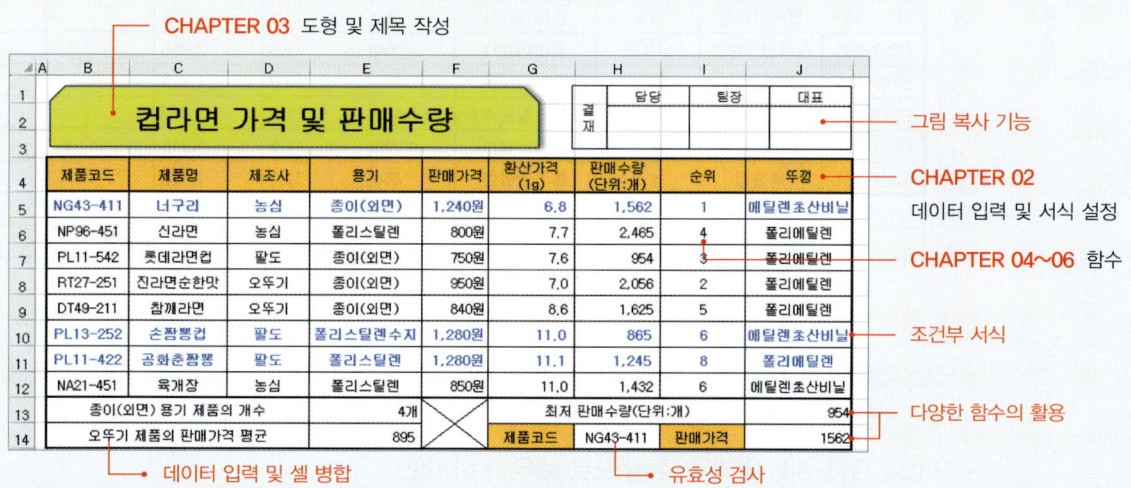

출제포인트
셀 서식 · 유효성 검사 · 셀 병합 · 열 너비 조정 · 서식 도구 모음의 활용 · 다양한 함수의 활용 · 그림 복사 기능 · 조건부 서식 · 그리기 도구 활용 · 그림자 스타일

출제기준
출력형태의 표를 작성하여 조건에 따른 서식과 다양한 함수 사용 능력을 종합적으로 평가하는 문항입니다.

A등급 TIP
제1작업은 가장 배점이 높으며 제2, 3, 4작업이 제1작업 데이터를 기반으로 하기 때문에, 틀린 내용이 발생하면 합격이 어려울 수 있습니다. 계산작업을 포함한 다양한 기능을 사용해야 하므로 집중해서 연습하세요.

CHAPTER 02

[제1작업] 데이터 입력 및 서식 설정

난 이 도 상 **중** 하
반복학습 1 2 3

작업파일 PART 01 시험 유형 따라하기₩CHAPTER02.xlsx
정답파일 PART 01 시험 유형 따라하기₩CHAPTER02_정답.xlsx

문제보기

- 모든 작업시트의 **테두리**는 ≪출력형태≫와 같이 작업하시오.
- 해당 작업란에서는 각각 제시된 조건에 따라 ≪출력형태≫와 같이 작업하시오.

출력형태

	A	B	C	D	E	F	G	H	I	J
1										
2										
3										
4		제품코드	제품명	제조사	용기	판매가격	환산가격 (1g)	판매수량 (단위:개)	순위	뚜껑
5		NG43-411	너구리	농심	종이(외면)	1,240	6.8	1,562		
6		NP96-451	신라면	농심	폴리스틸렌	800	7.7	2,465		
7		PL11-542	롯데라면컵	팔도	종이(외면)	750	7.6	954		
8		RT27-251	진라면순한맛	오뚜기	종이(외면)	950	7.0	2,056		
9		DT49-211	참깨라면	오뚜기	종이(외면)	840	8.6	1,625		
10		PL13-252	손짬뽕컵	팔도	폴리스틸렌수지	1,280	11.0	865		
11		PL11-422	공화춘짬뽕	팔도	폴리스틸렌	1,280	11.1	1,245		
12		NA21-451	육개장	농심	폴리스틸렌	850	11.0	1,432		
13		종이(외면) 용기 제품의 개수					╳	최저 판매수량(단위:개)		
14		오뚜기 제품의 판매가격 평균						제품코드	NG43-411	판매가격

조건

- 모든 데이터의 서식에는 **글꼴(굴림, 11pt)**, 정렬은 **숫자 및 회계** 서식은 오른쪽 정렬, 나머지 서식은 가운데 정렬로 작성하며 예외적인 것은 ≪출력형태≫를 참조하시오.
- 「B4:J4, G14, I14」 영역은 '**주황**'으로 채우기 하시오.
- 셀 서식 ⇒ 「F5:F12」 영역에 셀 서식을 이용하여 **숫자 뒤에 '원'을 표시**하시오(예 : 1,240원).
- 유효성 검사를 이용하여 「H14」 셀에 **제품코드(「B5:B12」 영역)**가 선택 표시되도록 하시오.
- 「F5:F12」 영역에 대해 '**판매가격**'으로 이름 정의를 하시오.
- 조건부 서식의 수식을 이용하여 **판매가격이 '1,000' 이상인 행 전체**에 다음의 서식을 적용하시오(글꼴 : 파랑, 굵게).

SECTION 01 데이터 입력, 셀 병합, 테두리

① "제1작업" 시트에 ≪출력형태≫에 제시된 내용을 입력한다.

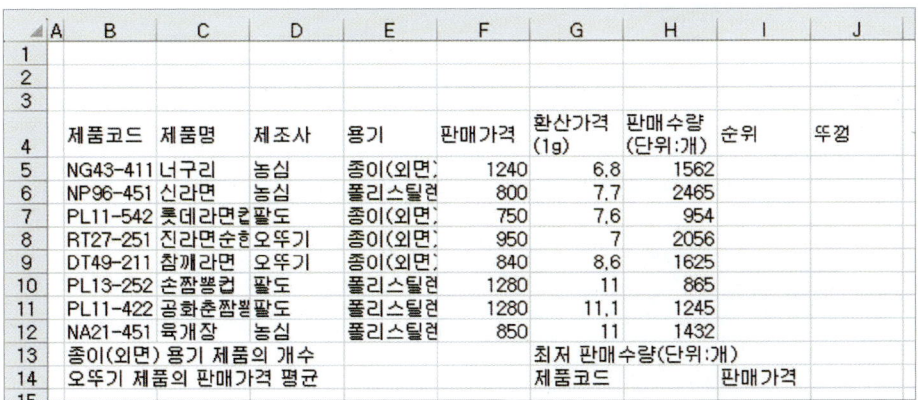

> **기적의 TIP**
>
> 표 안의 데이터는 출력형태를 참고하여 모두 직접 입력해야 한다. 빠르게 데이터를 입력하려면 입력 후 Tab 을 누르면 우측 셀로 바로 이동할 수 있고, Enter 를 누르면 아래 셀로 바로 이동할 수 있다.

> **기적의 TIP**
>
> 한 개의 셀에 두 줄 이상의 내용을 입력할 때는 Alt + Enter 를 눌러 줄바꿈한다.

② 「B13:D13」 영역을 마우스 드래그하여 블록 설정한다.
→ Ctrl 을 누른 채 「B14:D14」, 「F13:F14」, 「G13:I13」 영역을 각각 블록 설정한다.
→ [홈] 탭 - [맞춤] 그룹 - [병합하고 가운데 맞춤](圉)을 클릭한다.

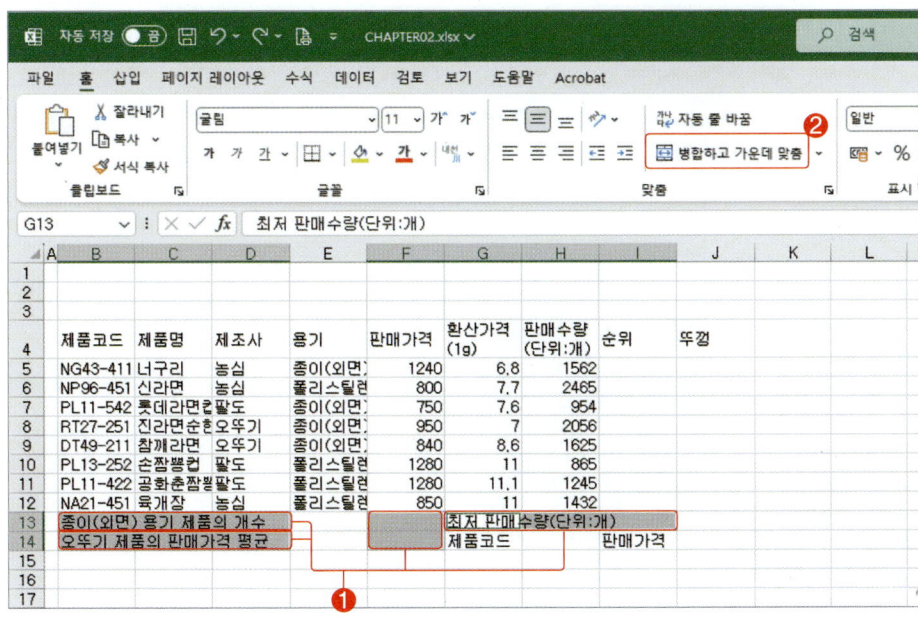

③ 「B4:J4」 영역을 블록 설정한다.

→ [Ctrl]을 누른 채 「B5:J12」, 「B13:J14」 영역을 각각 블록 설정한다.

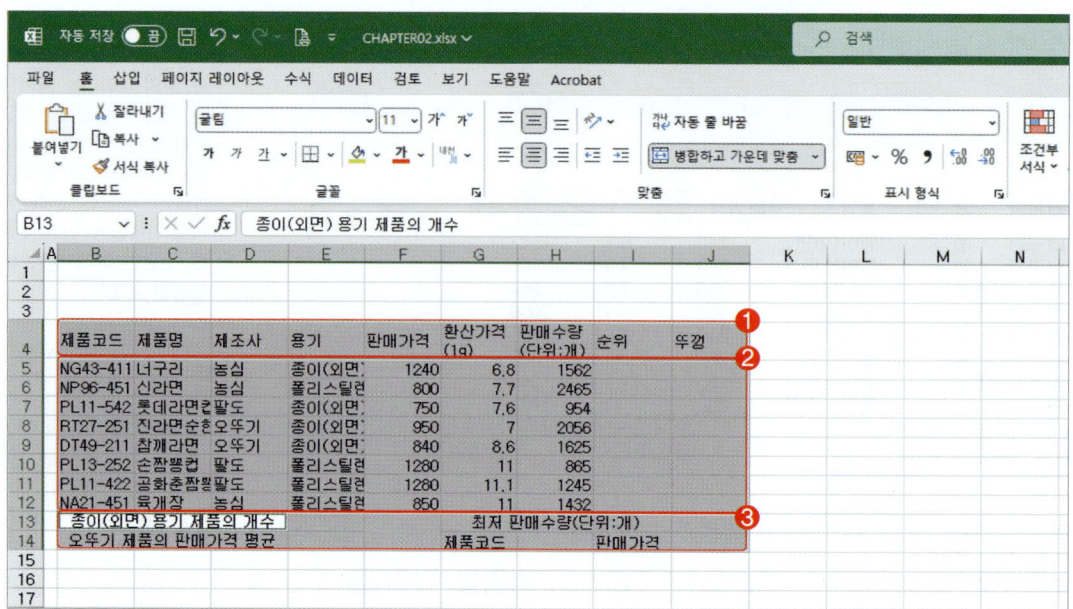

④ [홈] 탭 – [글꼴] 그룹의 [테두리]에서 [모든 테두리](⊞)를 선택한다.

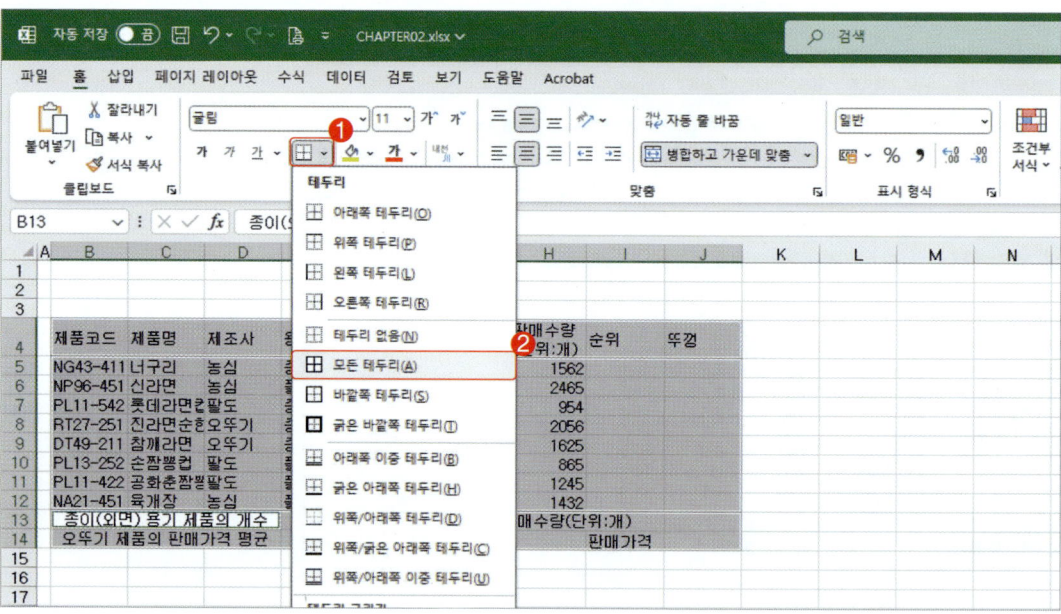

⑤ [테두리]에서 [굵은 바깥쪽 테두리](□)를 클릭한다.

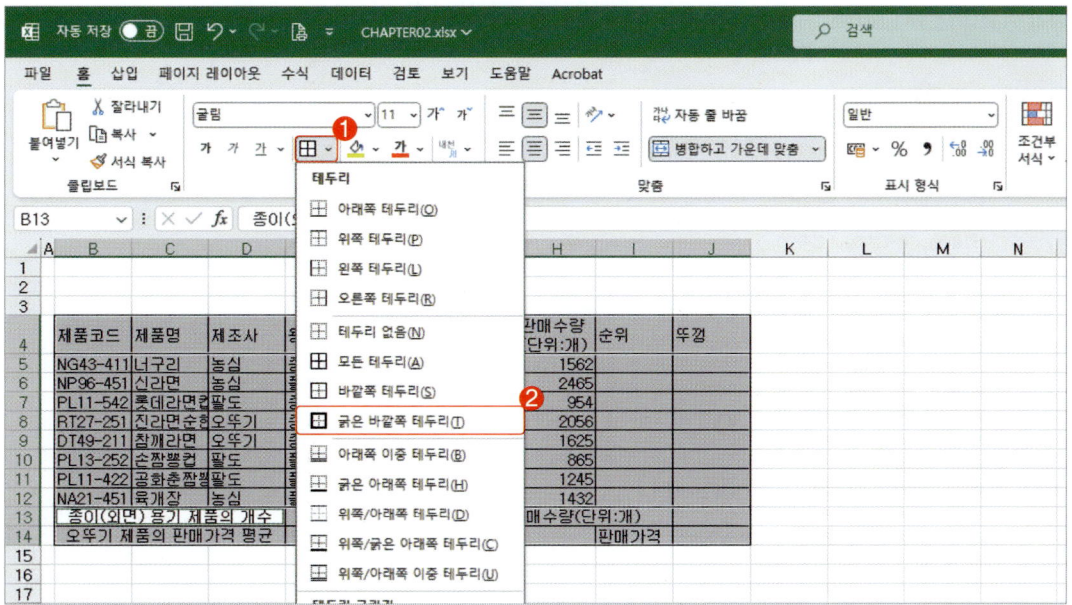

⑥ 「F13:F14」 영역을 클릭한다.
  → [테두리]에서 [다른 테두리](⊞)를 클릭하면 [셀 서식] 대화상자가 나타난다.

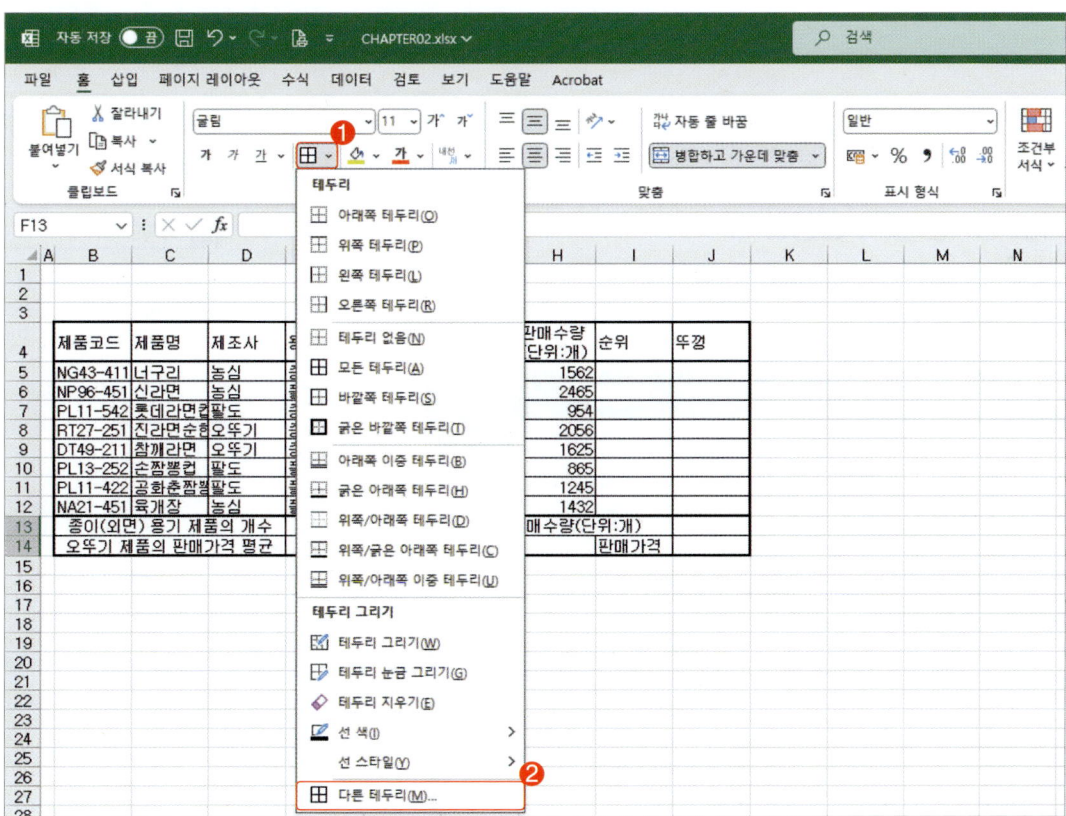

⑦ 선 스타일에서 [가는 실선](———)을 클릭한다.

→ 두 개의 [대각선]()을 각각 클릭하고 [확인]을 클릭한다.

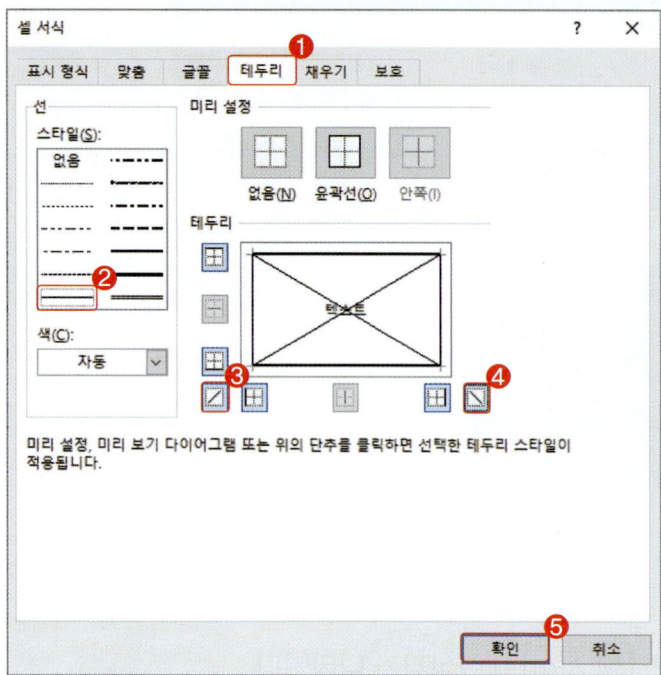

SECTION 02 행 높이, 열 너비

① 조절하고자 하는 영역을 블록 설정한다.

→ [홈] 탭 - [셀] 그룹 - [서식](📋)을 클릭하여 행 높이와 열 너비를 직접 수치로 조절할 수 있다.

> 🚩 **기적의 TIP**
>
> 행과 열의 머리글 경계선(↔)(↕)을 마우스 드래그하면 간단히 조절할 수 있다.

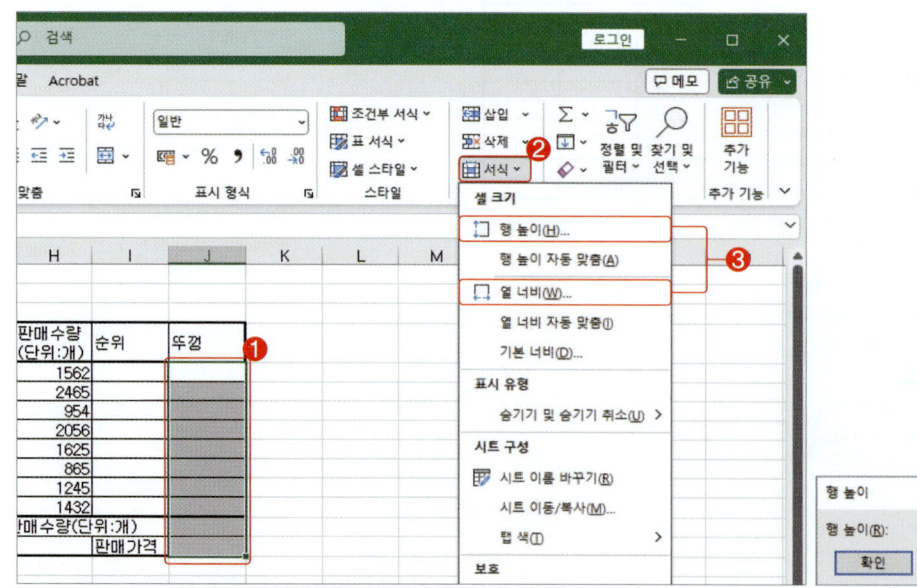

SECTION 03   정렬, 채우기 색

① 「B4:J4」 영역을 블록 설정한다.
   → Ctrl 을 누른 채 「G14」 셀과 「I14」 셀을 블록 설정한다.

② [홈] 탭 – [글꼴] 그룹 – [채우기 색]( )에서 '주황'을 선택한다.

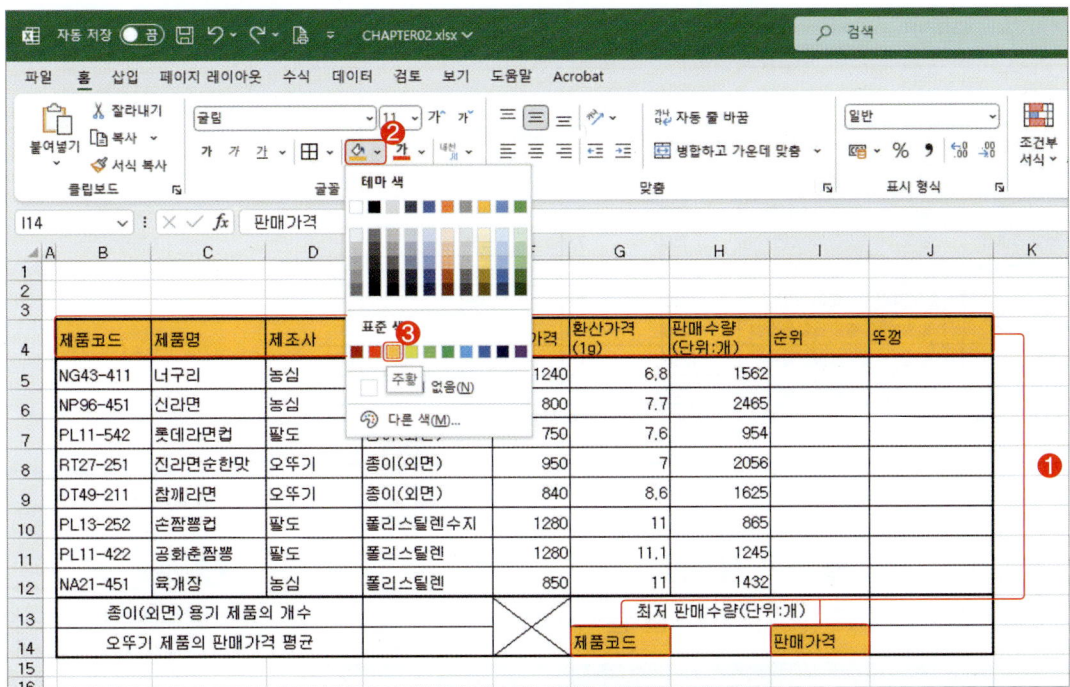

③ [홈] 탭 – [맞춤] 그룹 – [가운데 맞춤]( )을 클릭한다.

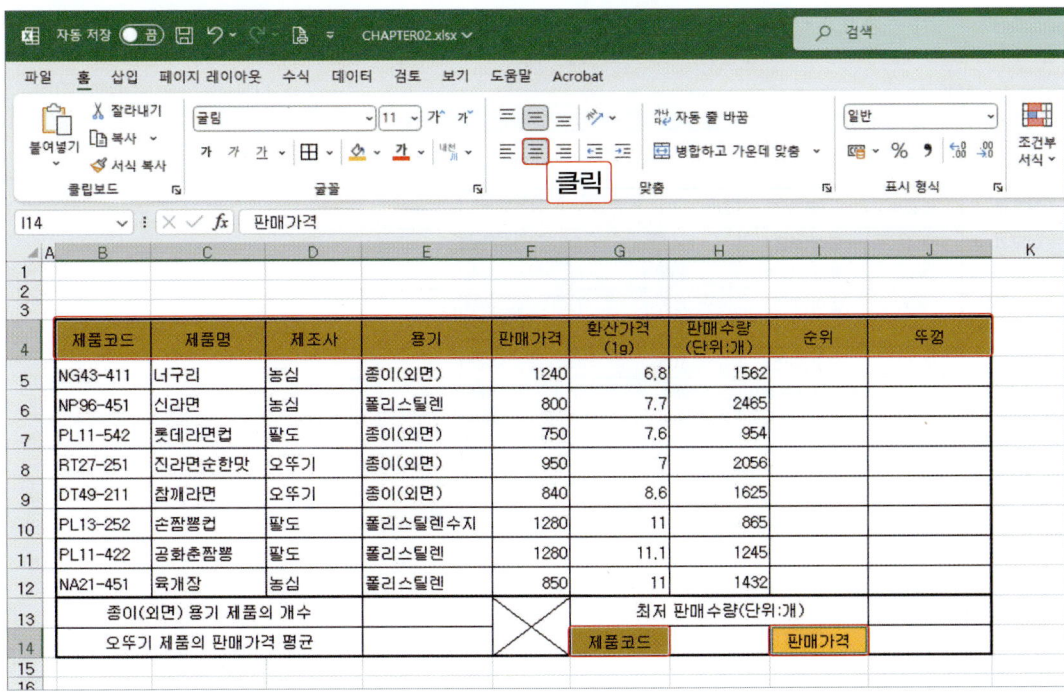

④ 「B5:E12」 영역을 블록 설정한다.

→ [홈] 탭 – [맞춤] 그룹 – [가운데 맞춤](☰)을 클릭한다.

⑤ 숫자 및 회계 영역인 「F5:H12」를 블록 설정한다.

→ [홈] 탭 – [맞춤] 그룹 – [오른쪽 맞춤](☰)을 클릭한다.

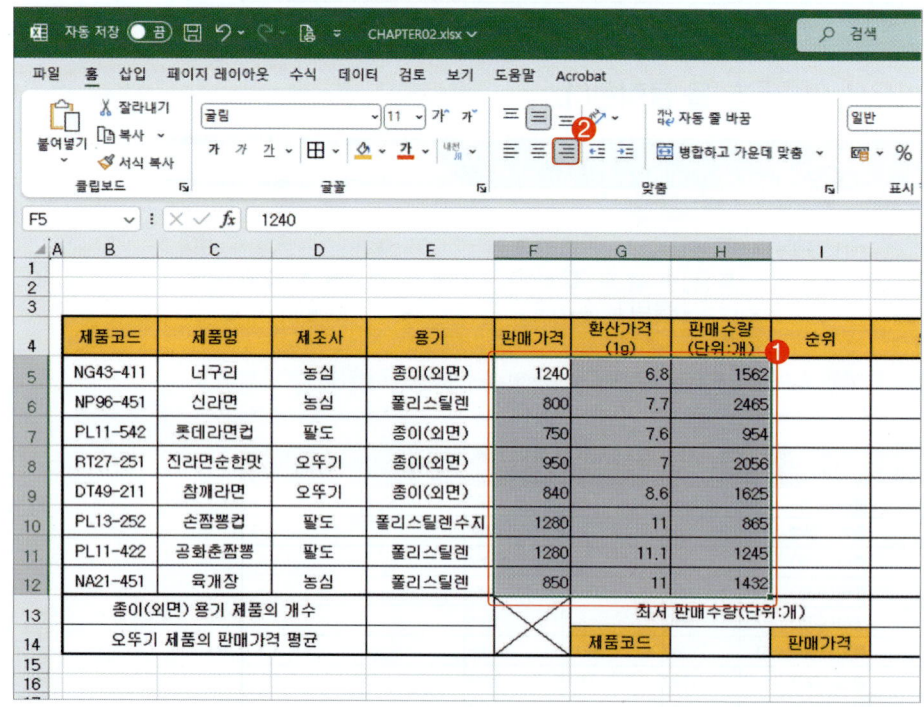

> **기적의 TIP**
>
> 숫자 및 회계 서식은 오른쪽 맞춤, 나머지 서식은 가운데 맞춤으로 주로 출제된다.

SECTION 04 셀 서식

① '판매가격'에 대한 셀 서식을 지정하기 위해 「F5:F12」 영역을 블록 설정한다.
→ 마우스 오른쪽 클릭하여 [셀 서식](📋)을 클릭한다.

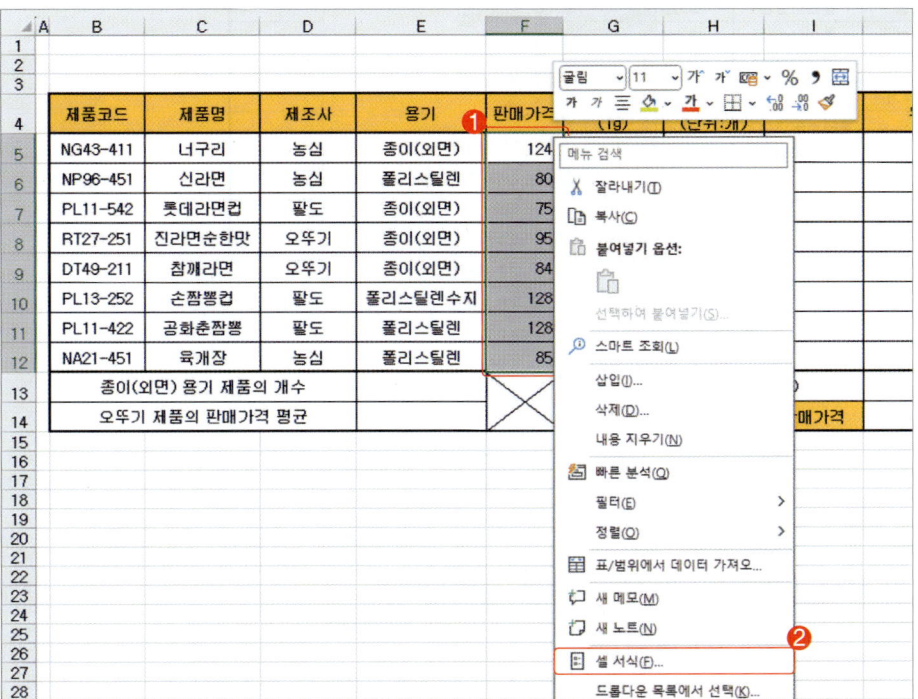

② [셀 서식] 대화상자 – [표시 형식] 탭의 범주에서 '사용자 지정'을 클릭한다.
→ #,##0을 선택하고 『"원"』을 추가로 입력한 후 [확인]을 클릭한다.

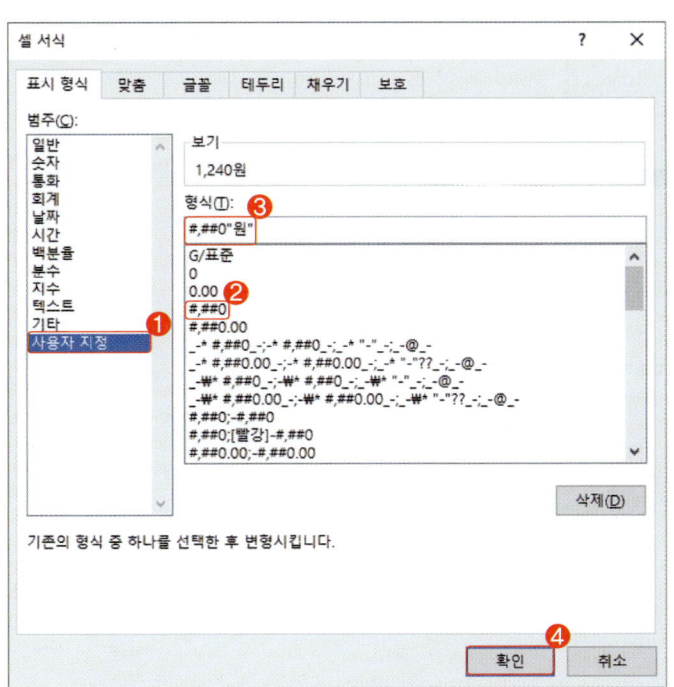

> **기적의 TIP**
>
> **#,##0"원"**
> 천 단위마다 구분 쉼표를 넣고 단위를 "원"으로 표시한다. #은 유효하지 않은 0 값을 표시하지 않는다.
> 📌 0010을 입력하면 10으로 표시

③ 「G5:G12」 영역을 블록 설정한다.
　→ 마우스 오른쪽 클릭하여 [셀 서식](🔲)을 클릭한다.

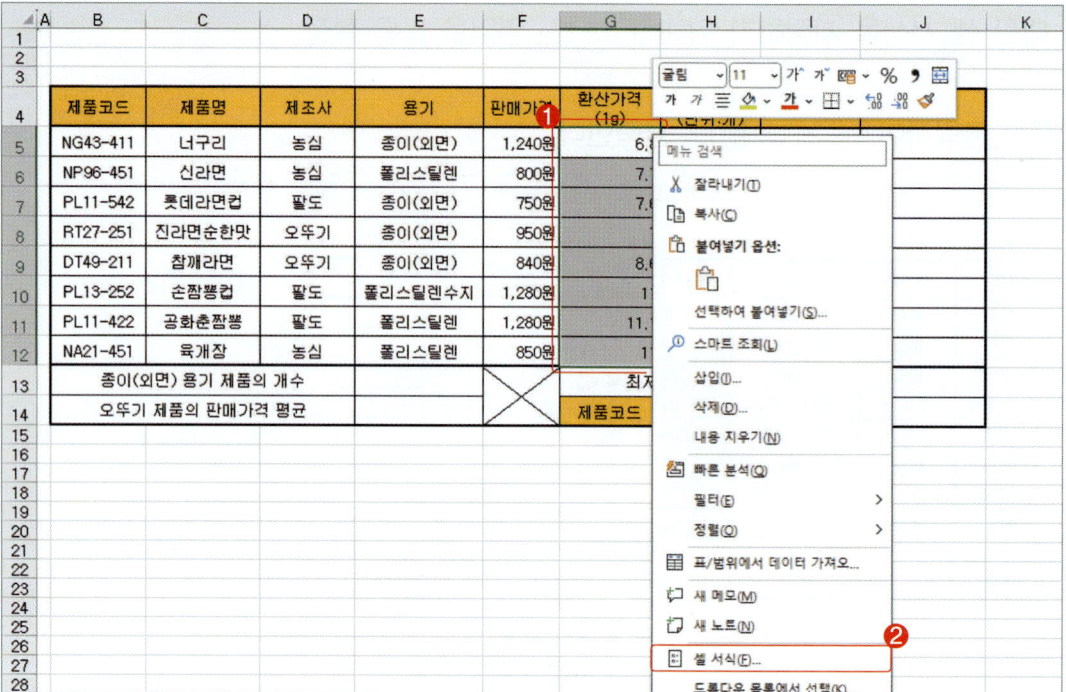

④ [셀 서식] 대화상자 – [표시 형식] 탭의 범주에서 '숫자'를 클릭한다.
　→ 소수 자릿수에 『1』을 입력한 후 [확인]을 클릭한다.

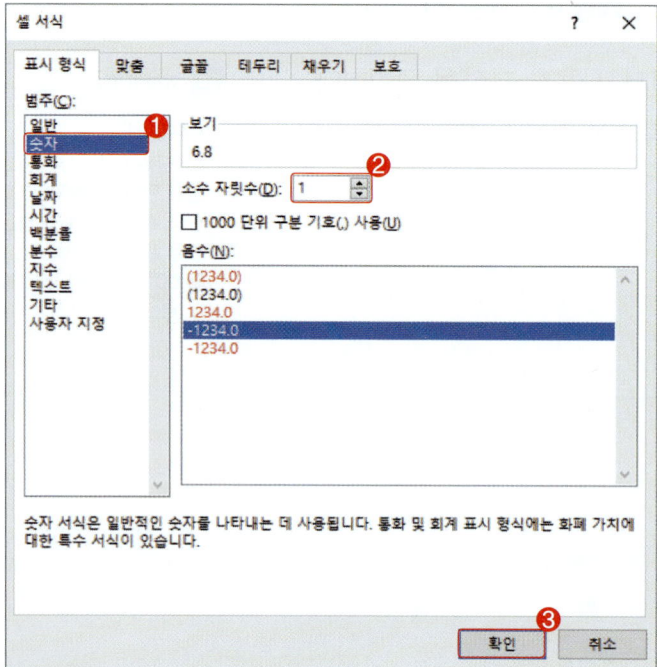

⑤ 「H5:H12」 영역을 블록 설정한다.

→ 마우스 오른쪽 클릭하여 [셀 서식](圖)을 클릭한다.

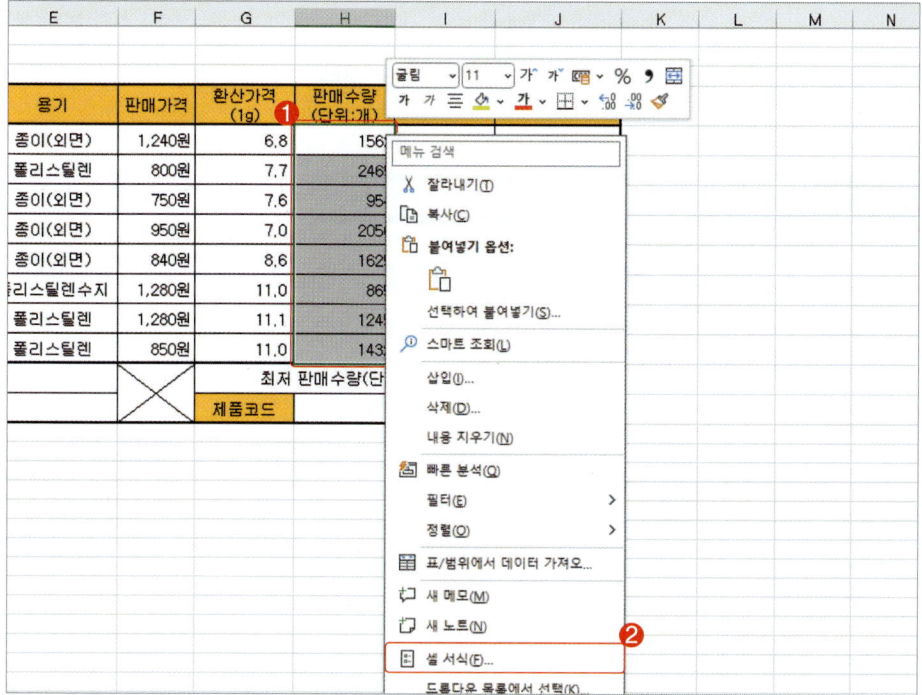

⑥ [셀 서식] 대화상자 – [표시 형식] 탭의 범주에서 '숫자'를 클릭한다.

→ 1000 단위 구분 기호(,) 사용에 체크한 후 [확인]을 클릭한다.

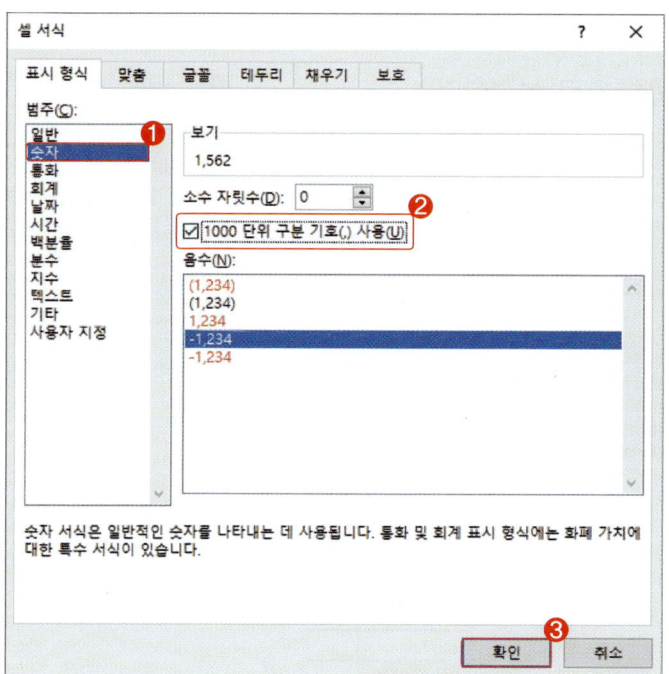

> 기적의 TIP
>
> 표시 형식의 범주에서 회계를 선택해도 1000 단위 구분 기호가 사용된다.
> 숫자 범주와의 차이는 차트에서 0이 –로 표시되는 것이 다르다.

SECTION 05　유효성 검사

① 「H14」 셀을 클릭한다.
　→ [데이터] 탭 – [데이터 도구] 그룹 – [데이터 유효성 검사]( )를 클릭한다.

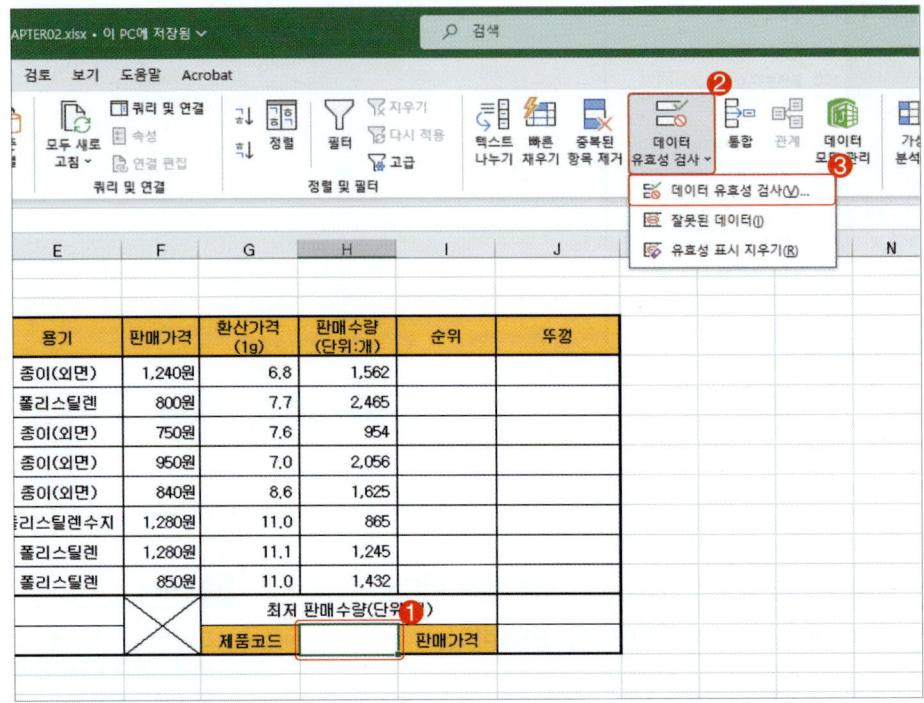

② [데이터 유효성] 대화상자에서 제한 대상을 '목록'으로 설정한다.
　→ 원본 입력란을 클릭하고 「B5:B12」 영역을 마우스 드래그한 후 [확인]을 클릭한다.

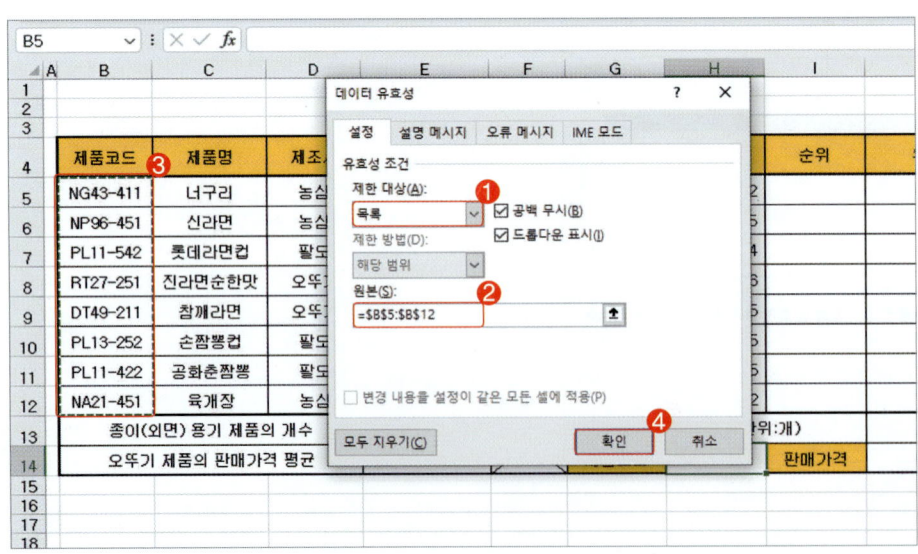

> **기적의 TIP**
> 원본 입력란에 직접 텍스트를 입력할 수도 있다.
> 직접 입력 시에는 목록을 쉼표(,)로 구분한다.

③ 「H14」 셀에 드롭다운 버튼이 생성된 것을 확인한다.

→ [홈] 탭 – [맞춤] 그룹 – [가운데 맞춤](≡)을 클릭한다.

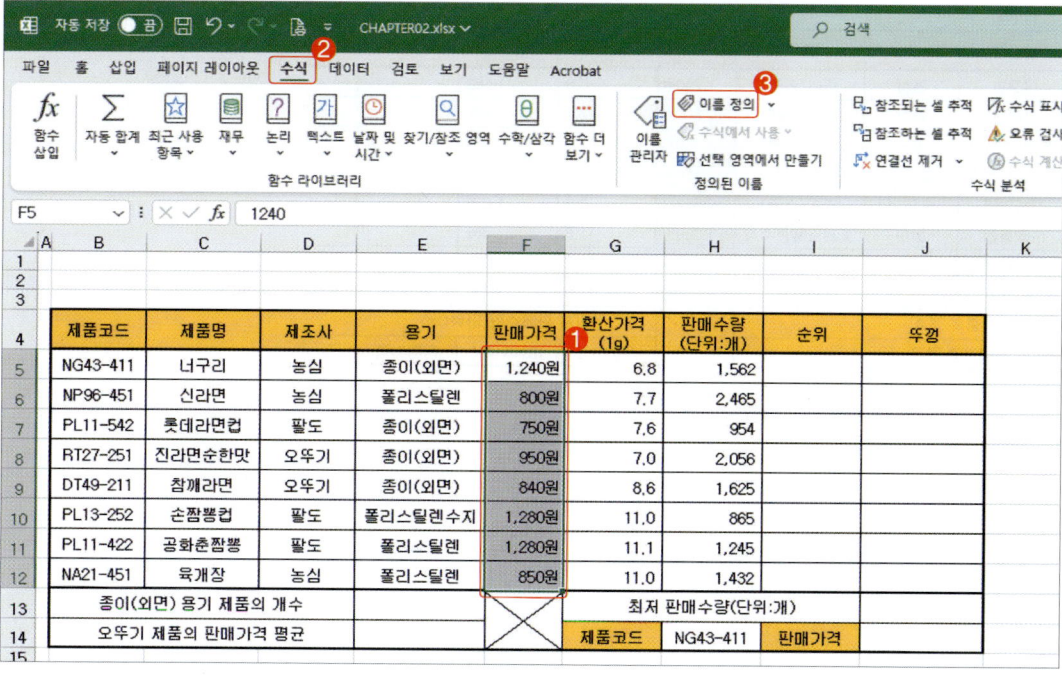

SECTION 06 이름 정의

① 「F5:F12」 영역을 블록 설정한다.

→ [수식] 탭 – [정의된 이름] 그룹 – [이름 정의](📝)를 클릭한다.

② 이름에 『판매가격』을 입력하고 [확인]을 클릭한다.

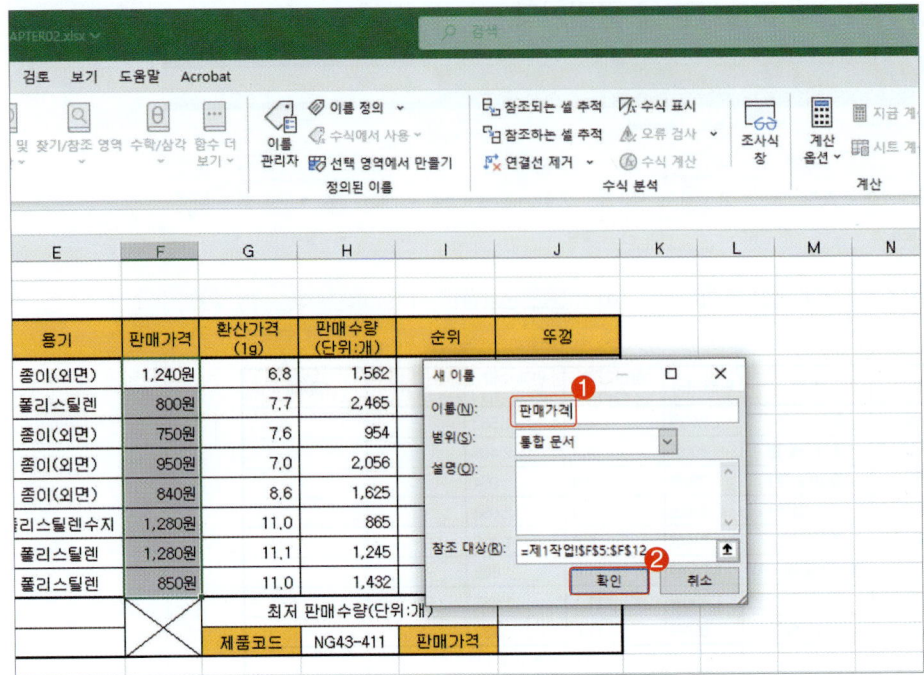

③ 「F5:F12」 영역을 블록 설정했을 때 [이름 상자]에 『판매가격』이 표시되는 것을 확인한다.

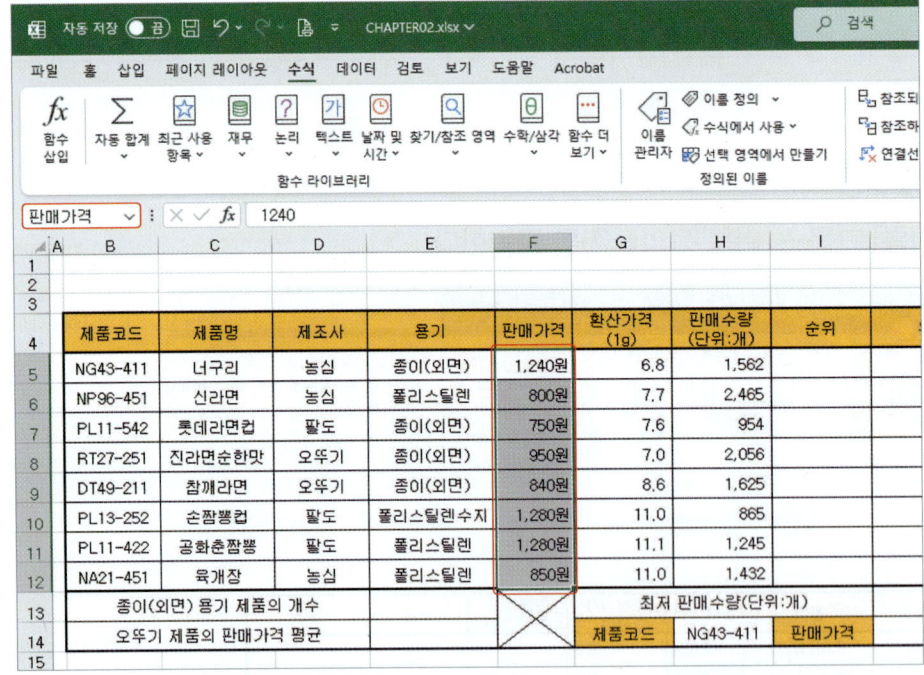

> **기적의 TIP**
>
> [이름 관리자](단축키)에서 정의된 이름을 관리할 수 있다.

SECTION 07 조건부 서식

① 「B5:J12」 영역을 블록 설정한다.
   → [홈] 탭 – [스타일] 그룹 – [조건부 서식](▦)을 클릭하고 [새 규칙](▦)을 클릭한다.

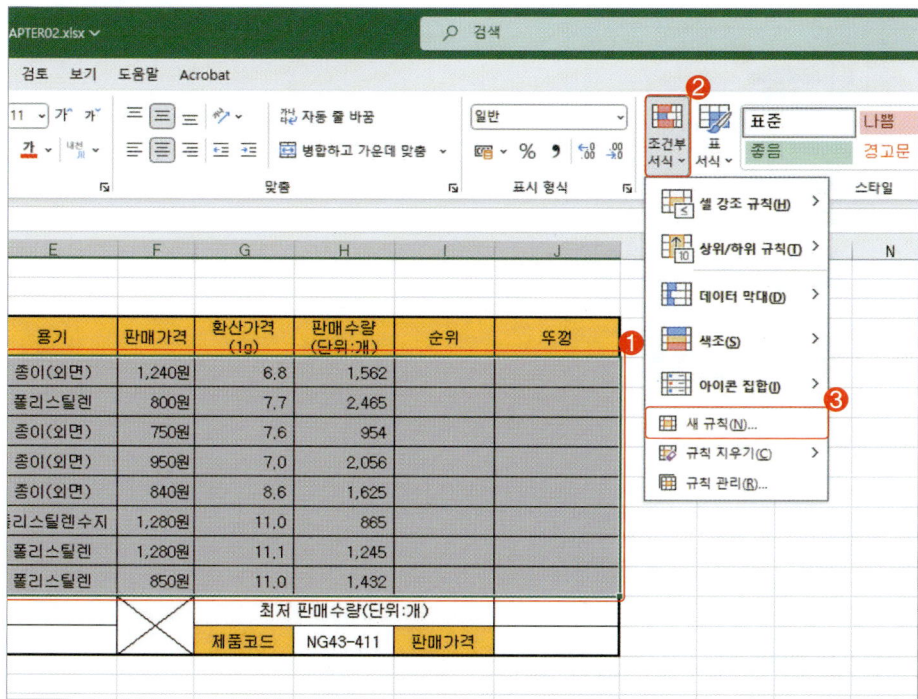

② [새 서식 규칙] 대화상자에서 '▶ 수식을 사용하여 서식을 지정할 셀 결정'을 클릭한다.
   → 『=$F5>=1000』을 입력하고 [서식]을 클릭한다.

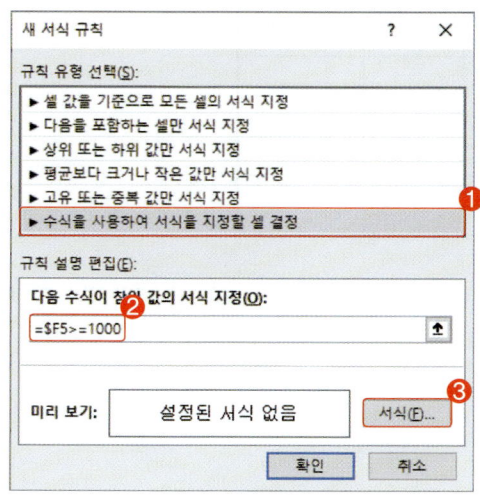

> **기적의 TIP**
>
> $ 기호가 붙은 주소는 수식을 복사하거나 이동해도 변하지 않는 절대 참조 형태이다.
> [A1] 상대 참조
> [$A$1] 절대 참조
> [A$1] 행 고정
> [$A1] 열 고정

③ [셀 서식] 대화상자에서 글꼴 스타일을 '굵게', 색을 '파랑'으로 설정하고 [확인]을 클릭한다.

→ 다시 [새 서식 규칙] 대화상자로 돌아오면 [확인]을 클릭한다.

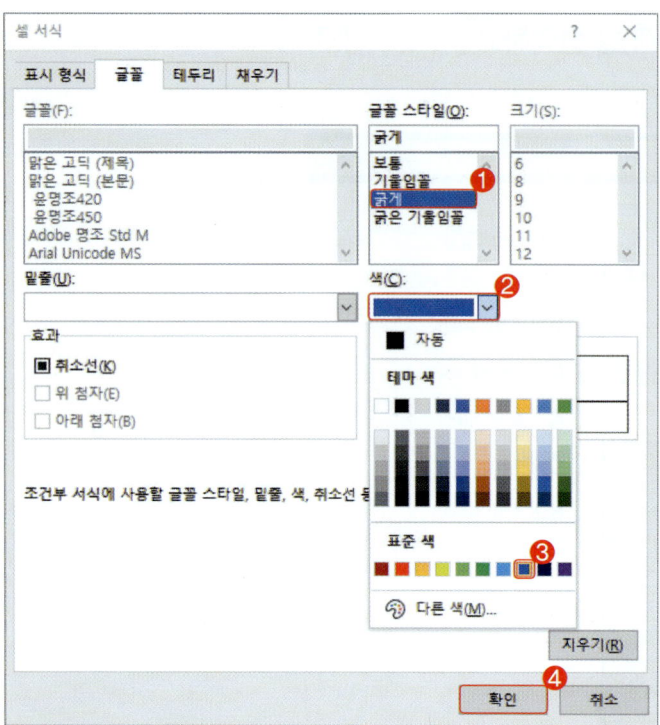

④ F열 판매가격이 1,000원 이상인 행에 서식이 적용된다.

A	B	C	D	E	F	G	H	I	J	K
	제품코드	제품명	제조사	용기	판매가격	환산가격(1g)	판매수량(단위:개)	순위	뚜껑	
	NG43-411	너구리	농심	종이(외면)	1,240원	6.8	1,562			
	NP96-451	신라면	농심	폴리스틸렌	800원	7.7	2,465			
	PL11-542	롯데라면컵	팔도	종이(외면)	750원	7.6	954			
	RT27-251	진라면순한맛	오뚜기	종이(외면)	950원	7.0	2,056			
	DT49-211	참깨라면	오뚜기	종이(외면)	840원	8.6	1,625			
	PL13-252	손짬뽕컵	팔도	폴리스틸렌수지	1,280원	11.0	865			
	PL11-422	공화춘짬뽕	팔도	폴리스틸렌	1,280원	11.1	1,245			
	NA21-451	육개장	농심	폴리스틸렌	850원	11.0	1,432			
	종이(외면) 용기 제품의 개수					최저 판매수량(단위:개)				
	오뚜기 제품의 판매가격 평균					제품코드	NG43-411	판매가격		

[제1작업] 도형 및 제목 작성

작업파일 PART 01 시험 유형 따라하기₩CHAPTER03.xlsx
정답파일 PART 01 시험 유형 따라하기₩CHAPTER03_정답.xlsx

문제보기

출력형태

제품코드	제품명	제조사	용기	판매가격	환산가격 (1g)	판매수량 (단위:개)	순위	뚜껑
NG43-411	너구리	농심	종이(외면)	1,240원	6.8	1,562		
NP96-451	신라면	농심	폴리스틸렌	800원	7.7	2,465		
PL11-542	롯데라면컵	팔도	종이(외면)	750원	7.6	954		
RT27-251	진라면순한맛	오뚜기	종이(외면)	950원	7.0	2,056		
DT49-211	참깨라면	오뚜기	종이(외면)	840원	8.6	1,625		
PL13-252	손짬뽕컵	팔도	폴리스틸렌수지	1,280원	11.0	865		
PL11-422	공화춘짬뽕	팔도	폴리스틸렌	1,280원	11.1	1,245		
NA21-451	육개장	농심	폴리스틸렌	850원	11.0	1,432		
종이(외면) 용기 제품의 개수					최저 판매수량(단위:개)			
오뚜기 제품의 판매가격 평균					제품코드	NG43-411	판매가격	

제목: **컵라면 가격 및 판매수량**

결재란: 담당 / 팀장 / 대표

조건

- 제목 ⇒ 도형(사각형: 잘린 위쪽 모서리)과 그림자(오프셋 오른쪽)를 이용하여 작성하고 "컵라면 가격 및 판매수량"을 입력한 후 다음 서식을 적용하시오
  (글꼴 – 굴림, 24pt, 검정, 굵게, 채우기 – 노랑).
- 임의의 셀에 결재란을 작성하여 그림으로 복사 기능을 이용하여 붙이기 하시오(단, 원본 삭제).

SECTION 01   도형으로 제목 작성

① 출력형태를 참고하여 도형이 들어갈 1~3행 높이를 적당히 조절한다.

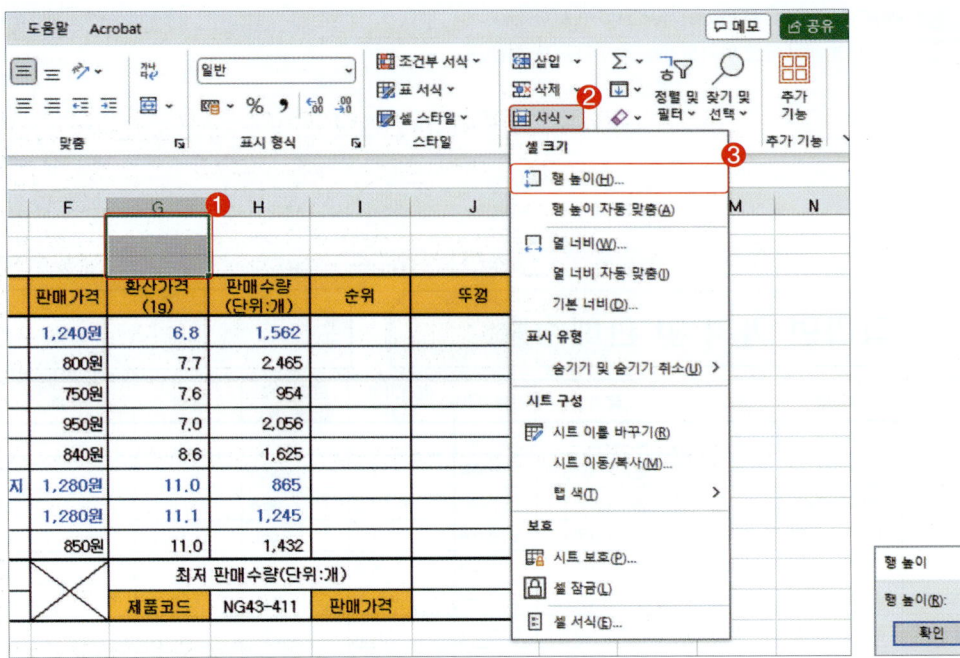

② [삽입] 탭 – [일러스트레이션] 그룹 – [도형]( )을 클릭하고 [사각형: 잘린 위쪽 모서리]를 클릭한다.

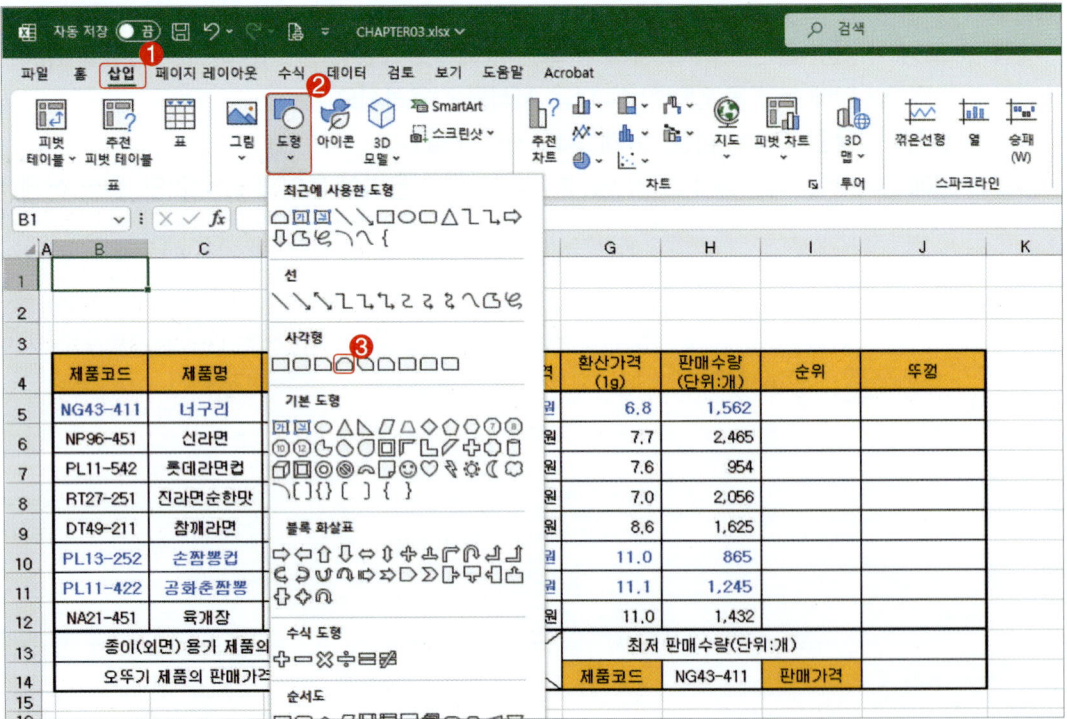

③ 마우스 포인터 모양이 +가 된 상태에서 「B1」 셀부터 「G3」 셀까지 드래그하여 도형을 그린다.

④ 노란색 조절점을 움직여 도형의 모양을 조절한다.

⑤ 도형에 『컵라면 가격 및 판매수량』을 입력한다.

⑥ 도형의 배경색 부분을 클릭한다.
→ [홈] 탭 – [글꼴] 그룹에서 글꼴 '굴림', 크기 '24', [굵게], [채우기 색](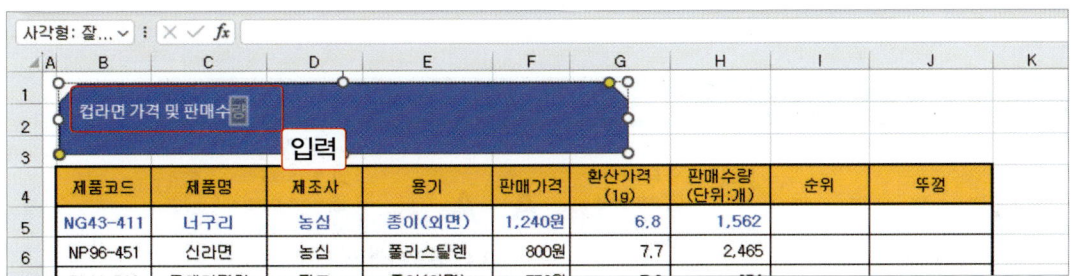) '노랑', [글꼴 색](가) '검정'을 설정한다.

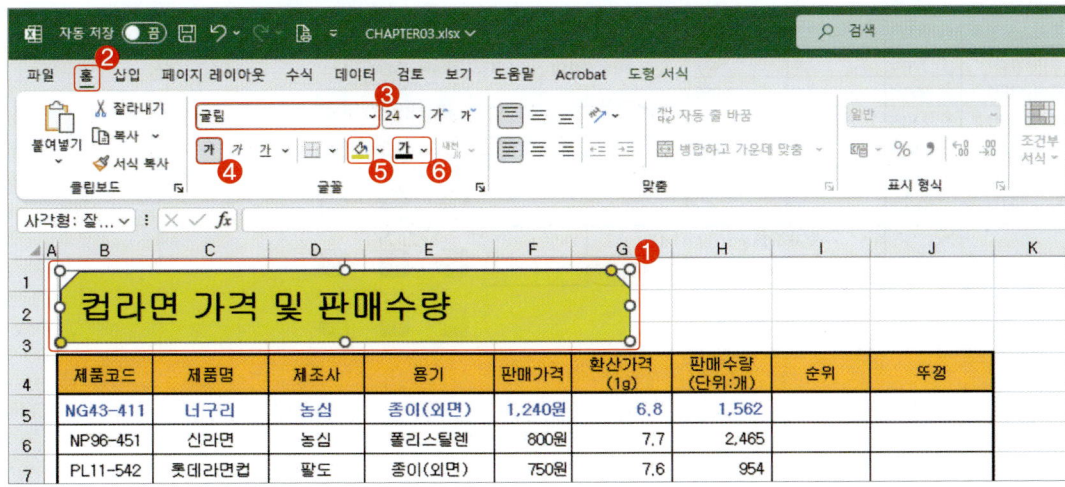

⑦ [맞춤] 그룹에서 가로와 세로 모두 [가운데 맞춤](≡, ≡)을 클릭한다.

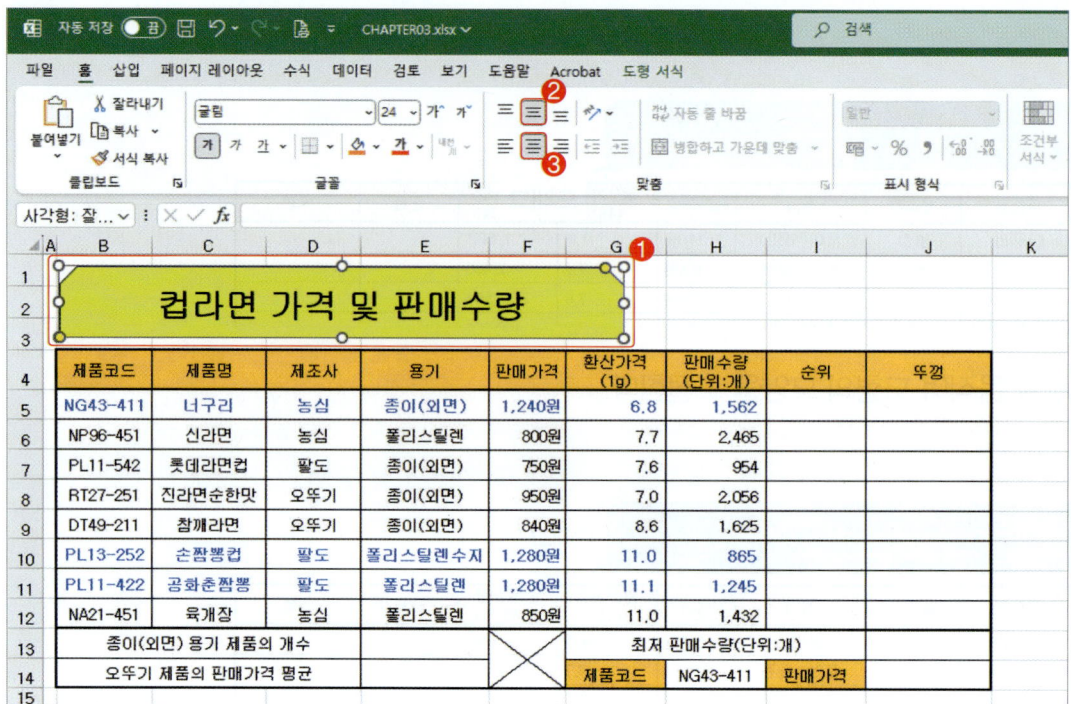

⑧ [도형 서식] 탭 – [도형 스타일] 그룹 – [도형 효과](◩)를 클릭하고 [그림자] – [오프셋: 오른쪽]을 클릭한다.

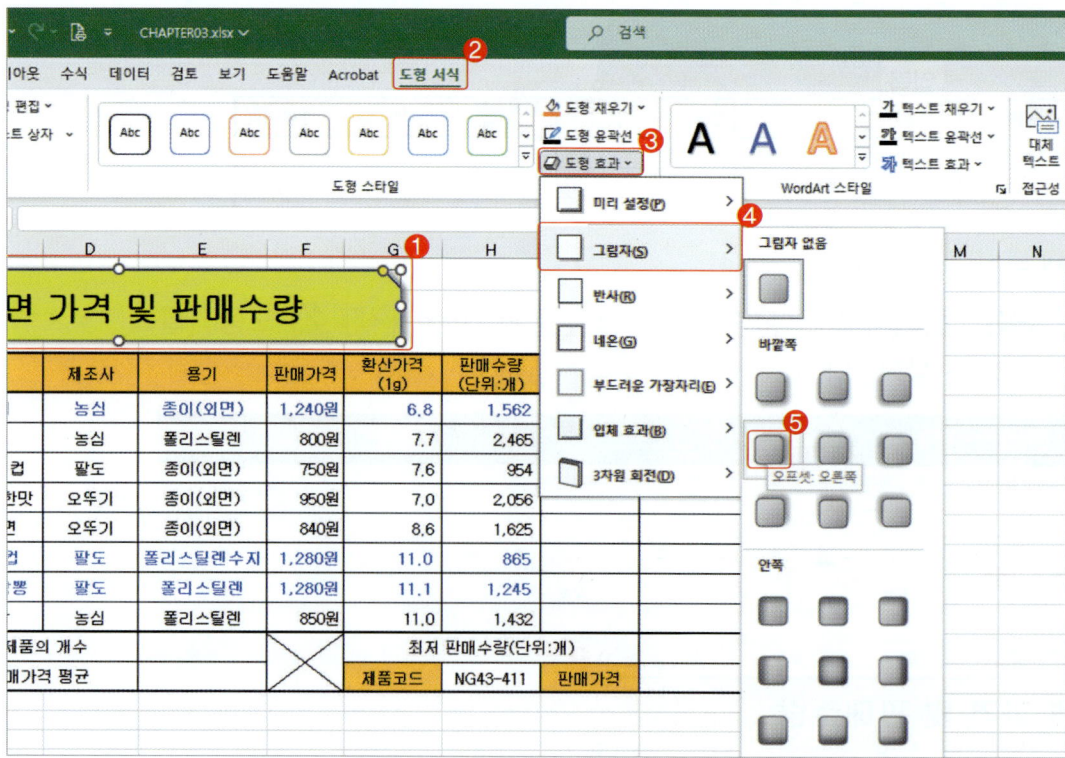

SECTION 02 결재란 작성(그림으로 복사)

① 『결재』가 입력될 두 개의 셀을 블록 설정한다.
→ [홈] 탭 – [맞춤] 그룹 – [병합하고 가운데 맞춤](🔲)을 클릭한다.

> **기적의 TIP**
> 결재란은 앞에 작성한 내용과 행이나 열이 겹치지 않는 셀에서 작성한다. 여기서는 「L16」 셀에서 작성한다.

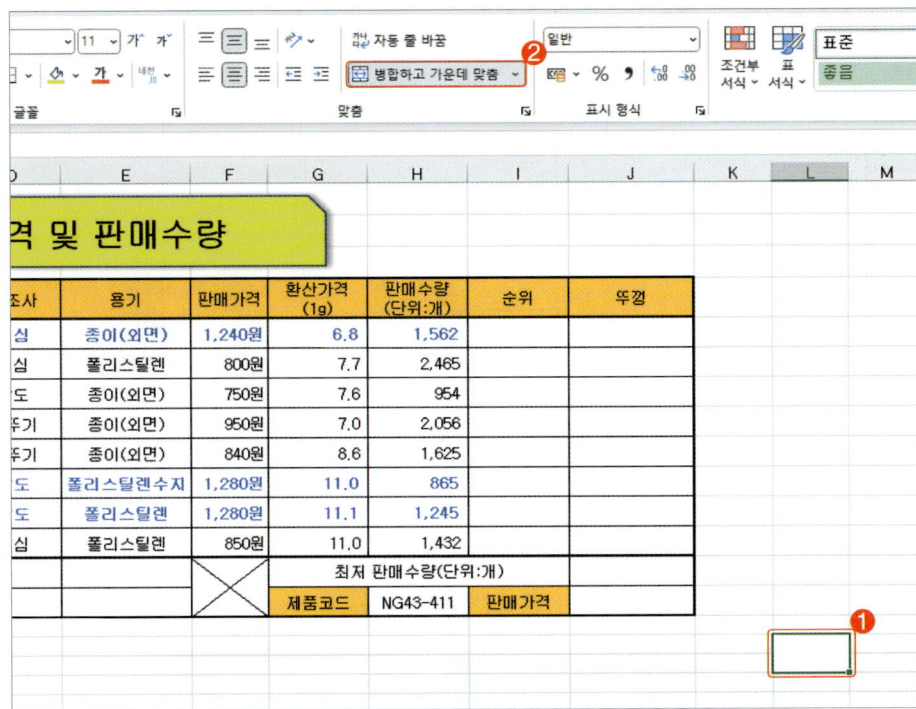

② 『결재』를 입력한다.
→ [홈] 탭 – [맞춤] 그룹 – [방향](꺾쇠)을 클릭하고 [세로 쓰기](세로)를 클릭한다.

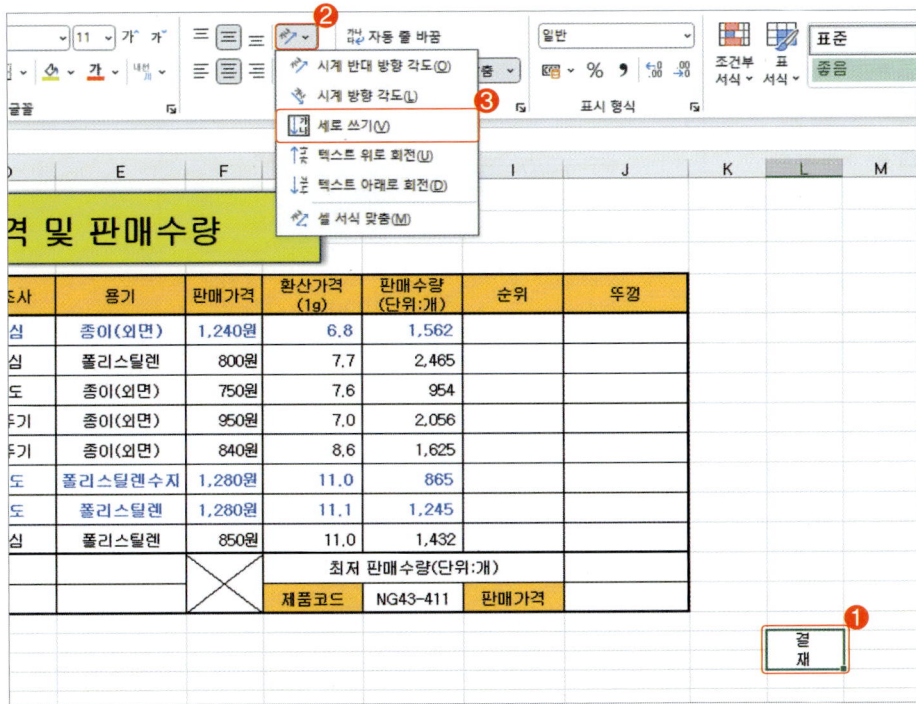

③ 텍스트를 모두 입력하고 행 높이와 열 너비를 조절한다.
→ [홈] 탭 – [맞춤] 그룹 – [가운데 맞춤](≡)을 클릭한다.

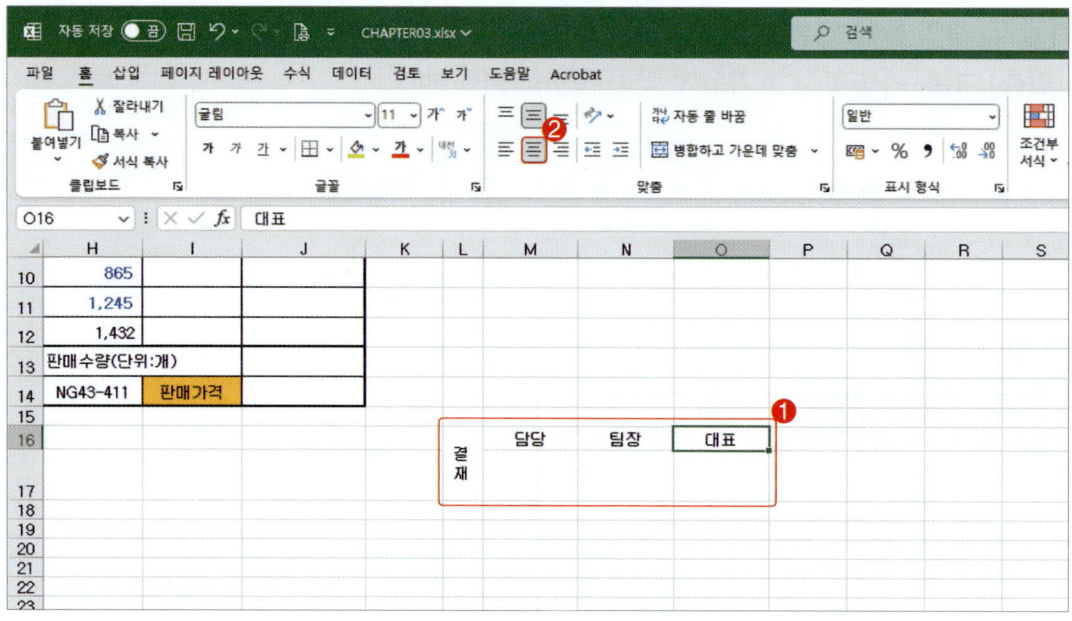

④ 결재란 영역을 모두 블록 설정한다.
→ [홈] 탭 – [글꼴] 그룹 – [테두리]에서 [모든 테두리](⊞)를 클릭한다.

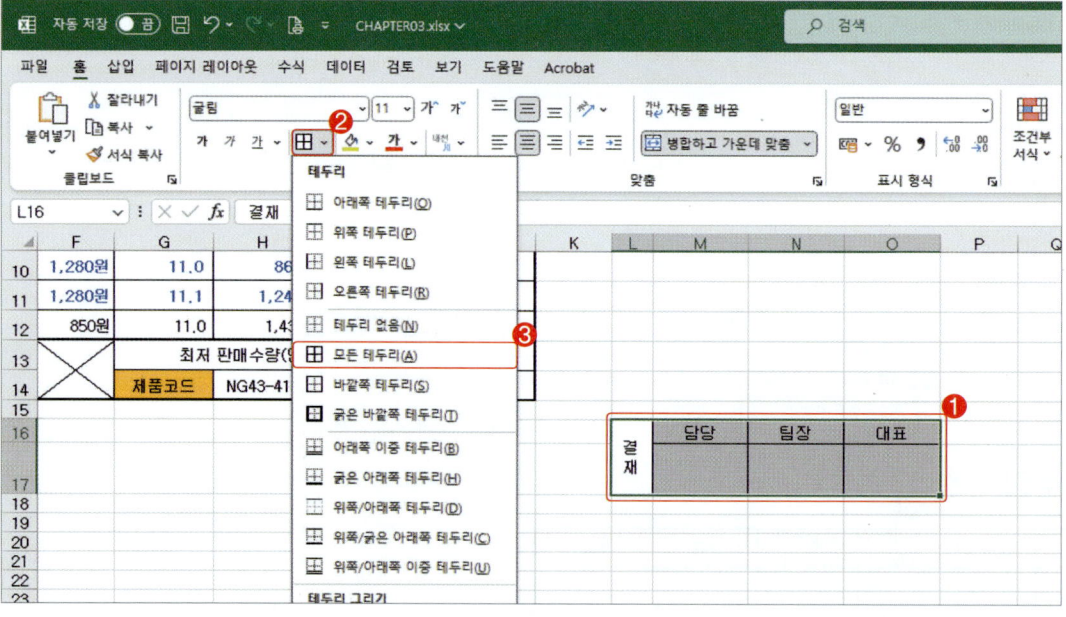

⑤ 결재란 영역이 블록 설정된 상태에서 [홈] 탭 – [클립보드] 그룹 – [복사]( )에서 [그림으로 복사]를 클릭한다.

→ [그림 복사] 대화상자에서 [확인]을 클릭한다.

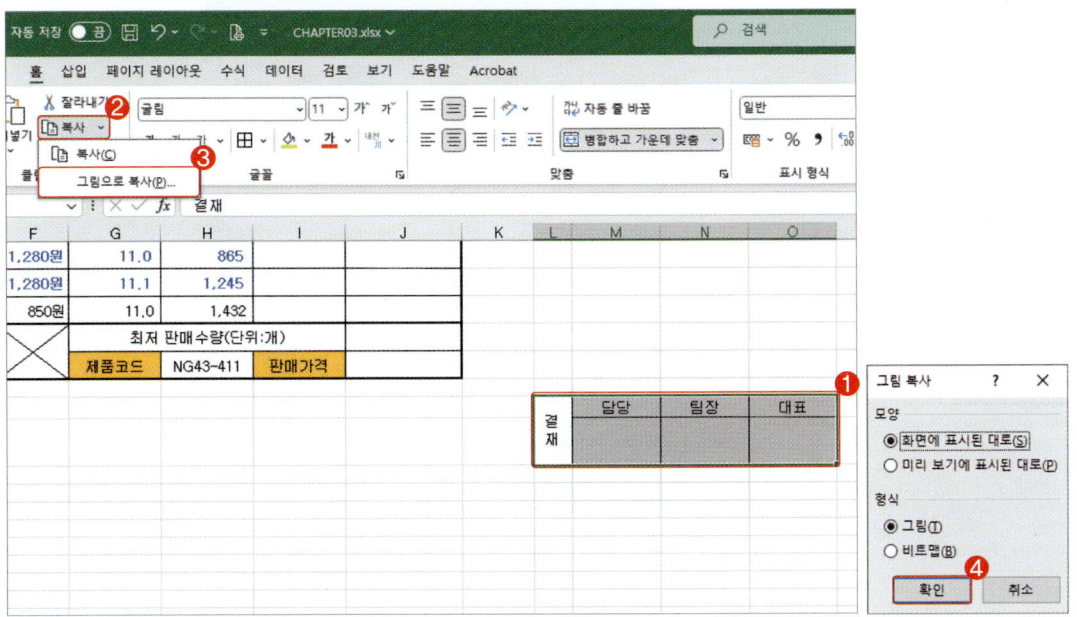

⑥ [홈] 탭 – [클립보드] 그룹 – [붙여넣기]( )를 클릭한다.

→ 그림의 위치를 마우스 드래그하여 조절한다. 방향키(→ ← ↑ ↓)로 미세한 조절이 가능하다.

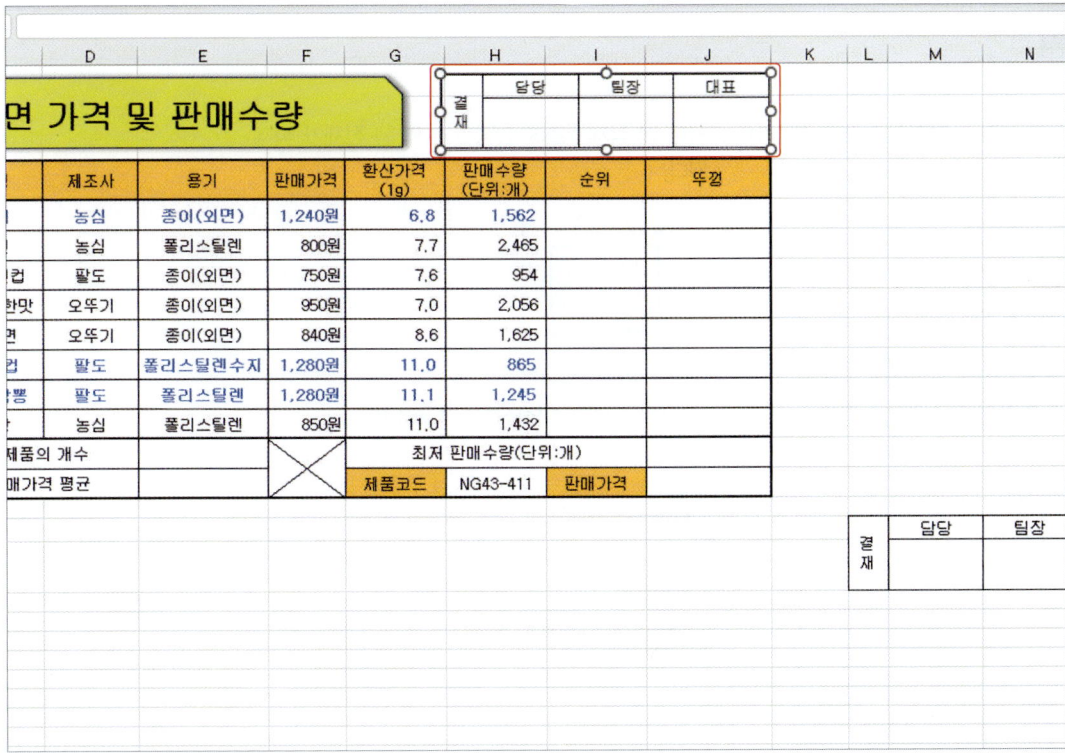

⑦ 기존 작업한 결재란 영역을 블록 설정한다.
→ [홈] 탭 – [셀] 그룹 – [삭제](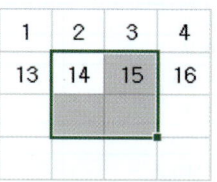)를 클릭한다.

> 🏁 **기적의 TIP**
>
> **삭제 메뉴 실행 결과**
>
> 삭제 : 블록 설정한 셀만 삭제되어 아래의 셀들이 위로 올라온다.
>
> 시트 행 삭제 : 블록 설정한 셀의 행 전체가 삭제된다.
>
> 시트 열 삭제 : 블록 설정한 셀의 열 전체가 삭제된다.
>
>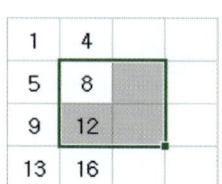
>
> 셀 삭제 : [삭제] 대화상자가 나타난다.
>
>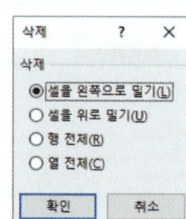

유형을 확인하는 기출문제

문제유형 ❶-1

정답파일 PART 01 시험 유형 따라하기₩유형1-1번_정답.xlsx

다음은 '평생학습센터 온라인 수강신청 현황'에 대한 자료이다. 자료를 입력하고 조건에 맞도록 작업하시오.

출력형태

	B	C	D	E	F	G	H	I	J
1-3	평생학습센터 온라인 수강신청 현황						확인	담당 팀장 센터장	
4	수강코드	강좌명	분류	교육대상	개강날짜	신청인원	수강료(단위:원)	교육장소	신청인원순위
5	CS-210	소통스피치	인문교양	성인	2023-04-03	101	60,000		
6	SL-101	체형교정 발레	생활스포츠	청소년	2023-03-06	56	75,000		
7	ST-211	스토리텔링 한국사	인문교양	직장인	2023-03-13	97	40,000		
8	CE-310	어린이 영어회화	외국어	청소년	2023-04-10	87	55,000		
9	YL-112	요가	생활스포츠	성인	2023-03-04	124	45,000		
10	ME-312	미드로 배우는 영어	외국어	직장인	2023-03-10	78	65,000		
11	PL-122	필라테스	생활스포츠	성인	2023-03-06	135	45,000		
12	SU-231	자신감 UP	인문교양	청소년	2023-04-03	43	45,000		
13	필라테스 수강료(단위:원)						최저 수강료(단위:원)		
14	인문교양 최대 신청인원					강좌명	소통스피치	개강날짜	

조건

- 제목 ⇒ 도형(사각형: 잘린 대각선 방향 모서리)과 그림자(오프셋: 오른쪽)를 이용하여 작성하고 "평생학습센터 온라인 수강신청 현황"을 입력한 후 다음 서식을 적용하시오
  (글꼴 – 굴림, 24pt, 검정, 굵게, 채우기 – 노랑).
- 임의의 셀에 결재란을 작성하여 그림으로 복사 기능을 이용하여 붙이기 하시오(단, 원본 삭제).
- 「B4:J4, G14, I14」 영역은 '주황'으로 채우기 하시오.
- 유효성 검사를 이용하여 「H14」 셀에 강좌명(「C5:C12」 영역)이 선택 표시되도록 하시오.
- 셀 서식 ⇒ 「G5:G12」 영역에 셀 서식을 이용하여 숫자 뒤에 '명'을 표시하시오(예 : 30명).
- 「H5:H12」 영역에 대해 '수강료'로 이름정의를 하시오.
- 조건부 서식의 수식을 이용하여 신청인원이 '100' 이상인 행 전체에 다음의 서식을 적용하시오
  (글꼴 : 파랑, 굵게).

문제유형 ❶-2

다음은 '우리제주로 숙소 예약 현황'에 대한 자료이다. 자료를 입력하고 조건에 맞도록 작업하시오.

출력형태

	A	B	C	D	E	F	G	H	I	J
1					우리제주로 숙소 예약 현황			결재	사원	과장	부장
2											
3											
4		예약번호	종류	숙소명	입실일	1박요금(원)	예약인원	숙박일수	숙박비(원)	위치
5		HA1-01	호텔	엠스테이	2023-08-03	120,000	4	2		
6		RE3-01	리조트	스완지노	2023-07-25	135,000	2	3		
7		HA2-02	호텔	더비치	2023-07-20	98,000	3	3		
8		PE4-01	펜션	화이트캐슬	2023-08-10	115,000	5	4		
9		RE1-02	리조트	베스트뷰	2023-08-01	125,000	3	2		
10		RE4-03	리조트	그린에코	2023-09-01	88,000	4	3		
11		HA2-03	호텔	크라운유니	2023-07-27	105,000	2	4		
12		PE4-03	펜션	푸른바다	2023-09-10	75,000	6	2		
13		호텔 1박요금(원) 평균						가장 빠른 입실일		
14		숙박일수 4 이상인 예약건수						숙소명	엠스테이	예약인원	

조건

- 제목 ⇒ 도형(사다리꼴)과 그림자(오프셋: 오른쪽)를 이용하여 작성하고 "우리제주로 숙소 예약 현황"을 입력한 후 다음 서식을 적용하시오
  (글꼴 – 굴림, 24pt, 검정, 굵게, 채우기 – 노랑).
- 임의의 셀에 결재란을 작성하여 그림으로 복사 기능을 이용하여 붙이기 하시오(단, 원본 삭제).
- 「B4:J4, G14, I14」 영역은 '주황'으로 채우기 하시오.
- 유효성 검사를 이용하여 「H14」 셀에 숙소명(「D5:D12」 영역)이 선택 표시되도록 하시오.
- 셀 서식 ⇒ 「G5:G12」 영역에 셀 서식을 이용하여 숫자 뒤에 '명'을 표시하시오(예 : 4명).
- 「E5:E12」 영역에 대해 '입실일'로 이름정의를 하시오.
- 조건부 서식의 수식을 이용하여 예약인원이 '3' 이하인 행 전체에 다음의 서식을 적용하시오
  (글꼴 : 파랑, 굵게).

[제1작업] 함수-1(날짜, 문자 반환, 조건)

작업파일 PART 01 시험 유형 따라하기₩CHAPTER04.xlsx
정답파일 PART 01 시험 유형 따라하기₩CHAPTER04_정답.xlsx

문제보기

문제 파일을 불러온 후 다음의 조건과 같이 작업하시오.

출력형태

실제 시험에서는 직접 작성한 제1작업 시트를 기준으로 작업한다.

예약코드	예약일	예약요일	예약월	접수처	행사기간(일)	체험비용(원)	지원금
A0525	(1)	(2)	(3)	(4)	10	60,000	(5)
B0401	(1)	(2)	(3)	(4)	9	60,000	(5)
A0707	(1)	(2)	(3)	(4)	12	40,000	(5)
C1225	(1)	(2)	(3)	(4)	10	40,000	(5)
C0815	(1)	(2)	(3)	(4)	13	60,000	(5)
B0131	(1)	(2)	(3)	(4)	14	70,000	(5)
A0224	(1)	(2)	(3)	(4)	8	30,000	(5)
B0305	(1)	(2)	(3)	(4)	10	50,000	(5)

조건

(1)~(5) 셀은 반드시 주어진 함수를 이용하여 값을 구하시오.

(1) 예약일 ⇒ 예약코드의 두 번째부터 두 글자를 '월'로, 네 번째부터 두 글자를 '일'로 하는 2024년의 날짜를 구하시오(DATE, MID 함수)(예 : A0525 → 2024-05-25).

(2) 예약요일 ⇒ 예약일의 요일을 구하시오(CHOOSE, WEEKDAY 함수)(예 : 월요일).

(3) 예약월 ⇒ 예약일의 월을 추출하여 '월'을 붙이시오(MONTH 함수, & 연산자)(예 : 5월).

(4) 접수처 ⇒ 예약코드의 첫 번째 글자가 A이면 '본부', B이면 '직영', 그 외에는 '대리점'으로 구하시오(IF, LEFT 함수).

(5) 지원금 ⇒ 행사기간(일)이 '10' 이상이면서 체험비용(원)이 '50,000' 이상이면 체험비용의 10%, 그 외에는 체험비용의 5%를 구하시오(IF, AND 함수).

SECTION 01 예약일 (DATE, MID 함수)

① 「C5:C12」 영역을 블록 설정한다.
→ [수식] 탭 – [함수 삽입](fx)을 클릭한다.

> **기적의 TIP**
> 함수 입력은 함수 마법사를 이용하거나 직접 수식 입력 줄에 입력하여 작성할 수 있다.

> **해결 TIP**
> **제1작업의 함수를 작성하지 못하면 실격인가요?**
> 해당 함수에 대한 부분점수만 감점되며, 함수는 제2작업, 제3작업, 제4작업에 영향을 미치지 않는다.

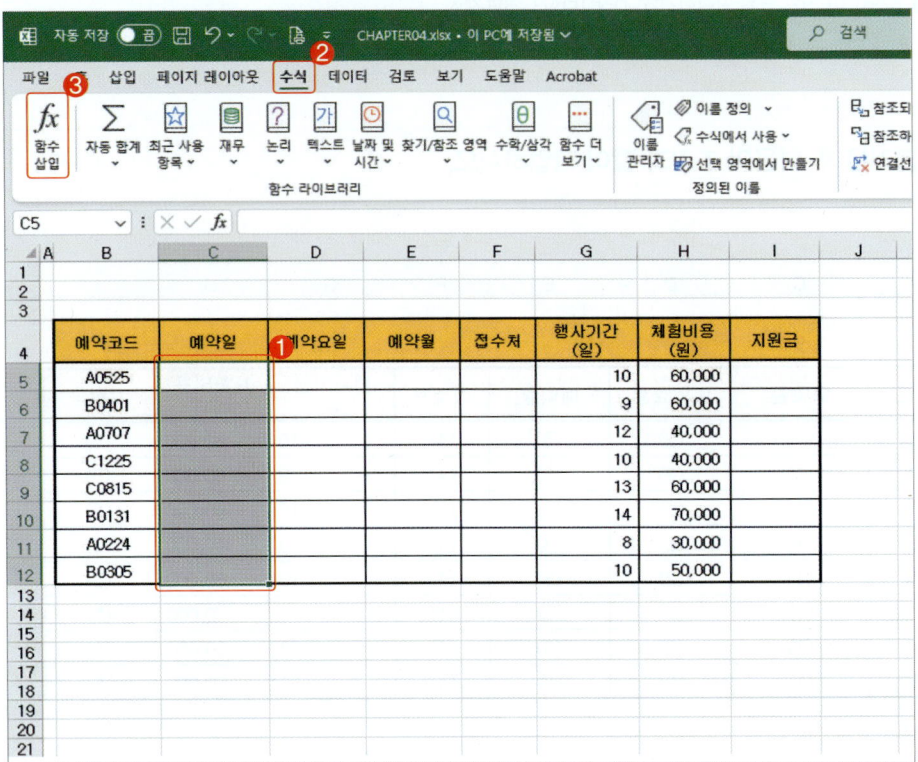

② [함수 마법사] 대화상자에서 함수 검색에 『DATE』를 입력하고 [검색]을 클릭한다.
→ 함수 선택에서 'DATE'를 클릭하고 [확인]을 클릭한다.

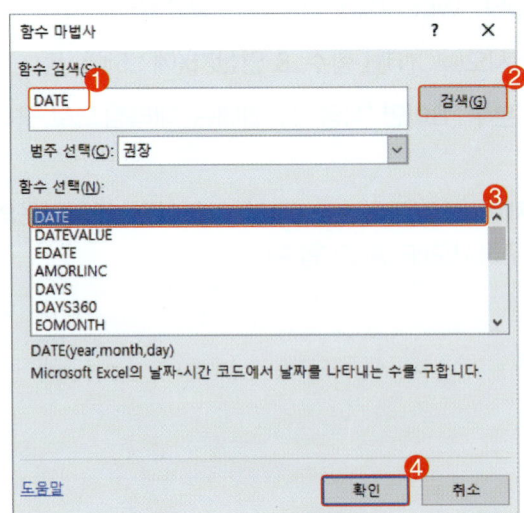

③ DATE의 [함수 인수] 대화상자에서 Year 『2024』, Month 『MID(B5,2,2)』, Day 『MID(B5,4,2)』를 입력한다.
→ Ctrl 을 누른 채 [확인]을 클릭한다.

> **기적의 TIP**
> 블록이 설정되어 있어도 Ctrl 을 누르지 않으면 한 개의 셀에만 입력이 된다.

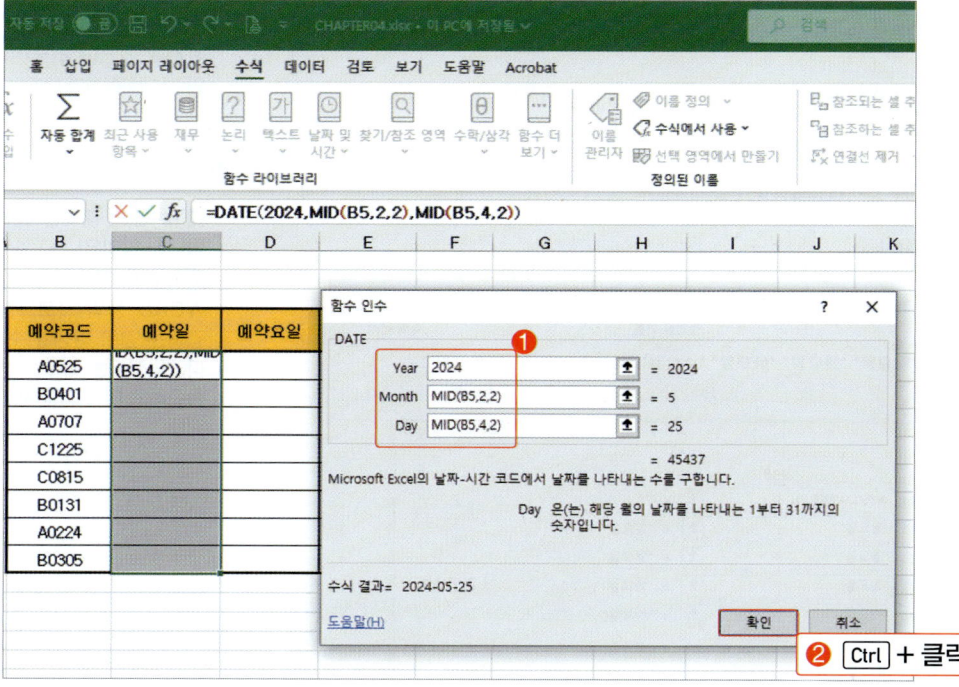

함수 설명

=DATE(2024,MID(B5,2,2),MID(B5,4,2))
     ④   ①   ②   ③

① 연도
② 월 : 「B5」 셀의 2번째 자리부터 2자리 추출
③ 일 : 「B5」 셀의 4번째 자리부터 2자리 추출
④ 추출한 숫자를 연도, 월, 일로 입력하여 날짜로 반환

> **해결 TIP**
> 셀에 값이 #####로 표시되는 경우
> 표시될 데이터보다 열 너비가 좁은 경우이므로 열 너비를 넓혀 준다.

DATE(Year, Month, Day) 함수

Year : 1900~9999 사이의 범위이면 그 값이 연도로 반환
       0~1899 사이의 범위이면 1900을 더해서 반환
Month : 월을 나타내는 정수
Day : 일을 나타내는 정수

MID(Text, Start_num, Num_chars) 함수

Text : 추출할 문자가 들어 있는 텍스트
Start_num : 추출할 문자의 시작 위치
Num_chars : 추출할 문자의 수

SECTION 02   예약요일 (CHOOSE, WEEKDAY 함수)

① 「D5:D12」 영역을 블록 설정한다.
→ 『=CHOOSE』를 입력하고 Ctrl + A 를 누른다.

② CHOOSE의 [함수 인수] 대화상자에서 Index_num 『WEEKDAY(C5,1)』, Value1부터 『일요일 Tab 월요일 Tab 화요일 Tab 수요일 Tab 목요일 Tab 금요일 Tab 토요일』을 입력한다.
→ Ctrl +[확인]을 클릭한다.

> **기적의 TIP**
>
> 『=함수명』을 입력하고 Ctrl + A 를 누르면 바로 [함수 인수] 대화상자가 나타난다.

> **해결 TIP**
>
> [함수 인수] 대화상자가 나타나지 않아요!
> Ctrl + A 단축키가 MS-WORD 등의 프로그램과 겹치는 경우 발생할 수 있다. 의심되는 프로그램을 종료하고 EXCEL을 재실행한다.

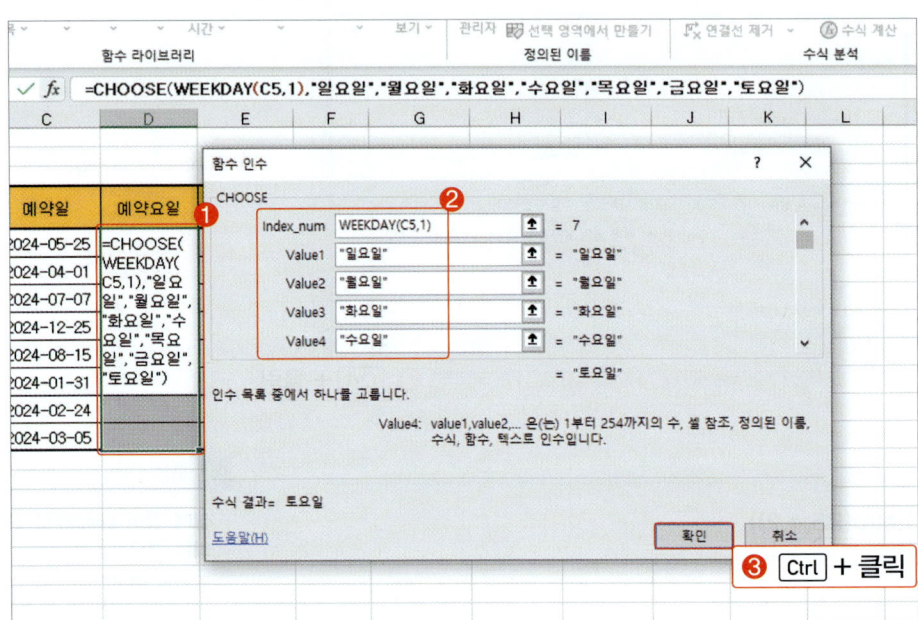

함수 설명

=CHOOSE(WEEKDAY(C5,1), "일요일","월요일","화요일", … ,"토요일")
              ①   ②

① 「C5」 셀의 요일을 1~7의 숫자로 반환
② 반환된 숫자가 1이면 "일요일", 2이면 "월요일", …, 7이면 "토요일"을 반환

CHOOSE(index_num, value1, [value2], …) 함수

index_num : 1이면 value1, 2이면 value2가 반환

WEEKDAY(serial_number, [return_type]) 함수

serial_number : 찾을 날짜를 나타내는 일련번호
return_type : 1 또는 생략 시 요일을 1(일요일)에서 7(토요일) 사이의 숫자로 반환
              2이면 1(월요일)에서 7(일요일)

> **기적의 TIP**
>
> 엑셀에서 날짜는 일련번호로 다뤄진다. 예로 2020년 1월 1일은 1900년 1월 1일을 기준으로 43,831일째이므로 일련번호 43831이 된다.

SECTION 03 예약월 (MONTH 함수, & 연산자)

① 「E5:E12」 영역을 블록 설정한다.
   → 『=MONTH』를 입력하고 Ctrl + A 를 누른다.

② MONTH의 [함수 인수] 대화상자에서 Serial_number 『C5』를 입력한다.
   → Ctrl +[확인]을 클릭한다.

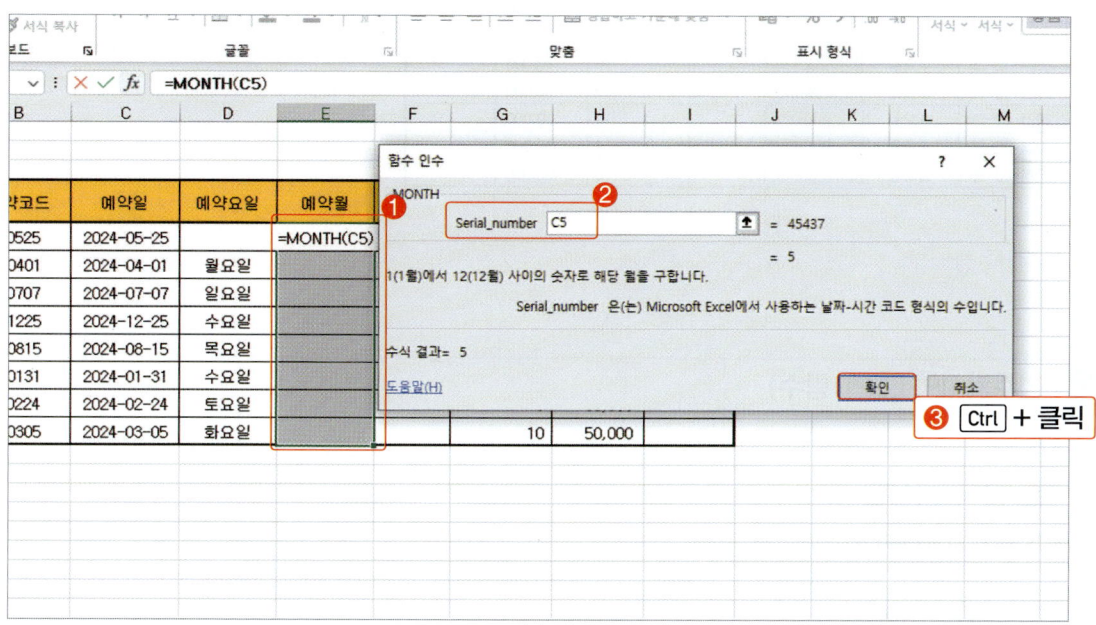

💬 함수 설명

날짜 관련 함수

MONTH(Serial_number) 함수
⇒ 월을 반환한다.

YEAR(Serial_number) 함수
⇒ 연도를 반환한다.

DAY(Serial_number) 함수
⇒ 일을 반환한다.

TODAY() 함수
⇒ 현재 날짜를 반환한다.

③ 「E5:E12」 영역이 블록 설정된 상태에서, 수식 입력줄에 『&"월"』을 이어서 입력한다.
   → Ctrl + Enter 를 누른다.

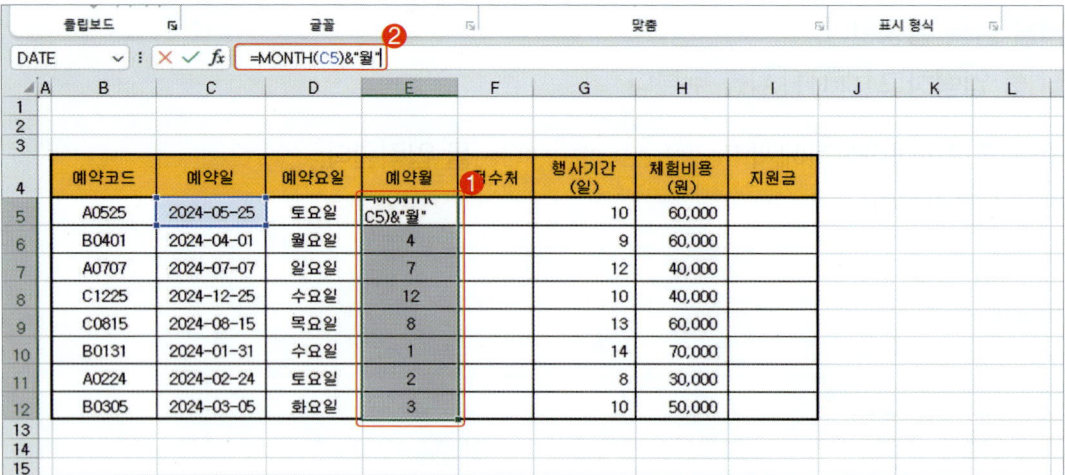

SECTION 04 접수처 (IF, LEFT 함수)

① 「F5:F12」 영역을 블록 설정한다.
   → 『=IF』를 입력하고 Ctrl + A 를 누른다.

② IF의 [함수 인수] 대화상자에서 Logical_test 『LEFT(B5,1)="A"』, Value_if_true 『본부』를 입력한다.

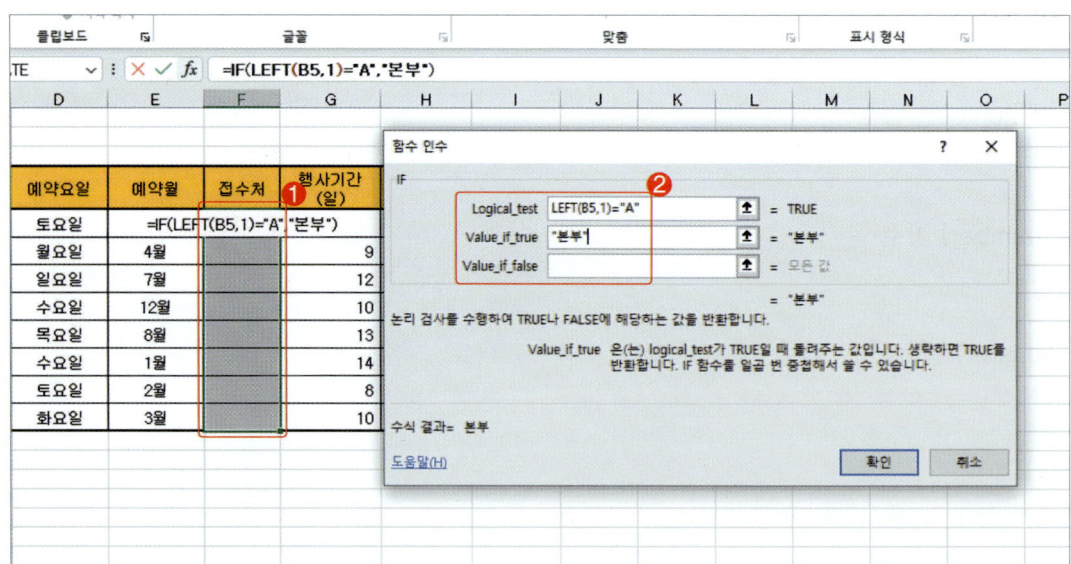

③ 이어서 Value_if_false 『IF(LEFT(B5,1)="B","직영","대리점")』을 입력한다.
→ Ctrl+[확인]을 클릭한다.

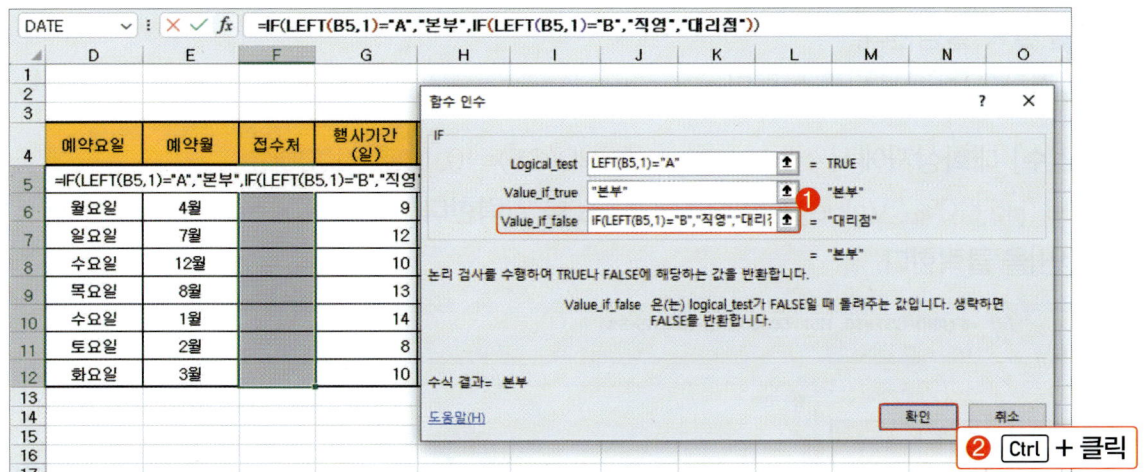

함수 설명

=IF(LEFT(B5,1)="A", "본부", IF(LEFT(B5,1)="B", "직영", "대리점"))
      ①   ②   ③   ④   ⑤

① 「B5」 셀의 첫 번째 글자가 A인지 확인
② A가 맞으면 "본부"를 반환
③ 아니면 다시 「B5」 셀의 첫 번째 글자가 B인지 확인
④ B가 맞으면 "직영"을 반환
⑤ 아니면 "대리점"을 반환

IF(Logical_test, Value_if_true, Value_if_false) 함수

Logical_test : 조건식
Value_if_true : 조건식이 참일 때 반환되는 것
Value_if_false : 조건식이 거짓일 때 반환되는 것

함수 설명

문자 추출 관련 함수

LEFT(Text, [Num_chars]) 함수

Text : 추출할 문자가 들어 있는 텍스트
Num_chars : 추출할 문자 수
⇒ 문자열의 첫번째 문자부터 지정한 수만큼 추출하여 반환한다.

RIGHT(Text, [Num_chars]) 함수

⇒ 문자열의 마지막 문자부터 지정한 수만큼 추출하여 반환한다.

MID(Text, Start_num, Num_chars) 함수

⇒ 문자열의 지정한 위치부터 지정한 수만큼 추출하여 반환한다.

SECTION 05 　 지원금 (IF, AND 함수)

① 「I5:I12」 영역을 블록 설정한다.
→ 『=IF』를 입력하고 Ctrl + A 를 누른다.

② IF의 [함수 인수] 대화상자에서 Logical_test 『AND(G5>=10, H5>=50000)』, Value_if_true 『H5*10%』, Value_if_false 『H5*5%』를 입력한다.
→ Ctrl +[확인]을 클릭한다.

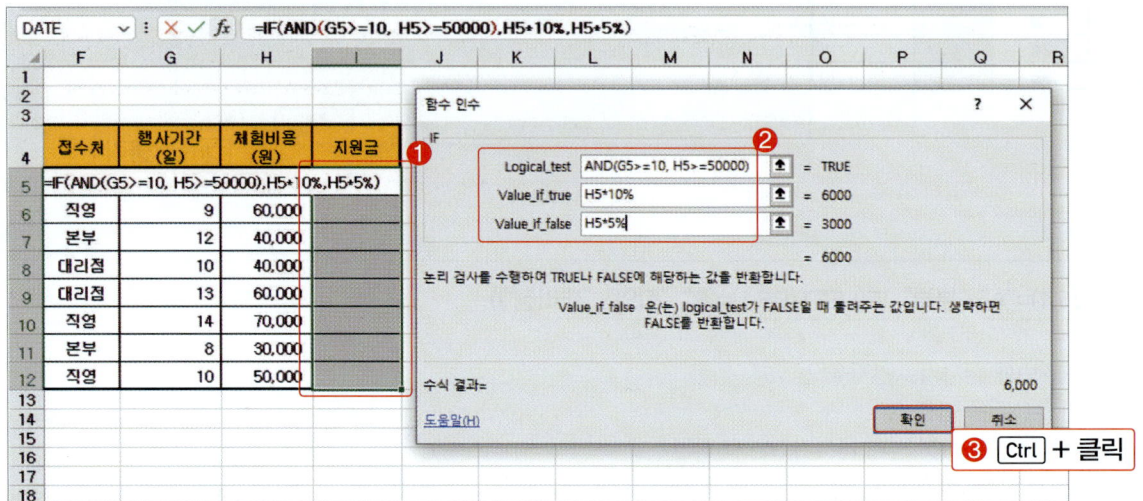

💬 함수 설명

=IF(AND(G5>=10, H5>=50000), H5*10%, H5*5%)
　　　　　　①　　　　　　　　②　　　　③
① 「G5」 셀 값이 10 이상이고 「H5」 셀 값이 50000 이상인지 확인
② 두 조건이 모두 True이면, 「H5」 셀 값에 10%를 곱한 값을 반환
③ 조건 하나라도 False이면, 「H5」 셀 값에 5%를 곱한 값을 반환

💬 함수 설명

AND와 OR

AND(Logical) 함수
⇒ 모든 조건이 True이면 True를 반환한다.

OR(Logical) 함수
⇒ 조건 중 True가 있으면 True를 반환한다.

CHAPTER 05

[제1작업] 함수-2(합계, 순위, 자릿수)

작업파일 PART 01 시험 유형 따라하기\CHAPTER05.xlsx
정답파일 PART 01 시험 유형 따라하기\CHAPTER05_정답.xlsx

문제보기

문제 파일을 불러온 후 다음의 조건과 같이 작업하시오.

출력형태

※ 실제 시험에서는 직접 작성한 제1작업 시트를 기준으로 작업한다.

강사	과목	수강료	수강인원	수강인원 차트	순위	수강후기 (5점 만점)	후기 차트
박지현	한국사	49,500	32	(1)	(2)	3.7	(3)
강해린	수학	60,000	25	(1)	(2)	4.5	(3)
정지훈	물리학	41,100	17	(1)	(2)	3.3	(3)
로버트	영어	50,000	52	(1)	(2)	4.1	(3)
홍지윤	한국사	60,000	32	(1)	(2)	2.7	(3)
민윤기	물리학	89,900	40	(1)	(2)	3.8	(3)
이혜인	수학	80,000	23	(1)	(2)	1.9	(3)
박재상	수학	70,000	19	(1)	(2)	2.8	(3)
개설과목 총 수강료		(4)			최대 수강인원	(6)	
수학과목의 수강료 평균		(5)			두 번째로 많은 수강인원	(7)	

「D5:D12」 영역이 "수강료"로 이름 정의되어 있다.

조건

(1)~(7) 셀은 반드시 <u>주어진 함수를 이용하여</u> 값을 구하시오.

(1) 수강인원 차트 ⇒ 수강인원 십의 단위 수치만큼 '★'을 표시하시오(CHOOSE, INT 함수)
  (예 : 32 → ★★★).

(2) 순위 ⇒ 수강인원의 내림차순 순위를 구하시오(RANK.EQ 함수).

(3) 후기 차트 ⇒ 점수(5점 만점)를 반올림하여 정수로 구한 값의 수만큼 '★'을 표시하시오
  (REPT, ROUND 함수)(예 : 3.7 → ★★★★).

(4) 개설과목 총 수강료 ⇒ 정의된 이름(수강료)을 이용하여 「수강료×수강인원」으로 구하되 반올림하여 천 단위까지 구하시오(ROUND, SUMPRODUCT 함수)
  (예 : 12,345,670 → 12,346,000).

(5) 수학과목의 수강료 평균 ⇒ (SUMIF, COUNTIF 함수)

(6) 최대 수강인원 ⇒ (MAX 함수)

(7) 두 번째로 많은 수강인원 ⇒ (LARGE 함수)

SECTION 01 수강인원 차트 (CHOOSE, INT 함수)

① 「F5:F12」 영역을 블록 설정한다.
　→ 『=CHOOSE』를 입력하고 Ctrl+A를 누른다.

② CHOOSE의 [함수 인수] 대화상자에서 index_num 『INT(E5/10)』, Value1 『★』, Value2 『★★』, Value3 『★★★』, Value4 『★★★★』, Value5 『★★★★★』를 입력한다.
　→ Ctrl+[확인]을 클릭한다.

> **기적의 TIP**
> ★와 같은 특수문자는 자음 'ㅁ'을 입력하고 [한자]를 눌러 입력하거나, [삽입] 탭-[기호]를 클릭하여 입력할 수 있다.

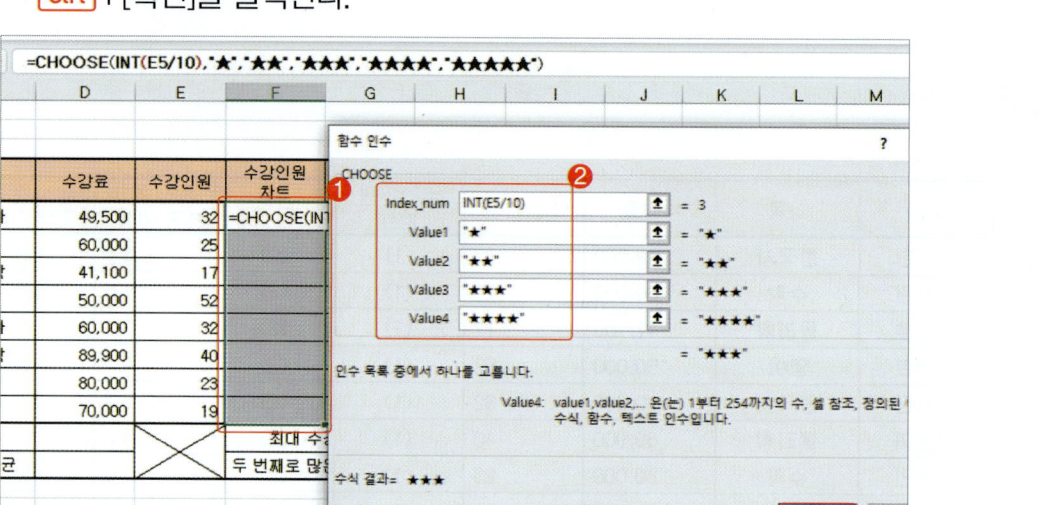

❸ Ctrl + 클릭

💬 함수 설명

=CHOOSE(INT(E5/10), "★","★★","★★★","★★★★","★★★★★")
　　　　　　①　　　　　　　　　②

① 「E5」 셀의 값을 10으로 나눈 몫의 정수만 반환
② 반환된 숫자가 1이면 "★", 2이면 "★★", …, 5이면 "★★★★★"를 반환

CHOOSE(Index_num, Value1, [Value2], …) 함수
Index_num : 1이면 Value1, 2이면 Value2가 반환

💬 함수 설명

정수 추출 관련 함수

INT(Number) 함수
⇒ 가까운 정수로 내린다.

TRUNC(Number) 함수
⇒ 소수점 이하를 버린다. INT와는 음수를 사용하는 경우에만 결과가 다르다.
　예) TRUNC(-4.3)은 -4를 반환하고 INT(-4.3)은 -5를 반환한다.

SECTION 02 순위 (RANK.EQ 함수)

① 「G5:G12」 영역을 블록 설정한다.
→ 『=RANK.EQ』를 입력하고 Ctrl + A 를 누른다.

② RANK.EQ의 [함수 인수] 대화상자에서 Number 『E5』, Ref 『E5:E12』를 입력한 후 F4 를 눌러 절대주소를 만든다.
→ Ctrl +[확인]을 클릭한다.

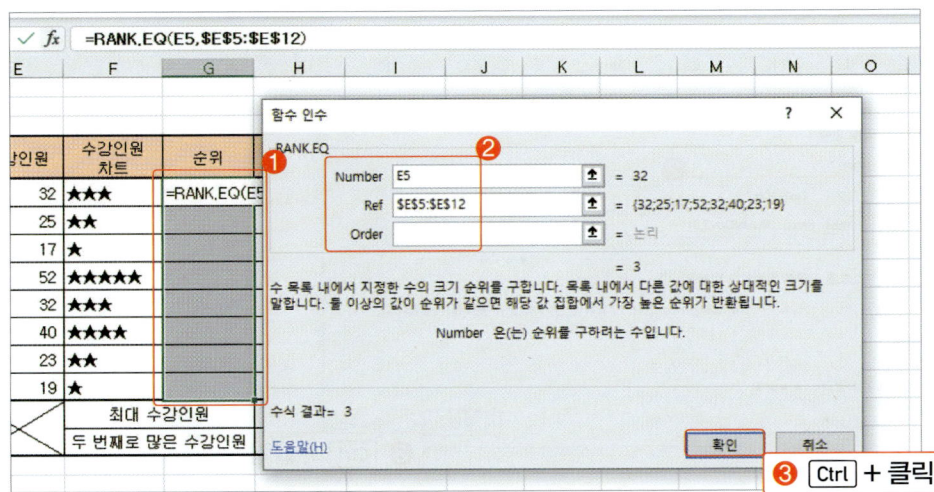

> **해결 TIP**
>
> **함수 사용 시 절대참조, 상대참조 어떤 것을 사용해야 하나요?**
>
> 경우에 따라 반드시 절대참조를 사용하여야만 결과값이 정확하게 나오는 경우 절대참조를 해야 하지만, 결과값의 셀이 한 셀에 고정되어 있을 경우나 어떤 참조방법을 사용해도 결과값에 변경이 없을 경우 둘 중 어느 것을 사용하여도 된다.

💬 함수 설명

=RANK.EQ(E5, $E$5:$E$12)
　　　　　　①　　　②

① 「E5」 셀의 순위를
② 「E5:E12」 영역에서 구함

RANK.EQ(Number, Ref, [Order]) 함수

Number : 순위를 구하려는 셀
Ref : 목록의 범위
Order : 순위 결정 방법, 0이거나 생략하면 내림차순, 0이 아니면 오름차순

🚩 기적의 TIP

절대주소 사용

	미사용	사용
5	(E5, E5:E12)	(E5, $E$5:$E$12)
6	(E6, E6:E13)	(E6, $E$5:$E$12)
7	(E7, E7:E14)	(E7, $E$5:$E$12)
8	(E8, E8:E15)	(E8, $E$5:$E$12)

절대주소를 사용하지 않으면 Ctrl +[확인]으로 한 번에 입력하거나 마우스 드래그 할 때, 범위가 고정되지 않고 움직일 수 있다.

SECTION 03 후기 차트 (REPT, ROUND 함수)

① 「I5:I12」 영역을 블록 설정한다.
　→ 『=REPT』를 입력하고 Ctrl+A를 누른다.

② REPT의 [함수 인수] 대화상자에서 Text 『★』, Number_times 『ROUND(H5,0)』를 입력한다.
　→ Ctrl+[확인]을 클릭한다.

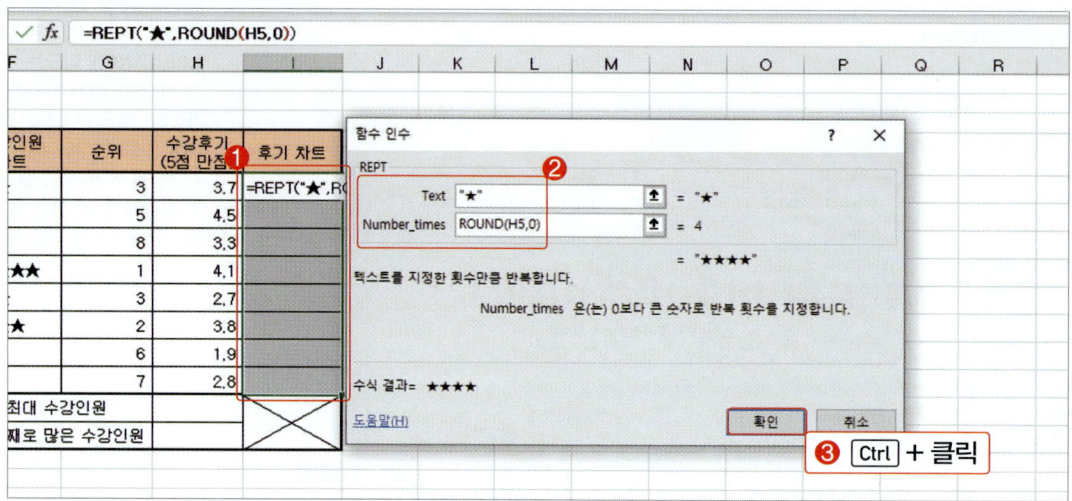

함수 설명

=REPT("★", ROUND(H5,0))
　　　②　　　　　①

① 「H5」 셀의 값을 소수점 0자리까지 반올림(즉, 가장 가까운 정수로 반올림)해서
② 반환된 정수만큼 ★를 반환

REPT(Text, Number_times) 함수
Text : 반복할 텍스트
Number_times : 반복할 횟수

함수 설명

반올림, 내림 함수

ROUND(Number, Num_digits) 함수
Number : 반올림할 숫자
Num_digits : 반올림하려는 자릿수

ROUNDDOWN(Number, Num_digits) 함수
⇒ 지정한 자릿수로 내림한다.

SECTION 04 개설과목 총 수강료 (ROUND, SUMPRODUCT 함수)

① 「D13」 셀에 『=ROUND』를 입력하고 Ctrl+A를 누른다.

② ROUND의 [함수 인수] 대화상자에서 Number 『SUMPRODUCT(수강료,E5:E12)』, Number_digits 『-3』을 입력한다.
→ [확인]을 클릭한다.

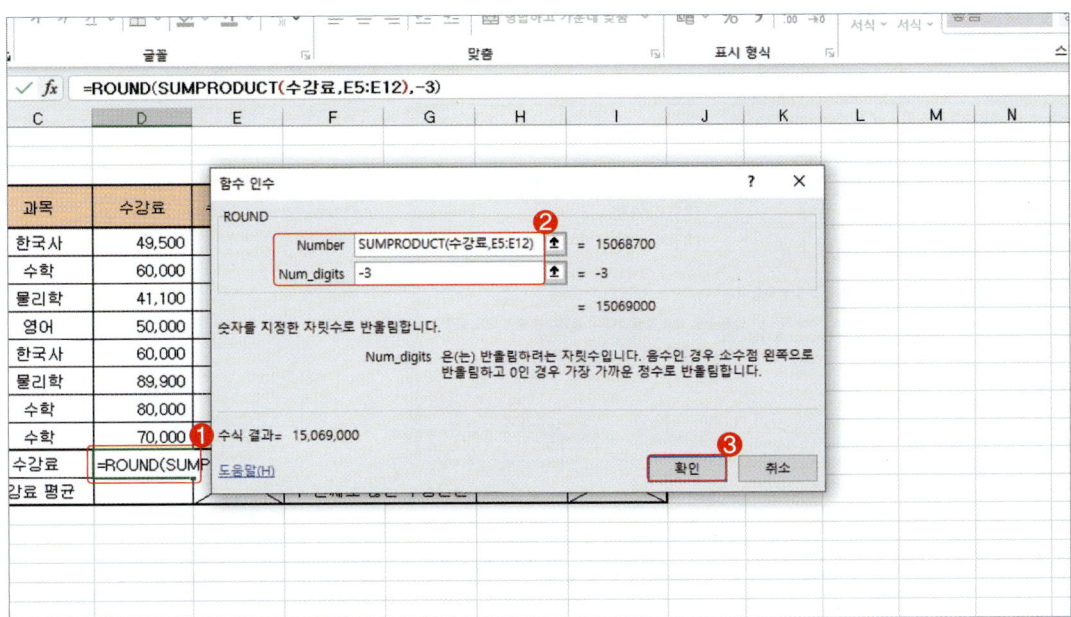

함수 설명

=ROUND(SUMPRODUCT(수강료, E5:E12), -3)
                          ①   ②

① "수강료"로 이름 정의한 영역과 「E5:E12」 영역의 대응되는 값을 곱하여 합계를 계산
② 소수 위 세번째 자리에서 반올림

SUMPRODUCT(Array1, [Array2], …) 함수
⇒ 주어진 범위 또는 배열의 총 합계를 반환한다.

SECTION 05   수학과목의 수강료 평균 (SUMIF, COUNTIF 함수)

① 「D14」 셀에 『=SUMIF』를 입력하고 Ctrl + A 를 누른다.

② SUMIF의 [함수 인수] 대화상자에서 Range 『C5:C12』, Criteria 『수학』, Sum_range 『D5:D12』를 입력한다.
　→ [확인]을 클릭한다.

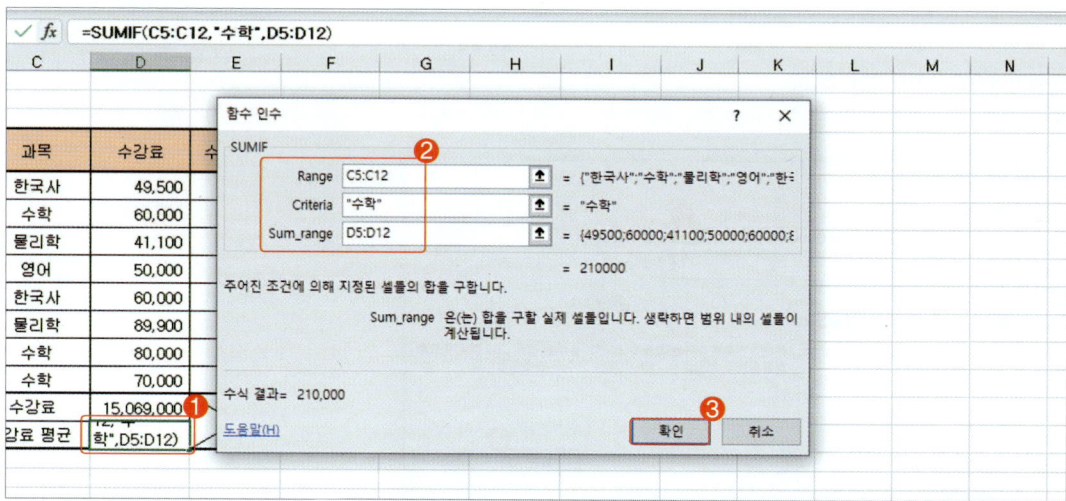

③ 「D14」 셀의 수식에 『/COUNTIF』를 이어서 입력하고 Ctrl + A 를 누른다.

④ COUNTIF의 [함수 인수] 대화상자에서 Range 『C5:C12』, Criteria 『수학』을 입력한다.
　→ [확인]을 클릭한다.

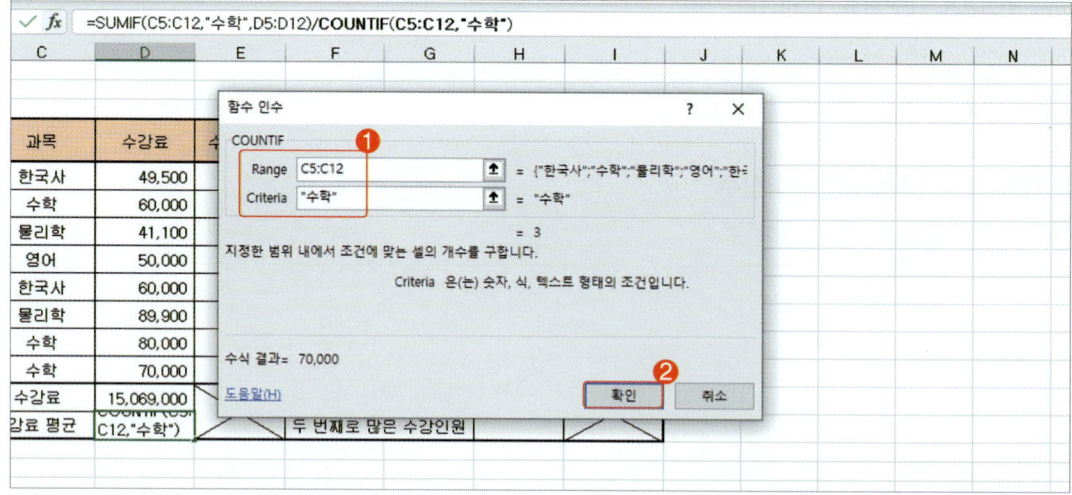

함수 설명

=SUMIF(C5:C12, "수학", D5:D12) / COUNTIF(C5:C12, "수학")
　　　　　　　①　　　　　　　　　　　　②

① 「C5:C12」 영역에서 "수학"을 찾아 해당하는 「D5:D12」 영역의 합계를 계산
② "수학"의 개수를 구하여 나눗셈

SUMIF(Range, Criteria, Sum_range) 함수
Range : 조건을 적용할 셀 범위
Criteria : 조건
Sum_range : Range 인수에 지정되지 않은 범위를 추가

COUNTIF(Range, Criteria) 함수
Range : 찾으려는 위치
Criteria : 찾으려는 항목

SECTION 06 최대 수강인원 (MAX 함수)

① 「H13」 셀에 『=MAX(E5:E12)』를 입력한다.

강사	과목	수강료	수강인원	수강인원 차트	순위	수강후기 (5점 만점)	후기 차트
박지현	한국사	49,500	32	★★★	3	3.7	★★★★
강해린	수학	60,000	25	★★	5	4.5	★★★★★
정지훈	물리학	41,100	17	★	8	3.3	★★★
로버트	영어	50,000	52	★★★★★	1	4.1	★★★★
홍지윤	한국사	60,000	32	★★★	3	2.7	★★★
민윤기	물리학	89,900	40	★★★★	2	3.8	★★★★
이혜인	수학	80,000	23	★★	6	1.9	★★
박재상	수학	70,000	19	★	7	2.8	★★★
개설과목 총 수강료		15,069,000		최대 수강인원		=MAX(E5:E12)	
수학과목의 수강료 평균		70,000		두 번째로 많은 수강인원			

함수 설명

MAX와 MIN

MAX(Number1, [Number2], ⋯) 함수
⇒ 가장 큰 값을 반환한다.

MIN(Number1, [Number2], ⋯) 함수
⇒ 가장 작은 값을 반환한다.

SECTION 07 두 번째로 많은 수강인원 (LARGE 함수)

① 「H14」 셀에 『=LARGE』를 입력하고 Ctrl + A 를 누른다.

② LARGE의 [함수 인수] 대화상자에서 Array 『E5:E12』, K 『2』를 입력한다.
→ [확인]을 클릭한다.

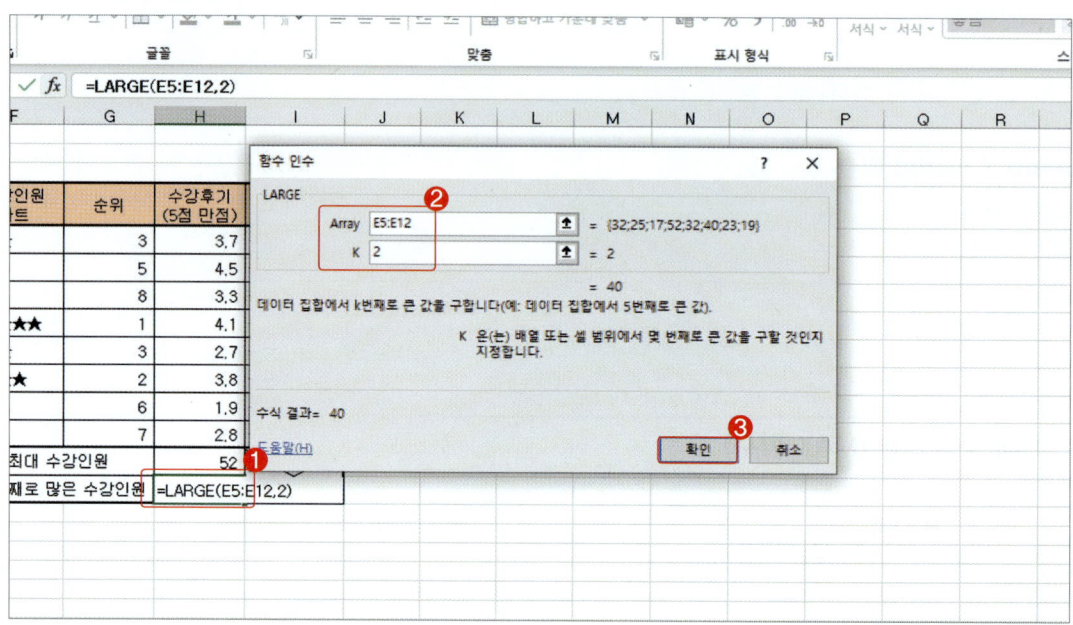

함수 설명

LARGE와 SMALL

LARGE(Array, K) 함수
⇒ 주어진 집합에서 K번째로 큰 값을 반환한다.

SMALL(Array, K) 함수
⇒ 주어진 집합에서 K번째로 작은 값을 반환한다.

CHAPTER 06

[제1작업] **함수-3(목록, 범위)**

▶ 합격 강의

작업파일 PART 01 시험 유형 따라하기\CHAPTER06.xlsx
정답파일 PART 01 시험 유형 따라하기\CHAPTER06_정답.xlsx

문제보기

문제 파일을 불러온 후 다음의 조건과 같이 작업하시오.

출력형태

※ 실제 시험에서는 직접 작성한 제1작업 시트를 기준으로 작업한다.

제품코드	제품명	시리즈	난이도	부품수	판매가	상품명
76210	헐크버스터	마블	어려움	4,049	500,000	3.8
43187	라푼젤의 탑	디즈니	쉬움	369	90,000	4.3
75304	다스베이더 헬멧	스타워즈	쉬움	834	110,000	4.3
43222	디즈니 캐슬	디즈니	어려움	4,837	420,000	4.9
76218	샘텀 샘토럼	마블	어려움	2,708	300,000	4.7
76216	아이언맨 연구소	마블	쉬움	496	100,000	3.2
21326	곰돌이 푸	디즈니	보통	1,265	130,000	4.0
75308	R2-D2	스타워즈	보통	2,314	300,000	4.6
마블 시리즈 판매가의 합계		(1)	어려움 난이도 제품 중 최소 부품수			(4)
마블 시리즈 판매가의 평균		(2)	어려움 난이도 제품 수			(5)
판매가의 전체 평균		(3)	곰돌이 푸의 판매가			(6)
			제품명	곰돌이 푸	판매가	(7)

조건

(1)~(7) 셀은 반드시 주어진 함수와 입력 데이터를 이용하여 값을 구하시오.
(1) 마블 시리즈 판매가의 합계 ⇒ (DSUM 함수)
(2) 마블 시리즈 판매가의 평균 ⇒ (DAVERAGE 함수)
(3) 판매가의 전체 평균 ⇒ (AVERAGE 함수)
(4) 어려움 난이도 제품 중 최소 부품수 ⇒ (DMIN 함수)
(5) 어려움 난이도 제품 수 ⇒ (DCOUNTA 함수)
(6) 곰돌이 푸의 판매가 ⇒ (INDEX, MATCH 함수)
(7) 판매가 ⇒ 제품명에 대한 판매가를 구하시오(VLOOKUP 함수).

SECTION 01 　마블 시리즈 판매가의 합계 (DSUM 함수)

① 「D13」 셀에 『=DSUM』을 입력하고 Ctrl+A를 누른다.

② DSUM의 [함수 인수] 대화상자에서 Database 『B4:H12』, Field 『6』, Criteria 『D4:D5』를 입력한다.
　→ [확인]을 클릭한다.

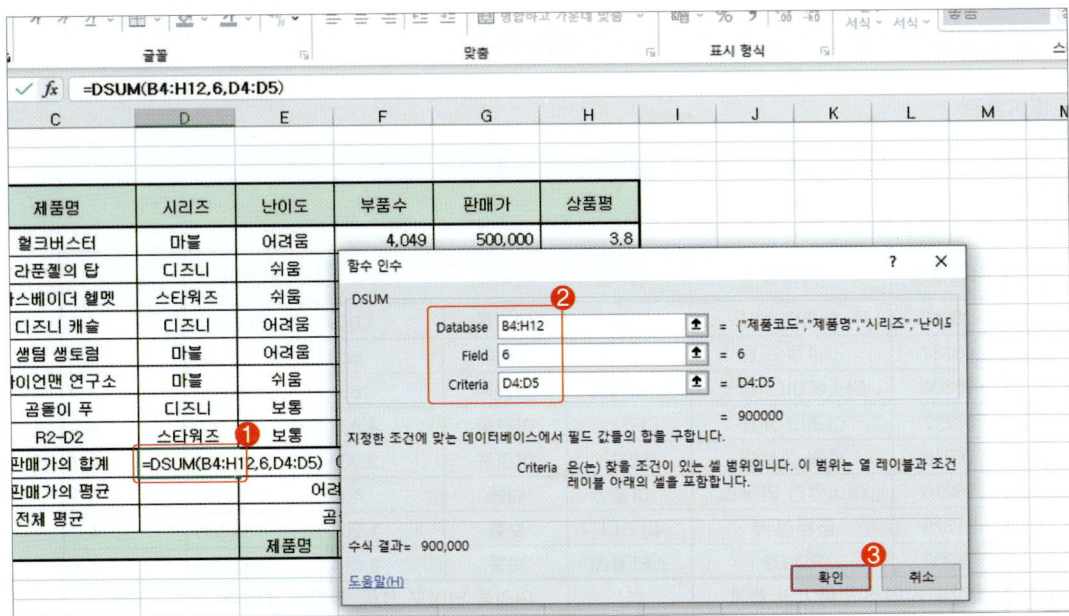

💬 함수 설명

=DSUM(B4:H12, 6, D4:D5)
　　　　　①　　　②

① 「B4:H12」 영역의 6번째 열인 "판매가"에서
② 시리즈가 "마블"인 것들의 합계를 계산

DSUM(Database, Field, Criteria) 함수

Database : 지정할 범위
Field : 함수에 사용되는 열 위치
Criteria : 조건이 있는 셀 범위

SECTION 02 　마블 시리즈 판매가의 평균 (DAVERAGE 함수)

① 「D14」 셀에 『=DAVERAGE』를 입력하고 Ctrl+A를 누른다.　앞의 DSUM처럼 6을 입력해도 된다.

② DAVERAGE의 [함수 인수] 대화상자에서 Database 『B4:H12』, Field 『G4』, Criteria 『D4:D5』를 입력한다.
　→ [확인]을 클릭한다.

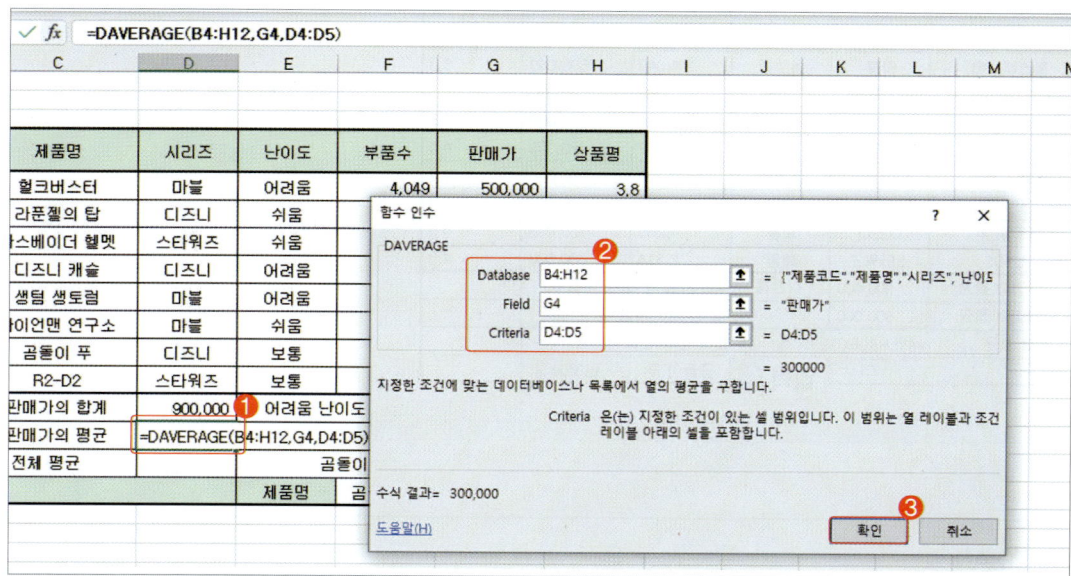

💬 함수 설명

=DAVERAGE(B4:H12, G4, D4:D5)
　　　　　　　①　　　②

① 「B4:H12」 영역의 G4 열인 "판매가"에서
② 시리즈가 "마블"인 것들의 평균을 계산

DAVERAGE(Database, Field, Criteria) 함수

Database : 지정할 범위
Field : 함수에 사용되는 열 위치
Criteria : 조건이 있는 셀 범위

SECTION 03 판매가의 전체 평균 (AVERAGE 함수)

① 「D15」셀에 『=AVERAGE(G5:G12)』를 입력한다.

제품코드	제품명	시리즈	난이도	부품수	판매가	상품평
76210	헐크버스터	마블	어려움	4,049	500,000	3.8
43187	라푼젤의 탑	디즈니	쉬움	369	90,000	4.3
75304	다스베이더 헬멧	스타워즈	쉬움	834	110,000	4.3
43222	디즈니 캐슬	디즈니	어려움	4,837	420,000	4.9
76218	샘텀 샘토럼	마블	어려움	2,708	300,000	4.7
76216	아이언맨 연구소	마블	쉬움	496	100,000	3.2
21326	곰돌이 푸	디즈니	보통	1,265	130,000	4.0
75308	R2-D2	스타워즈	보통	2,314	300,000	4.6
마블 시리즈 판매가의 합계		900,000	어려움 난이도 제품 중 최소 부품수			
마블 시리즈 판매가의 평균		300,000	어려움 난이도 제품 수			
판매가의 전체 평균		=AVERAGE(G5:G12)	푸의 판매가			
			곰돌이 푸	판매가		

함수 설명

AVERAGE와 MEDIAN

AVERAGE(Number1, [Number2], …) 함수
⇒ 주어진 집합에서 평균을 반환한다.

MEDIAN(Number1, [Number2], …) 함수
⇒ 주어진 집합에서 중간 값(중간에 위치한 값)을 반환한다.

SECTION 04 어려움 난이도 제품 중 최소 부품수 (DMIN 함수)

① 「H13」셀에 『=DMIN』을 입력하고 Ctrl+A를 누른다.

② DMIN의 [함수 인수] 대화상자에서 Database 『B4:H12』, Field 『5』, Criteria 『E4:E5』를 입력한다.
   → [확인]을 클릭한다.

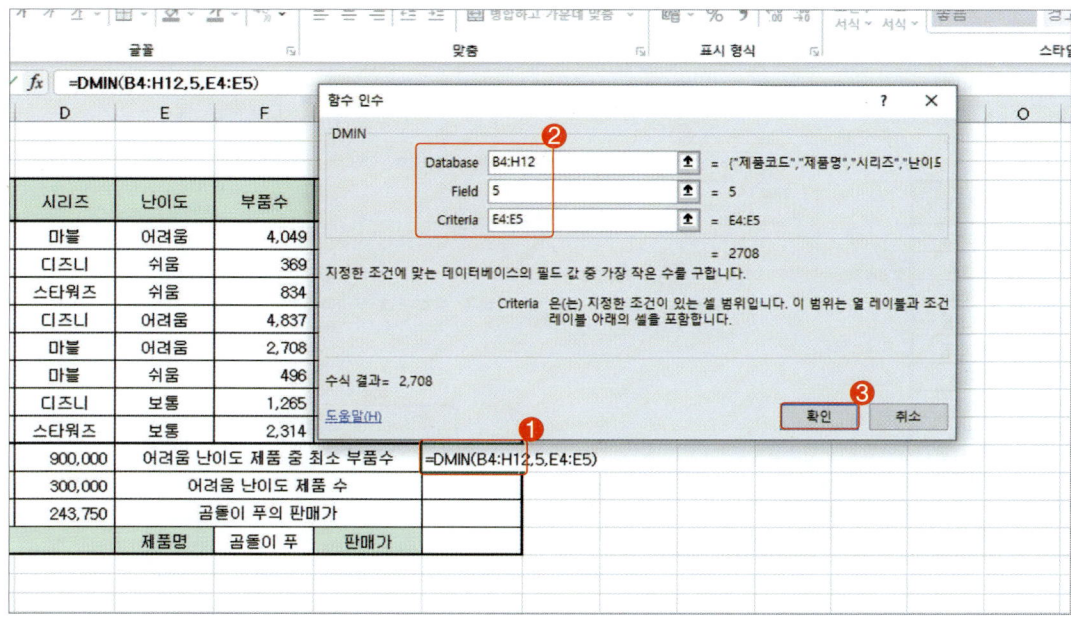

함수 설명

DMIN과 DMAX

DMIN(Database, Field, Criteria) 함수
⇒ 목록에서 조건에 맞는 가장 작은 값을 반환한다.

DMAX(Database, Field, Criteria) 함수
⇒ 목록에서 조건에 맞는 가장 큰 값을 반환한다.

SECTION 05 어려움 난이도 제품 수 (DCOUNTA 함수)

① 「H14」 셀에 『=DCOUNTA』를 입력하고 Ctrl + A 를 누른다.

② DCOUNTA의 [함수 인수] 대화상자에서 Database 『B4:H12』, Field 『4』, Criteria 『E4:E5』를 입력한다.
　→ [확인]을 클릭한다.

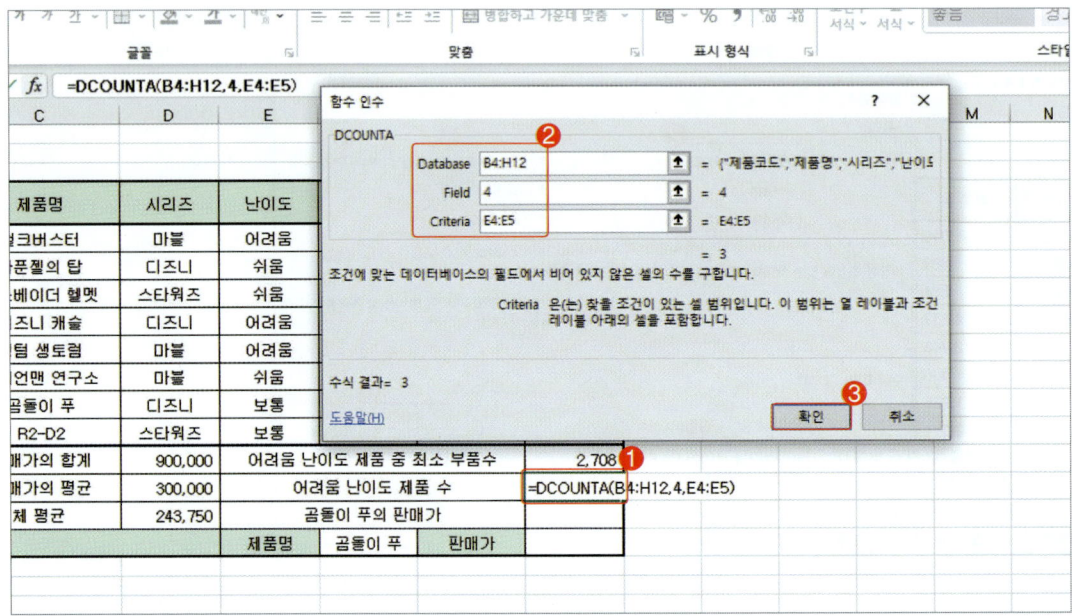

함수 설명

=DCOUNTA(B4:H12, 4, E4:E5)
　　　　　　①　　　②

① 「B4:H12」 영역의 4번째 열인 "난이도"에서
② 난이도가 "어려움"인 것들의 개수를 반환

DCOUNTA(Database, Field, Criteria) 함수

Database : 지정할 범위
Field : 함수에 사용되는 열 위치
Criteria : 조건이 있는 셀 범위

SECTION 06 곰돌이 푸의 판매가 (INDEX, MATCH 함수)

① 「H15」 셀에 『=INDEX』를 입력하고 Ctrl+A를 누른다.

② INDEX의 [인수 선택] 대화상자에서 array,row_num,column_num을 선택한다.
→ [확인]을 클릭한다.

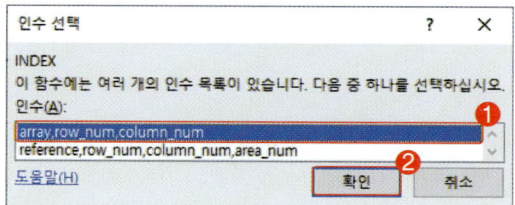

 함수 설명

INDEX 함수의 인수 선택

INDEX 함수는 값을 반환하는 배열형(array)과 참조를 반환하는 참조형(reference)을 선택할 수 있다. 참조형은 범위를 여러 개 설정하는 경우에 사용하는 방식이다. 보통은 배열형을 주로 사용한다.

③ INDEX의 [함수 인수] 대화상자에서 Array 『B5:H12』, Row_num 『MATCH("곰돌이 푸", C5:C12, 0)』, Column_num 『6』을 입력한다.
→ [확인]을 클릭한다.

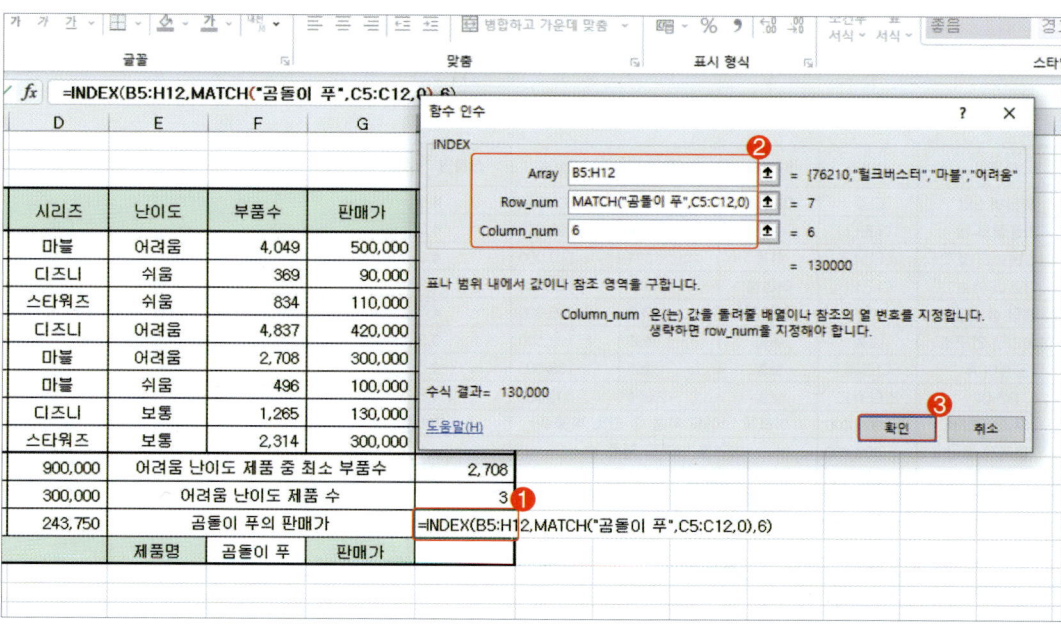

> 💬 함수 설명

=INDEX(B5:H12, MATCH("곰돌이 푸", C5:C12, 0), 6)
　　　　①　　　　　　　②　　　　　　　③

① 「B5:H12」 영역에서
② "곰돌이 푸"가 「C5:C12」 범위에서 몇 번째 행에 있는지 반환하고
③ 6번째 열인 "판매가"에서 ②에서 구한 행의 데이터를 찾음

INDEX(Array, Row_num, [Column_num]) 함수

Array : 지정할 범위
Row_num : 값을 반환할 배열의 행
Column_num : 값을 반환할 배열의 열

MATCH(Lookup_value, Lookup_array, [Match_type]) 함수

Lookup_value : 찾으려는 값
Lookup_array : 검색할 범위
Match_type : 0이면 Lookup_value와 같은 값을 찾음

SECTION 07 판매가 (VLOOKUP 함수)

① 「H16」 셀에 『=VLOOKUP(F16, C5:H12, 5, 0)』을 입력한다.

> **함수 설명**

=VLOOKUP(F16, C5:H12, 5, 0)
　　　　　　①　　　②

① 「F16」 셀의 값을 「C5:H12」 영역에서 조회하고
② 해당하는 행의 5번째 열인 "판매가"의 값을 반환

VLOOKUP(Lookup_value, Table_array, Col_index_num, [Range_lookup]) 함수
Lookup_value : 조회하려는 값
Table_array : 조회할 값이 있는 범위
Col_index_num : 반환할 값이 있는 열
Range_lookup : 0(FALSE)이면 정확히 일치, 1(TRUE)이면 근사값 반환

---

② 「F16」 셀 선택에 따라 「H16」 셀이 바뀌는 것을 확인한다.

제품코드	제품명	시리즈	난이도	부품수	판매가	상품평
76210	헐크버스터	마블	어려움	4,049	500,000	3.8
43187	라푼젤의 탑	디즈니	쉬움	369	90,000	4.3
75304	다스베이더 헬멧	스타워즈	쉬움	834	110,000	4.3
43222	디즈니 캐슬	디즈니	어려움	4,837	420,000	4.9
76218	샘텀 샘토럼	마블	어려움	2,708	300,000	4.7
76216	아이언맨 연구소	마블	쉬움	496	100,000	3.2
21326	곰돌이 푸	디즈니	보통	1,265	130,000	4.0
75308	R2-D2	스타워즈	보통	2,314	300,000	4.6
마블 시리즈 판매가의 합계			900,000	어려움 난이도 제품 중 최소 부품수		2,708
마블 시리즈 판매가의 평균			300,000	어려움 난이도 제품 수		3
판매가의 전체 평균			243,750	곰돌이 푸의 판매가		130,000
				제품명	디즈니 캐슬	판매가	420,000

드롭다운 목록:
헐크버스터
라푼젤의 탑
다스베이더 헬멧
디즈니 캐슬
샘텀 샘토럼
아이언맨 연구소
곰돌이 푸
R2-D2

유형을 확인하는 기출문제

문제유형 ❷-1 작업파일 PART 01 시험 유형 따라하기₩유형2-1번_문제.xlsx 정답파일 유형2-1번_정답.xlsx

(1)~(6) 셀은 반드시 주어진 함수를 이용하여 값을 구하시오.

출력형태

	A	B	C	D	E	F	G	H	I	J
1								확인	담당	팀장	센터장
2			평생학습센터 온라인 수강신청 현황								
3											
4		수강코드	강좌명	분류	교육대상	개강날짜	신청인원	수강료(단위:원)	교육장소	신청인원 순위
5		CS-210	소통스피치	인문교양	성인	2023-04-03	101명	60,000	(1)	(2)
6		SL-101	체형교정 발레	생활스포츠	청소년	2023-03-06	56명	75,000	(1)	(2)
7		ST-211	스토리텔링 한국사	인문교양	직장인	2023-03-13	97명	40,000	(1)	(2)
8		CE-310	어린이 영어회화	외국어	청소년	2023-04-10	87명	55,000	(1)	(2)
9		YL-112	요가	생활스포츠	성인	2023-03-04	124명	45,000	(1)	(2)
10		ME-312	미드로 배우는 영어	외국어	직장인	2023-03-10	78명	65,000	(1)	(2)
11		PL-122	필라테스	생활스포츠	성인	2023-03-06	135명	45,000	(1)	(2)
12		SU-231	자신감 UP	인문교양	청소년	2023-04-03	43명	45,000	(1)	(2)
13		필라테스 수강료(단위:원)			(3)		최저 수강료(단위:원)			(5)
14		인문교양 최대 신청인원			(4)		강좌명	소통스피치	개강날짜	(6)

조건

(1) 교육장소 ⇒ 수강코드의 네 번째 글자가 1이면 '제2강의실', 2이면 '제3강의실', 3이면 '제4강의실'로 구하시오(IF, MID 함수).

(2) 신청인원 순위 ⇒ 신청인원의 내림차순 순위를 구하시오(RANK.EQ 함수).

(3) 필라테스 수강료(단위:원) ⇒ (INDEX, MATCH 함수)

(4) 인문교양 최대 신청인원 ⇒ 인문교양 강좌 중에서 최대 신청인원을 구한 후 결과값에 '명'을 붙이시오. 단, 조건은 입력데이터를 이용하시오
(DMAX 함수, & 연산자)(예 : 10명).

(5) 최저 수강료(단위:원) ⇒ 정의된 이름(수강료)을 이용하여 구하시오(SMALL 함수).

(6) 개강날짜 ⇒ 「H14」 셀에서 선택한 강좌명에 대한 개강날짜를 구하시오(VLOOKUP 함수).

문제유형 ❷-2

작업파일 PART 01 시험 유형 따라하기₩유형2-2번_문제.xlsx 정답파일 유형2-2번_정답.xlsx

(1)~(6) 셀은 반드시 주어진 함수를 이용하여 값을 구하시오.

출력형태

	A	B	C	D	E	F	G	H	I	J
1								결재	사원 과장 부장	
2		우리제주로 숙소 예약 현황								
3										
4		예약번호	종류	숙소명	입실일	1박요금(원)	예약인원	숙박일수	숙박비(원)	위치
5		HA1-01	호텔	엠스테이	2023-08-03	120,000	4명	2	(1)	(2)
6		RE3-01	리조트	스완지노	2023-07-25	135,000	2명	3	(1)	(2)
7		HA2-02	호텔	더비치	2023-07-20	98,000	3명	3	(1)	(2)
8		PE4-01	펜션	화이트캐슬	2023-08-10	115,000	5명	4	(1)	(2)
9		RE1-02	리조트	베스트뷰	2023-08-01	125,000	3명	2	(1)	(2)
10		RE4-03	리조트	그린에코	2023-09-01	88,000	4명	3	(1)	(2)
11		HA2-03	호텔	크라운유니	2023-07-27	105,000	2명	4	(1)	(2)
12		PE4-03	펜션	푸른바다	2023-09-10	75,000	6명	2	(1)	(2)
13		호텔 1박요금(원) 평균			(3)		가장 빠른 입실일			(5)
14		숙박일수 4 이상인 예약건수			(4)		숙소명	엠스테이	예약인원	(6)

조건

(1) 숙박비(원) ⇒ 「1박요금(원)×숙박일수×할인율」로 구하시오. 단, 할인율은 숙박일수가 3 이상이면 '0.8', 그 외에는 '0.9'로 계산하시오(IF 함수).

(2) 위치 ⇒ 예약번호 세 번째 값이 1이면 '서귀포', 2이면 '제주', 3이면 '동부권', 4이면 '서부권'으로 구하시오(CHOOSE, MID 함수).

(3) 호텔 1박요금(원) 평균 ⇒ 반올림하여 천원 단위까지 구하고, 조건은 입력데이터를 이용하시오(ROUND, DAVERAGE 함수)(예 : 123,567 → 124,000).

(4) 숙박일수 4 이상인 예약건수 ⇒ 결과값에 '건'을 붙이시오(COUNTIF 함수, & 연산자) (예 : 1건).

(5) 가장 빠른 입실일 ⇒ 정의된 이름(입실일)을 이용하여 날짜로 표시하시오(MIN 함수) (예 : 2023-08-03).

(6) 예약인원 ⇒ 「H14」 셀에서 선택한 숙소명에 대한 예약인원을 구하시오(VLOOKUP 함수).

이 책장을 넘기면,
합격의 길이 열릴 거예요.

이기적 강의는
무조건 0원!

이기적 영진닷컴

공부하다가
궁금한 사항은?

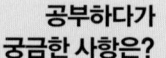

이기적 스터디 카페

유형분석 문항 ❷

제2작업
목표값 찾기 및 필터/
필터 및 서식

배점 **80점** | A등급 목표점수 **70점**

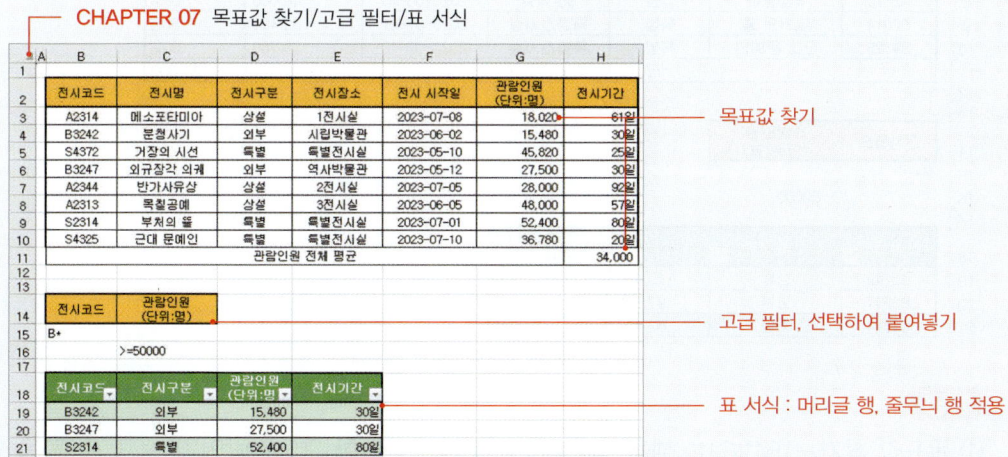

CHAPTER 07 목표값 찾기/고급 필터/표 서식

출제포인트
셀 복사 · 간단한 함수 이용 · 선택하여 붙여넣기 · 고급 필터 · 표 서식 · 목표값 찾기

출제기준
제1작업의 데이터를 이용하여 고급 필터 능력과 서식 작성 능력, 중복 데이터 제거 능력, 자동 필터 능력을 평가하는 문항입니다.

A등급 TIP
제2작업은 제1작업의 데이터를 기반으로 작성하며 다음과 같은 기능 조합 중 한 가지가 출제됩니다.
- 목표값 찾기 및 필터 : 목표값을 찾은 후 조건에 맞는 데이터 추출
- 필터 및 서식 : 조건에 맞는 데이터 추출 후 표 서식 적용

CHAPTER 07

[제2작업] 목표값 찾기/고급 필터/표 서식

작업파일 PART 01 시험 유형 따라하기\CHAPTER07.xlsx
정답파일 PART 01 시험 유형 따라하기\CHAPTER07_정답.xlsx

문제보기

"제1작업" 시트의 「B4:H12」 영역을 복사하여 "제2작업" 시트의 「B2」 셀부터 모두 붙여넣기를 한 후 다음의 조건과 같이 작업하시오.

출력형태 ● ─── 실제 시험에서는 출력형태 없이 조건만 주어진다.

	B	C	D	E	F	G	H
1							
2	전시코드	전시명	전시구분	전시장소	전시 시작일	관람인원(단위:명)	전시기간
3	A2314	메소포타미아	상설	1전시실	2023-07-08	18,020	61일
4	B3242	분청사기	외부	시립박물관	2023-06-02	15,480	30일
5	S4372	거장의 시선	특별	특별전시실	2023-05-10	45,820	25일
6	B3247	외규장각 의궤	외부	역사박물관	2023-05-12	27,500	30일
7	A2344	반가사유상	상설	2전시실	2023-07-05	28,000	92일
8	A2313	목칠공예	상설	3전시실	2023-06-05	48,000	57일
9	S2314	부처의 뜰	특별	특별전시실	2023-07-01	52,400	80일
10	S4325	근대 문예인	특별	특별전시실	2023-07-10	36,780	20일
11	관람인원 전체 평균						34,000
12							
13							
14	전시코드	관람인원(단위:명)					
15	B*						
16		>=50000					
17							
18	전시코드	전시구분	관람인원(단위:명)	전시기간			
19	B3242	외부	15,480	30일			
20	B3247	외부	27,500	30일			
21	S2314	특별	52,400	80일			

조건

(1) **목표값 찾기** – 「B11:G11」 셀을 병합하고, 가운데 맞춤한 후 "관람인원 전체 평균"을 입력하고, 「H11」 셀에 관람인원의 전체 평균을 구하시오. 단, 조건은 입력데이터를 이용하시오(AVERAGE 함수, 테두리).
  – '관람인원 전체 평균'이 '34,000'이 되려면 메소포타미아의 관람인원(단위:명)이 얼마가 되어야 하는지 목표값을 구하시오.

(2) **고급 필터** – 전시코드가 'B'로 시작하거나, 관람인원(단위:명)이 '50,000' 이상인 자료의 전시코드, 전시구분, 관람인원(단위:명), 전시기간 데이터만 추출하시오.
  – 조건 범위 : 「B14」 셀부터 입력하시오.
  – 복사 위치 : 「B18」 셀부터 나타나도록 하시오.

(3) **표 서식** – 고급필터의 결과셀을 채우기 없음으로 설정한 후 '표 스타일 보통 7'의 서식을 적용하시오.
  – 머리글 행, 줄무늬 행을 적용하시오.

SECTION 01 　목표값 찾기

① "제1작업" 시트의 「B4:H12」 영역을 블록 설정한다.
→ [홈] 탭 – [클립보드] 그룹 – [복사](🗐)를 클릭한다(Ctrl+C).

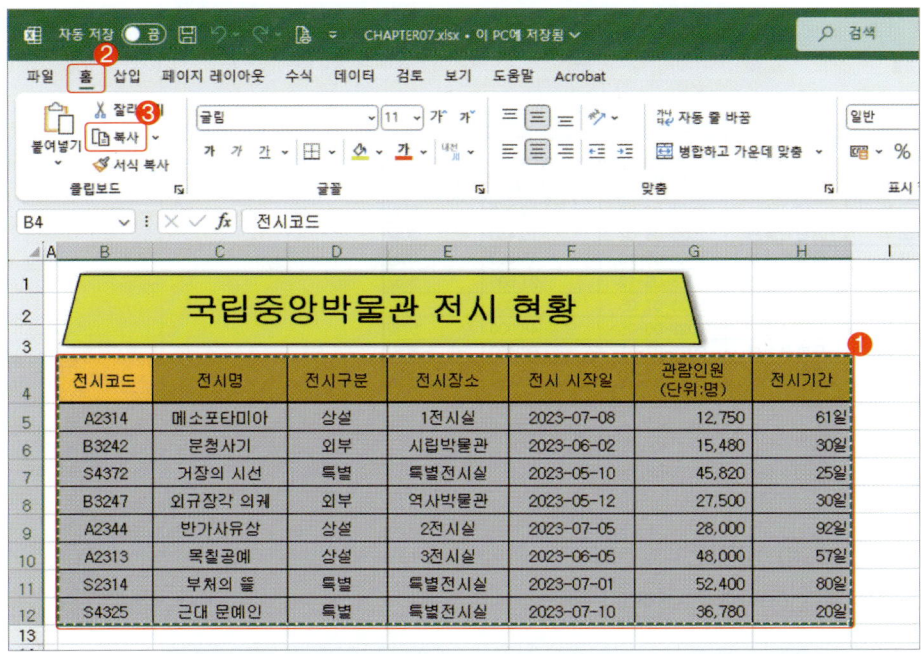

② "제2작업" 시트의 「B2」 셀에서 [붙여넣기](🗐)를 한다(Ctrl+V).
→ [붙여넣기 옵션] – [원본 열 너비 유지](🗐)를 클릭한다.

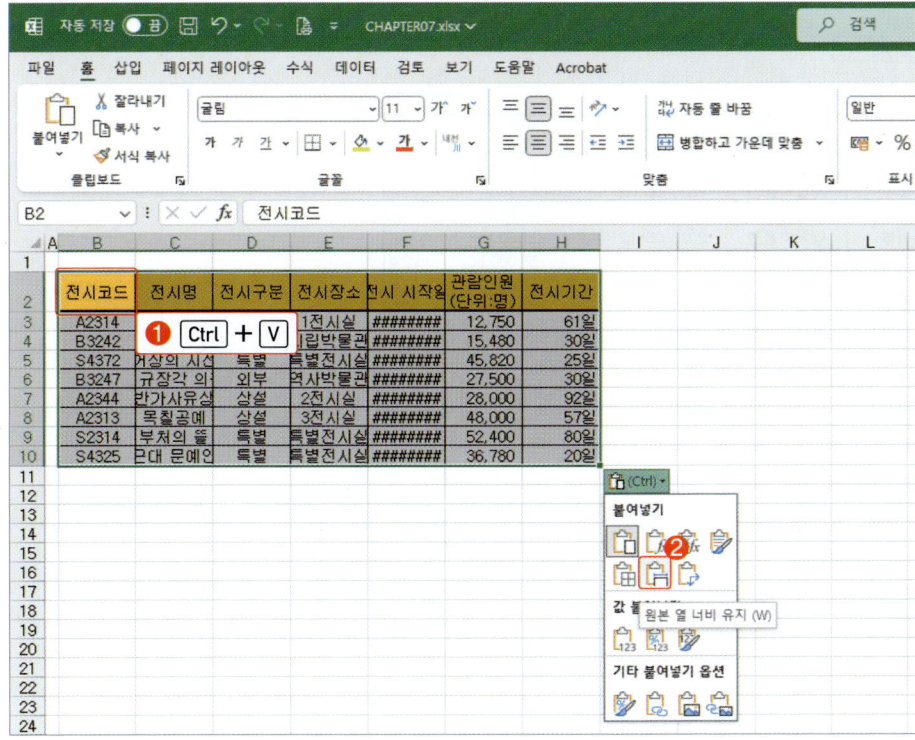

> 🏁 **기적의 TIP**
> 행 높이도 적당히 조절해 준다.

> 💡 **해결 TIP**
> **제2작업~제3작업 데이터도 제1작업에서 적용한 '굴림', '11pt'로 해야 하나요?**
> 제1작업의 데이터를 복사해서 쓰기 때문에 특별히 바꿀 필요는 없다.

③ 「B11:G11」 영역을 블록 설정한다.
→ [홈] 탭 – [맞춤] 그룹 – [병합하고 가운데 맞춤](圉)을 클릭한다.

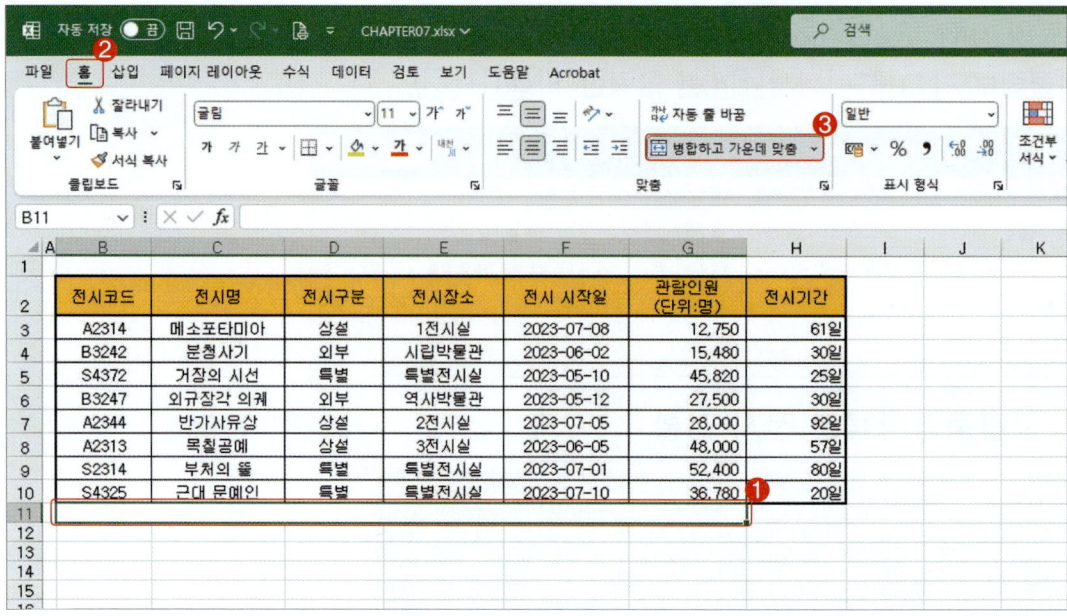

④ 병합한 셀에 『관람인원 전체 평균』을 입력한다.
→ 「H11」 셀에 『=AVERAGE(G3:G10)』을 입력한다.

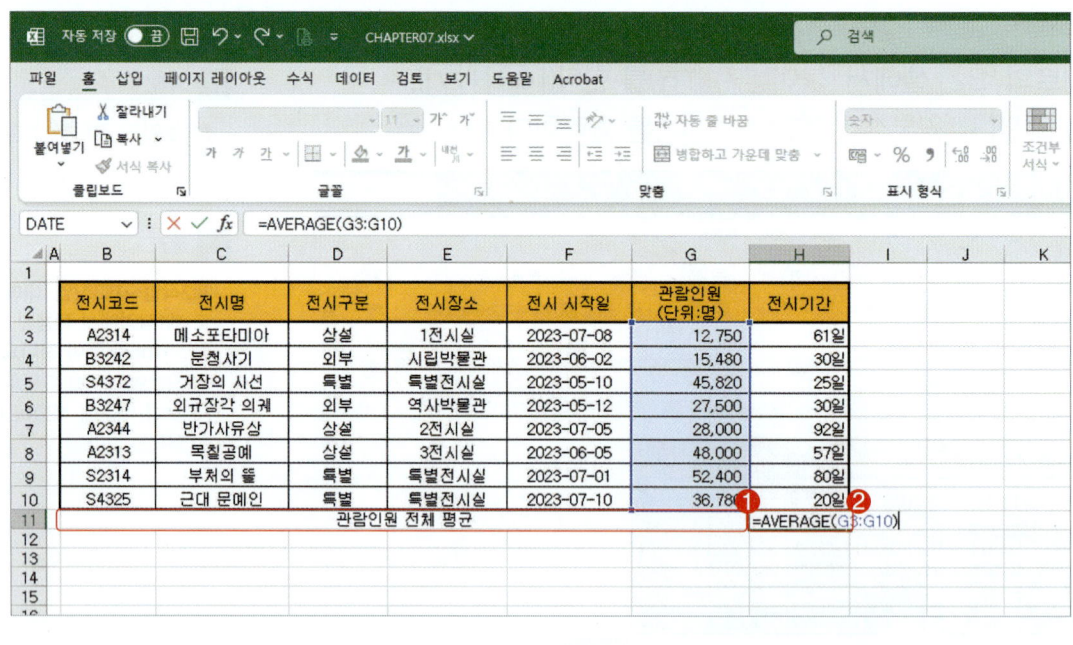

💬 함수 설명

=AVERAGE(G3:G10)
　　　　　　①

① 「G3:G10」 영역의 평균을 반환

⑤ 「B11:H11」 영역을 블록 설정한다.

→ [홈] 탭 – [글꼴] 그룹 – [테두리]에서 [모든 테두리](⊞)를 클릭한다.

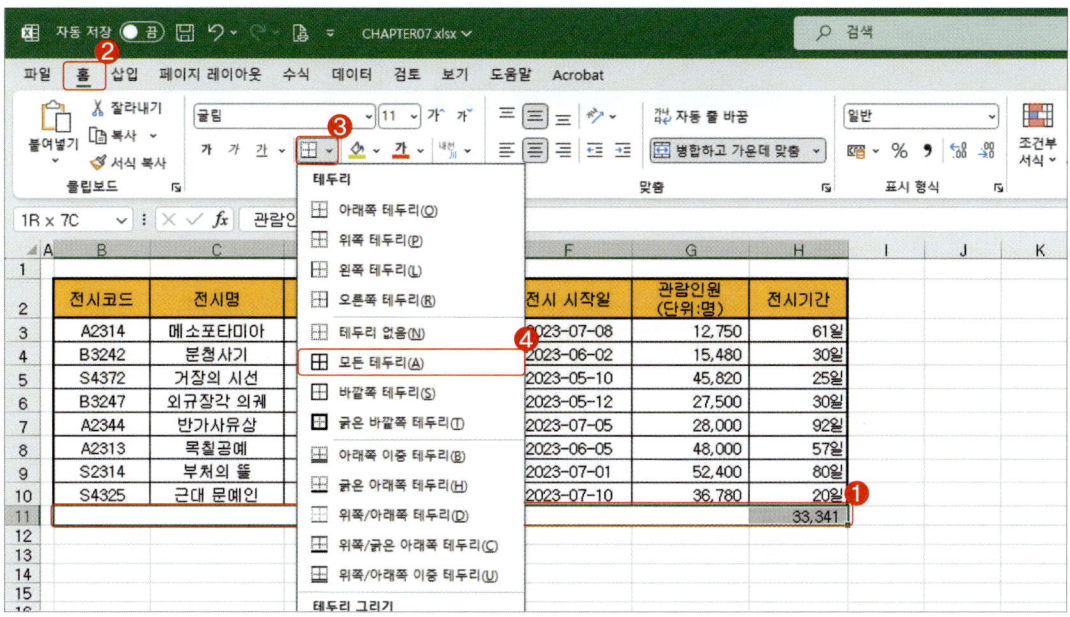

⑥ 「H11」 셀을 클릭한다.

→ [데이터] 탭 – [예측] 그룹 – [가상 분석](🗔)을 클릭하고 [목표값 찾기]를 클릭한다.

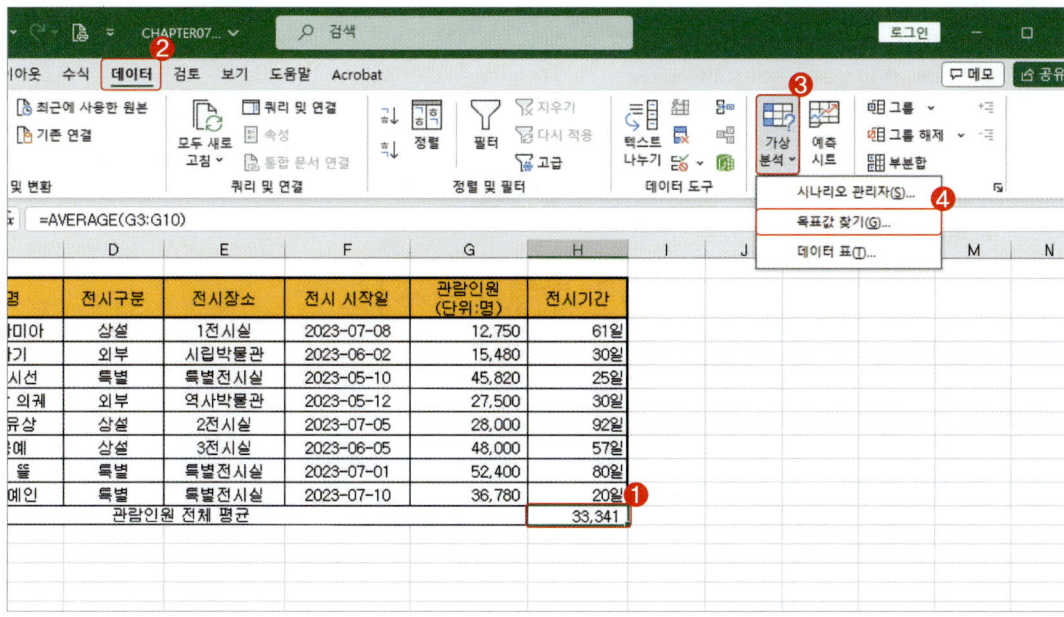

⑦ [목표값 찾기] 대화상자에서 수식 셀 『H11』, 찾는 값 『34000』, 값을 바꿀 셀 『$G$3』을 입력한다.

→ [확인]을 클릭한다.

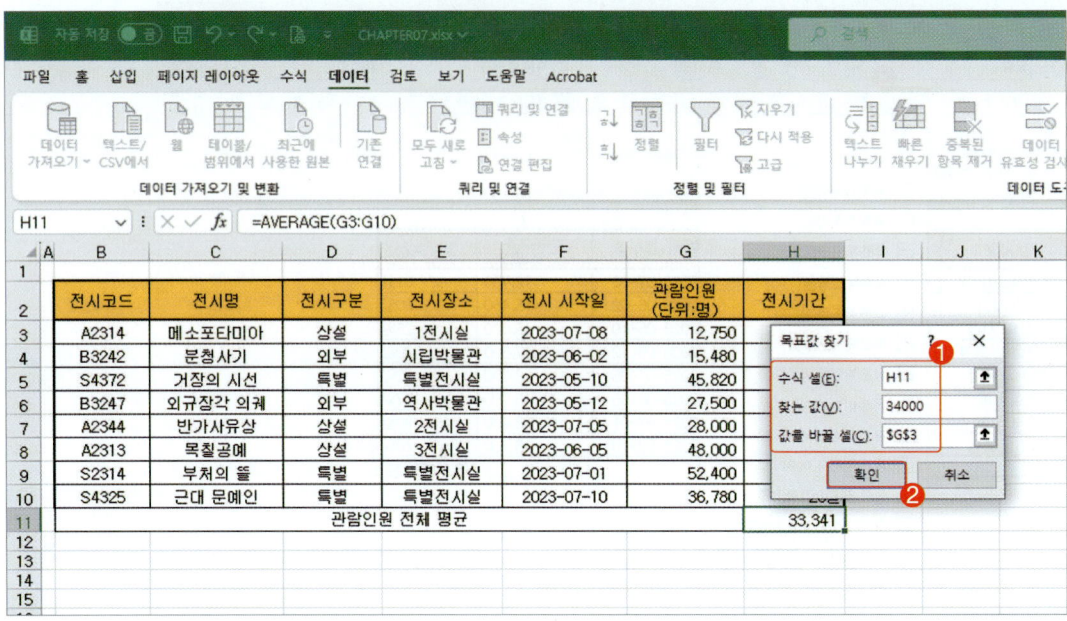

⑧ [목표값 찾기 상태] 대화상자가 나타나며 「G3」 셀의 값이 변경되면 [확인]을 클릭한다.

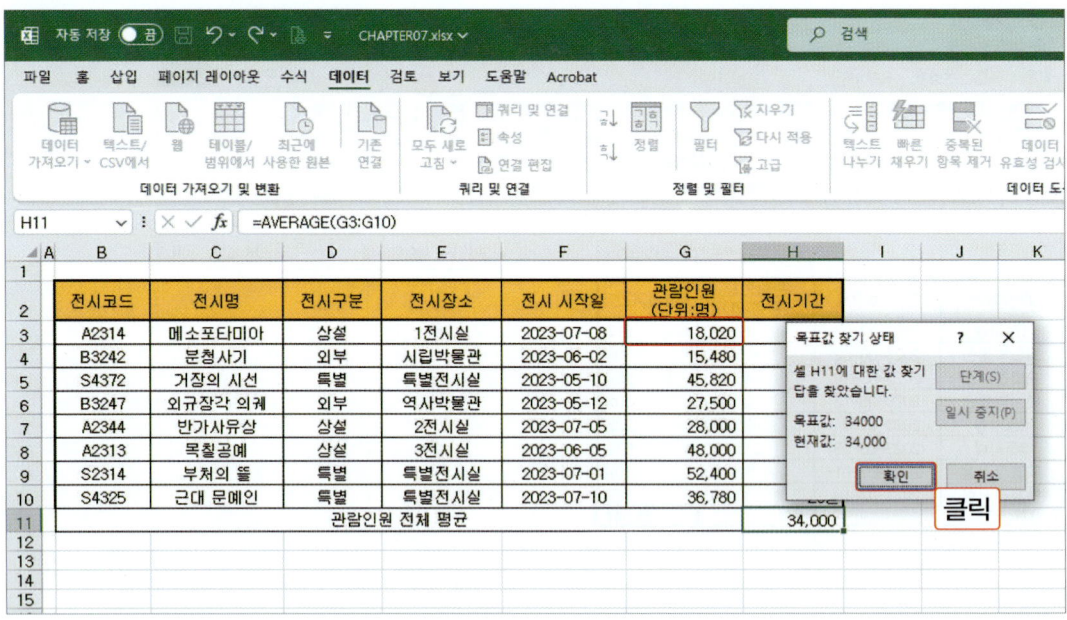

SECTION 02　고급 필터

① `Ctrl`을 누른 채 「B2」 셀과 「G2」 셀을 클릭하여 복사(`Ctrl`+`C`) 한다.
　→ 조건의 위치인 「B14」 셀에 붙여넣기(`Ctrl`+`V`) 한다.

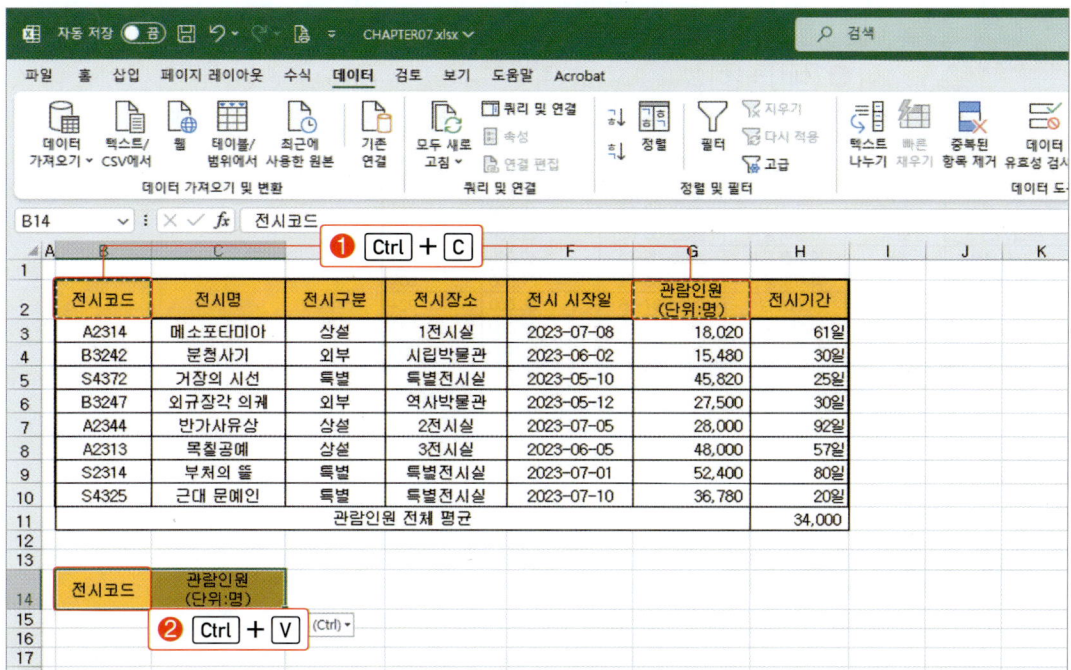

② 「B15」 셀에 『B*』, 「C16」 셀에 『>=50000』을 입력한다.

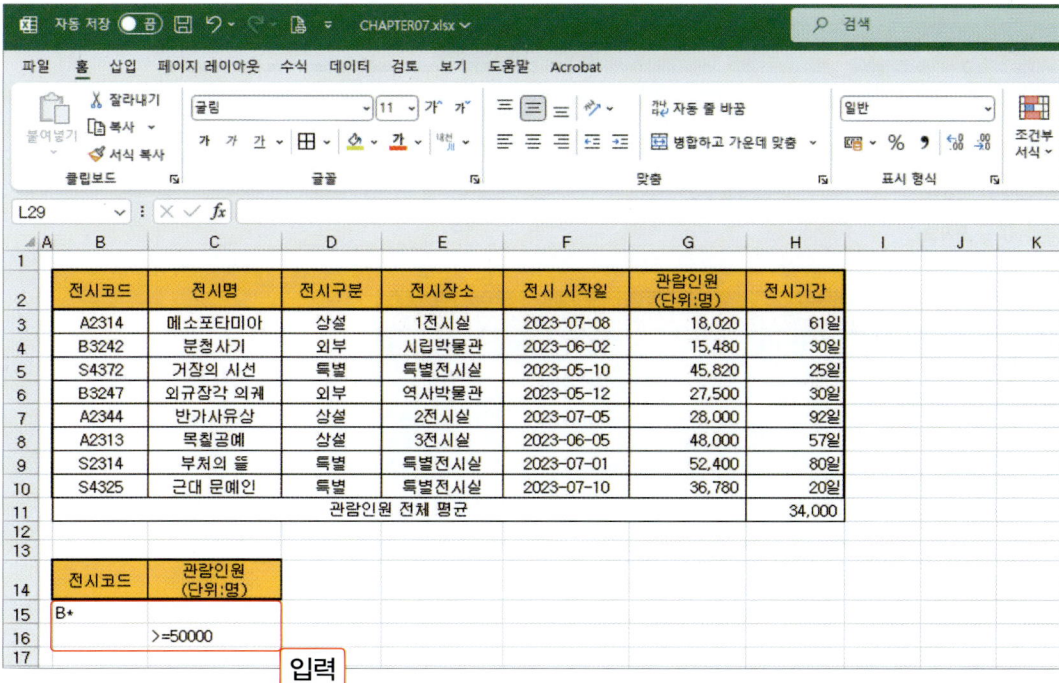

③ Ctrl 을 누른 채 「B2」, 「D2」, 「G2」, 「H2」 셀을 클릭하여 복사(Ctrl + C) 한다.
→ 복사 위치인 「B18」 셀에 붙여넣기(Ctrl + V) 한다.

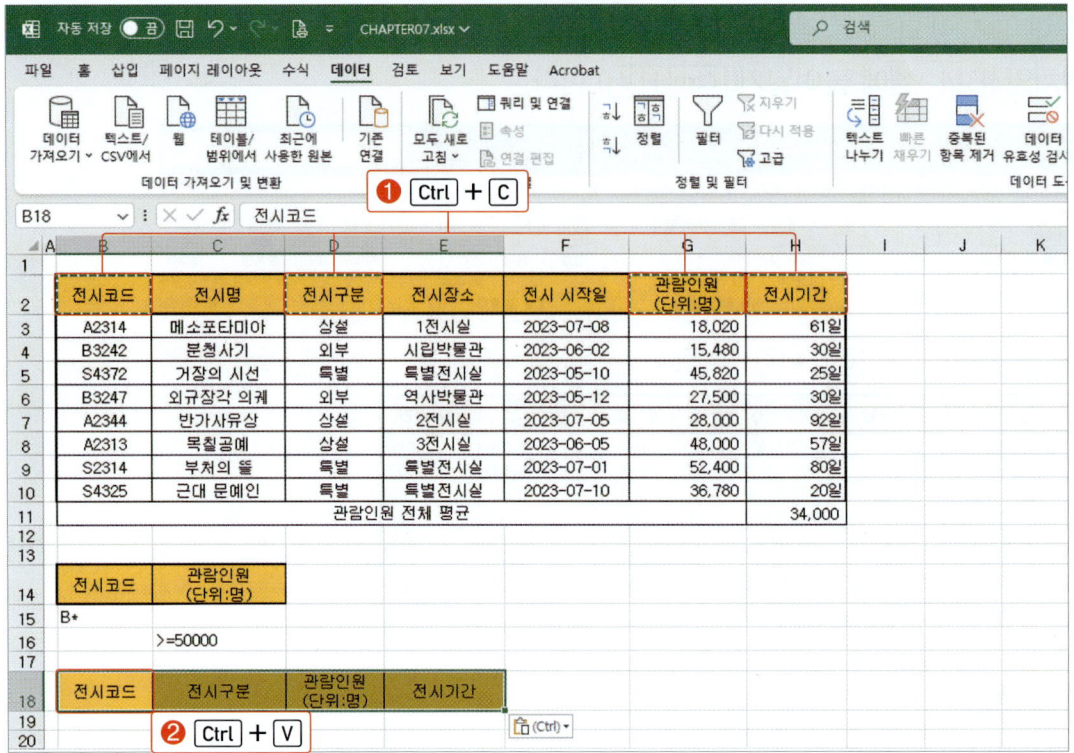

④ 「B2:H10」 영역을 블록 설정한다.
→ [데이터] 탭 – [정렬 및 필터] 그룹 – [고급]( )을 클릭한다.

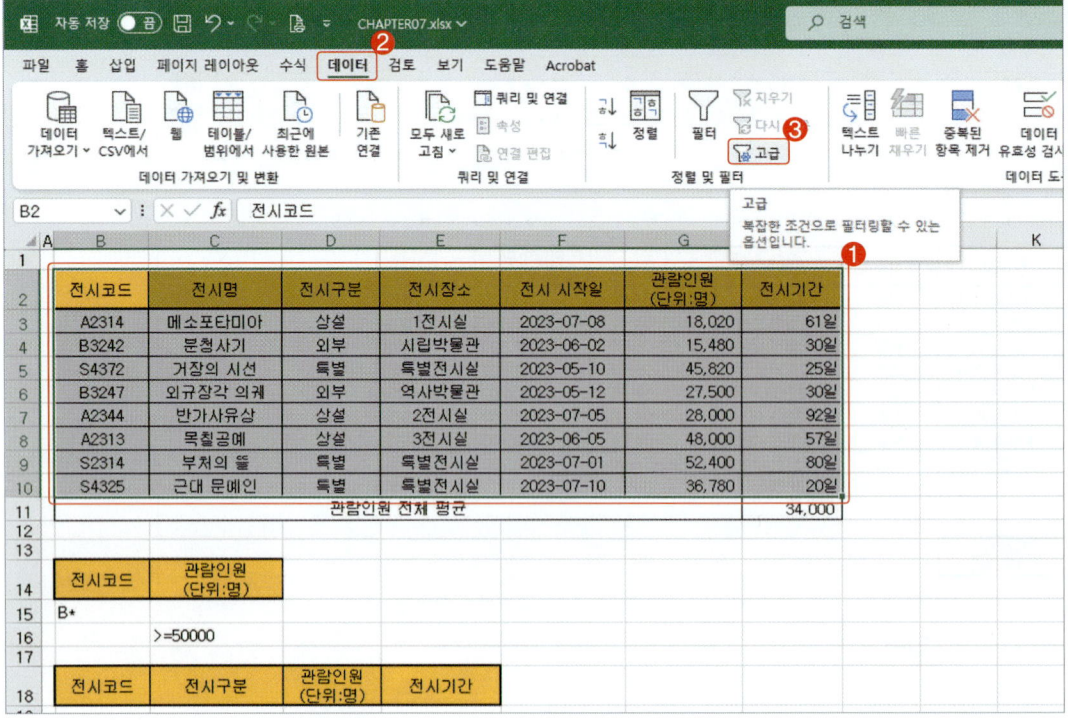

⑤ [고급 필터] 대화상자 – '결과'에서 [다른 장소에 복사]를 클릭한다.
→ 마우스 드래그로 조건 범위 『B14:C16』, 복사 위치 『B18:E18』을 지정하고 [확인]을 클릭한다.

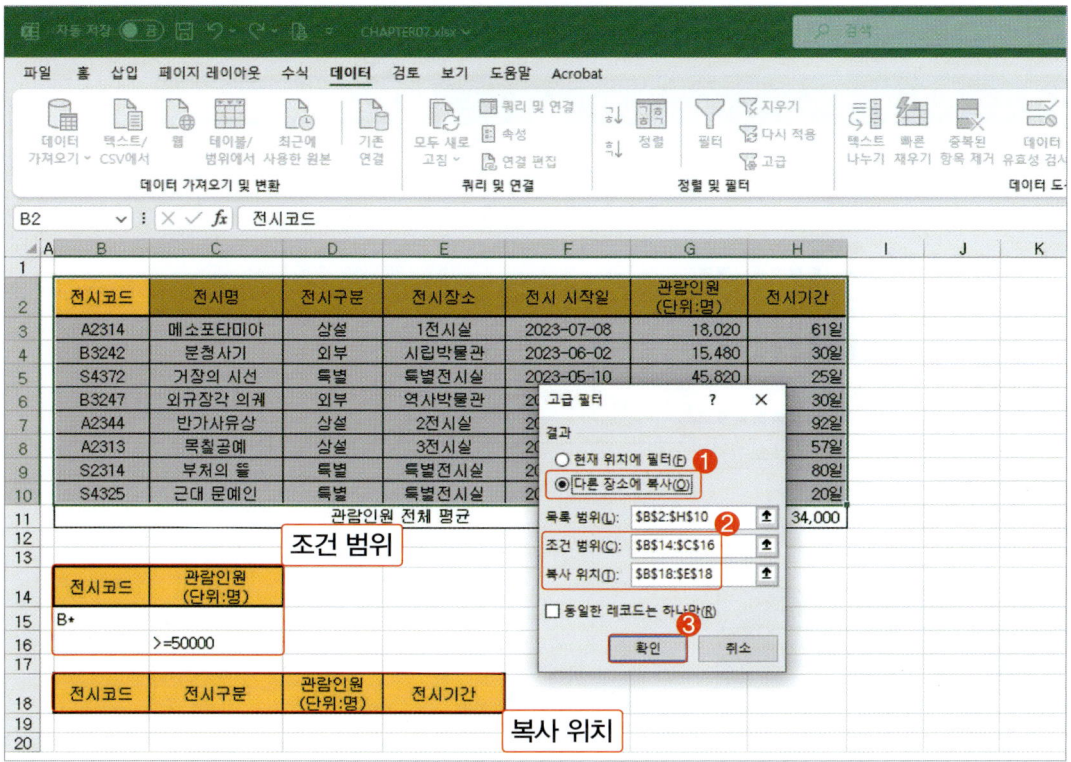

+ 더 알기 TIP

고급 필터 조건

조건	예시	설명
특정 값과 일치	=서울	해당 셀의 값이 "서울"인 경우 필터
특정 값 이상	>=50	해당 셀의 값이 50 이상인 경우 필터(이하는 ≤ 사용)
특정 값 초과	>50	해당 셀의 값이 50 초과인 경우 필터(미만은 < 사용)
특정 값이 아닌 경우	◇서울	해당 셀의 값이 "서울"이 아닌 경우 필터
특정 문자 포함	*서울*	해당 셀의 값에 "서울"이 포함된 경우 필터
특정 문자로 시작	서울*	해당 셀의 값이 "서울"로 시작하는 경우 필터
특정 문자로 끝남	*서울	해당 셀의 값이 "서울"로 끝나는 경우 필터
특정 문자 제외	◇*서울*	해당 셀의 값에 "서울"이 포함되지 않는 경우 필터

고급 필터의 조건 범위

AND 조건 : 조건을 서로 같은 행에 입력
⇒ 전시코드가 B로 시작하면서 관람인원이 50,000 이상인 데이터를 추출한다.

전시코드	관람인원
B*	>=50000

OR 조건 : 조건을 서로 다른 행에 입력
⇒ 전시코드가 B로 시작하거나 관람인원이 50,000 이상인 데이터를 추출한다.

전시코드	관람인원
B*	
	>=50000

SECTION 03　표 서식

① 「B18:E21」 영역을 블록 설정한다.
→ [홈] 탭 – [글꼴] 그룹 – [채우기 색](🎨▼)을 클릭하고 '채우기 없음'을 클릭한다.

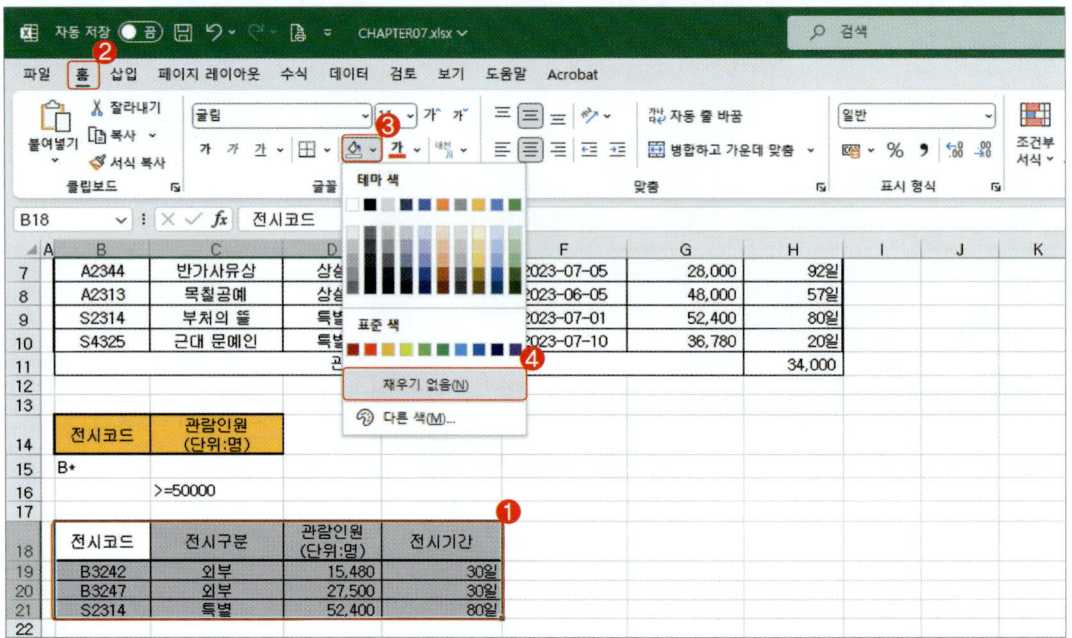

② 「B18:E21」 영역이 블록 설정된 상태에서 [홈] 탭 – [스타일] 그룹 – [표 서식](📋)을 클릭한다.
→ [표 스타일 보통 7]을 클릭한다.

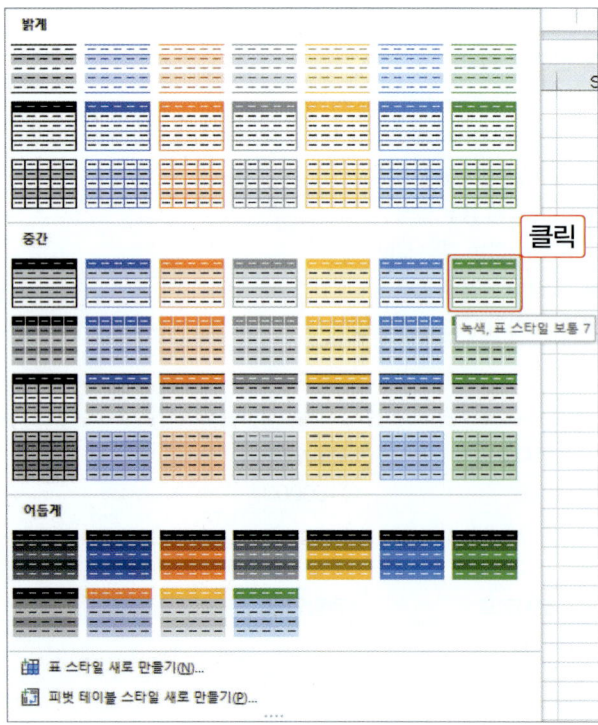

③ [표 만들기] 대화상자가 나타나면 [확인]을 클릭한다.

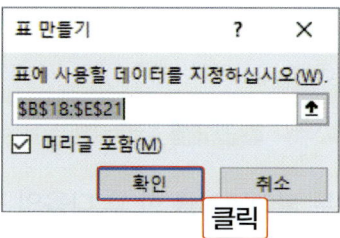

④ [테이블 디자인] 탭 – [표 스타일 옵션] 그룹에서 [머리글 행]과 [줄무늬 행]이 기본 적용된 것을 확인한다.

> 🏁 **기적의 TIP**
>
> [필터 단추] 옵션은 해제하지 않아도 된다.

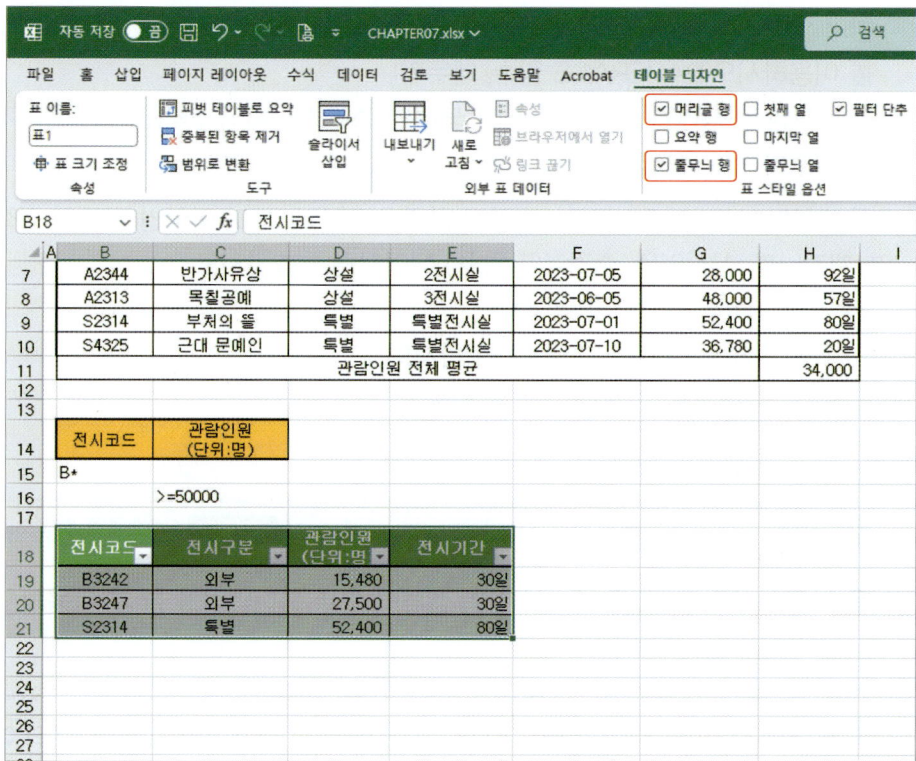

유형을 확인하는 기출문제

문제유형 ③-1
작업파일 PART 01 시험 유형 따라하기₩유형3-1번_문제.xlsx 정답파일 유형3-1번_정답.xlsx

"제1작업" 시트의 「B4:H12」 영역을 복사하여 "제2작업" 시트의 「B2」 셀부터 모두 붙여넣기를 한 후 다음의 조건과 같이 작업하시오.

조건	
(1) 목표값 찾기	– 「B11:G11」 셀을 병합하고 가운데 맞춤한 후 "인문교양 신청인원 평균"을 입력하고 「H11」 셀에 인문교양 신청인원 평균을 구하시오. 단, 조건은 입력데이터를 이용하시오(DAVERAGE 함수, 테두리).
	– '인문교양 신청인원 평균'이 '85'가 되려면 소통스피치의 신청인원이 얼마가 되어야 하는지 목표값을 구하시오.
(2) 고급 필터	– 교육대상이 '성인'이 아니면서, 수강료(단위:원)가 '50,000' 이상인 자료의 강좌명, 개강날짜, 신청인원, 수강료(단위:원) 데이터만 추출하시오.
	– 조건 범위 : 「B14」 셀부터 입력하시오.
	– 복사 위치 : 「B18」 셀부터 나타나도록 하시오.

문제유형 ③-2
작업파일 PART 01 시험 유형 따라하기₩유형3-2번_문제.xlsx 정답파일 유형3-2번_정답.xlsxx

"제1작업" 시트의 「B4:H12」 영역을 복사하여 "제2작업" 시트의 「B2」 셀부터 모두 붙여넣기를 한 후 다음의 조건과 같이 작업하시오.

조건	
(1) 고급 필터	– 종류가 '리조트'이거나 입실일이 '2023-09-01' 이후인(해당일 포함) 자료의 예약번호, 숙소명, 예약인원, 숙박일수 데이터만 추출하시오.
	– 조건 범위 : 「B13」 셀부터 입력하시오.
	– 복사 위치 : 「B18」 셀부터 나타나도록 하시오.
(2) 표 서식	– 고급필터의 결과셀을 채우기 없음으로 설정한 후 '표 스타일 보통 6'의 서식을 적용하시오.
	– 머리글 행, 줄무늬 행을 적용하시오.

유형분석 문항 ③

제3작업
정렬 및 부분합/
피벗 테이블

배점 **80점** | A등급 목표점수 **60점**

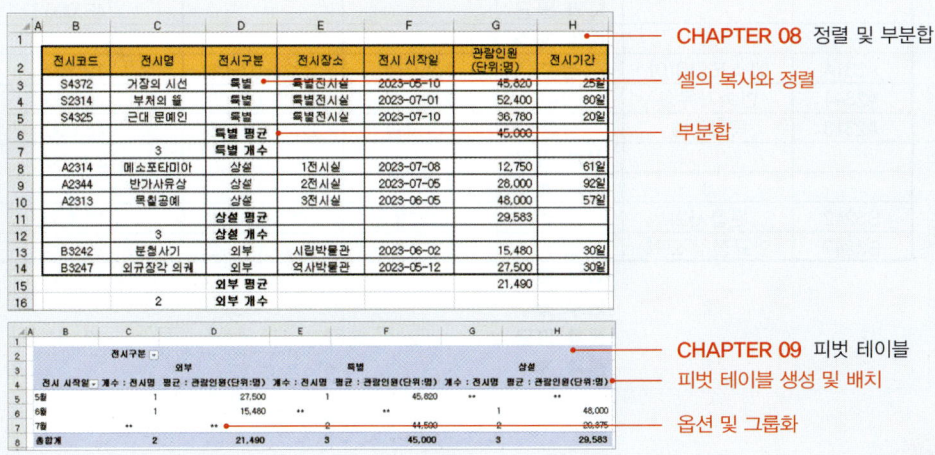

CHAPTER 08 정렬 및 부분합
- 셀의 복사와 정렬
- 부분합

CHAPTER 09 피벗 테이블
- 피벗 테이블 생성 및 배치
- 옵션 및 그룹화

출제포인트
셀의 복사와 정렬 · 개요(윤곽) 지우기 · 선택하여 붙여넣기 · 부분합 · 피벗 테이블

출제기준
필드별 분류 · 계산 능력과 특정 항목의 요약 · 분석 능력을 평가하는 문항입니다.

A등급 TIP
제3작업은 제1작업의 데이터를 기반으로 작성하며, '정렬 및 부분합', '피벗 테이블' 중 한 가지 유형이 출제됩니다. 난도가 높은 문항이므로 여러 차례 반복하여 학습하는 것이 중요합니다.
- 정렬 및 부분합 : 특정 필드에 대한 합계, 평균 도출
- 피벗 테이블 : 필요한 필드를 추출하여 보기 쉬운 결과물 작성

[제3작업] 정렬 및 부분합

작업파일 PART 01 시험 유형 따라하기₩CHAPTER08.xlsx
정답파일 PART 01 시험 유형 따라하기₩CHAPTER08_정답.xlsx

문제보기

"제1작업" 시트의 「B4:H12」 영역을 복사하여 "제3작업" 시트의 「B2」 셀부터 모두 붙여넣기를 한 후 다음의 조건과 같이 작업하시오.

└ 제3작업은 "정렬 및 부분합"과 "피벗 테이블" 중에 출제된다.

출력형태

	B	C	D	E	F	G	H
2	전시코드	전시명	전시구분	전시장소	전시 시작일	관람인원 (단위:명)	전시기간
3	S4372	거장의 시선	특별	특별전시실	2023-05-10	45,820	25일
4	S2314	부처의 뜰	특별	특별전시실	2023-07-01	52,400	80일
5	S4325	근대 문예인	특별	특별전시실	2023-07-10	36,780	20일
6			특별 평균			45,000	
7		3	특별 개수				
8	A2314	메소포타미아	상설	1전시실	2023-07-08	12,750	61일
9	A2344	반가사유상	상설	2전시실	2023-07-05	28,000	92일
10	A2313	목칠공예	상설	3전시실	2023-06-05	48,000	57일
11			상설 평균			29,583	
12		3	상설 개수				
13	B3242	분청사기	외부	시립박물관	2023-06-02	15,480	30일
14	B3247	외규장각 의궤	외부	역사박물관	2023-05-12	27,500	30일
15			외부 평균			21,490	
16		2	외부 개수				
17			전체 평균			33,341	
18		8	전체 개수				

조건

(1) 부분합 – ≪출력형태≫처럼 정렬하고, 전시명의 개수와 관람인원(단위:명)의 평균을 구하시오.

(2) 개요 – 지우시오.

(3) 나머지 사항은 ≪출력형태≫에 맞게 작성하시오.

SECTION 01　정렬

① "제1작업" 시트의 「B4:H12」 영역을 블록 설정한다.
　→ [홈] 탭 – [클립보드] 그룹 – [복사](📋)를 클릭한다(Ctrl+C).

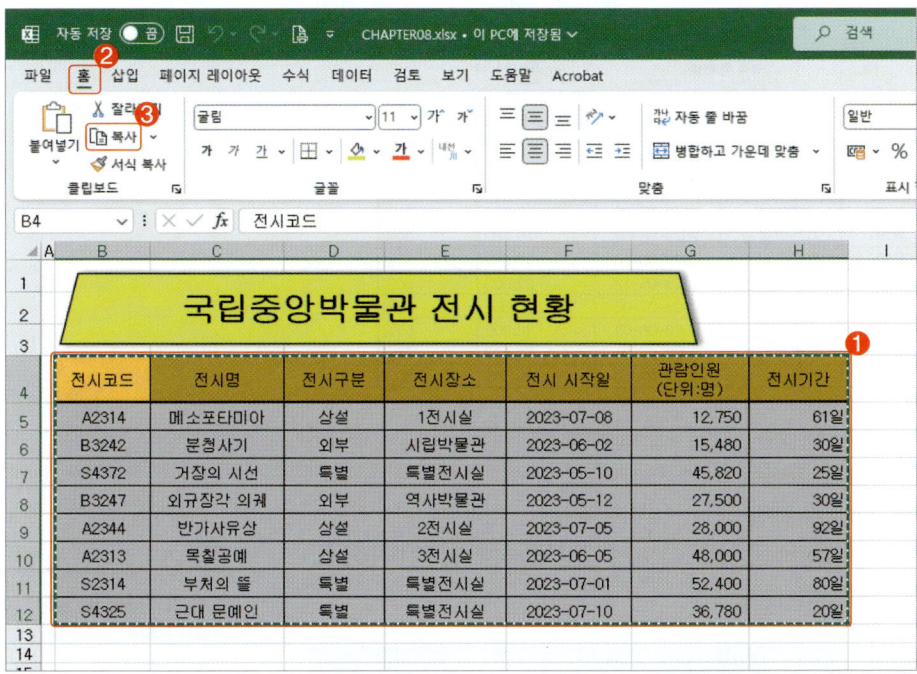

② "제3작업" 시트의 「B2」 셀에서 [붙여넣기](📋)를 한다(Ctrl+V).
　→ [붙여넣기 옵션] – [원본 열 너비 유지](📋)를 클릭한다.

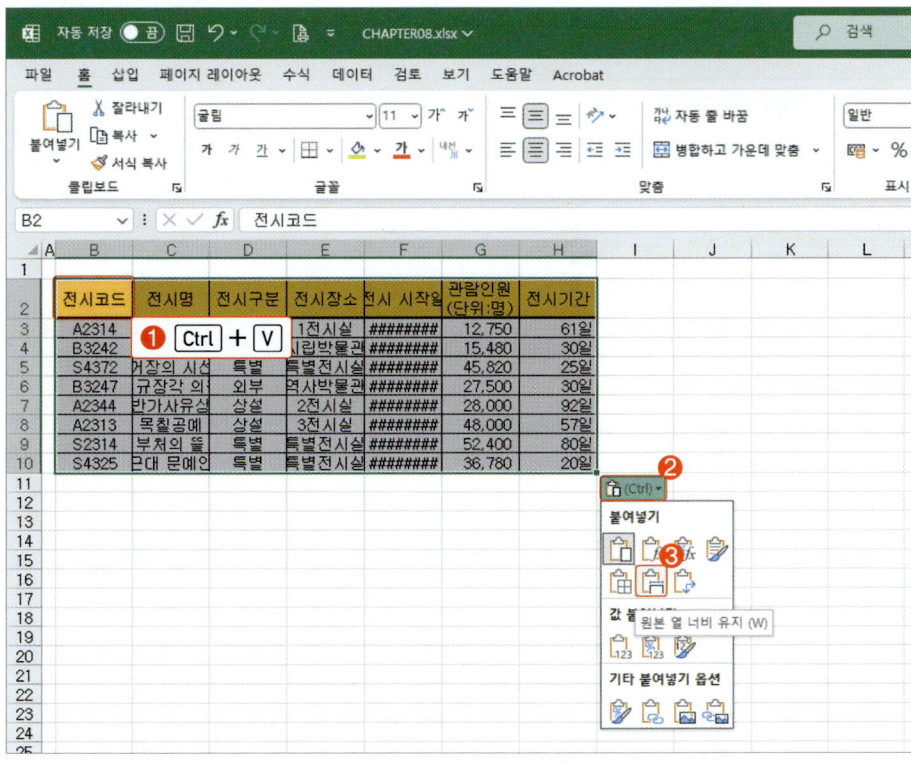

> 🚩 기적의 TIP
>
> 행 높이도 적당히 조절해 준다.

③ 「B2:H10」 영역 안에 셀 포인터를 둔다.
→ [데이터] 탭 – [정렬 및 필터] 그룹 – [정렬]( )을 클릭한다.

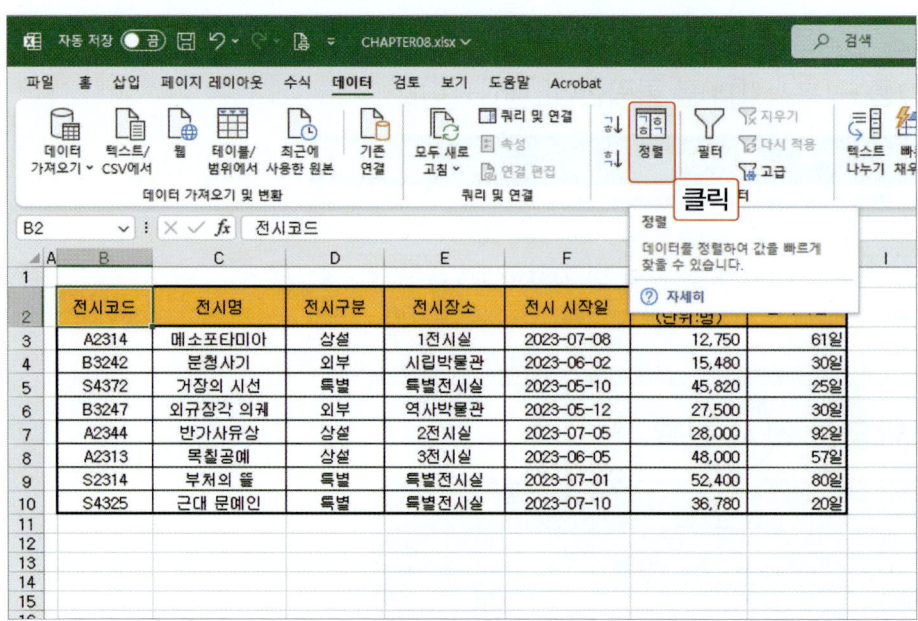

④ [정렬] 대화상자에서 세로 막대형의 정렬 기준은 '전시구분'을 선택하고, 정렬에서 '사용자 지정 목록'을 클릭한다.

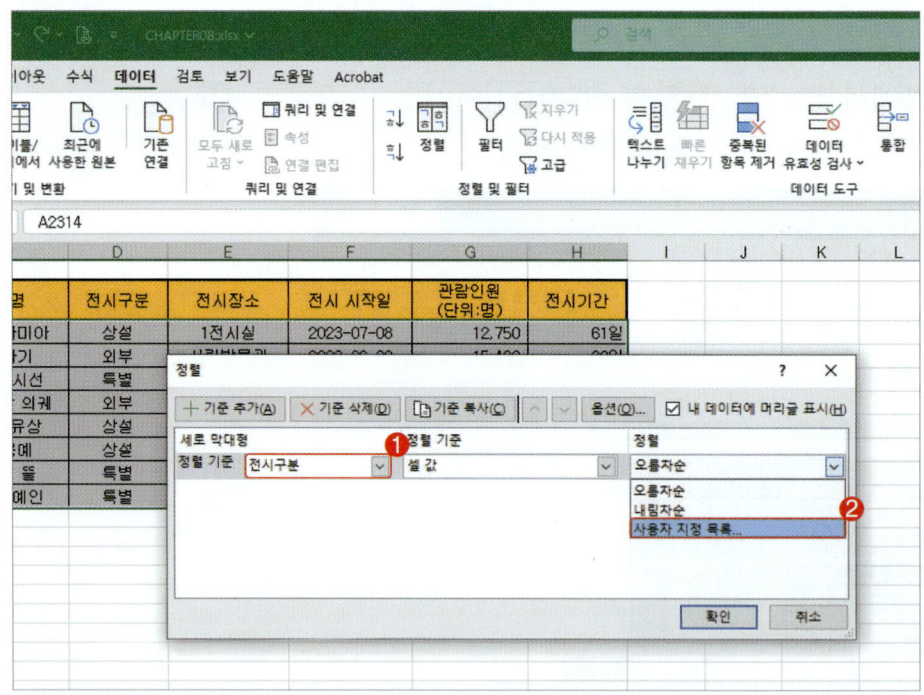

> 🚩 **기적의 TIP**
> 출력형태에서 평균, 개수 등이 보이는 열이 정렬 기준이 된다.

> 🚩 **기적의 TIP**
> 오름차순 또는 내림차순 정렬이 아닐 경우에 '사용자 지정 목록'을 선택한다.

⑤ [사용자 지정 목록] 대화상자가 나타나면 목록 항목 『특별 Enter 상설 Enter 외부』를 입력한다.

→ [추가]를 클릭하고 [확인]을 클릭한다.

→ [정렬] 대화상자에서 [확인]을 클릭한다.

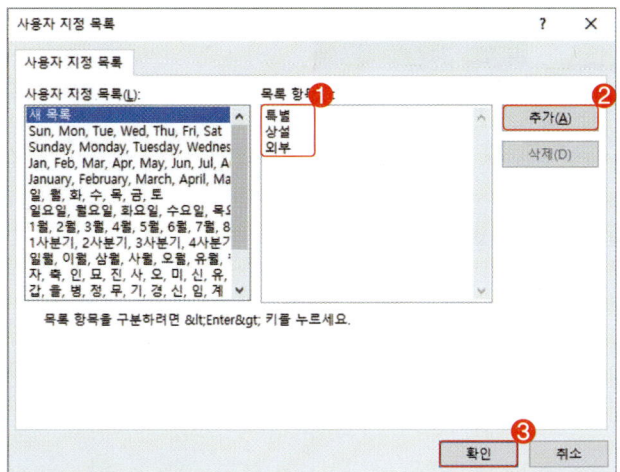

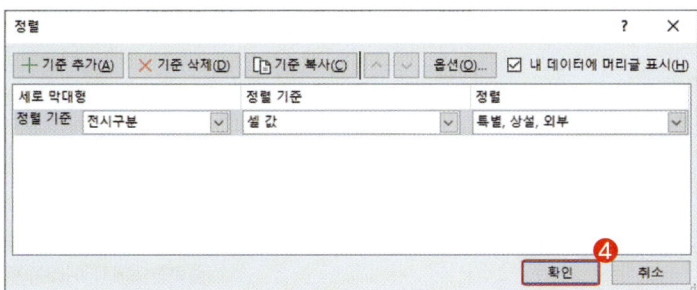

	A	B	C	D	E	F	G	H
1								
2		전시코드	전시명	전시구분	전시장소	전시 시작일	관람인원 (단위:명)	전시기간
3		S4372	거장의 시선	특별	특별전시실	2023-05-10	45,820	25일
4		S2314	부처의 뜰	특별	특별전시실	2023-07-01	52,400	80일
5		S4325	근대 문예인	특별	특별전시실	2023-07-10	36,780	20일
6		A2314	메소포타미아	상설	1전시실	2023-07-08	12,750	61일
7		A2344	반가사유상	상설	2전시실	2023-07-05	28,000	92일
8		A2313	목칠공예	상설	3전시실	2023-06-05	48,000	57일
9		B3242	분청사기	외부	시립박물관	2023-06-02	15,480	30일
10		B3247	외규장각 의궤	외부	역사박물관	2023-05-12	27,500	30일

SECTION 02 　부분합

① 「B2:H10」 영역 안에 셀 포인터를 둔다.
　→ [데이터] 탭 – [개요] 그룹 – [부분합](🗊)을 클릭한다.

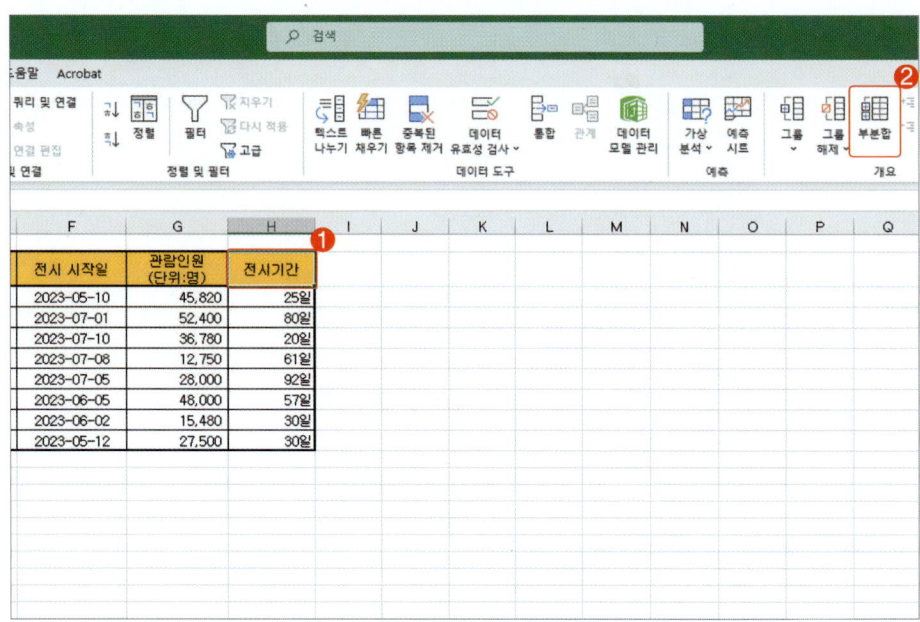

② [부분합] 대화상자에서 그룹화할 항목에 '전시구분', 사용할 함수에 '개수', 부분합 계산 항목에 '전시명'을 선택하고 [확인]을 클릭한다.

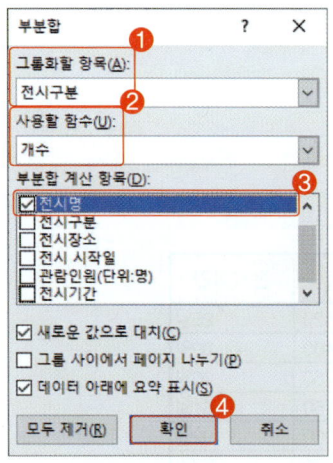

기적의 TIP

부분합의 사용할 함수 순서
출력형태에서 아래쪽에 표시된 것부터 순서대로 지정한다. 여기서는 개수를 먼저 하고 평균을 한다.

③ 다시, [데이터] 탭 – [개요] 그룹 – [부분합](🗊)을 클릭한다.

④ [부분합] 대화상자에서 사용할 함수에 '평균', 부분합 계산 항목에 '관람인원(단위:명)'을 선택한다.
→ 새로운 값으로 대치를 체크 해제하고 [확인]을 클릭한다.

> 📌 기적의 TIP
>
> 새로운 값으로 대치가 체크되어 있으면 기존 부분합에 덮어쓰므로 체크를 해제해야 한다.

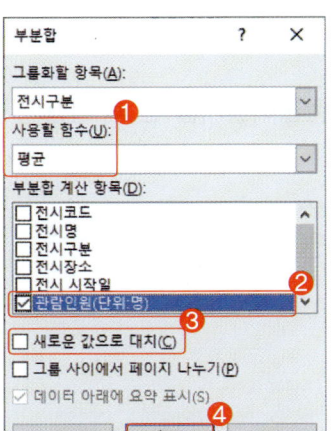

⑤ [데이터] 탭 – [개요] 그룹 – [그룹 해제]()에서 [개요 지우기]를 클릭한다.

유형을 확인하는 기출문제

문제유형 ❹-1

작업파일 PART 01 시험 유형 따라하기₩유형4-1번_문제.xlsx 정답파일 유형4-1번_정답.xlsx

"제1작업" 시트의 「B4:H12」 영역을 복사하여 "제3작업" 시트의 「B2」 셀부터 모두 붙여넣기를 한 후 다음의 조건과 같이 작업하시오.

조건

(1) 부분합 – ≪출력형태≫처럼 정렬하고, 강좌명의 개수와 신청인원의 평균을 구하시오.
(2) 개요 – 지우시오.
(3) 나머지 사항은 ≪출력형태≫에 맞게 작성하시오.

출력형태

	A	B	C	D	E	F	G	H
1								
2		수강코드	강좌명	분류	교육대상	개강날짜	신청인원	수강료 (단위:원)
3		CS-210	소통스피치	인문교양	성인	2023-04-03	101명	60,000
4		ST-211	스토리텔링 한국사	인문교양	직장인	2023-03-13	97명	40,000
5		SU-231	자신감 UP	인문교양	청소년	2023-04-03	43명	45,000
6				인문교양 평균			80명	
7			3	인문교양 개수				
8		CE-310	어린이 영어회화	외국어	청소년	2023-04-10	87명	55,000
9		ME-312	미드로 배우는 영어	외국어	직장인	2023-03-10	78명	65,000
10				외국어 평균			83명	
11			2	외국어 개수				
12		SL-101	체형교정 발레	생활스포츠	청소년	2023-03-06	56명	75,000
13		YL-112	요가	생활스포츠	성인	2023-03-04	124명	45,000
14		PL-122	필라테스	생활스포츠	성인	2023-03-06	135명	45,000
15				생활스포츠 평균			105명	
16			3	생활스포츠 개수				
17				전체 평균			90명	
18			8	전체 개수				

CHAPTER 09

[제3작업] 피벗 테이블

작업파일 PART 01 시험 유형 따라하기₩CHAPTER09.xlsx
정답파일 PART 01 시험 유형 따라하기₩CHAPTER09_정답.xlsx

문제보기

"제1작업" 시트를 이용하여 "제3작업" 시트에 조건에 따라 ≪출력형태≫와 같이 작업하시오.

└ 제3작업은 "정렬 및 부분합"과 "피벗 테이블" 중에 출제된다.

출력형태

A	B	C	D	E	F	G	H
1							
2		전시구분					
3		외부		특별		상설	
4	전시 시작일	개수 : 전시명	평균 : 관람인원(단위:명)	개수 : 전시명	평균 : 관람인원(단위:명)	개수 : 전시명	평균 : 관람인원(단위:명)
5	5월	1	27,500	1	45,820	**	**
6	6월	1	15,480	**	**	1	48,000
7	7월	**	**	2	44,590	2	20,375
8	총합계	2	21,490	3	45,000	3	29,583

조건

(1) 전시 시작일 및 전시구분별 전시명의 개수와 관람인원(단위:명)의 평균을 구하시오.
(2) 전시 시작일을 그룹화하고, 전시구분을 ≪출력형태≫와 같이 정렬하시오.
(3) 레이블이 있는 셀 병합 및 가운데 맞춤 적용 및 빈 셀은 '**'로 표시하시오.
(4) 행의 총합계는 지우고, 나머지 사항은 ≪출력형태≫에 맞게 작성하시오.

SECTION 01 피벗 테이블 생성과 배치

① "제1작업" 시트의 「B4:H12」 영역을 블록 설정한다.
→ [삽입] 탭 – [표] 그룹 – [피벗 테이블](▦)을 클릭한다.

> **기적의 TIP**
>
> 피벗 테이블은 데이터를 계산, 요약 및 분석하는 도구로서, 데이터의 비교, 패턴 및 추세를 보는 데 사용한다.

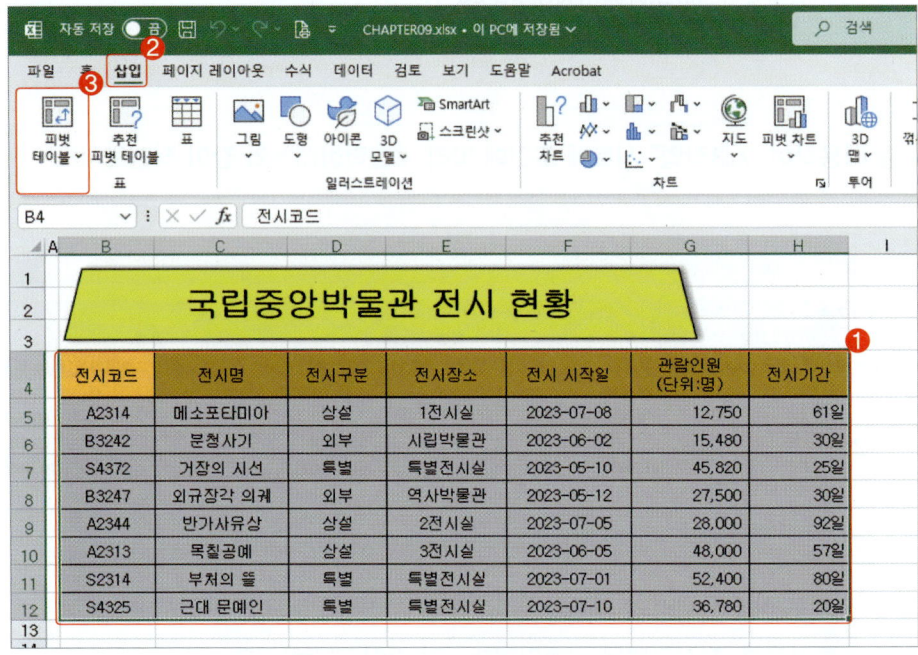

② [표 또는 범위의 피벗 테이블] 대화상자에서 '기존 워크시트'를 선택한다.
→ 위치는 마우스로 "제3작업" 시트의 「B2」 셀을 지정하고 [확인]을 클릭한다.

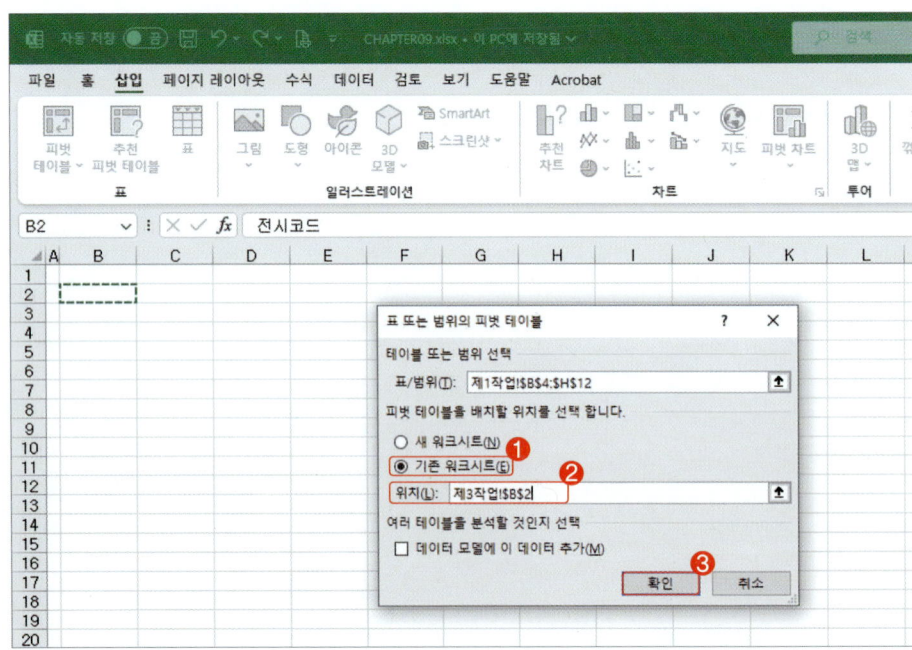

③ [피벗 테이블 필드] 탭에서 '전시 시작일'을 마우스 드래그하여 행에 배치한다.

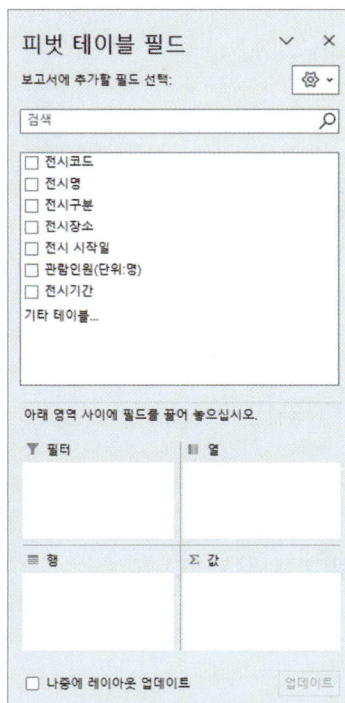 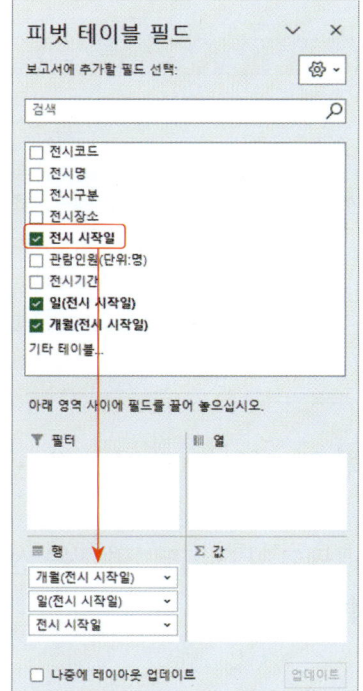

④ '전시구분'을 열에 배치한다.
→ '전시명'과 '관람인원(단위:명)'을 값에 배치한다.

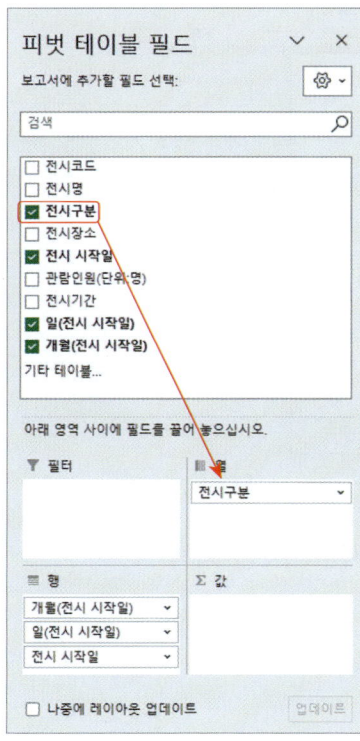 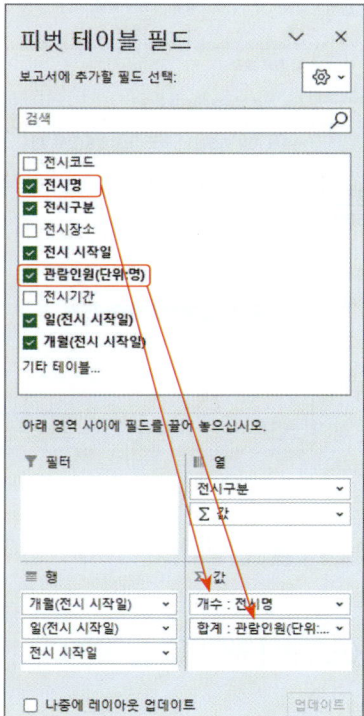

➕ 더 알기 TIP

피벗 테이블 레이아웃

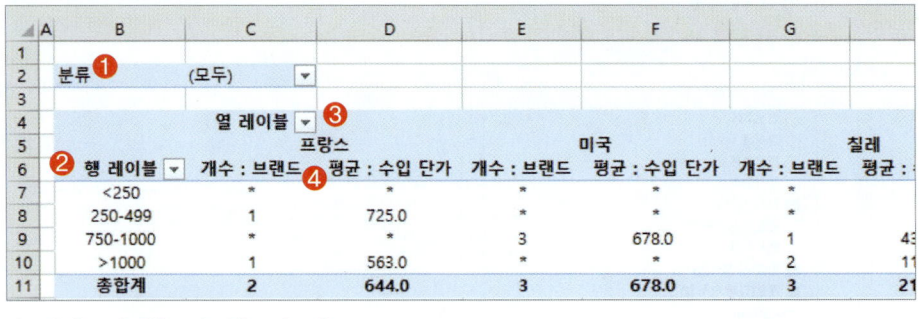

❶ 필터 ❷ 행 ❸ 열 ❹ 값

⑤ 「D4」 셀을 클릭하고 [피벗 테이블 분석] 탭 – [활성 필드] 그룹 – [필드 설정](📇)을 클릭한다.
　→ [값 필드 설정] 대화상자에서 선택한 필드의 데이터 '평균'을 선택하고 사용자 지정 이름에 『(단위:명)』을 이어서 작성한다.
　→ [표시 형식]을 클릭한다.

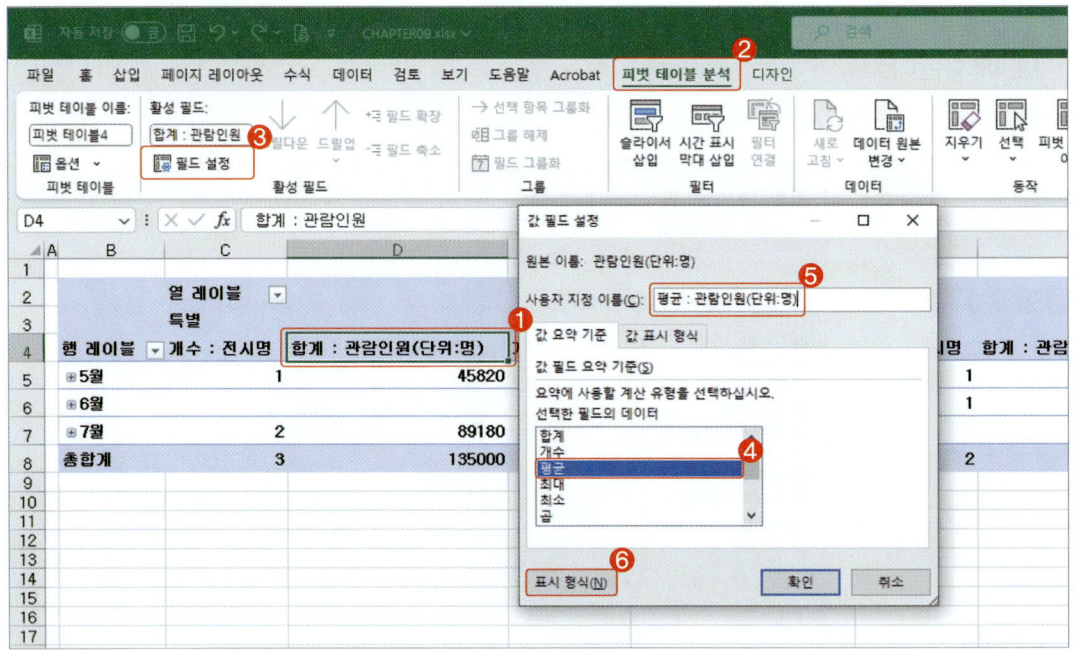

⑥ [셀 서식] 대화상자가 나타나면 범주 '숫자'를 선택하고 '1000 단위 구분 기호(,) 사용'을 체크한 후 [확인]을 클릭한다.
　→ 다시 [값 필드 설정] 대화상자로 돌아오면 [확인]을 클릭한다.

SECTION 02 피벗 테이블 옵션, 그룹화

① [피벗 테이블 분석] 탭 – [피벗 테이블] 그룹 – [옵션](📋)을 클릭한다.

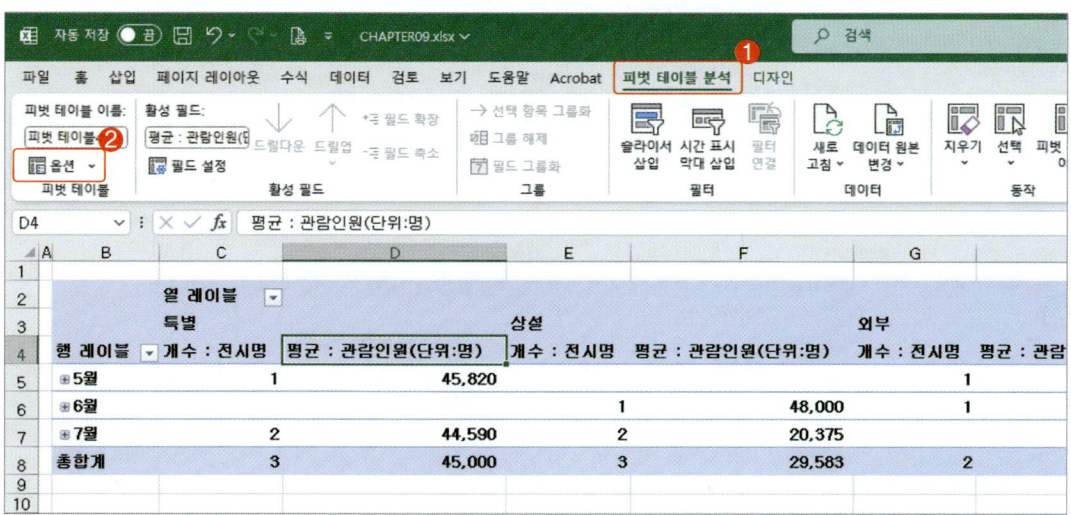

② [피벗 테이블 옵션] 대화상자에서 '레이블이 있는 셀 병합 및 가운데 맞춤'을 체크하고 빈 셀 표시 입력란에 『**』를 입력한다.
→ [요약 및 필터] 탭에서 '행 총합계 표시'를 체크 해제하고 [확인]을 클릭한다.

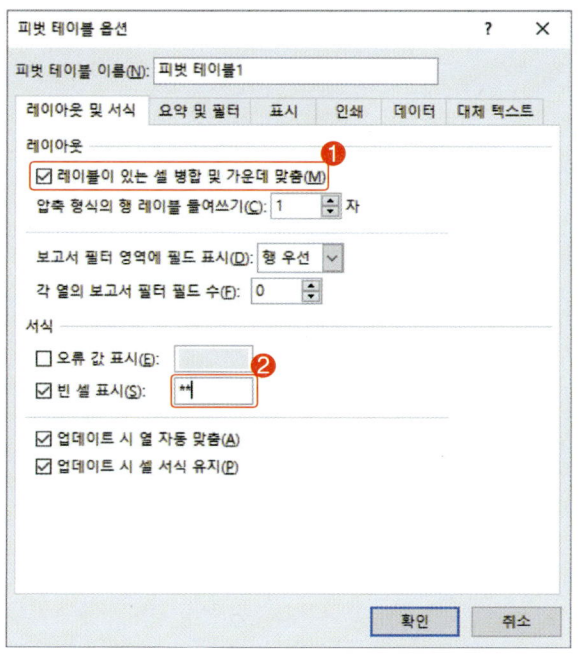

③ 전시 시작일을 그룹화하기 위해 「B5」 셀을 클릭하고 [선택 항목 그룹화](→)를 클릭한다.

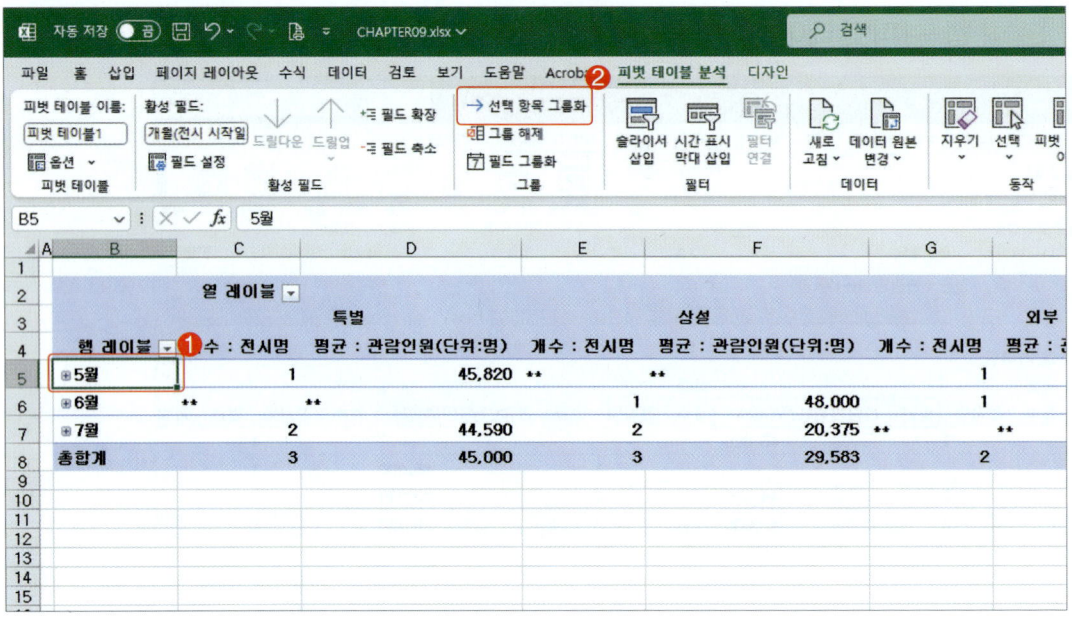

④ [그룹화] 대화상자에서 단위에 '일'과 '월'이 선택되어 있으므로 '월'만 설정하고 [확인]을 클릭한다.

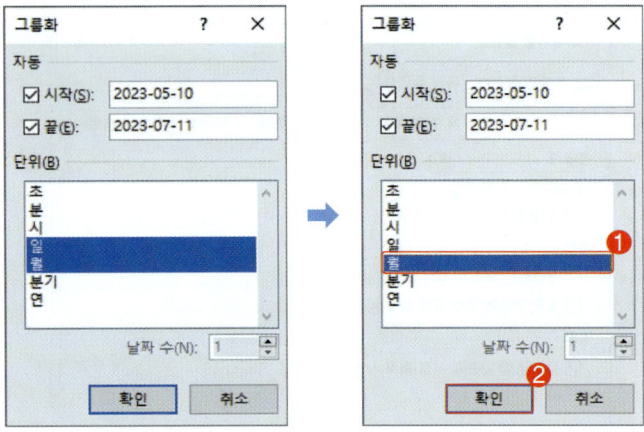

⑤ 「G3」 셀을 클릭하고 가장자리에 마우스 포인터를 위치한다.
→ 마우스 포인터가 변경되면 C 열 앞으로 드래그하여 이동시킨다.

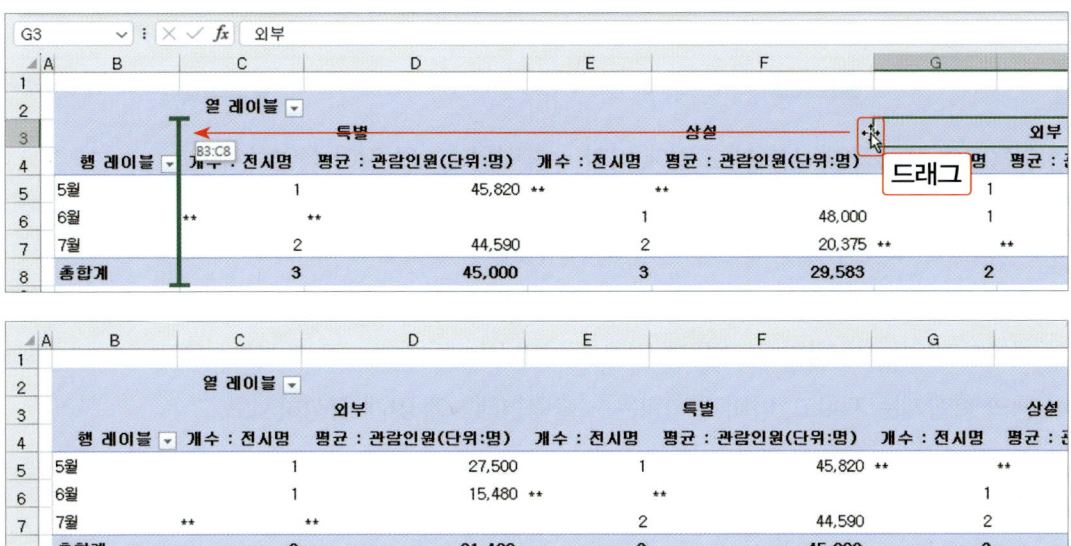

⑥ **로 표시된 셀들은 [홈] 탭 – [맞춤] 그룹 – [가운데 맞춤](≡)을 클릭한다.

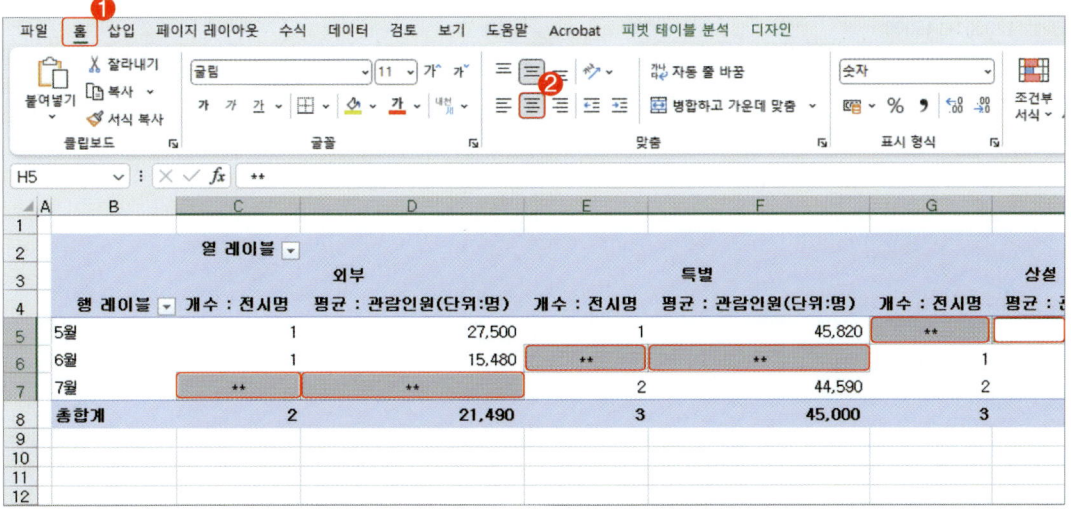

⑦ 「C2」 셀에 『전시구분』, 「B4」 셀에 『전시 시작일』을 직접 입력한다.

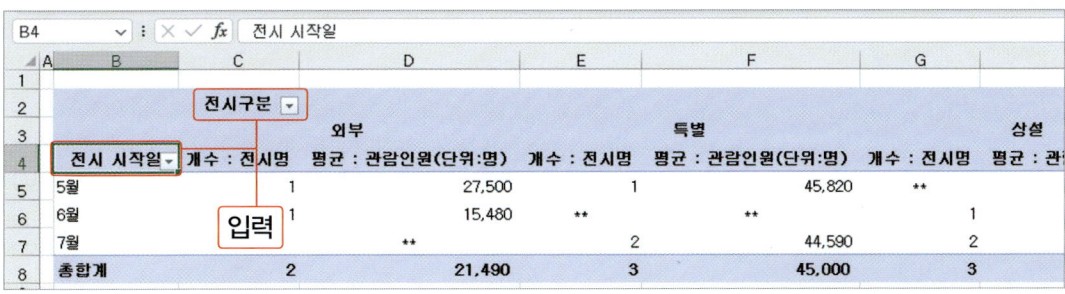

PART 01 ● 111 ● CHAPTER 09 [제3작업] 피벗 테이블

유형을 확인하는 기출문제

문제유형 ❹-2 작업파일 PART 01 시험 유형 따라하기₩유형4-2번_문제.xlsx 정답파일 유형4-2번_정답.xlsx

"제1작업" 시트를 이용하여 "제3작업" 시트에 조건에 따라 ≪출력형태≫와 같이 작업하시오.

조건
(1) 1박요금(원) 및 종류별 숙소명의 개수와 예약인원의 평균을 구하시오.
(2) 1박요금(원)을 그룹화하고, 종류를 ≪출력형태≫와 같이 정렬하시오.
(3) 레이블이 있는 셀 병합 및 가운데 맞춤 적용과 빈 셀은 '***'로 표시하시오.
(4) 행의 총합계는 지우고, 나머지 사항은 ≪출력형태≫에 맞게 작성하시오.

출력형태

A	B	C	D	E	F	G	H
		종류 ↲					
		호텔		펜션		리조트	
	1박요금(원)	개수 : 숙소명	평균 : 예약인원	개수 : 숙소명	평균 : 예약인원	개수 : 숙소명	평균 : 예약인원
	70001-95000	***	***	1	6	1	4
	95001-120000	3	3	1	5	***	***
	120001-145000	***	***	***	***	2	3
	총합계	3	3	2	6	3	3

유형분석 문항 ❹

제4작업
그래프

배점 **100점** | A등급 목표점수 **80점**

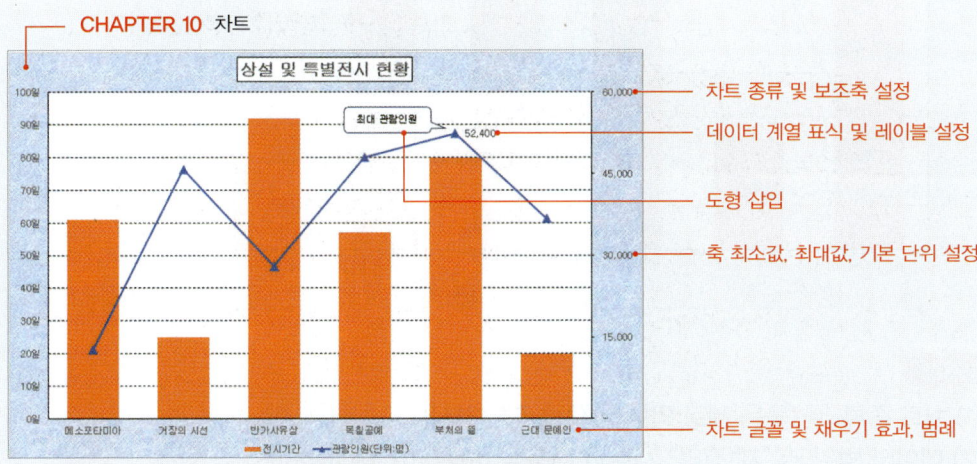

CHAPTER 10 차트
- 차트 종류 및 보조축 설정
- 데이터 계열 표식 및 레이블 설정
- 도형 삽입
- 축 최소값, 최대값, 기본 단위 설정
- 차트 글꼴 및 채우기 효과, 범례

출제포인트
차트 종류와 데이터 범위 파악·글꼴과 채우기·범례의 위치 및 수정·축 최소값, 최대값, 기본 단위 설정·데이터 계열 표식 및 레이블 설정·도형 삽입

출제기준
엑셀 내에서의 차트 작성능력을 평가하는 문항입니다.

A등급 TIP
제4작업 역시 제1작업의 데이터를 기반으로 합니다. 차트에 사용될 제1작업의 데이터는 출력형태를 보고 직접 판단해야 합니다. 출력형태와 조건을 충실하게 따르며 꼼꼼히 작업하고, 풀이를 마친 후 출력형태와 비교해 보며 검토하는 것도 잊지 마세요.

CHAPTER 10

[제4작업] **차트**

작업파일 PART 01 시험 유형 따라하기₩CHAPTER10.xlsx
정답파일 PART 01 시험 유형 따라하기₩CHAPTER10_정답.xlsx

문제보기 "제1작업" 시트를 이용하여 조건에 따라 ≪출력형태≫와 같이 작업하시오.

출력형태

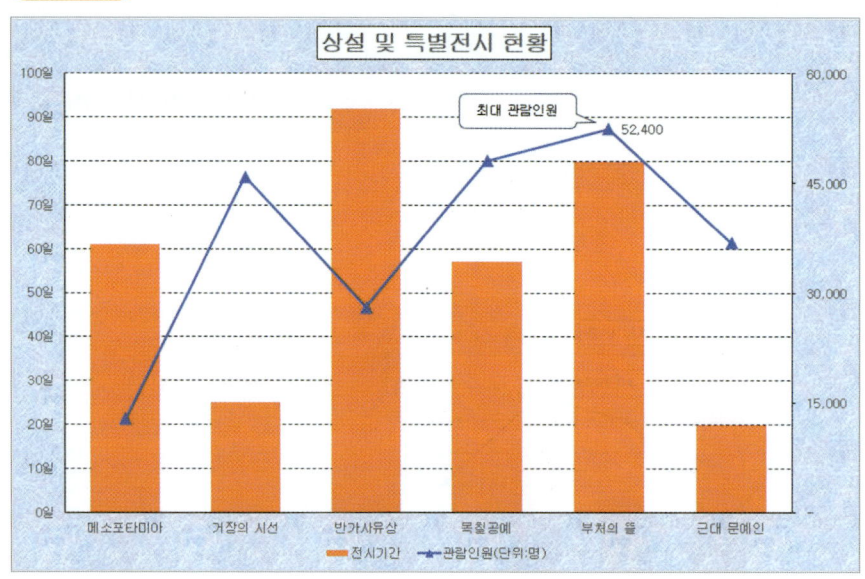

조건

(1) 차트 종류 ⇒ 〈묶은 세로 막대형〉으로 작업하시오.
(2) 데이터 범위 ⇒ "제1작업" 시트의 내용을 이용하여 작업하시오.
(3) 위치 ⇒ "새 시트"로 이동하고, "제4작업"으로 시트 이름을 바꾸시오.
(4) 차트 디자인 도구 ⇒ 레이아웃 3, 스타일 1을 선택하여 ≪출력형태≫에 맞게 작업하시오.
(5) 영역 서식 ⇒ 차트 : 글꼴(굴림, 11pt), 채우기 효과(질감 – 파랑 박엽지)
　　　　　　　 그림 : 채우기(흰색, 배경1)
(6) 제목 서식 ⇒ 차트 제목 : 글꼴(굴림, 굵게, 20pt), 채우기(흰색, 배경1), 테두리
(7) 서식 ⇒ 관람인원(단위:명) 계열의 차트 종류를 〈표식이 있는 꺾은선형〉으로 변경한 후 보조 축
　　　　　으로 지정하시오.
　　　　　계열 : ≪출력형태≫를 참조하여 표식(세모, 크기 10)과 레이블 값을 표시하시오.
　　　　　눈금선 : 선 스타일 – 파선
　　　　　축 : ≪출력형태≫를 참조하시오.
(8) 범례 ⇒ 범례명을 변경하고 ≪출력형태≫를 참조하시오.
(9) 도형 ⇒ '모서리가 둥근 사각형 설명선'을 삽입한 후 ≪출력형태≫와 같이 내용을 입력하시오.
(10) 나머지 사항은 ≪출력형태≫에 맞게 작성하시오.

SECTION 01 차트 작성

① "제1작업" 시트의 「C4:C5」 영역을 블록 설정한다.
→ Ctrl 을 누른 채 「C7」, 「C9:C12」, 「G4:G5」, 「G7」, 「G9:G12」, 「H4:H5」, 「H7」, 「H9:H12」 영역을 블록 설정한다.

> **기적의 TIP**
> 블록 설정은 출력형태에서 가로 축, 세로 축, 보조 축에 표시된 데이터를 지정하면 된다.

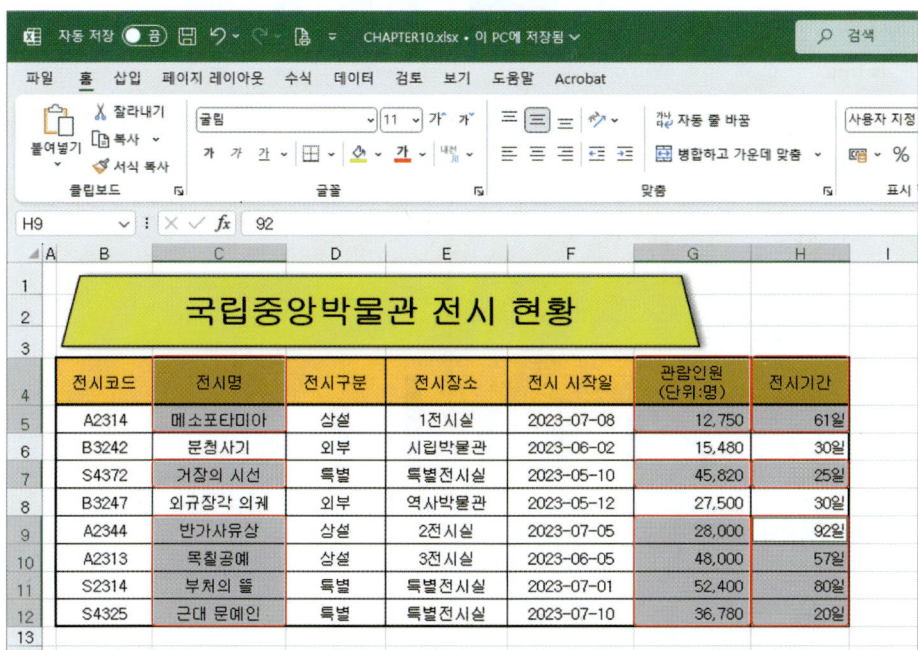

② [삽입] 탭 – [차트] 그룹 – [2차원 묶은 세로 막대형]()을 클릭한다.

> **해결 TIP**
> 어떤 종류의 차트가 주로 출제되나요?
> 〈묶은 세로 막대형〉을 기본으로 〈표식이 있는 꺾은선형〉과 혼합을 이루는 형태가 주로 출제된다.

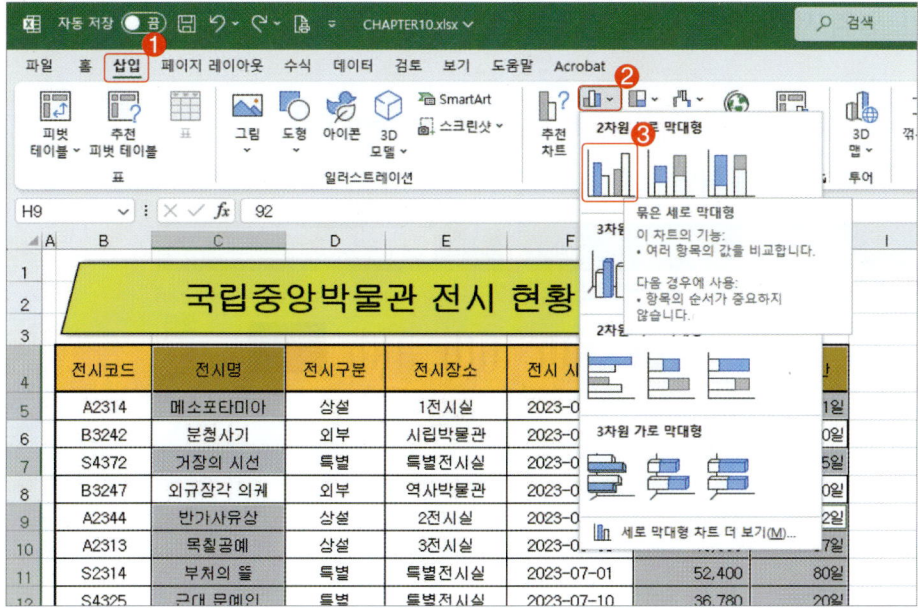

③ [차트 디자인] 탭 – [위치] 그룹 – [차트 이동](🖼)을 클릭한다.
　→ [차트 이동] 대화상자에서 '새 시트'를 선택하고 『제4작업』을 입력한 후 [확인]을 클릭한다.

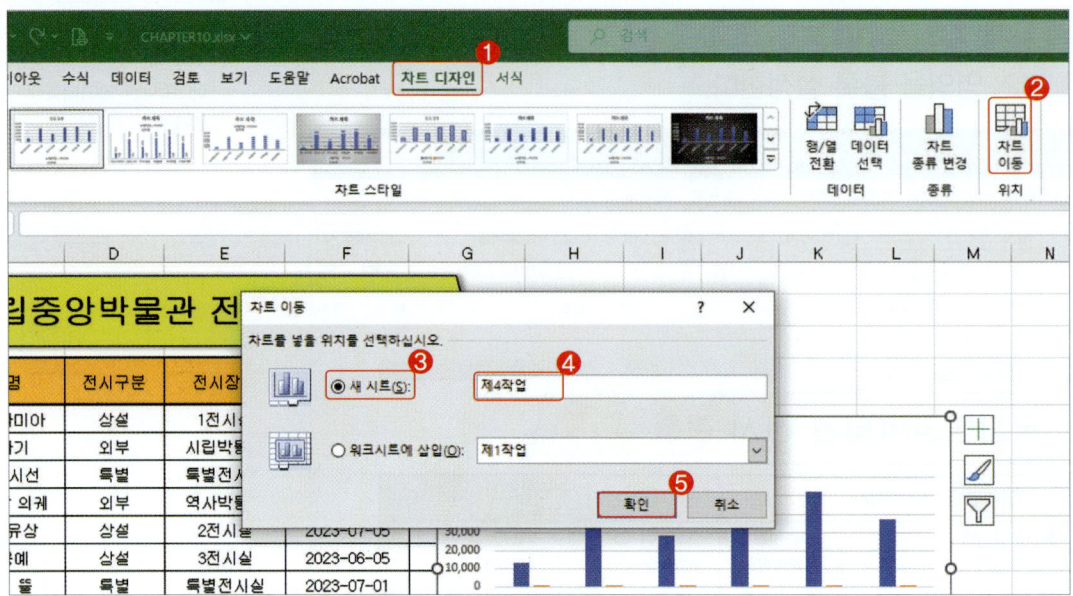

④ "제4작업" 시트를 마우스 드래그하여 제일 끝으로 이동한다.

SECTION 02　차트 디자인, 영역 서식, 제목 서식

① [차트 디자인] 탭 – [빠른 레이아웃](🖼) – [레이아웃 3](🖼)을 클릭한다.
　→ [차트 스타일] 그룹 – [스타일 1]을 클릭한다.

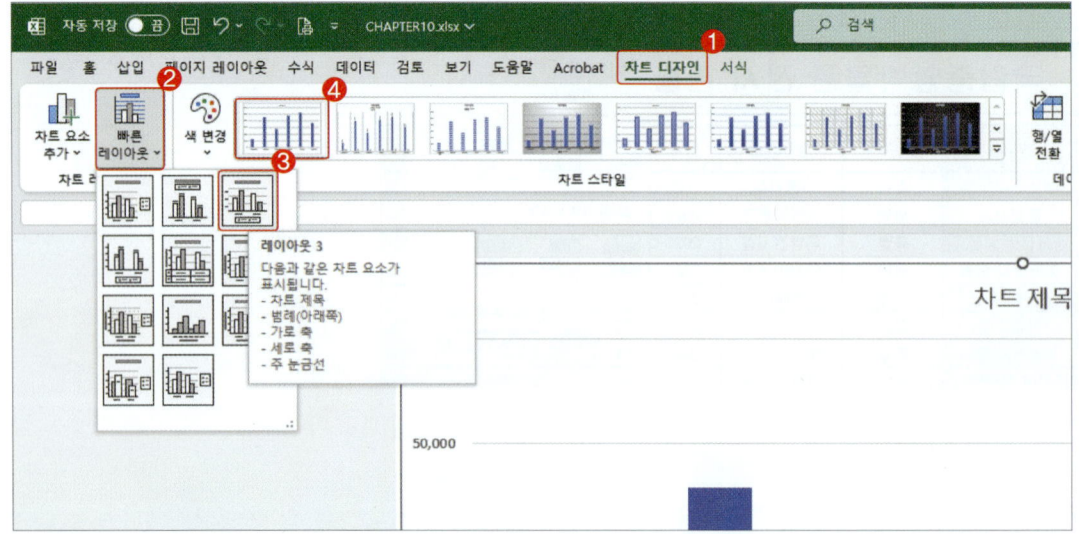

② 차트 영역을 선택하고 [홈] 탭 – [글꼴] 그룹에서 글꼴 '굴림', 크기 '11'을 설정한다.

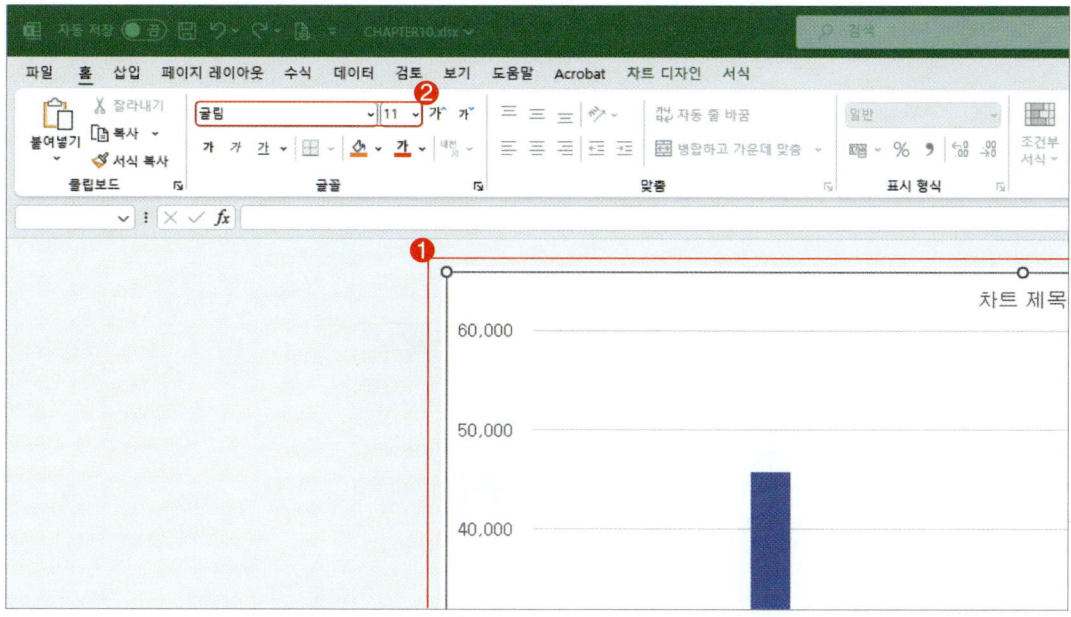

③ [서식] 탭 – [현재 선택 영역] 그룹 – [선택 영역 서식](🖌)을 클릭한다.

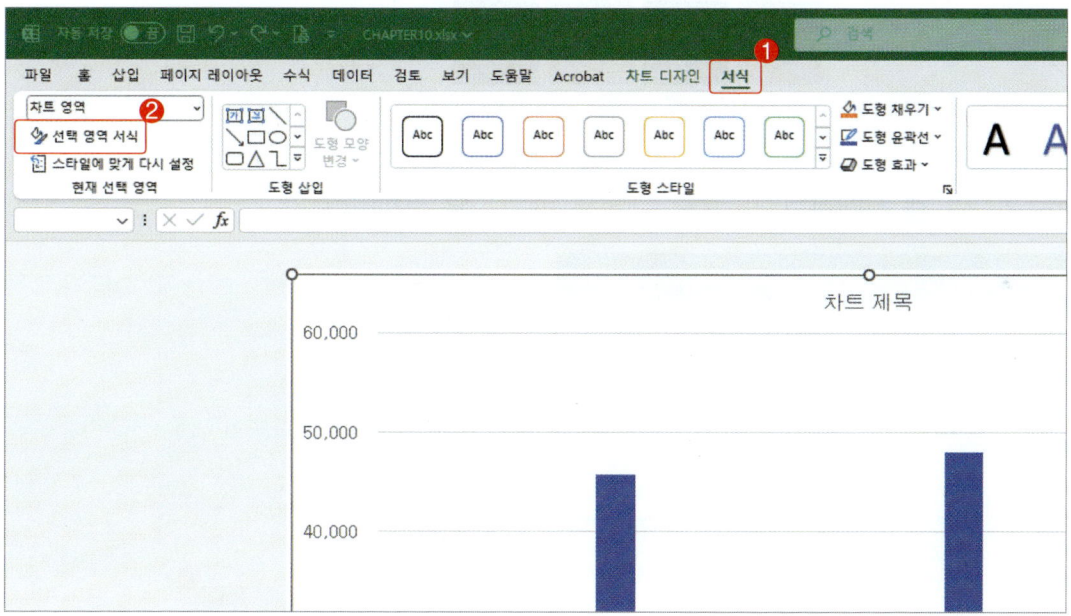

④ [차트 영역 서식] 사이드바에서 채우기 '그림 또는 질감 채우기'를 선택한다.
→ [질감](🔲) – [파랑 박엽지]를 설정한다.

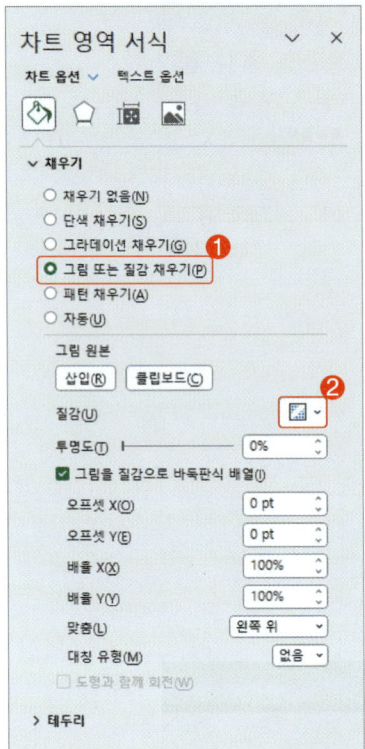

⑤ [서식] 탭 – [현재 선택 영역] 그룹에서 [그림 영역]을 선택한다.
→ 채우기 '단색 채우기'를 선택하고 [색](🎨) – [흰색, 배경 1]을 설정한다.

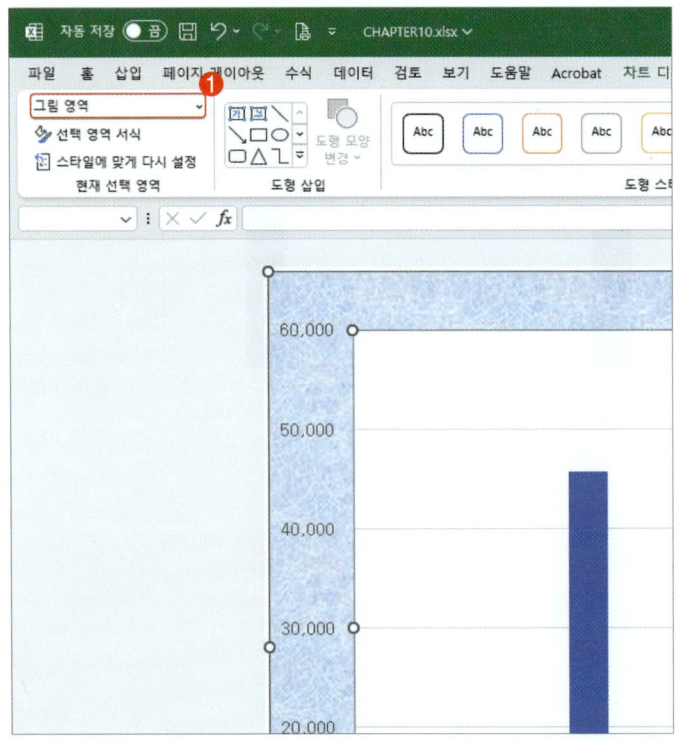
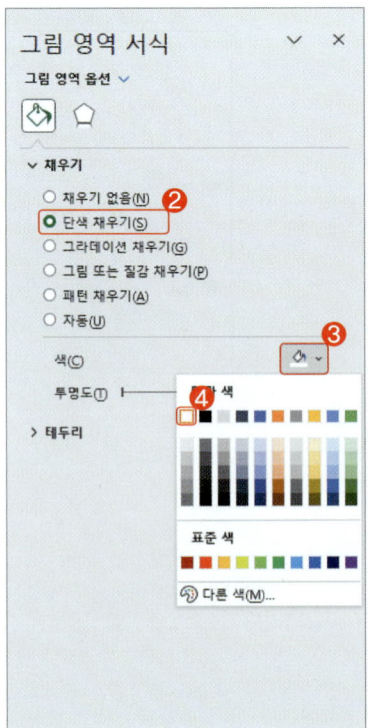

⑥ 차트 제목에 『상설 및 특별전시 현황』을 입력한다.
→ 글꼴 '굴림', 크기 '20', [굵게] 설정한다.

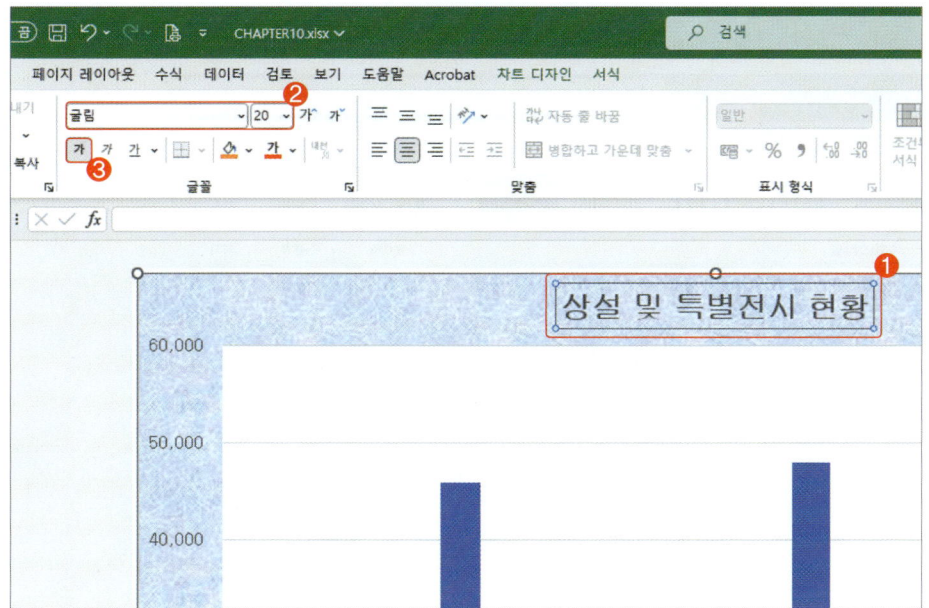

⑦ [서식] 탭 – [도형 스타일] 그룹 – [도형 채우기](🎨)를 클릭하고 '흰색, 배경 1'을 설정한다.
→ [도형 윤곽선](✏️)을 클릭하고 '검정'을 설정한다.

🏆 **기적**의 TIP

문제의 조건에서 테두리 색을 지정하지 않았으므로 검정과 같이 적당히 구분되는 색을 설정한다.

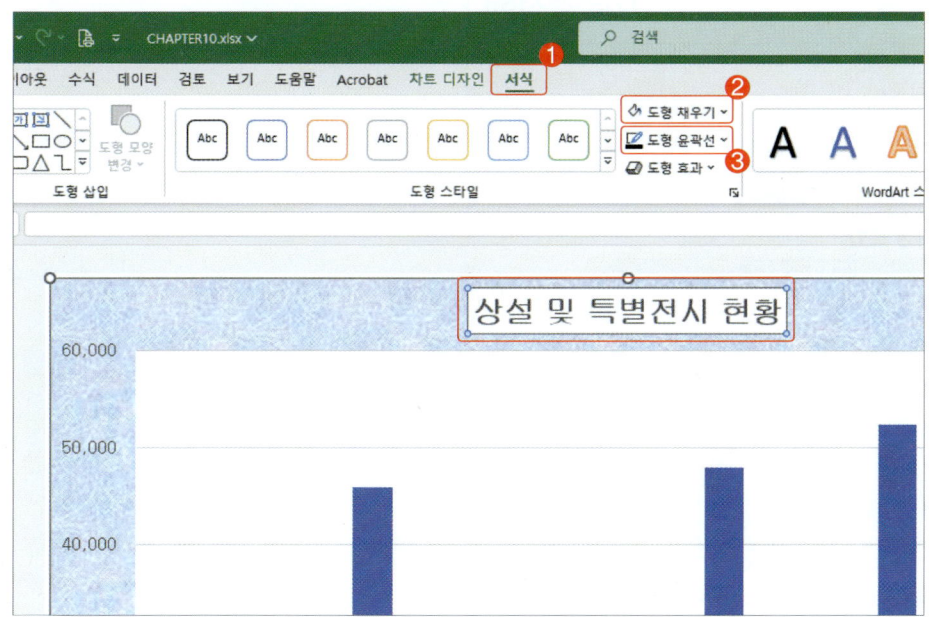

SECTION 03　서식 (보조 축)

① [차트 디자인] 탭 – [차트 종류 변경](아이콘)을 클릭한다.

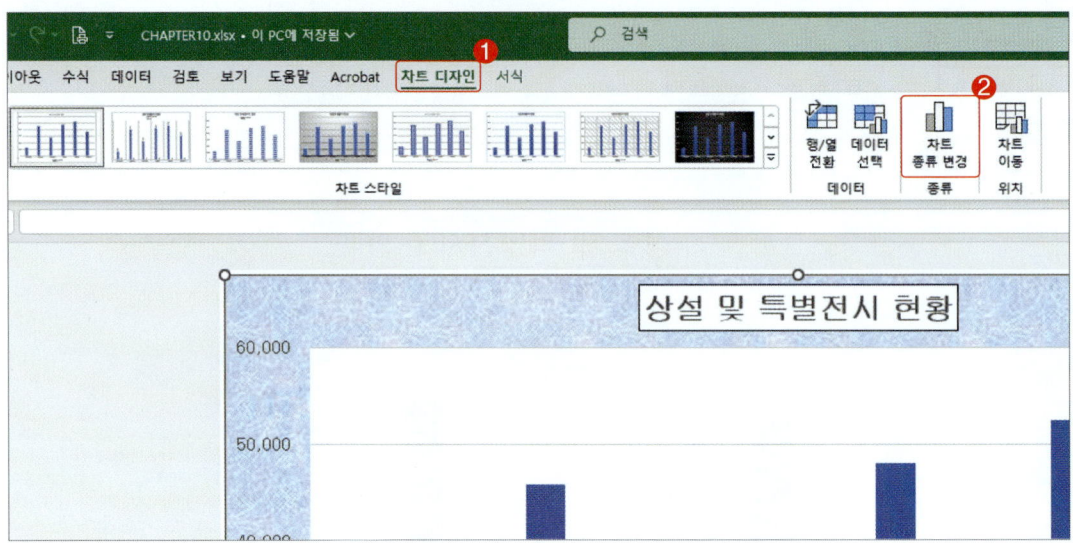

② [차트 종류 변경] 대화상자에서 '혼합'을 클릭한다.
　→ '관람인원(단위:명)'의 차트 종류를 '표식이 있는 꺾은선형'으로 설정하고 '보조 축'
　　에 체크한다.
　→ '전시기간'의 차트 종류를 '묶은 세로 막대형'으로 설정한다.

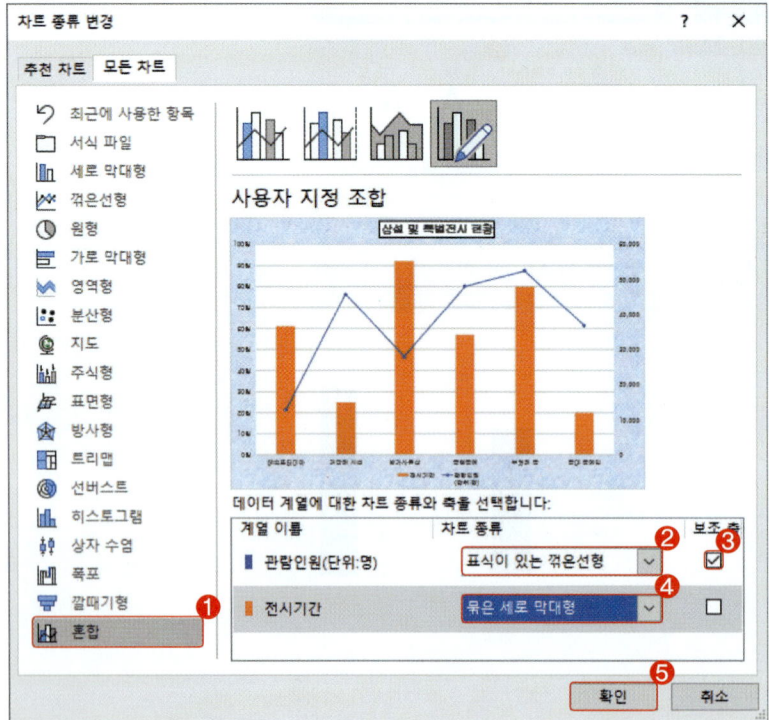

SECTION 04 　서식 (표식, 레이블 값)

① '관람인원(단위:명)' 계열을 선택한다.
　→ 마우스 오른쪽 클릭하고 [데이터 계열 서식]을 클릭한다.

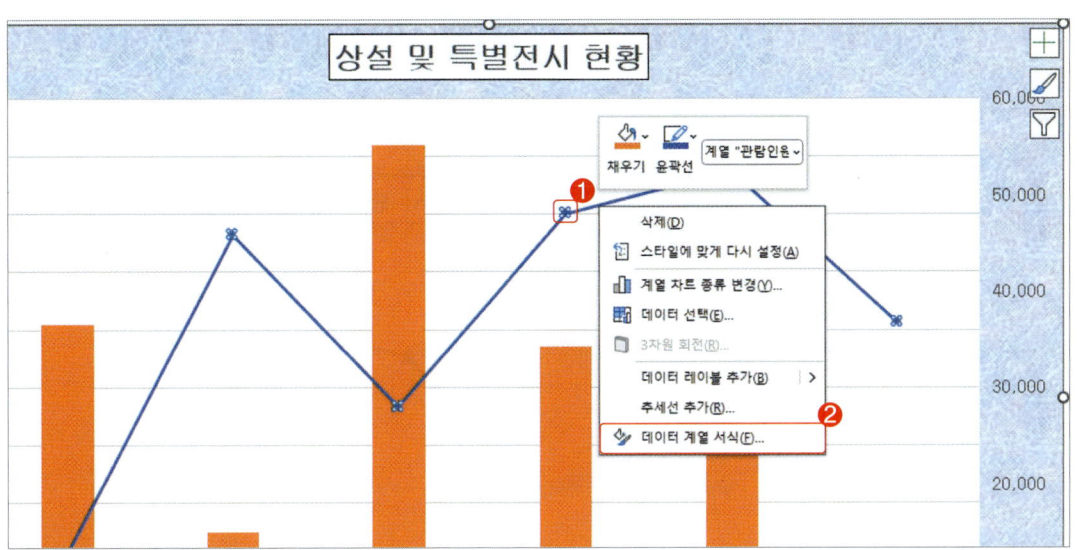

② [채우기 및 선]( ) – 표식( ) – 표식 옵션을 클릭한다.
　→ 형식 '세모', 크기 '10'을 설정한다.

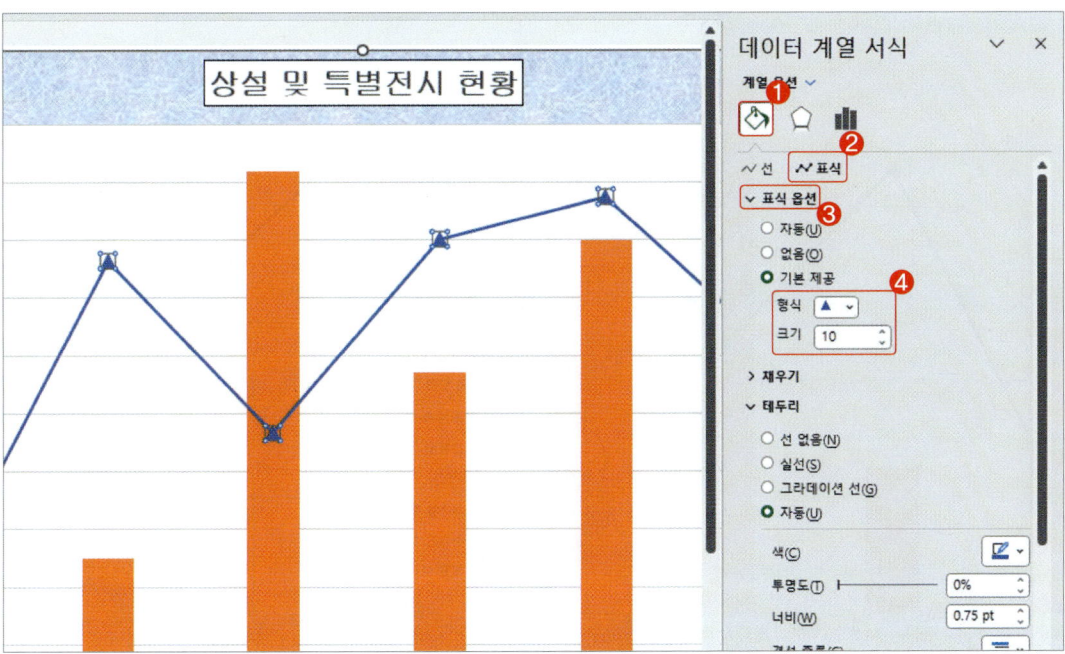

③ '관람인원(단위:명)' 계열의 '부처의 뜰' 요소만 두 번 클릭하여 선택한다.

→ [차트 요소 추가](📊) – [데이터 레이블](📊) – [오른쪽](📈)을 클릭한다.

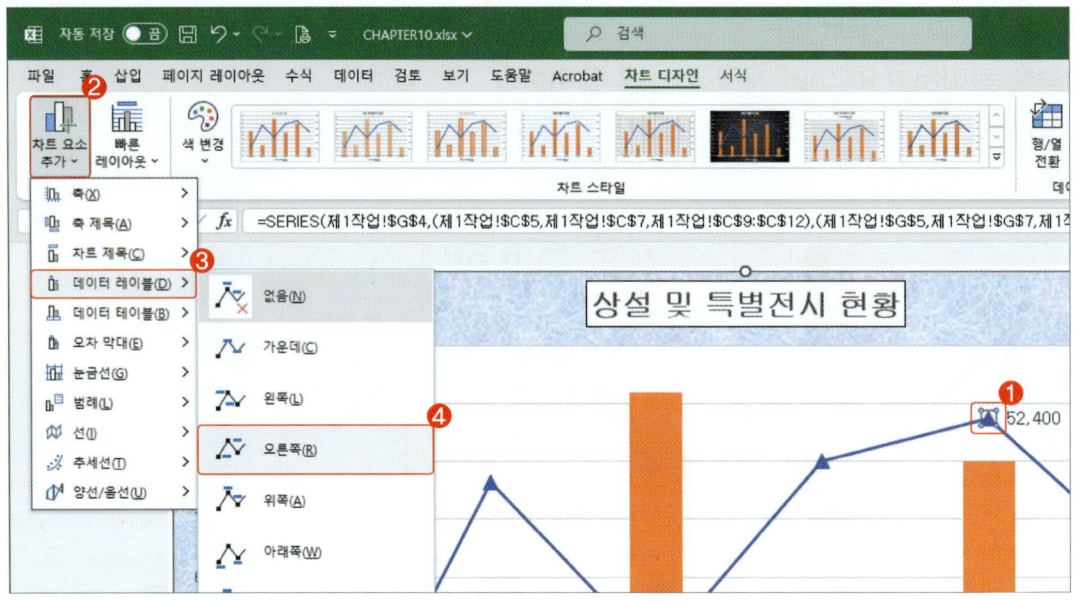

④ '전시기간' 계열을 선택한다.

→ 마우스 오른쪽 클릭하고 [데이터 계열 서식]을 클릭한다.

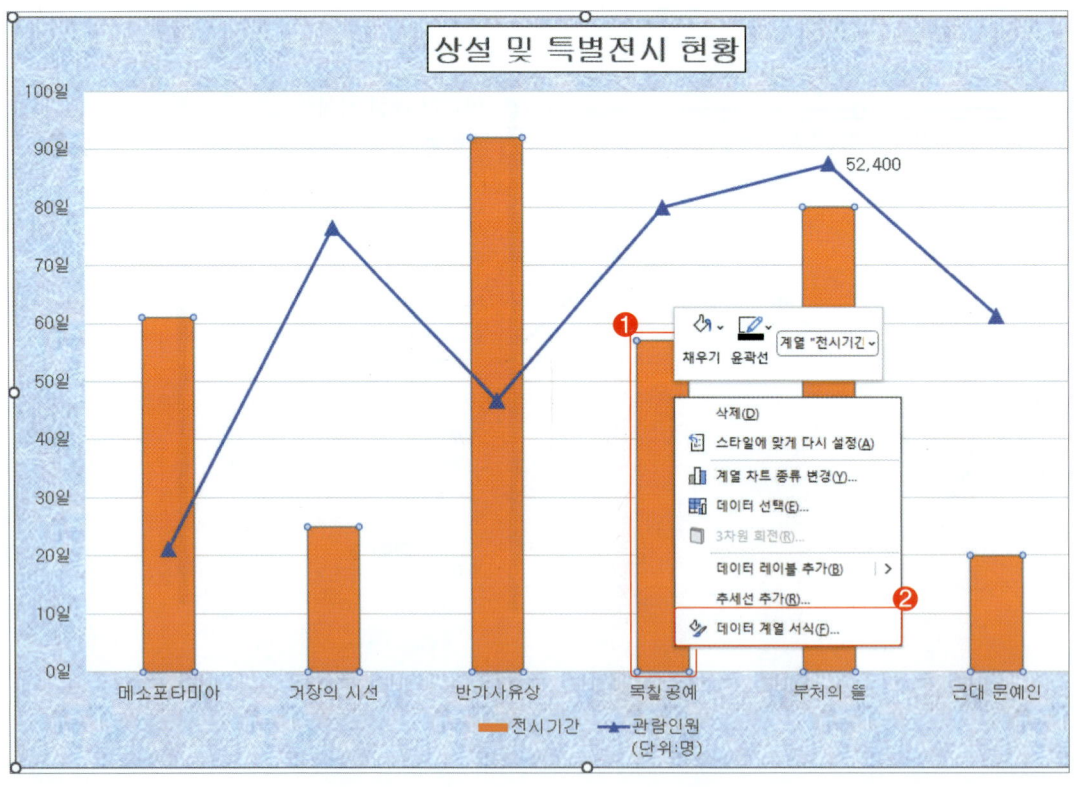

⑤ 간격 너비를 ≪출력형태≫를 참고하여 적당히 조절한다.

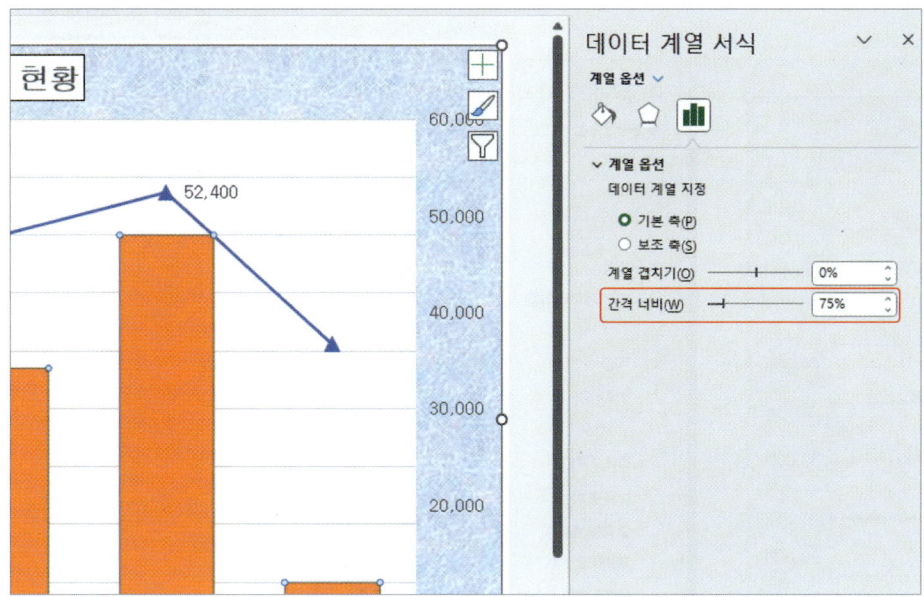

SECTION 05 서식 (눈금선)

① 눈금선을 선택하여 마우스 오른쪽 클릭하고 [눈금선 서식](<image>)을 클릭한다.

> **기적의 TIP**
>
> 눈금선을 더블클릭해도 눈금선 서식이 열린다.

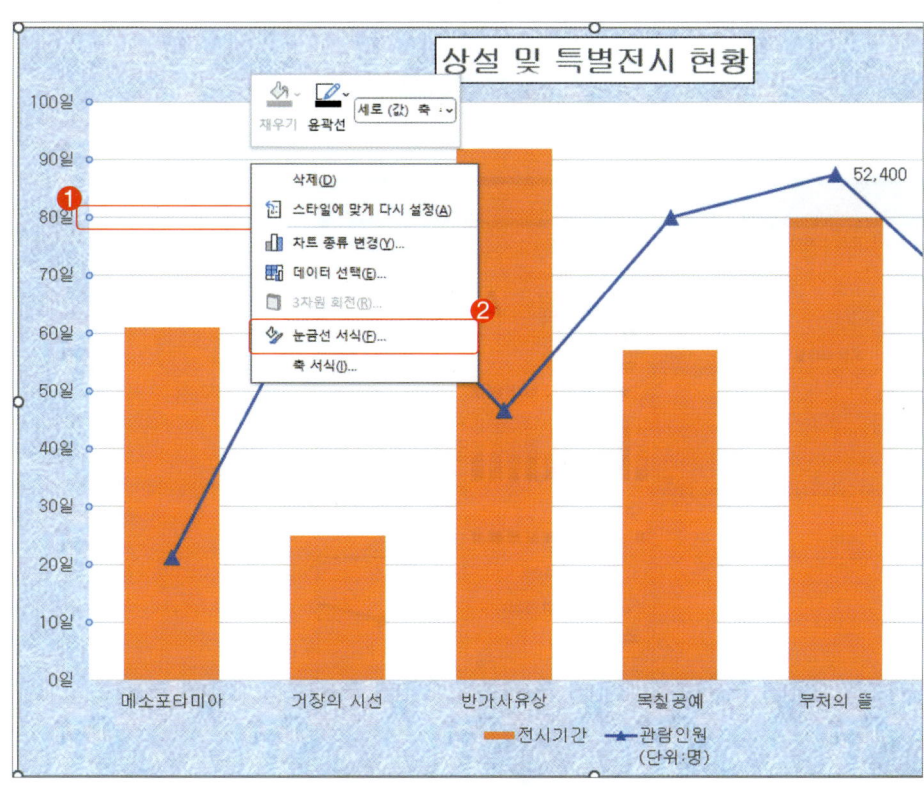

② [주 눈금선 서식] 사이드바에서 선 색 '검정, 텍스트1', 대시 종류 '파선'을 설정한다.

> **기적의 TIP**
> 문제의 조건에서 선의 색을 지정하지 않았으므로 검정과 같이 적당히 구분되는 색을 설정한다.

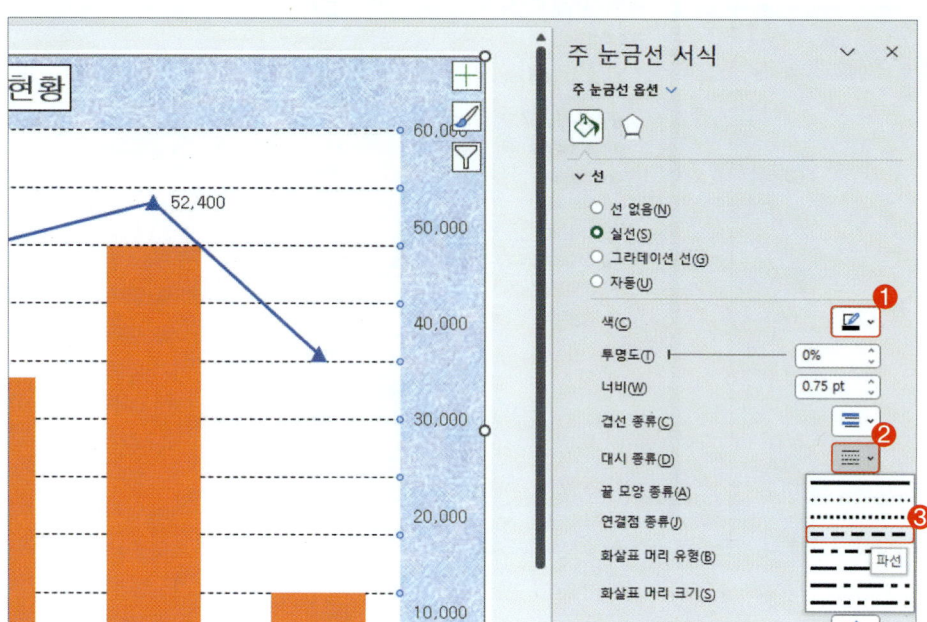

SECTION 06   서식 (축, 데이터 계열)

① 세로 (값) 축을 클릭한다.
  → [서식] 탭 – [도형 스타일] 그룹 – [도형 윤곽선](✏️)을 클릭하고 '검정, 텍스트1'을 설정한다.

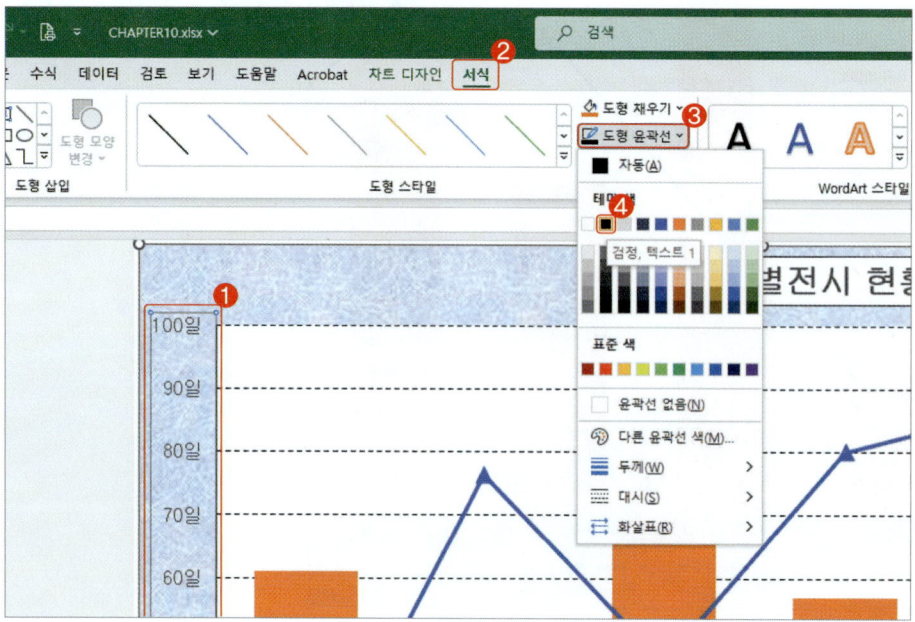

② 보조 세로 (값) 축과 가로 (항목) 축도 [도형 윤곽선](✏️)을 설정한다.

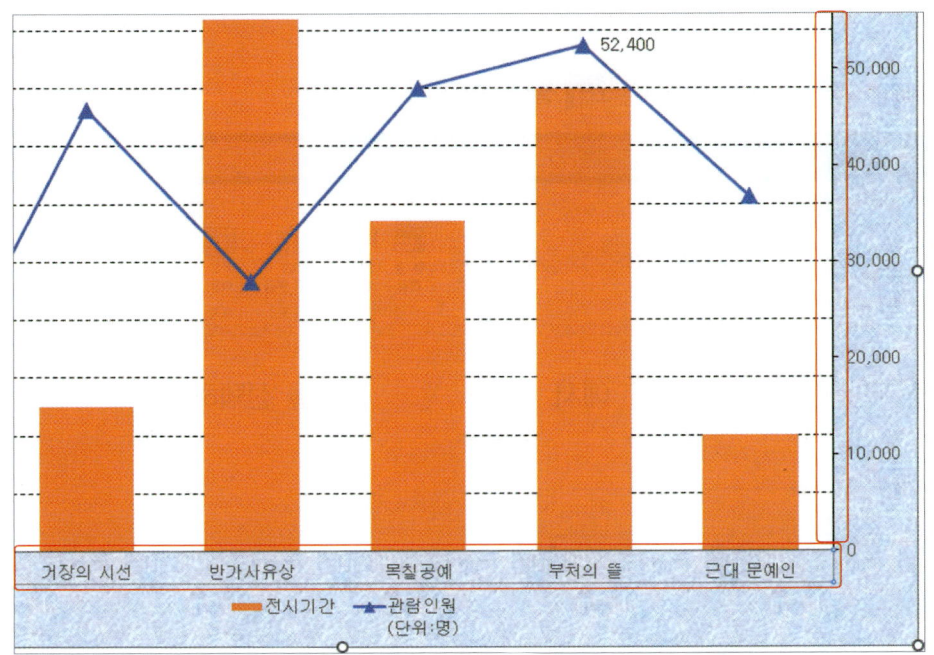

③ 보조 세로 (값) 축을 더블클릭하여 축 서식 사이드바를 연다.
　→ 축 옵션 – 단위 '기본'에 『15000』을 입력한다.
　→ 표시 형식 – 범주 '회계', 기호 '없음'을 설정한다.

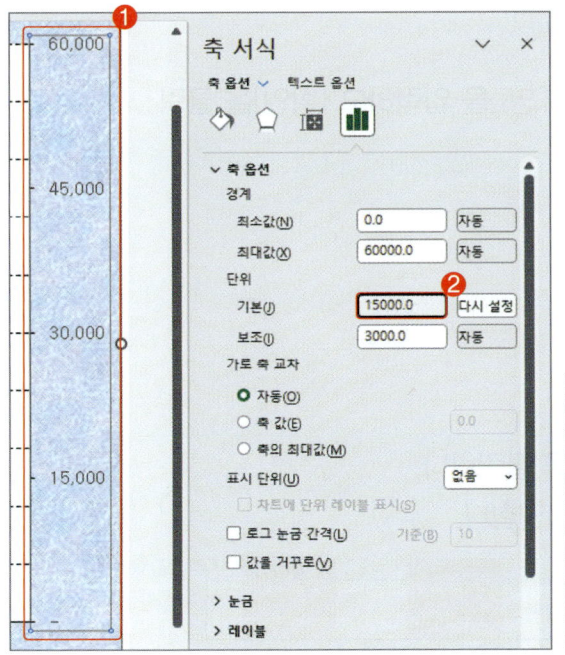

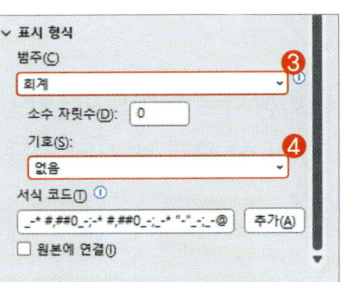

📌 **기적의 TIP**

차트 축 표시 형식에서 회계는 0이 –로 표시된다.

SECTION 07 범례

① [차트 디자인] 탭 – [데이터] 그룹 – [데이터 선택]( )을 클릭한다.

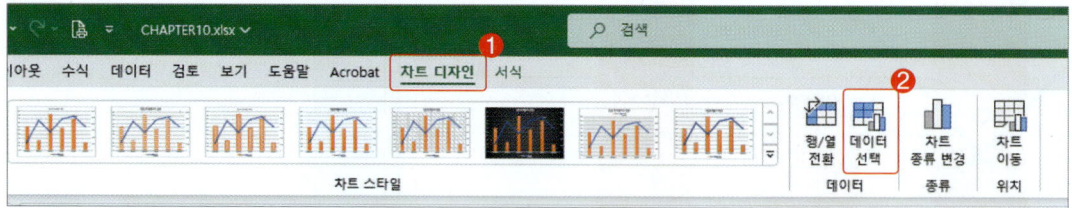

② [데이터 원본 선택] 대화상자에서 범례 항목(계열)에서 '관람인원(단위:명)'을 선택하고 [편집]을 클릭한다.

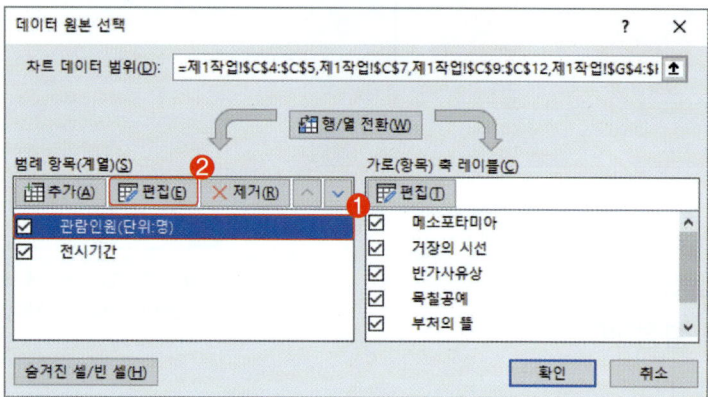

③ [계열 편집] 대화상자에서 계열 이름에 『관람인원(단위:명)』을 입력하고 [확인]을 클릭한다.

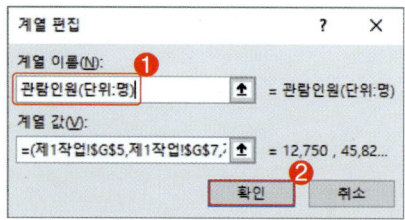

④ 다시 [데이터 원본 선택] 대화상자로 돌아오면 [확인]을 클릭한다.
→ 범례의 관람인원(단위:명)이 한 줄로 변경된 것을 확인한다.

SECTION 08 도형

① [삽입] 탭 – [일러스트레이션] 그룹 – [도형](🔘)을 클릭하고 [말풍선: 모서리가 둥근 사각형]을 클릭한다.

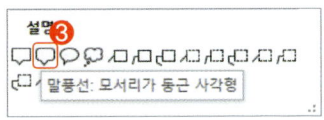

② 도형을 그리고 『최대 관람인원』을 입력한다.
→ [홈] 탭 – [글꼴] 그룹에서 글꼴 '굴림', 크기 '11', [채우기 색](🎨) '흰색', [글꼴 색](가) '검정'을 설정한다.
→ [맞춤] 그룹에서 가로와 세로 모두 [가운데 맞춤](≡, ≡)을 클릭한다.

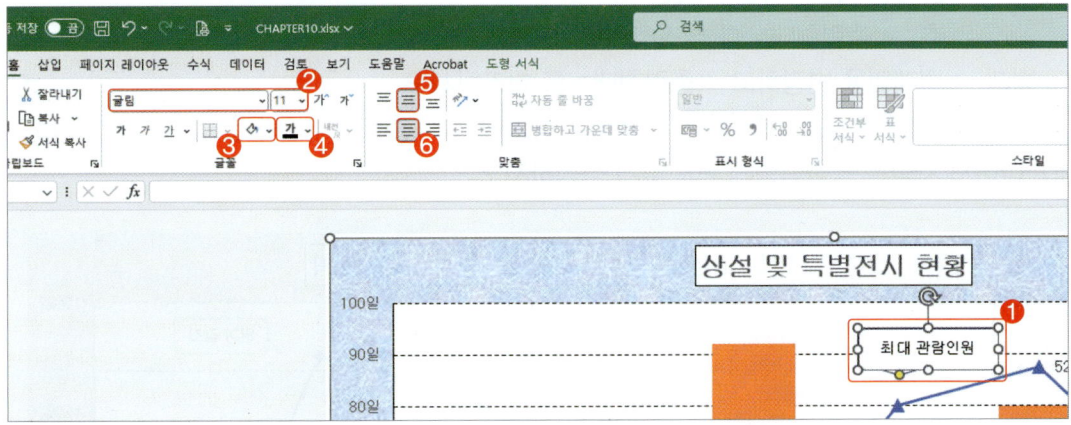

③ 노란색 조절점을 움직여 도형의 모양을 조절한다.

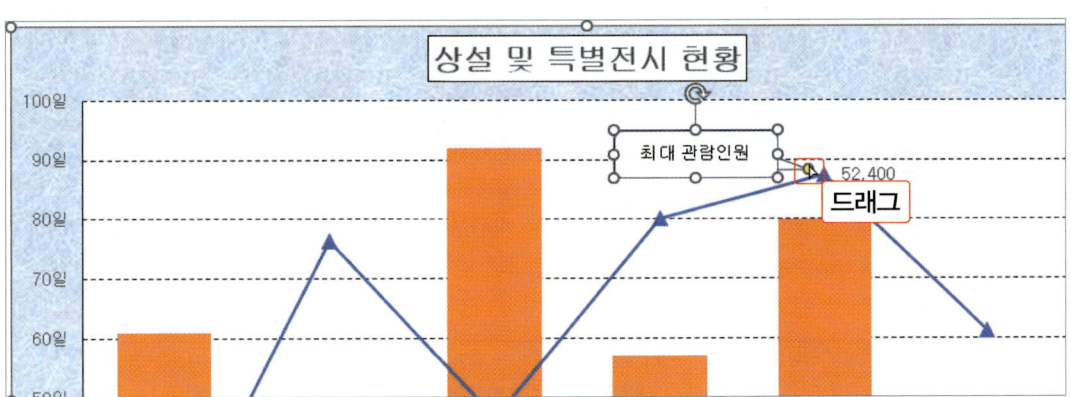

유형을 확인하는 기출문제

문제유형 ❺-1

작업파일 PART 01 시험 유형 따라하기₩유형5-1번_문제.xlsx 정답파일 유형5-1번_정답.xlsx

"제1작업" 시트를 이용하여 조건에 따라 ≪출력형태≫와 같이 작업하시오.

조건

(1) 차트 종류 ⇒ 〈묶은 세로 막대형〉으로 작업하시오.
(2) 데이터 범위 ⇒ "제1작업" 시트의 내용을 이용하여 작업하시오.
(3) 위치 ⇒ "새 시트"로 이동하고, "제4작업"으로 시트 이름을 바꾸시오.
(4) 차트 디자인 도구 ⇒ 레이아웃 3, 스타일 1을 선택하여 ≪출력형태≫에 맞게 작업하시오.
(5) 영역 서식 ⇒ 차트 : 글꼴(굴림, 11pt), 채우기 효과(질감 – 분홍 박엽지)
　　　　　　　　그림 : 채우기(흰색, 배경1)
(6) 제목 서식 ⇒ 차트 제목 : 글꼴(굴림, 굵게, 20pt), 채우기(흰색, 배경1), 테두리
(7) 서식 ⇒ 신청인원 계열의 차트 종류를 〈표식이 있는 꺾은선형〉으로 변경한 후 보조 축으로 지정하시오.
　　　　　계열 : ≪출력형태≫를 참조하여 표식(마름모, 크기 10)과 레이블 값을 표시하시오.
　　　　　눈금선 : 선 스타일 – 파선
　　　　　축 : ≪출력형태≫를 참조하시오.
(8) 범례 ⇒ 범례명을 변경하고 ≪출력형태≫를 참조하시오.
(9) 도형 ⇒ '말풍선: 모서리가 둥근 사각형'을 삽입한 후 ≪출력형태≫와 같이 내용을 입력하시오.
(10) 나머지 사항은 ≪출력형태≫에 맞게 작성하시오.

출력형태

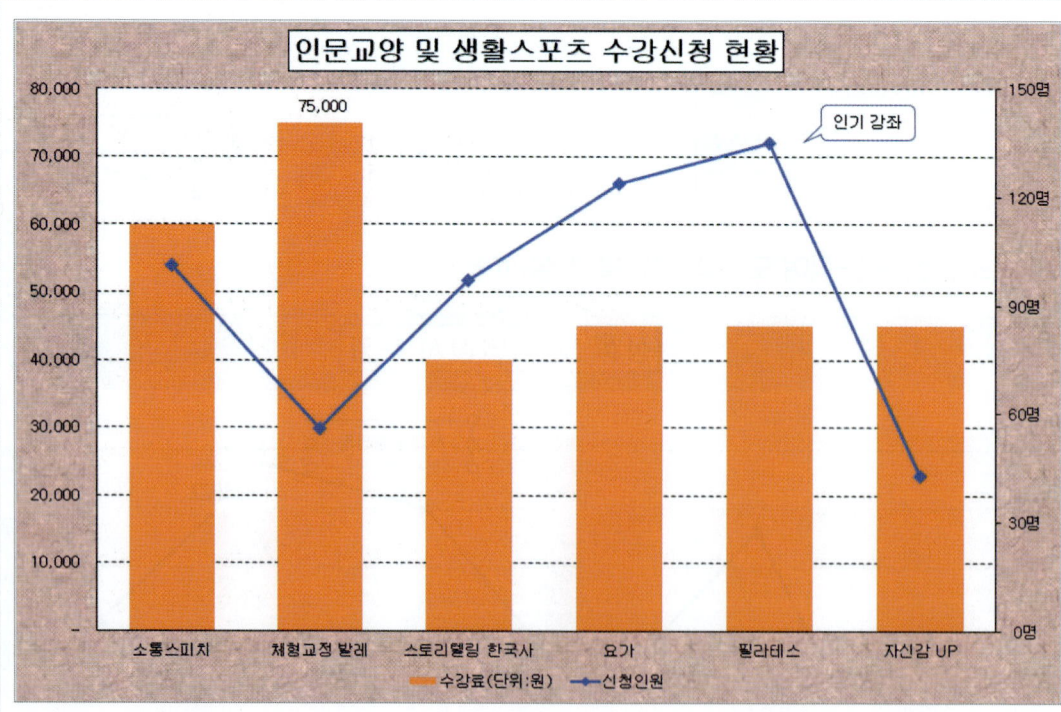

문제유형 ❺-2

"제1작업" 시트를 이용하여 조건에 따라 ≪출력형태≫와 같이 작업하시오.

조건

(1) 차트 종류 ⇒ 〈묶은 세로 막대형〉으로 작업하시오.
(2) 데이터 범위 ⇒ "제1작업" 시트의 내용을 이용하여 작업하시오.
(3) 위치 ⇒ "새 시트"로 이동하고, "제4작업"으로 시트 이름을 바꾸시오.
(4) 차트 디자인 도구 ⇒ 레이아웃 3, 스타일 1을 선택하여 ≪출력형태≫에 맞게 작업하시오.
(5) 영역 서식 ⇒ 차트 : 글꼴(굴림, 11pt), 채우기 효과(질감 – 파랑 박엽지)
　　　　　　　　그림 : 채우기(흰색, 배경1)
(6) 제목 서식 ⇒ 차트 제목 : 글꼴(굴림, 굵게, 20pt), 채우기(흰색, 배경1), 테두리
(7) 서식 ⇒ 예약인원 계열의 차트 종류를 〈표식이 있는 꺾은선형〉으로 변경한 후 보조 축으로 지정하시오.
　　　　　계열 : ≪출력형태≫를 참조하여 표식(세모, 크기 10)과 레이블 값을 표시하시오.
　　　　　눈금선 : 선 스타일 – 파선
　　　　　축 : ≪출력형태≫를 참조하시오.
(8) 범례 ⇒ 범례명을 변경하고 ≪출력형태≫를 참조하시오.
(9) 도형 ⇒ '말풍선: 모서리가 둥근 사각형'을 삽입한 후 ≪출력형태≫와 같이 내용을 입력하시오.
(10) 나머지 사항은 ≪출력형태≫에 맞게 작성하시오.

출력형태

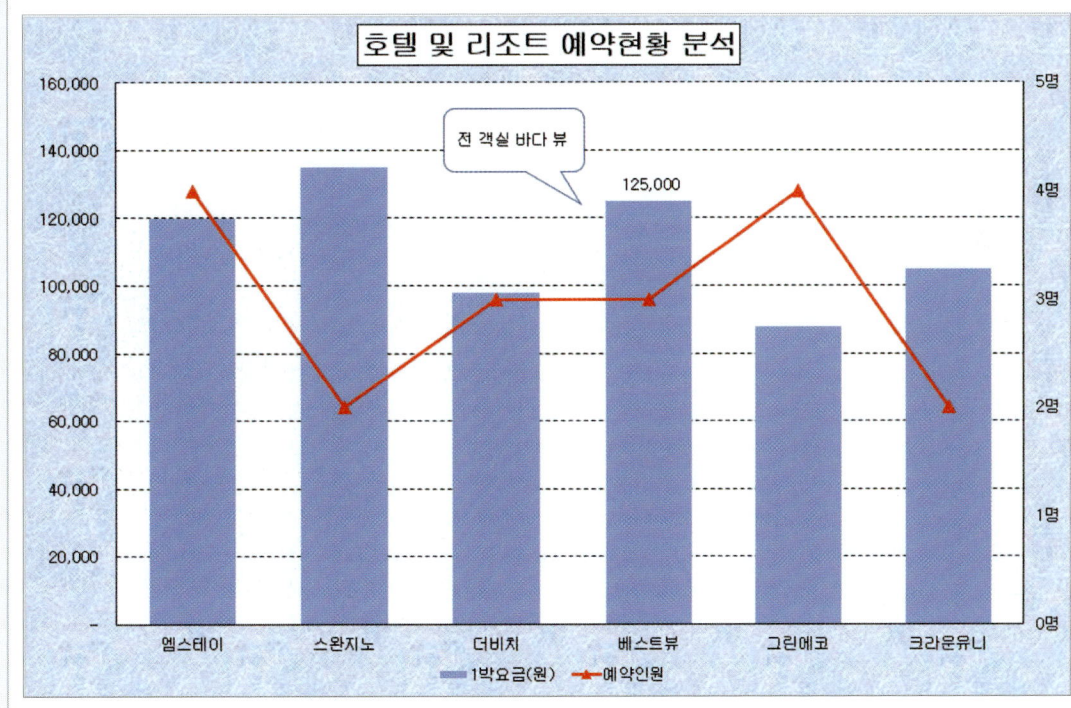

먼 곳을 항해하는 배가 풍파를 만나지 않고
조용히만 갈 수는 없다. 풍파는 언제나
전진하는 자의 벗이다.

프리드리히 니체

PART 02

대표 기출 따라하기

대표 기출 따라하기 01회	132
대표 기출 따라하기 01회 해설	138
대표 기출 따라하기 02회	184
대표 기출 따라하기 02회 해설	190

대표 기출 따라하기 01회 부분합 유형

과목	코드	문제유형	시험시간	수험번호	성명
한글엑셀	1122	A	60분		

수험자 유의사항

- 수험자는 문제지를 받는 즉시 문제지와 **수험표상의 시험과목(프로그램)이 동일한지 반드시 확인**하여야 합니다.
- 파일명은 본인의 "수험번호-성명"으로 입력하여 답안폴더(내 PC\문서\ITQ)에 하나의 파일로 저장해야 하며, 답안문서 파일명이 "수험번호-성명"과 일치하지 않거나, 답안파일을 전송하지 않아 미제출로 처리될 경우 실격 처리합니다(예: 12345678-홍길동.xlsx).
- 답안 작성을 마치면 파일을 저장하고, '답안 전송' 버튼을 선택하여 감독위원 PC로 답안을 전송하십시오. 수험생 정보와 저장한 파일명이 다를 경우 전송되지 않으므로 주의하시기 바랍니다.
- 답안 작성 중에도 **주기적으로 저장하고, '답안 전송'**하여야 문제 발생을 줄일 수 있습니다. 작업한 내용을 저장하지 않고 전송할 경우 이전에 저장된 내용이 전송되니 이점 유의하시기 바랍니다.
- 답안문서는 지정된 경로 외의 다른 보조기억장치에 저장하는 경우, 지정된 시험 시간 외에 작성된 파일을 활용할 경우, 기타 통신수단(이메일, 메신저, 네트워크 등)을 이용하여 타인에게 전달 또는 외부 반출하는 경우는 부정 처리합니다.
- 시험 중 부주의 또는 고의로 시스템을 파손한 경우는 수험자가 변상해야 하며, 〈수험자 유의사항〉에 기재된 방법대로 이행하지 않아 생기는 불이익은 수험생 당사자의 책임임을 알려 드립니다.
- 문제의 조건은 MS오피스 2021 버전으로 설정되어 있으며 MS오피스 2016은 【 】에 표기되어 있습니다. 이와 관련하여 작성한 답안의 출력형태가 문제지와 다를 수 있습니다.
- 시험을 완료한 수험자는 답안파일이 전송되었는지 확인한 후 감독위원의 지시에 따라 문제지를 제출하고 퇴실합니다.

답안 작성요령

- 온라인 답안 작성 절차
  수험자 등록 ⇒ 시험 시작 ⇒ 답안파일 저장 ⇒ 답안 전송 ⇒ 시험 종료
- 문제는 총 4단계, 즉 제1작업부터 제4작업까지 구성되어 있으며 반드시 제1작업부터 순서대로 작성하고 조건대로 작업하시오.
- 모든 작업시트의 A열은 열 너비 '1'로, 나머지 열은 적당하게 조절하시오.
- 모든 작업시트의 테두리는 ≪출력형태≫와 같이 작업하시오.
- 해당 작업란에서는 각각 제시된 조건에 따라 ≪출력형태≫와 같이 작업하시오.
- 답안 시트 이름은 "제1작업", "제2작업", "제3작업", "제4작업"이어야 하며 답안 시트 이외의 것은 감점 처리됩니다.
- 각 시트를 파일로 나누어 작업해서 저장할 경우 실격 처리됩니다.

제1작업 | 표 서식 작성 및 값 계산　　240점

다음은 '신규 등록 중고차 상세 정보'에 대한 자료이다. 자료를 입력하고 조건에 맞도록 작업하시오.

출력형태

	A	B	C	D	E	F	G	H	I	J
1								확인	담당	팀장	센터장
2			신규 등록 중고차 상세 정보								
3											
4		관리코드	모델명	연료	제조사	중고가(만원)	연비(km/L)	주행기록	연비 순위	직영점
5		HD1-002	쏘나타 뉴 라이즈	가솔린	현대	2,870	16.1	26,037	(1)	(2)
6		KA2-102	니로	하이브리드	기아	2,650	19.5	94,160	(1)	(2)
7		CB2-002	이쿼녹스	디젤	쉐보레	4,030	13.3	133,411	(1)	(2)
8		SY1-054	티볼리 아머	가솔린	쌍용	2,060	14.2	96,300	(1)	(2)
9		RN4-101	QM3	디젤	르노삼성	2,100	17.3	97,803	(1)	(2)
10		KA3-003	더 뉴 카니발	가솔린	기아	3,450	11.4	71,715	(1)	(2)
11		HD2-006	그랜드 스타렉스	디젤	현대	4,660	10.9	7,692	(1)	(2)
12		HD4-001	그랜저	하이브리드	현대	3,950	16.2	117,884	(1)	(2)
13		하이브리드 차량 연비(km/L 평균)			(3)		두 번째로 높은 중고가(만원)			(5)
14		가솔린 차량의 주행기록 합계			(4)		관리코드	HD1-002	연비(km/L)	(6)

조건

- 모든 데이터의 서식에는 글꼴(굴림, 11pt), 정렬은 숫자 및 회계 서식은 오른쪽 정렬, 나머지 서식은 가운데 정렬로 작성하며 예외적인 것은 ≪출력형태≫를 참조하시오.
- 제목 ⇒ 도형(평행 사변형)과 그림자(오프셋 오른쪽)를 이용하여 작성하고 "신규 등록 중고차 상세 정보"를 입력한 후 다음 서식을 적용하시오
　(글꼴 - 굴림, 24pt, 검정, 굵게, 채우기 - 노랑).
- 임의의 셀에 결재란을 작성하여 그림으로 복사 기능을 이용하여 붙이기 하시오(단, 원본 삭제).
- 「B4:J4, G14, I14」 영역은 '주황'으로 채우기 하시오.
- 유효성 검사를 이용하여 「H14」 셀에 관리코드(「B5:B12」 영역)가 선택 표시되도록 하시오.
- 셀 서식 ⇒ 「H5:H12」 영역에 셀 서식을 이용하여 숫자 뒤에 'km'를 표시하시오(예 : 26,037km).
- 「F5:F12」 영역에 대해 '중고가'로 이름정의를 하시오.

(1)~(6) 셀은 반드시 <u>주어진 함수를 이용하여</u> 값을 구하시오(결과값을 직접 입력하면 해당 셀은 0점 처리됨).

(1) 연비 순위 ⇒ 연비(km/L)의 내림차순 순위를 구한 결과에 '위'를 붙이시오(RANK.EQ 함수, & 연산자)(예 : 1위).
(2) 직영점 ⇒ 관리코드의 세 번째 글자가 1이면 '서울', 2이면 '경기/인천', 그 외에는 '기타'로 구하시오
　　(IF, MID 함수).
(3) 하이브리드 차량 연비(km/L 평균) ⇒ 셀 서식을 이용하여 소수 첫째 자리까지 표시하시오
　　　　　　　　　　(SUMIF, COUNTIF 함수)(예 : 15.467 → 15.5).
(4) 가솔린 차량의 주행기록 합계 ⇒ 연료가 가솔린인 차량의 주행기록 합계를 구하시오. 단, 조건은 입력데이터를 이용하시오(DSUM 함수).
(5) 두 번째로 높은 중고가(만원) ⇒ 정의된 이름(중고가)을 이용하여 구하시오(LARGE 함수).
(6) 연비(km/L) ⇒ 「H14」 셀에서 선택한 관리코드에 대한 연비(km/L)를 구하시오(VLOOKUP 함수).
(7) 조건부 서식의 수식을 이용하여 연비(km/L)가 '16' 이상인 행 전체에 다음의 서식을 적용하시오
　(글꼴 : 파랑, 굵게).

제 2 작업   목표값 찾기 및 필터   80점

"제1작업" 시트의 「B4:H12」 영역을 복사하여 "제2작업" 시트의 「B2」 셀부터 모두 붙여넣기를 한 후 다음의 조건과 같이 작업하시오.

조건	(1) 목표값 찾기 – 「B11:G11」 셀을 병합하여 "현대 자동차의 연비(km/L) 평균"을 입력한 후 「H11」 셀에 현대 자동차의 연비(km/L) 평균을 구하시오. 단, 조건은 입력데이터를 이용하시오(DAVERAGE 함수, 테두리, 가운데 맞춤). 　– '현대 자동차의 연비(km/L) 평균'이 '15'가 되려면 쏘나타 뉴 라이즈의 연비(km/L)가 얼마가 되어야 하는지 목표값을 구하시오. (2) 고급 필터 – 관리코드가 'K'로 시작하거나 주행기록이 '100,000' 이상인 자료의 모델명, 연료, 중고가(만원), 연비(km/L) 데이터만 추출하시오. 　– 조건 범위 : 「B14」 셀부터 입력하시오. 　– 복사 위치 : 「B18」 셀부터 나타나도록 하시오.

제 3 작업   정렬 및 부분합   80점

"제1작업" 시트의 「B4:H12」 영역을 복사하여 "제3작업" 시트의 「B2」 셀부터 모두 붙여넣기를 한 후 다음의 조건과 같이 작업하시오.

조건	(1) 부분합 – ≪출력형태≫처럼 정렬하고, 제조사의 개수와 중고가(만원)의 평균을 구하시오. (2) 개요 – 지우시오. (3) 나머지 사항은 ≪출력형태≫에 맞게 작성하시오.
출력형태	

	A	B	C	D	E	F	G	H
1								
2		관리코드	모델명	연료	제조사	중고가 (만원)	연비 (km/L)	주행기록
3		KA2-102	니로	하이브리드	기아	2,650	19.5	94,160km
4		HD4-001	그랜저	하이브리드	현대	3,950	16.2	117,884km
5				하이브리드 평균		3,300		
6				하이브리드 개수	2			
7		CB2-002	이쿼녹스	디젤	쉐보레	4,030	13.3	133,411km
8		RN4-101	QM3	디젤	르노삼성	2,100	17.3	97,803km
9		HD2-006	그랜드 스타렉스	디젤	현대	4,660	10.9	7,692km
10				디젤 평균		3,597		
11				디젤 개수	3			
12		HD1-002	쏘나타 뉴 라이즈	가솔린	현대	2,870	16.1	26,037km
13		SY1-054	티볼리 아머	가솔린	쌍용	2,060	14.2	96,300km
14		KA3-003	더 뉴 카니발	가솔린	기아	3,450	11.4	71,715km
15				가솔린 평균		2,793		
16				가솔린 개수	3			
17				전체 평균		3,221		
18				전체 개수	8			

| 제 4 작업 | 그래프 | 100점 |

"제1작업" 시트를 이용하여 조건에 따라 ≪출력형태≫와 같이 작업하시오.

| 조건 | (1) 차트 종류 ⇒ 〈묶은 세로 막대형〉으로 작업하시오.
(2) 데이터 범위 ⇒ "제1작업" 시트의 내용을 이용하여 작업하시오.
(3) 위치 ⇒ "새 시트"로 이동하고, "제4작업"으로 시트 이름을 바꾸시오.
(4) 차트 디자인 도구 ⇒ 레이아웃 3, 스타일 1을 선택하여 ≪출력형태≫에 맞게 작업하시오.
(5) 영역 서식 ⇒ 차트 : 글꼴(굴림, 11pt), 채우기 효과(질감 – 분홍 박엽지)
　　　　　　　 그림 : 채우기(흰색, 배경1)
(6) 제목 서식 ⇒ 차트 제목 : 글꼴(굴림, 굵게, 20pt), 채우기(흰색, 배경1), 테두리
(7) 서식 ⇒ 연비(km/L) 계열의 차트 종류를 〈표식이 있는 꺾은선형〉으로 변경한 후 보조 축으로 지정하시오.
　　　　계열 : ≪출력형태≫를 참조하여 표식(마름모, 크기 10)과 레이블 값을 표시하시오.
　　　　눈금선 : 선 스타일 – 파선
　　　　축 : ≪출력형태≫를 참조하시오.
(8) 범례 ⇒ 범례명을 변경하고 ≪출력형태≫를 참조하시오.
(9) 도형 ⇒ '모서리가 둥근 사각형 설명선'을 삽입한 후 ≪출력형태≫와 같이 내용을 입력하시오.
(10) 나머지 사항은 ≪출력형태≫에 맞게 작성하시오. |

| 출력형태 | 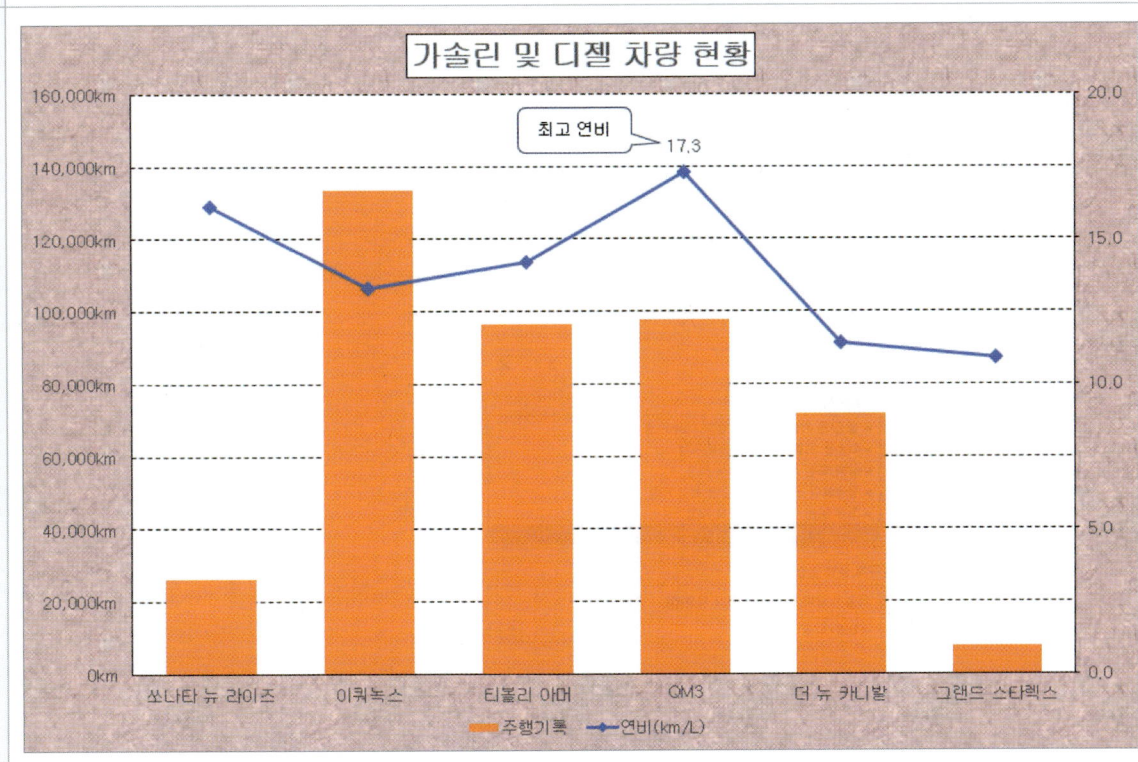 |

주의 시트명 순서가 차례대로 "제1작업", "제2작업", "제3작업", "제4작업"이 되도록 할 것

대표 기출 따라하기 01회 정답

정답파일 PART 02 대표 기출 따라하기₩대표기출01회_정답.xlsx

제1작업 표 서식 작성 및 값 계산   240점

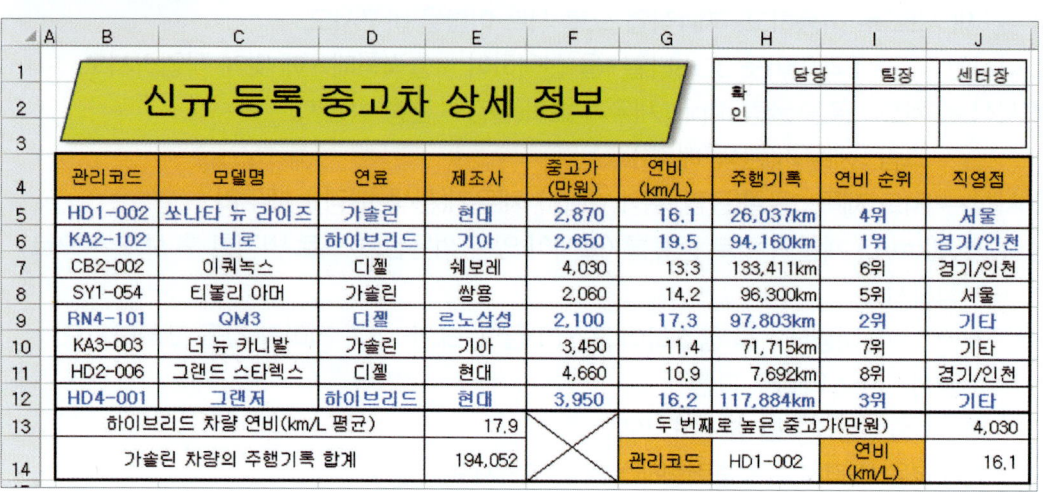

번호	기준셀	수식
(1)	I5	=RANK.EQ(G5,$G$5:$G$12)&"위"
(2)	J5	=IF(MID(B5,3,1)="1","서울",IF(MID(B5,3,1)="2","경기/인천","기타"))
(3)	E13	=SUMIF(D5:D12,"하이브리드",G5:G12)/COUNTIF(D5:D12,"하이브리드")
(4)	E14	=DSUM(B4:H12,7,D4:D5)
(5)	J13	=LARGE(중고가,2)
(6)	J14	=VLOOKUP(H14,B5:G12,6,0)
(7)	B5:J12	[조건부 서식 - 수식을 사용하여 서식을 지정할 셀 결정] =$G5>=16

제 2 작업 목표값 찾기 및 필터   80점

	A	B	C	D	E	F	G	H
1								
2		관리코드	모델명	연료	제조사	중고가(만원)	연비(km/L)	주행기록
3		HD1-002	쏘나타 뉴 라이즈	가솔린	현대	2,870	17.9	26,037km
4		KA2-102	니로	하이브리드	기아	2,650	19.5	94,160km
5		CB2-002	이쿼녹스	디젤	쉐보레	4,030	13.3	133,411km
6		SY1-054	티볼리 아머	가솔린	쌍용	2,060	14.2	96,300km
7		RN4-101	QM3	디젤	르노삼성	2,100	17.3	97,803km
8		KA3-003	더 뉴 카니발	가솔린	기아	3,450	11.4	71,715km
9		HD2-006	그랜드 스타렉스	디젤	현대	4,660	10.9	7,692km
10		HD4-001	그랜저	하이브리드	현대	3,950	16.2	117,884km
11				현대 자동차의 연비(km/L) 평균				15
12								
13								
14		관리코드	주행기록					
15		K*						
16			>=100000					
17								
18		모델명	연료	중고가(만원)	연비(km/L)			
19		니로	하이브리드	2,650	19.5			
20		이쿼녹스	디젤	4,030	13.3			
21		더 뉴 카니발	가솔린	3,450	11.4			
22		그랜저	하이브리드	3,950	16.2			

제 3 작업 정렬 및 부분합   80점

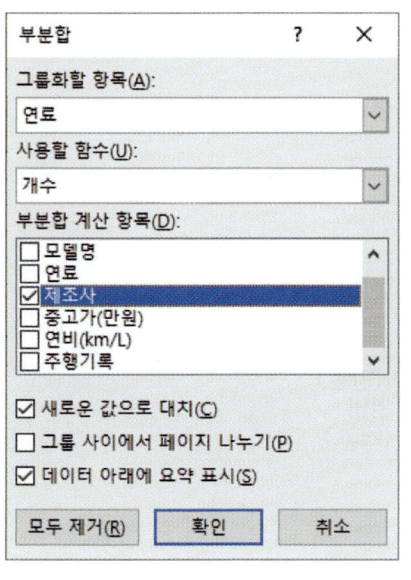
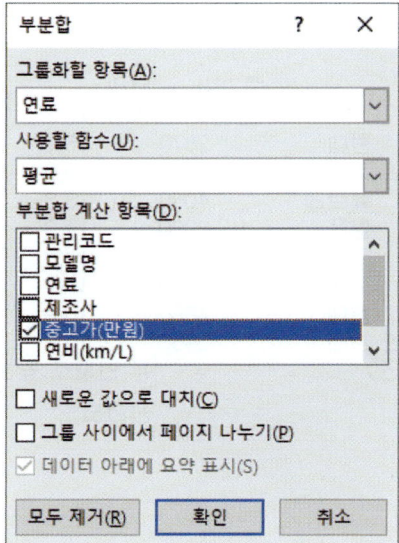

제 4 작업 그래프   100점

≪출력형태≫를 참고

대표 기출 따라하기 01회 해설

정답파일 PART 02 대표 기출 따라하기₩대표기출01회_정답.xlsx

제1작업 표 서식 작성 및 값 계산   240점

제1작업은 표를 작성하고 조건에 따른 서식 변환 및 함수 사용 능력을 평가한다.
제1작업 데이터를 기반으로 다른 작업들이 이어지므로 정확히 작성하도록 한다.

SECTION 01 데이터 입력, 테두리, 정렬

① 본 도서 [PART 01 – CHAPTER 01]의 답안 작성요령을 참고하여 글꼴 '굴림', 크기 '11'로 하고, 작업시트를 설정한다.
→ "수험번호–성명.xlsx"으로 저장한다.

② "제1작업" 시트에 ≪출력형태≫의 내용을 입력한다.

	A	B	C	D	E	F	G	H	I	J
1										
2										
3										
4		관리코드	모델명	연료	제조사	중고가(만원)	연비(km/L)	주행기록	연비 순위	직영점
5		HD1-002	쏘나타 뉴	가솔린	현대	2870	16.1	26037		
6		KA2-102	니로	하이브리드	기아	2650	19.5	94160		
7		CB2-002	이쿼녹스	디젤	쉐보레	4030	13.3	133411		
8		SY1-054	티볼리 아[	가솔린	쌍용	2060	14.2	96300		
9		RN4-101	QM3	디젤	르노삼성	2100	17.3	97803		
10		KA3-003	더 뉴 카니	가솔린	기아	3450	11.4	71715		
11		HD2-006	그랜드 스[	디젤	현대	4660	10.9	7692		
12		HD4-001	그랜저	하이브리드	현대	3950	16.2	117884		
13		하이브리드 차량 연비(km/L 평균)						두 번째로 높은 중고가(만원)		
14		가솔린 차량의 주행기록 합계						관리코드	연비(km/L)	

③ 「B13:D13」 영역을 마우스 드래그하여 블록 설정한다.
→ Ctrl 을 누른 채 「B14:D14」, 「F13:F14」, 「G13:I13」 영역을 각각 블록 설정한다.
→ [홈] 탭 – [맞춤] 그룹 – [병합하고 가운데 맞춤](🔀)을 클릭한다.

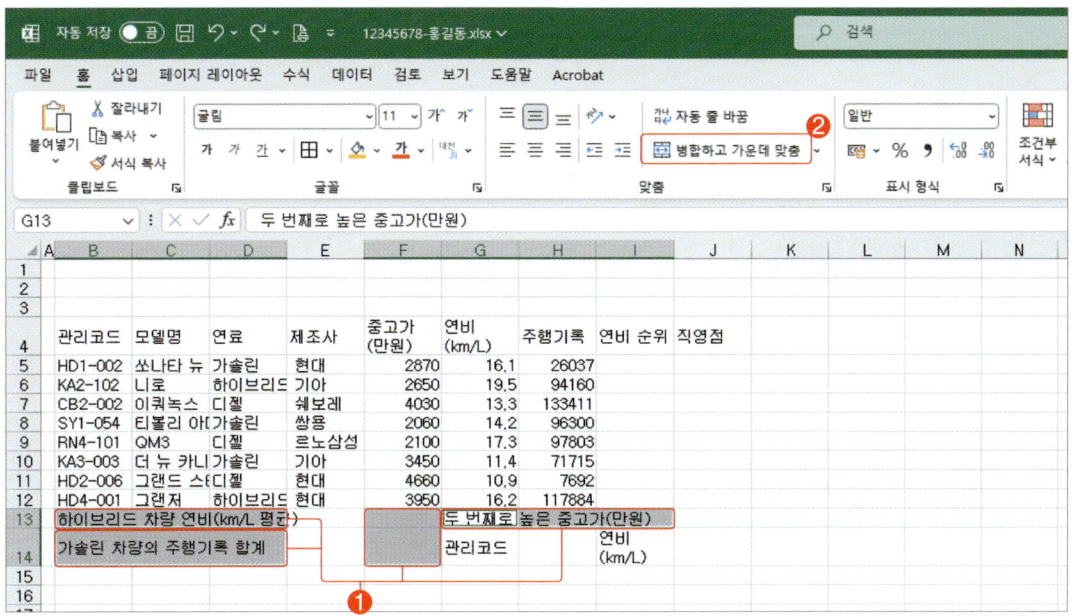

④ 「B4:J4」 영역을 블록 설정한다.
→ Ctrl 을 누른 채 「B5:J12」, 「B13:J14」 영역을 각각 블록 설정한다.
→ [홈] 탭 – [글꼴] 그룹 – [테두리]에서 [모든 테두리](⊞), [굵은 바깥쪽 테두리](🔲)를 클릭한다.

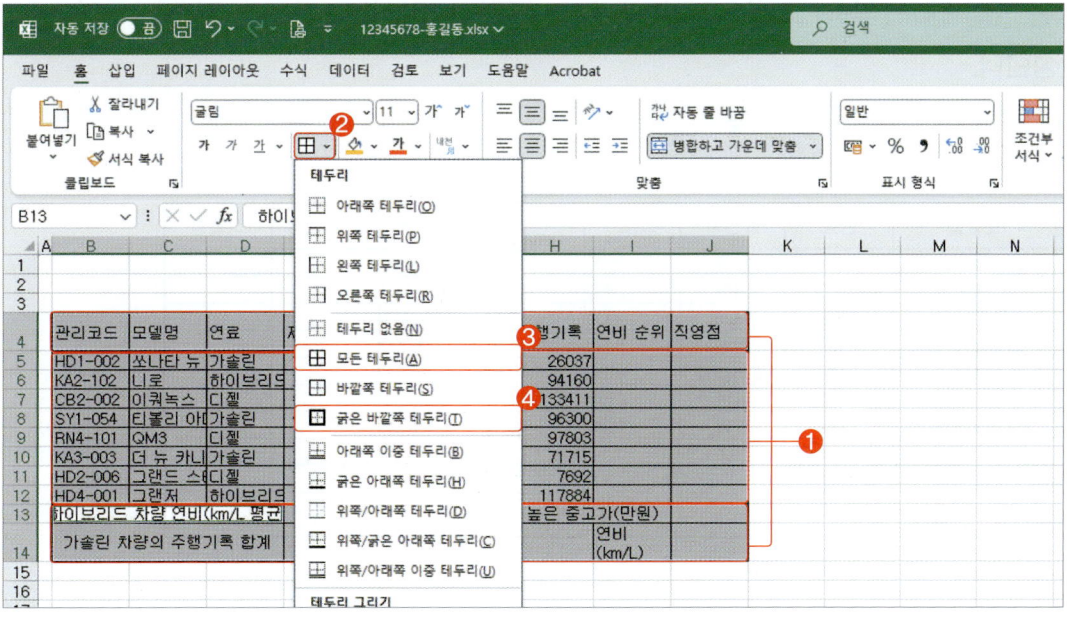

⑤ 「F13:F14」 영역을 클릭한다.
　→ [테두리]에서 [다른 테두리](⊞)를 클릭하면 [셀 서식] 대화상자가 나타난다.

⑥ 선 스타일에서 [가는 실선](━)을 클릭한다.
　→ 두 개의 [대각선](◿)(◺)을 각각 클릭하고 [확인]을 클릭한다.

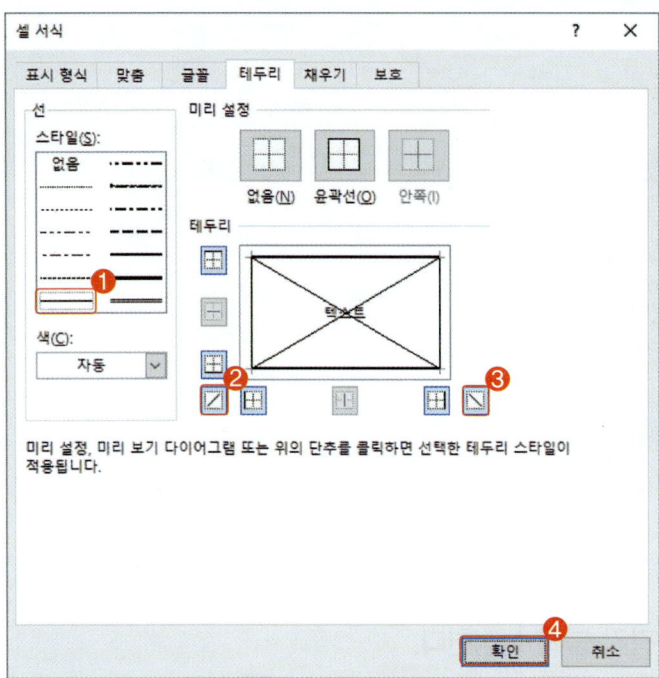

⑦ 행과 열의 머리글 경계선(↕)(↔)을 마우스 드래그하여 행 높이와 열 너비를 조절한다.
　→ 숫자 영역은 [홈] 탭 – [맞춤] 그룹 – [오른쪽 맞춤](≣), 나머지는 [가운데 맞춤](≡)을 설정한다.

	A	B	C	D	E	F	G	H	I	J
1										
2										
3										
4		관리코드	모델명	연료	제조사	중고가(만원)	연비(km/L)	주행기록	연비 순위	직영점
5		HD1-002	쏘나타 뉴 라이즈	가솔린	현대	2870	16.1	26037		
6		KA2-102	니로	하이브리드	기아	2650	19.5	94160		
7		CB2-002	이쿼녹스	디젤	쉐보레	4030	13.3	133411		
8		SY1-054	티볼리 아머	가솔린	쌍용	2060	14.2	96300		
9		RN4-101	QM3	디젤	르노삼성	2100	17.3	97803		
10		KA3-003	더 뉴 카니발	가솔린	기아	3450	11.4	71715		
11		HD2-006	그랜드 스타렉스	디젤	현대	4660	10.9	7692		
12		HD4-001	그랜저	하이브리드	현대	3950	16.2	117884		
13		하이브리드 차량 연비(km/L 평균)					두 번째로 높은 중고가(만원)			
14		가솔린 차량의 주행기록 합계					관리코드		연비(km/L)	

⑧ 「B4:J4」, 「G14」, 「I14」 셀에 [홈] 탭 – [글꼴] 그룹 – [채우기 색](🎨▼)에서 '주황'을 설정한다.

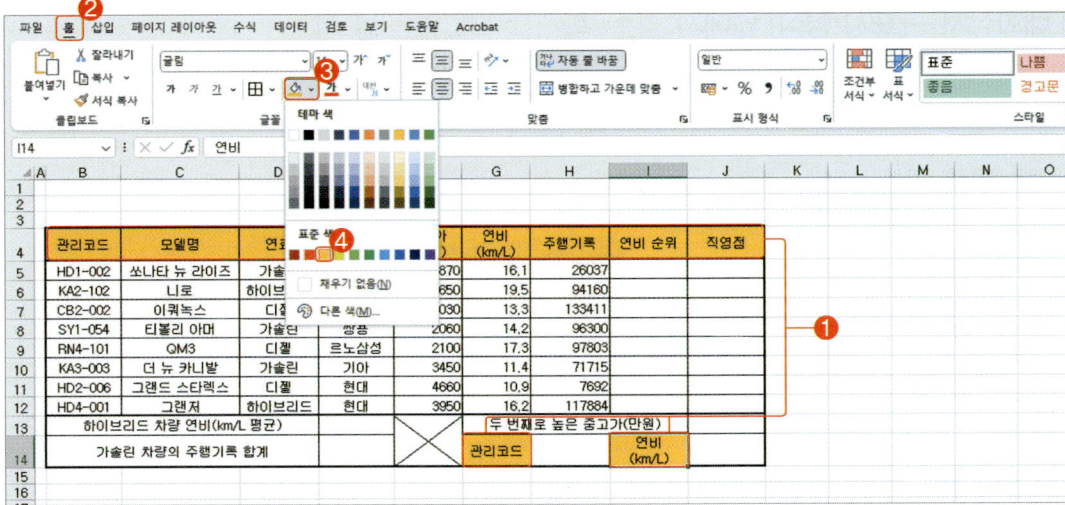

SECTION 02 셀 서식

① '주행기록'에 대한 셀 서식을 지정하기 위해 「H5:H12」 영역을 블록 설정한다.
→ 마우스 오른쪽 클릭하여 [셀 서식](▦)을 클릭한다.

② [셀 서식] 대화상자 – [표시 형식] 탭의 범주에서 '사용자 지정'을 클릭한다.
→ #,##0을 선택하고 『"km"』을 추가로 입력한 후 [확인]을 클릭한다.

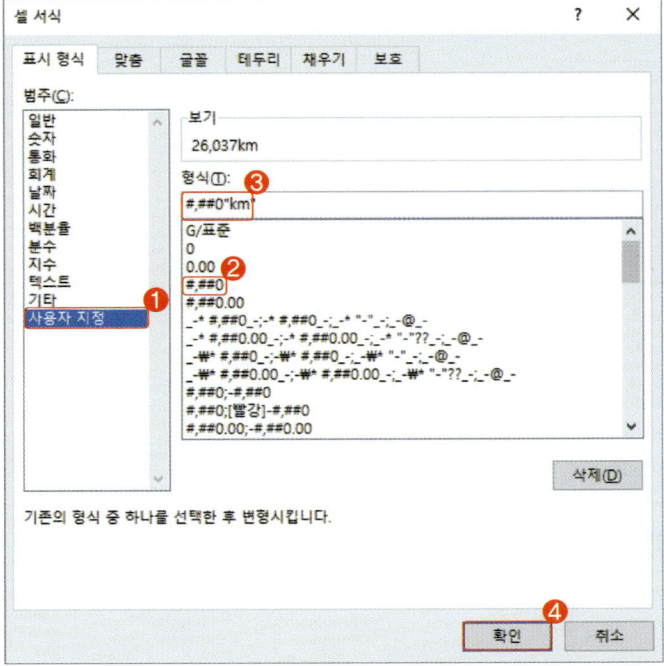

③ '중고가'가 입력된 「F5:F12」 영역을 블록 설정한다.

→ 마우스 오른쪽 클릭하여 [셀 서식](🔲)을 클릭한다.

→ [셀 서식] 대화상자 – [표시 형식] 탭에서 범주 '회계', 기호 '없음'을 설정한다.

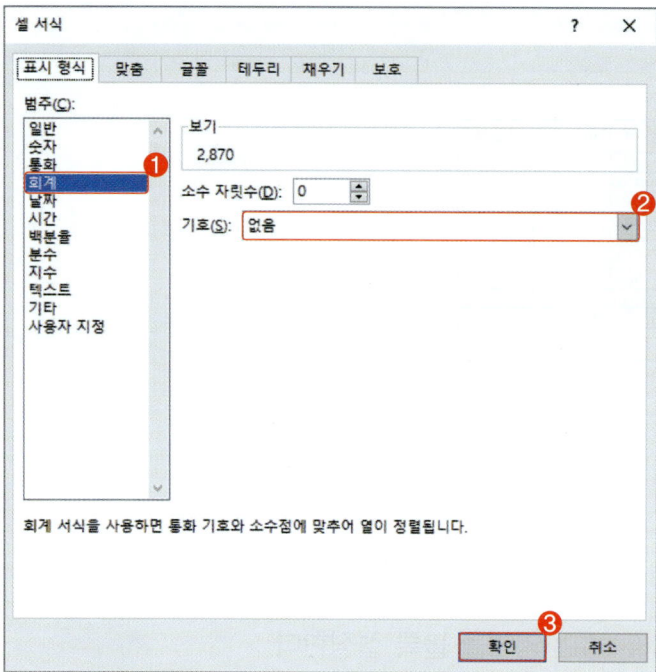

④ '연비'가 입력된 「G5:G12」 영역을 블록 설정한다.

→ 마우스 오른쪽 클릭하여 [셀 서식](🔲)을 클릭한다.

→ [셀 서식] 대화상자 – [표시 형식] 탭에서 범주 '사용자 지정', 형식 『#,##0.0_ -』을 설정한다.

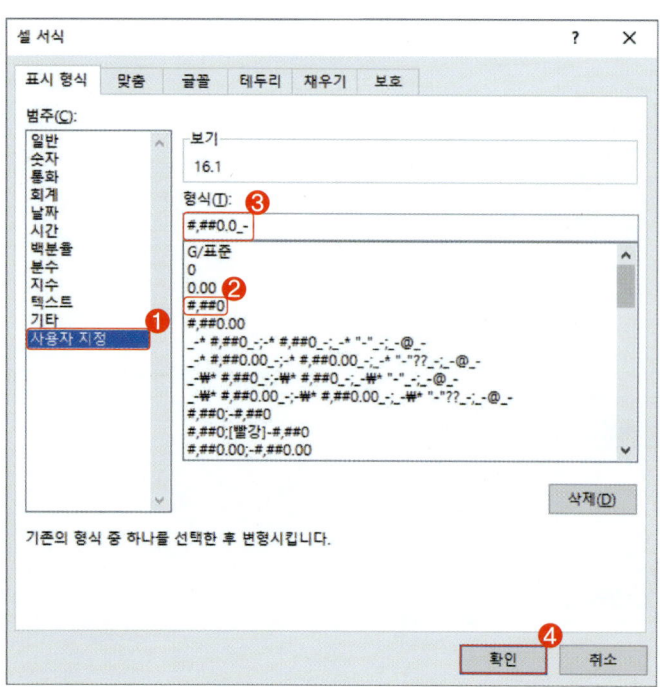

🏁 기적의 TIP

_는 한 칸의 공백을 표시한다.

SECTION 03 제목 작성

① 출력형태를 참고하여 도형이 들어갈 1~3행 높이를 적당히 조절한다.

② [삽입] 탭 – [일러스트레이션] 그룹 – [도형](◯)을 클릭하고 [기본 도형] – [평행 사변형]을 클릭한다.

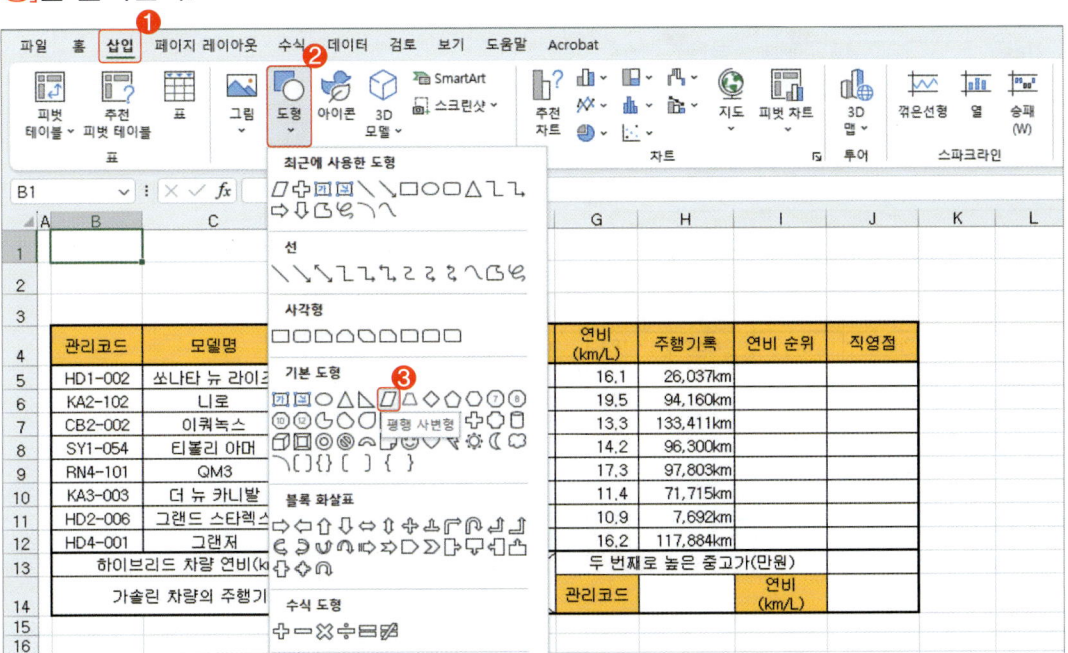

③ 마우스 포인터 모양이 +가 된 상태에서 「B1」 셀부터 「G3」 셀까지 드래그하여 도형을 그린다.

④ 도형에 『신규 등록 중고차 상세 정보』를 입력한다.

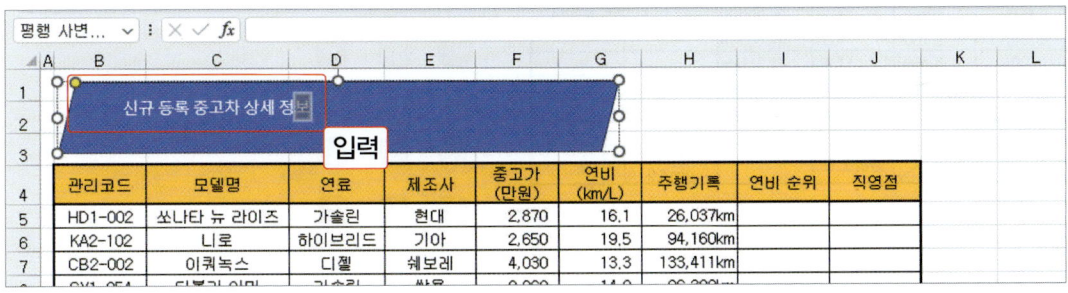

⑤ 도형의 배경색 부분을 클릭한다.

→ [홈] 탭 – [글꼴] 그룹에서 글꼴 '굴림', 크기 '24', [굵게], [채우기 색]( ) '노랑', [글꼴 색]( ) '검정'을 설정한다.

→ [맞춤] 그룹에서 가로와 세로 모두 [가운데 맞춤](,)을 클릭한다.

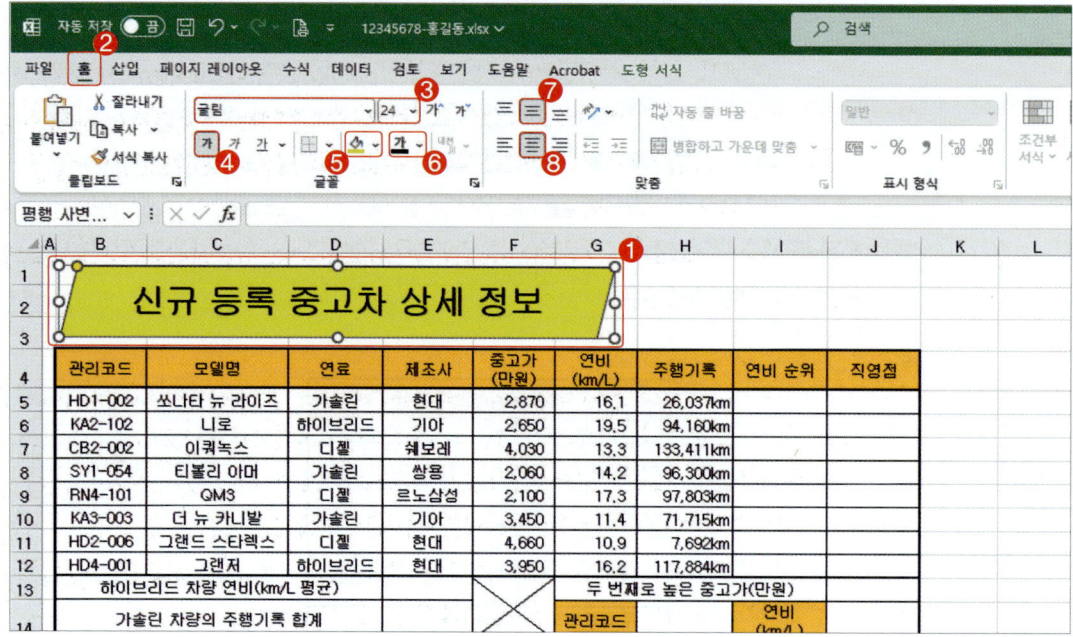

⑥ [도형 서식] 탭 – [도형 스타일] 그룹 – [도형 효과]( )를 클릭하고 [그림자] – [오프셋: 오른쪽]을 클릭한다.

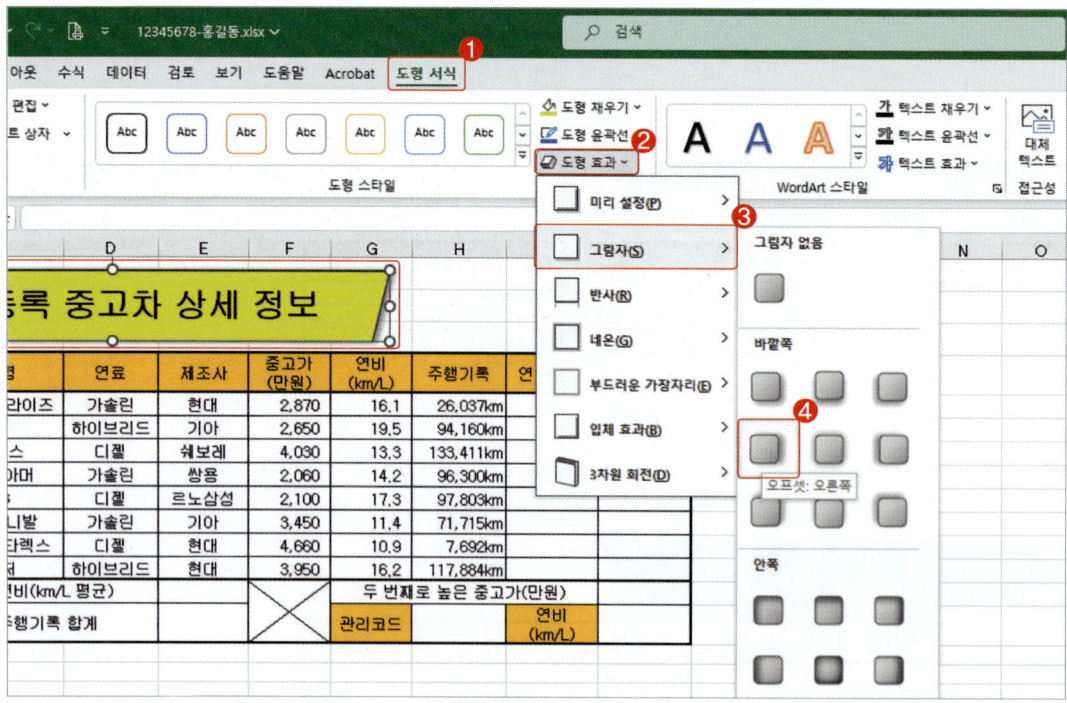

SECTION 04   결재란 작성(그림으로 복사)

① 결재란은 앞에 작성한 내용과 행이나 열이 겹치지 않는 셀에서 작성한다. 여기서는 「L16」 셀에서 작성한다.

② 『확인』이 입력될 두 개의 셀을 블록 설정한다.
　→ [홈] 탭 – [맞춤] 그룹 – [병합하고 가운데 맞춤](📐)을 클릭한다.

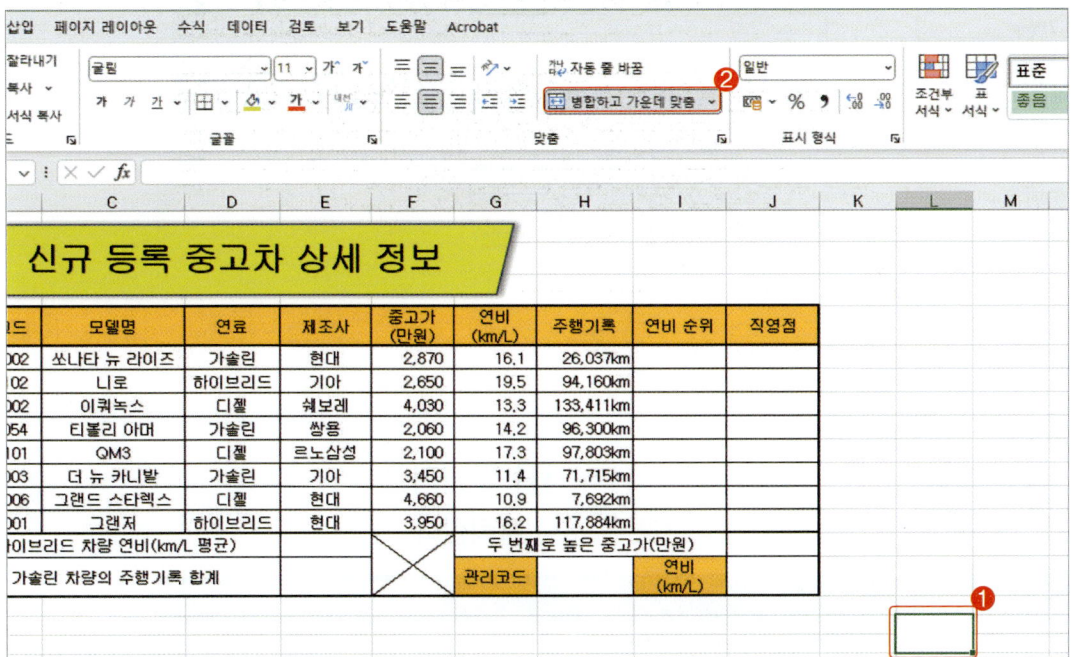

③ 『확인』을 입력한다.
　→ [홈] 탭 – [맞춤] 그룹 – [방향](📐)을 클릭하고 [세로 쓰기](📐)를 클릭한다.

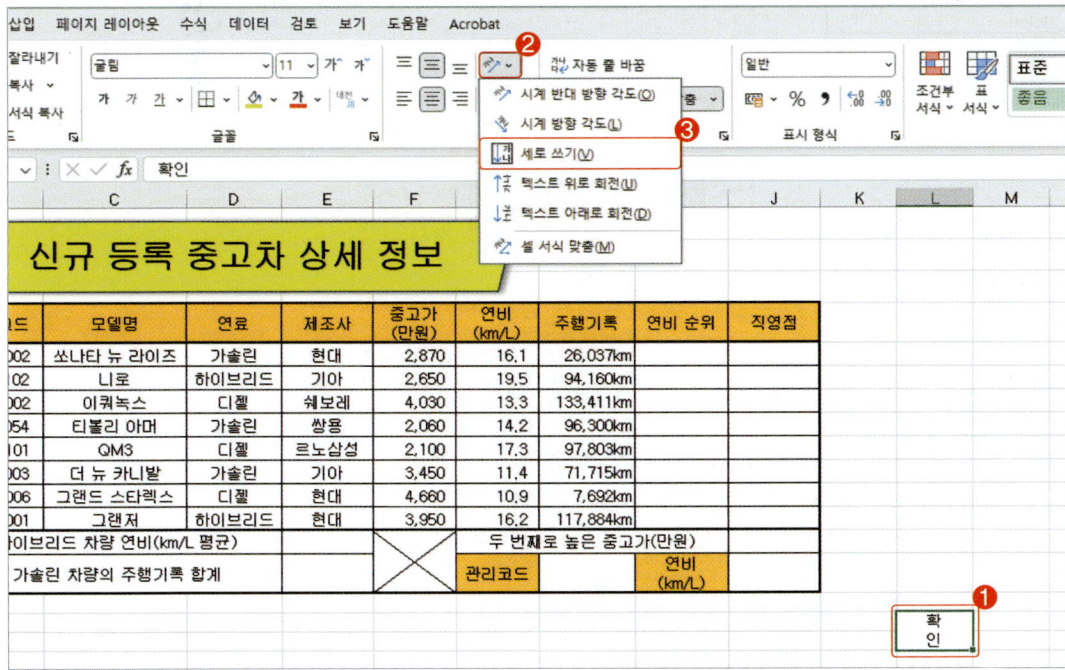

④ 텍스트를 모두 입력하고 행 높이와 열 너비를 조절한다.

→ [홈] 탭 – [맞춤] 그룹 – [가운데 맞춤](≡)을 클릭한다.

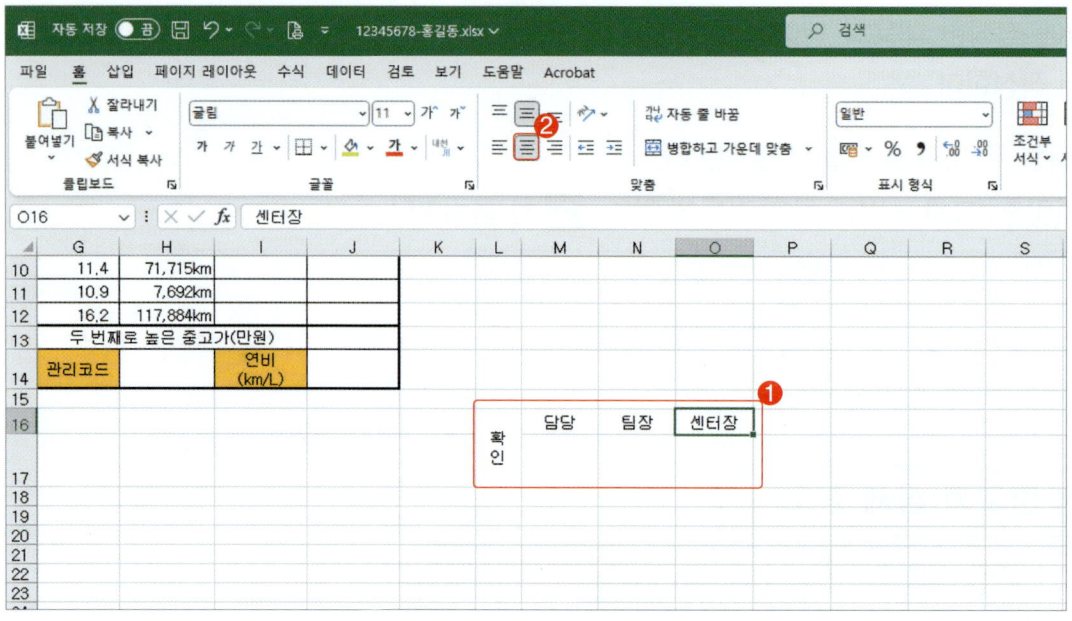

⑤ 결재란 영역을 모두 블록 설정한다.

→ [홈] 탭 – [글꼴] 그룹 – [테두리]에서 [모든 테두리](⊞)를 클릭한다.

→ [클립보드] 그룹 – [복사](📋)에서 [그림으로 복사]를 클릭한다.

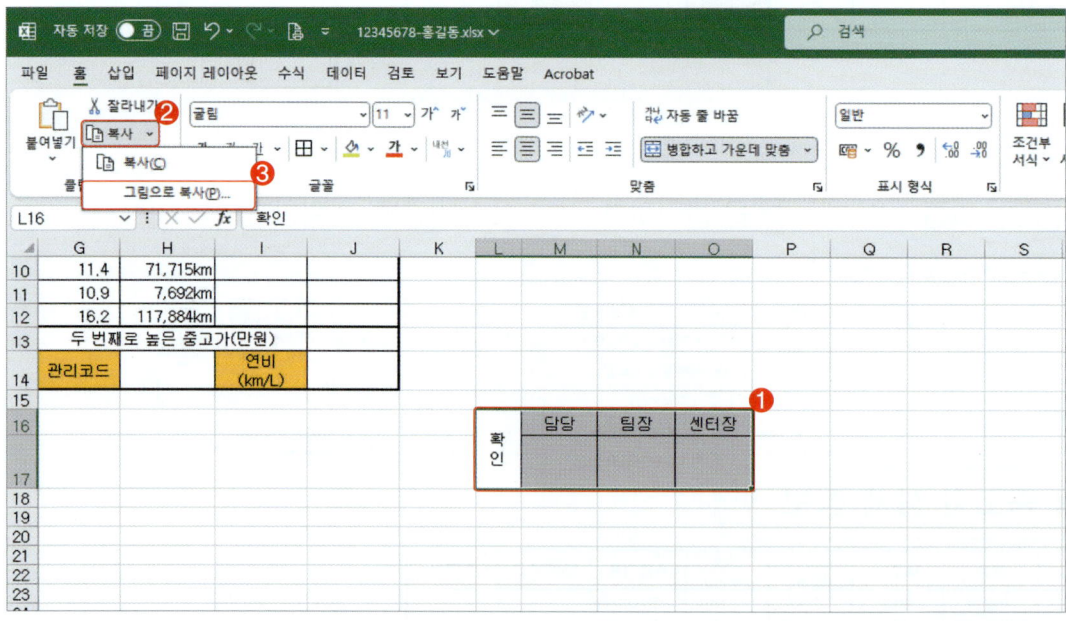

⑥ [그림 복사] 대화상자에서 [확인]을 클릭한다.
→ [홈] 탭 – [클립보드] 그룹 – [붙여넣기](📋)를 클릭한다.
→ 그림의 위치를 마우스 드래그하여 조절한다.

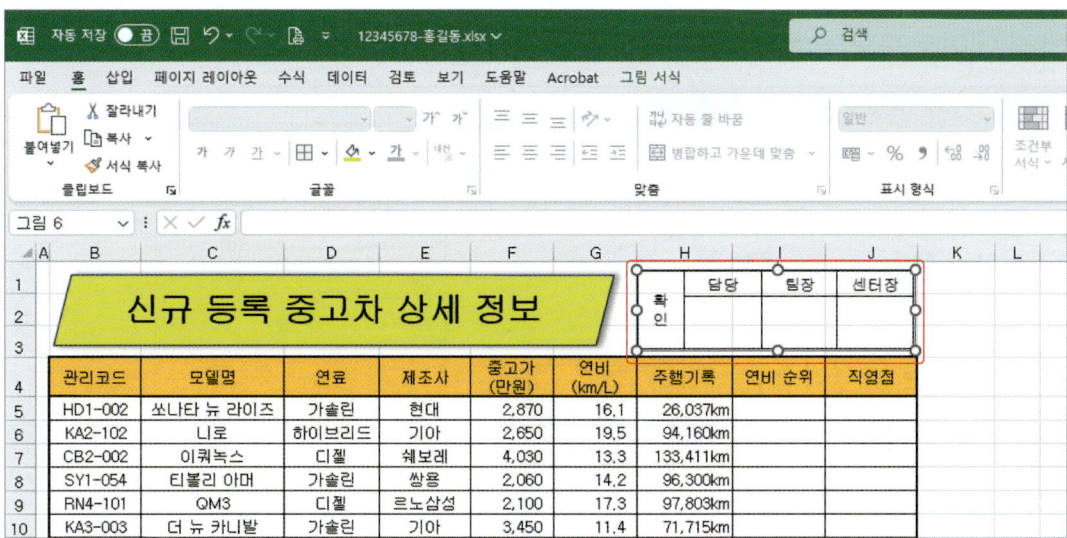

⑦ 기존 작업한 결재란 영역을 블록 설정한다.
→ [홈] 탭 – [셀] 그룹 – [삭제](❌)를 클릭한다.

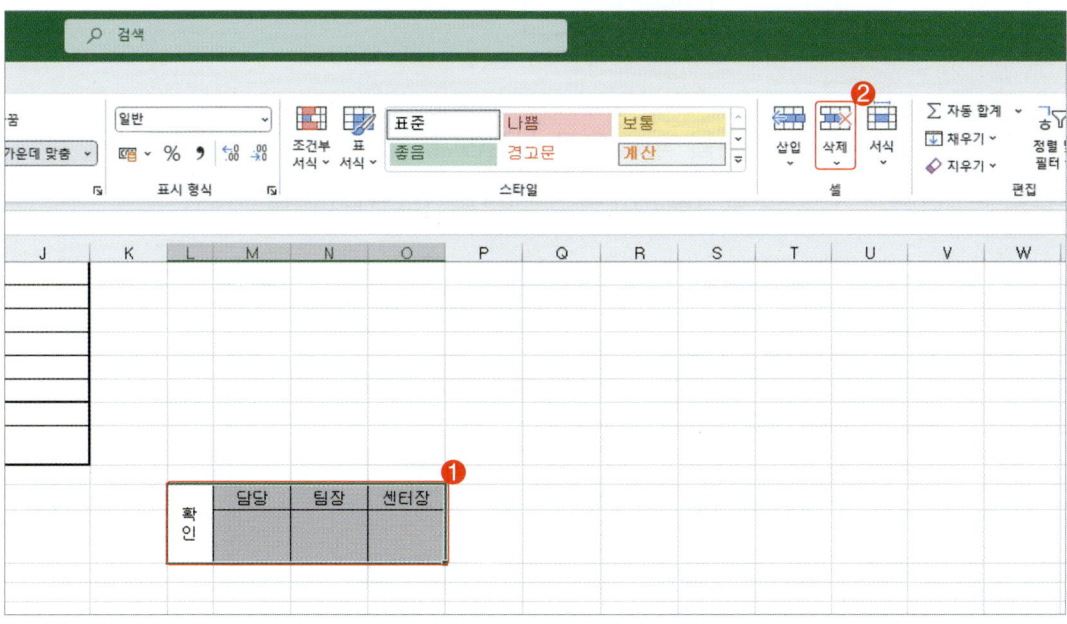

SECTION 05 유효성 검사

① 「H14」 셀을 클릭한다.

→ [데이터] 탭 – [데이터 도구] 그룹 – [데이터 유효성 검사]( )를 클릭한다.

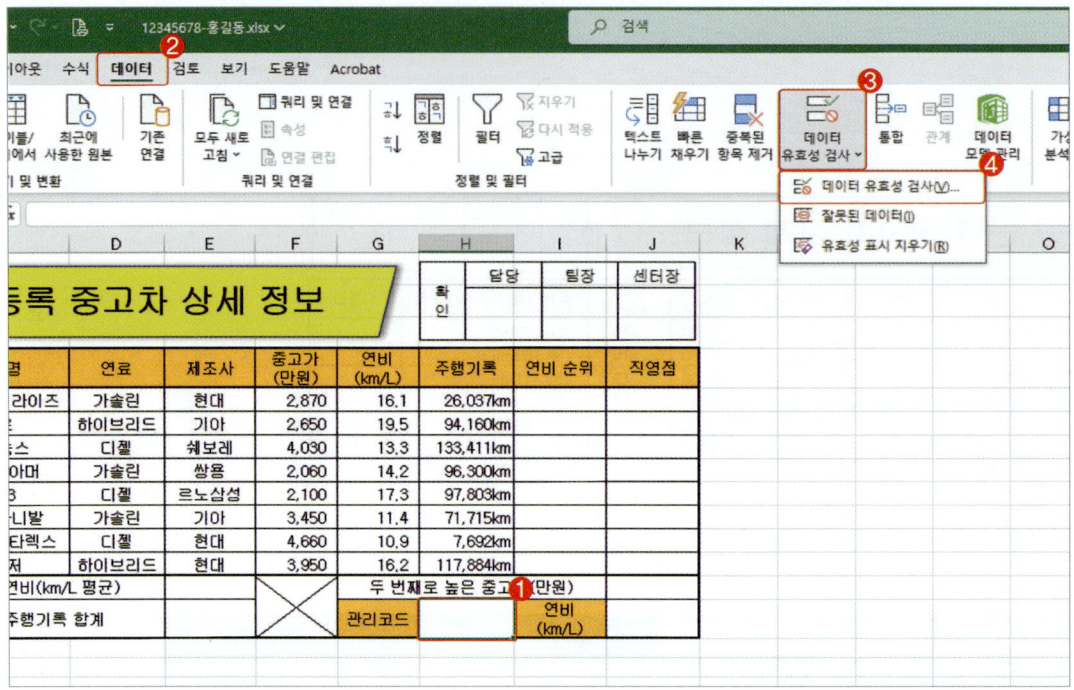

② [데이터 유효성] 대화상자에서 제한 대상을 '목록'으로 설정한다.

→ 원본 입력란을 클릭하고 「B5:B12」 영역을 마우스 드래그한 후 [확인]을 클릭한다.

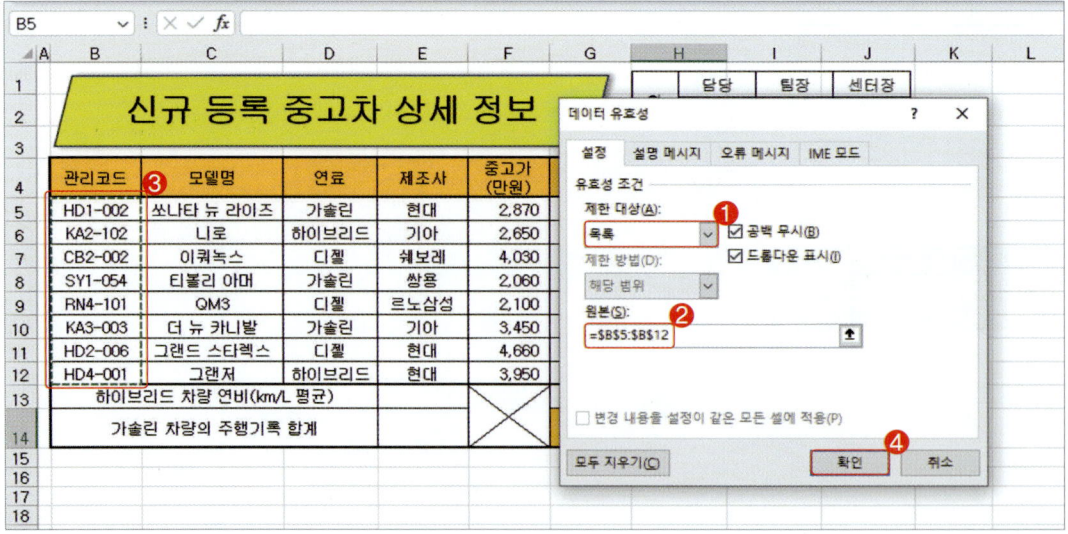

③ 「H14」 셀에 드롭다운 버튼이 생성된 것을 확인한다.
→ [홈] 탭 – [맞춤] 그룹 – [가운데 맞춤](≡)을 클릭한다.

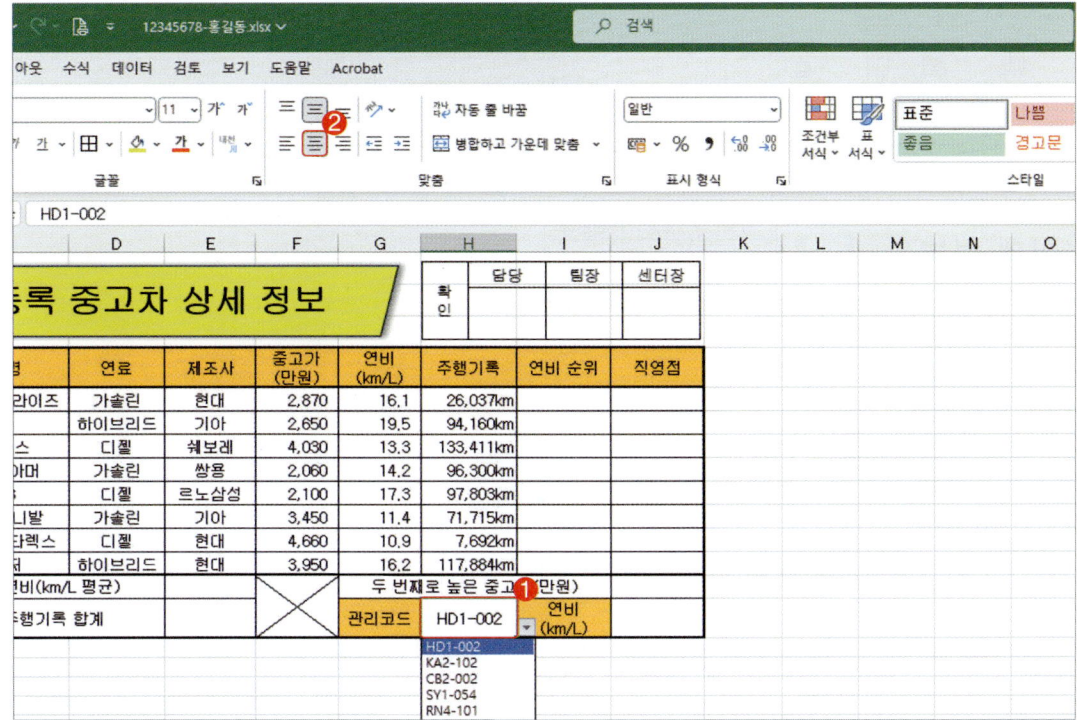

SECTION 06   이름 정의

① 「F5:F12」 영역을 블록 설정한다.
→ [수식] 탭 – [정의된 이름] 그룹 – [이름 정의](🏷)를 클릭한다.

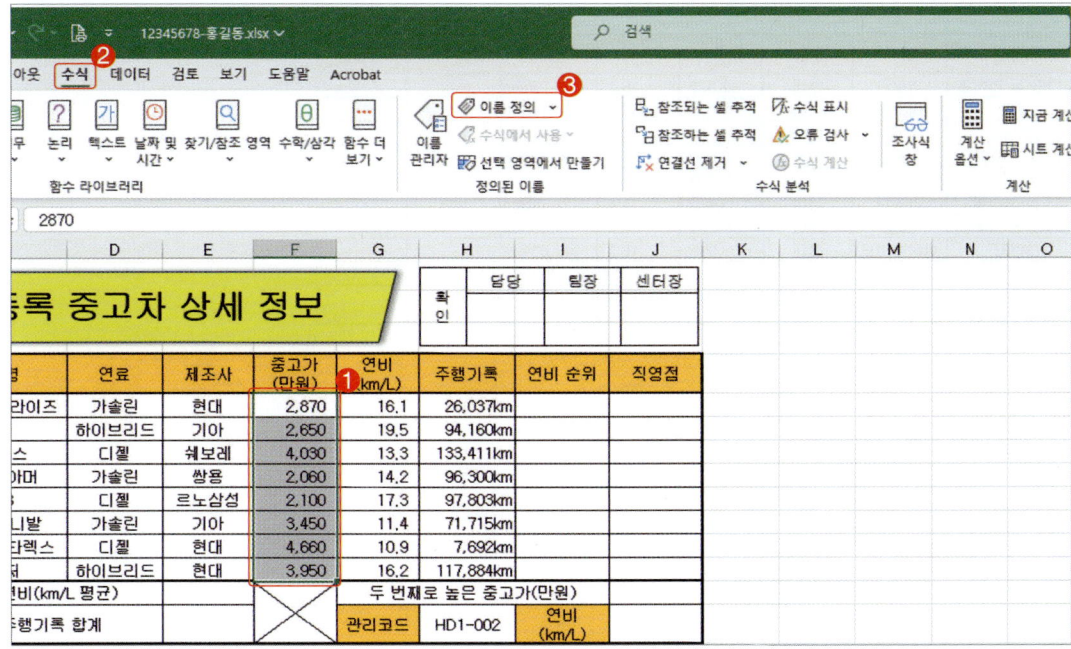

② 이름에 『중고가』를 입력하고 [확인]을 클릭한다.

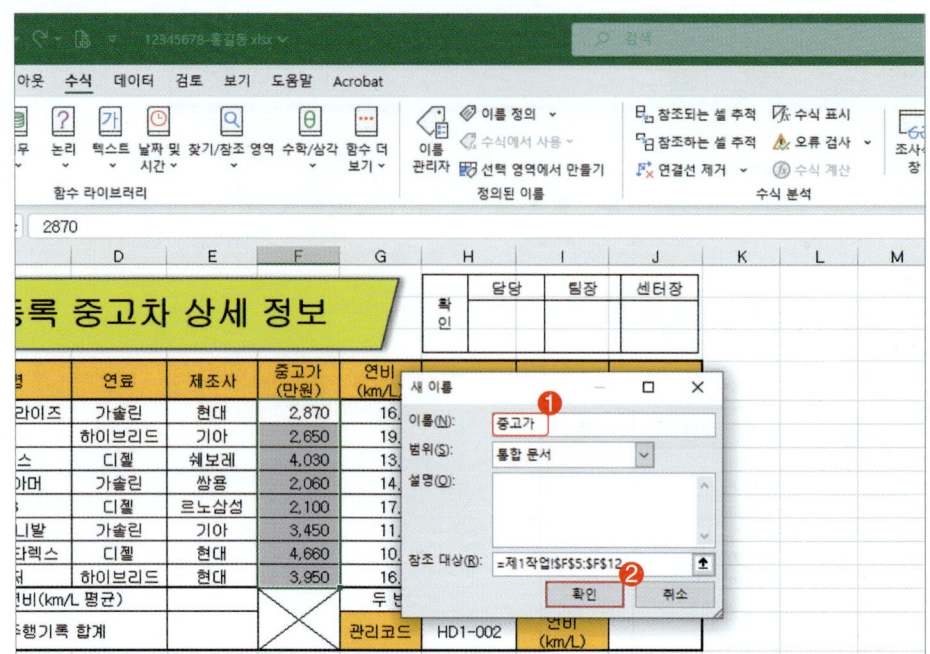

③ 「F5:F12」 영역을 블록 설정했을 때 [이름 상자]에 『중고가』가 표시되는 것을 확인한다.

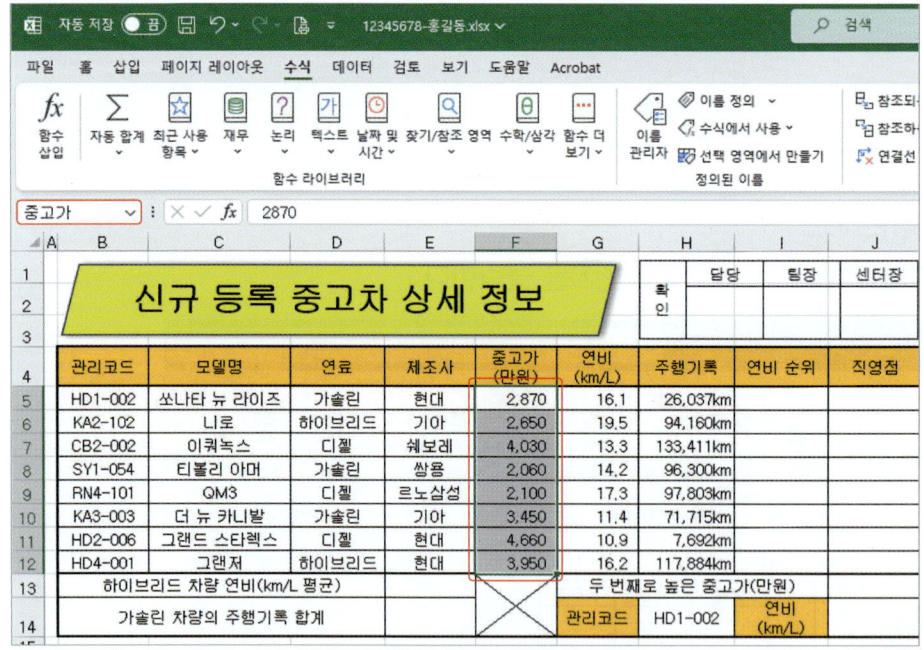

기적의 TIP

정의할 영역을 블록 설정한 후 [이름 상자]에 이름을 직접 입력해도 된다.

SECTION 07 함수식 작성

① 연비 순위 「I5:I12」 영역을 블록 설정한다.
→ 『=RANK.EQ』를 입력하고 Ctrl + A 를 누른다.

② RANK.EQ의 [함수 인수] 대화상자에서 Number 『G5』, Ref 『$G$5:$G$12』를 입력한다.
→ Ctrl +[확인]을 클릭한다.

> **기적의 TIP**
> 셀 주소를 입력 후 F4 를 누르면 절대주소로 바뀐다.

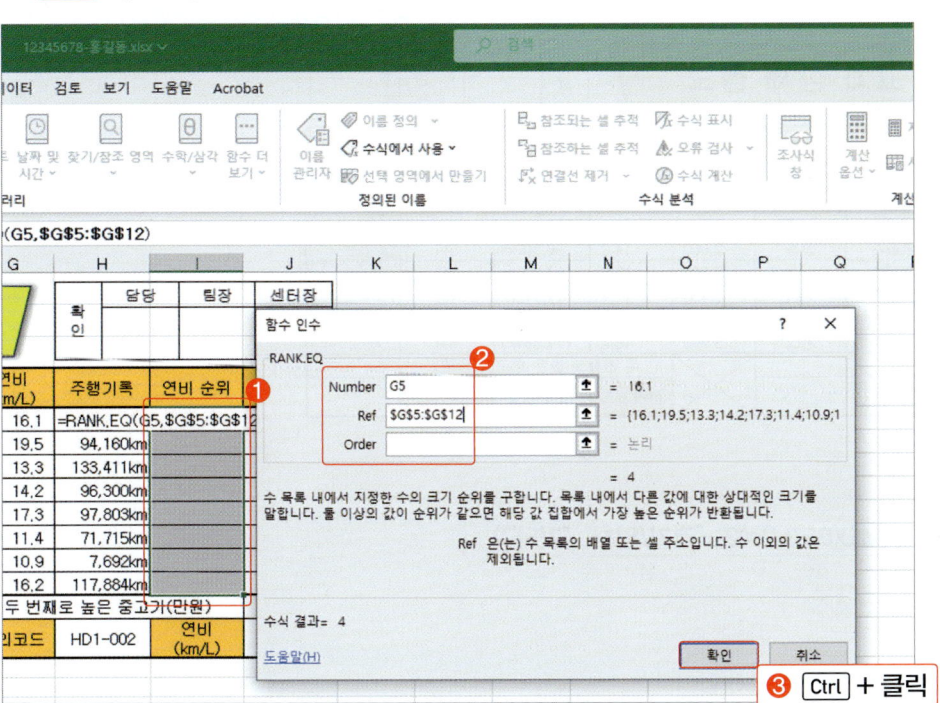

💬 함수 설명

=RANK.EQ(G5,$G$5:$G$12)
           ①   ②

① 「G5」셀의 순위를
② 「G5:G12」영역에서 구함

RANK.EQ(Number, Ref, [Order]) 함수

Number : 순위를 구하려는 셀
Ref : 목록의 범위
Order : 순위 결정 방법, 0이거나 생략하면 내림차순, 0이 아니면 오름차순

③ 「I5:I12」 영역이 블록 설정된 상태에서, 수식 입력줄에 『&"위"』를 이어서 입력한다.
→ Ctrl + Enter 를 클릭한다.

④ 직영점 「J5:J12」 영역을 블록 설정한다.
→ 『=IF(MID(B5,3,1)="1", "서울", IF(MID(B5,3,1)="2", "경기/인천", "기타"))』를 입력하고 Ctrl + Enter 를 누른다.

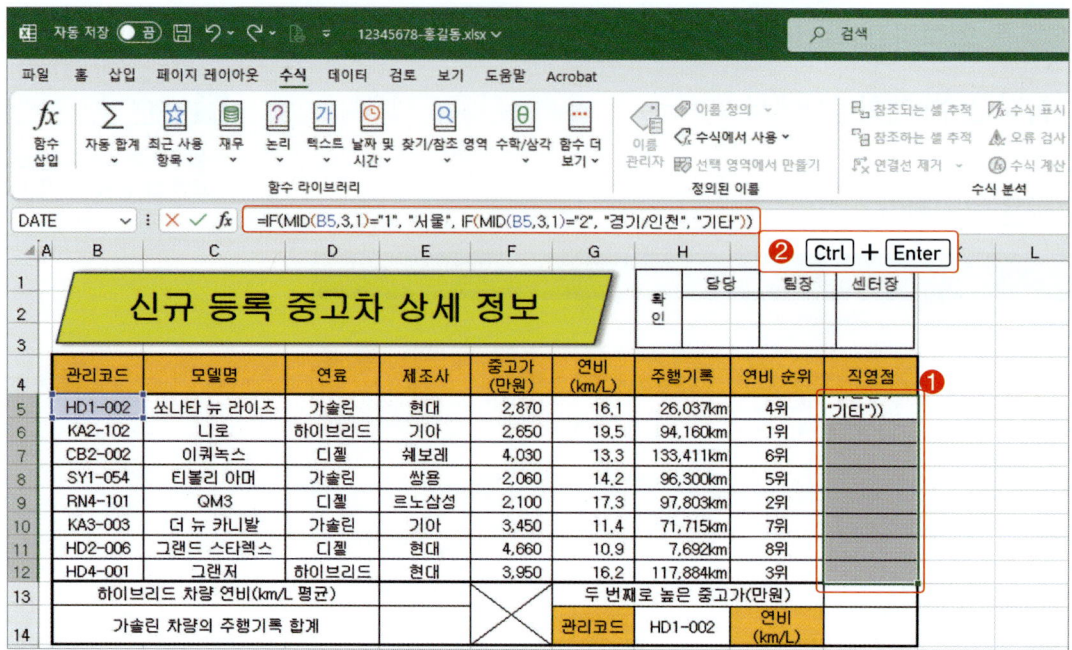

함수 설명

=IF(MID(B5,3,1)="1", "서울", IF(MID(B5,3,1)="2", "경기/인천", "기타"))
　　　①　　　　　　②　　　　③　　　　　　　　④　　　　　⑤

① 「B5」 셀의 세 번째 글자가 1인지 확인
② 1이 맞으면 "서울"을 반환
③ 아니면 다시 「B5」 셀의 세 번째 글자가 2인지 확인
④ 2가 맞으면 "경기/인천"을 반환
⑤ 아니면 "기타"를 반환

IF(Logical_test, Value_if_true, Value_if_false) 함수

Logical_test : 조건식
Value_if_true : 조건식이 참일 때 반환되는 것
Value_if_false : 조건식이 거짓일 때 반환되는 것

MID(Text, Start_num, Num_chars) 함수

Text : 추출할 문자가 들어 있는 텍스트
Start_num : 추출할 문자의 시작 위치
Num_chars : 추출할 문자의 수

⑤ 하이브리드 차량 연비 평균을 구하기 위해 「E13」 셀에 『=SUMIF』를 입력하고 [Ctrl]+[A]를 누른다.

⑥ SUMIF의 [함수 인수] 대화상자에서 Range 『D5:D12』, Criteria 『하이브리드』, Sum_range 『G5:G12』를 입력한다.
→ [확인]을 클릭한다.

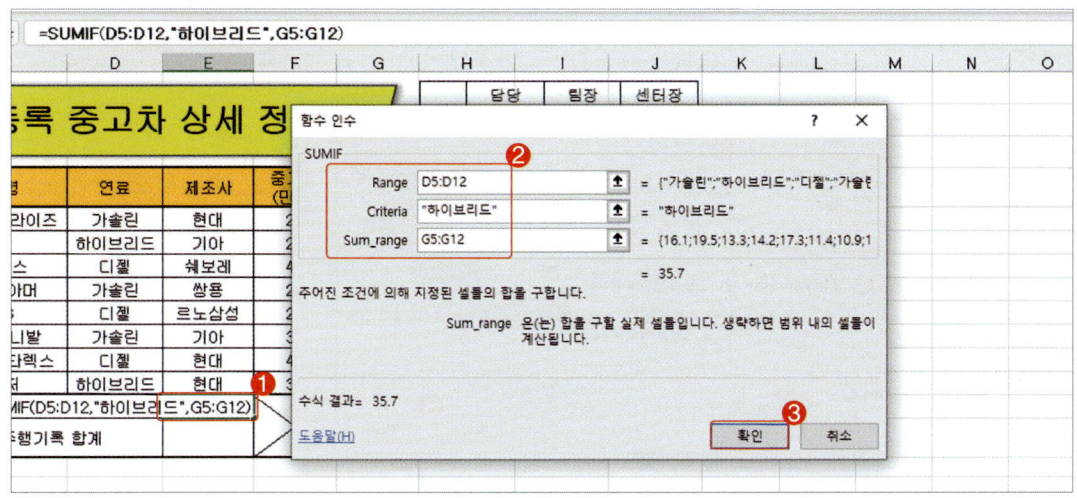

⑦ 「E13」 셀의 수식에 하이브리드의 개수를 구하여 나눗셈하는 『/COUNTIF(D5:D12, "하이브리드")』를 이어서 입력한다.

💬 함수 설명

=SUMIF(D5:D12,"하이브리드",G5:G12) / COUNTIF(D5:D12,"하이브리드")
　　　　　　　①　　　　　　　　　　　　　　　　②

① 「D5:D12」 영역에서 "하이브리드"를 찾아 해당하는 「G5:G12」 영역의 합계를 계산
② "하이브리드"의 개수를 구하여 나눗셈

SUMIF(Range, Criteria, Sum_range) 함수

Range : 조건을 적용할 셀 범위
Criteria : 조건
Sum_range : Range 인수에 지정되지 않은 범위를 추가

COUNTIF(Range, Criteria) 함수
⇒ 조건에 맞는 셀의 개수를 반환한다.

⑧ 「E13」 셀에 마우스 오른쪽 클릭하여 [셀 서식]( )을 클릭한다.
→ [셀 서식] 대화상자에서 범주 '숫자'를 선택하고 소수 자릿수 '1'로 설정한 후 [확인]을 클릭한다.

⑨ 가솔린 차량의 주행기록 합계를 구하기 위해 「E14」 셀에 『=DSUM』를 입력하고 Ctrl + A 를 누른다.

⑩ DSUM의 [함수 인수] 대화상자에서 Database 『B4:H12』, Field 『7』, Criteria 『D4:D5』를 입력한다.
→ [확인]을 클릭한다.

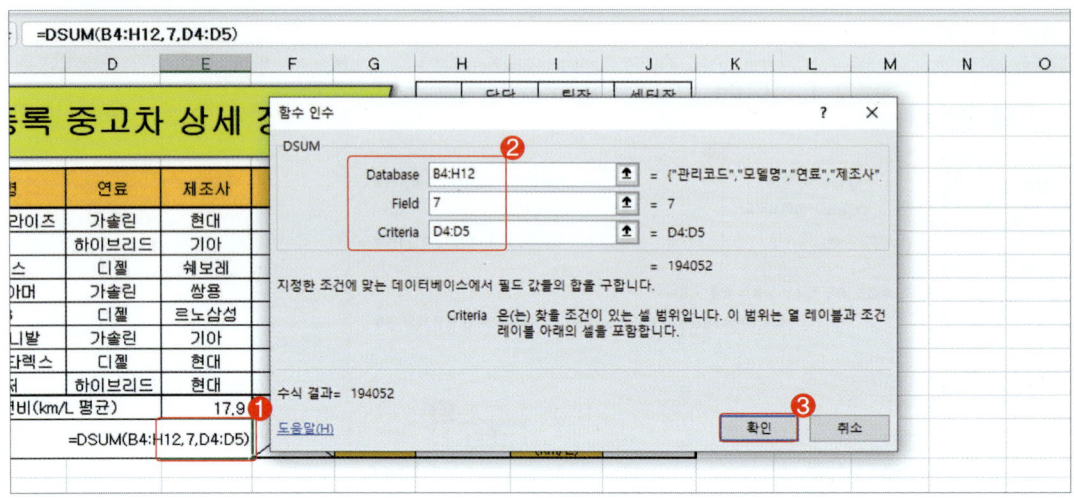

함수 설명

=DSUM(B4:H12, 7, D4:D5)
                  ①   ②

① 「B4:H12」 영역의 7번째 열인 "주행기록"에서
② 연료가 "가솔린"인 것들의 합계를 계산

DSUM(Database, Field, Criteria) 함수
Database : 지정할 범위
Field : 함수에 사용되는 열 위치
Criteria : 조건이 있는 셀 범위

⑪ 「E14」 셀에 마우스 오른쪽 클릭하여 [셀 서식]( )을 클릭한다.
→ [셀 서식] 대화상자에서 범주 '숫자'를 선택하고 1000 단위 구분 기호(,) 사용에 체크한 후 [확인]을 클릭한다.

⑫ 두 번째로 높은 중고가를 구하기 위해 「J13」 셀에 『=LARGE(중고가, 2)』를 입력한다.

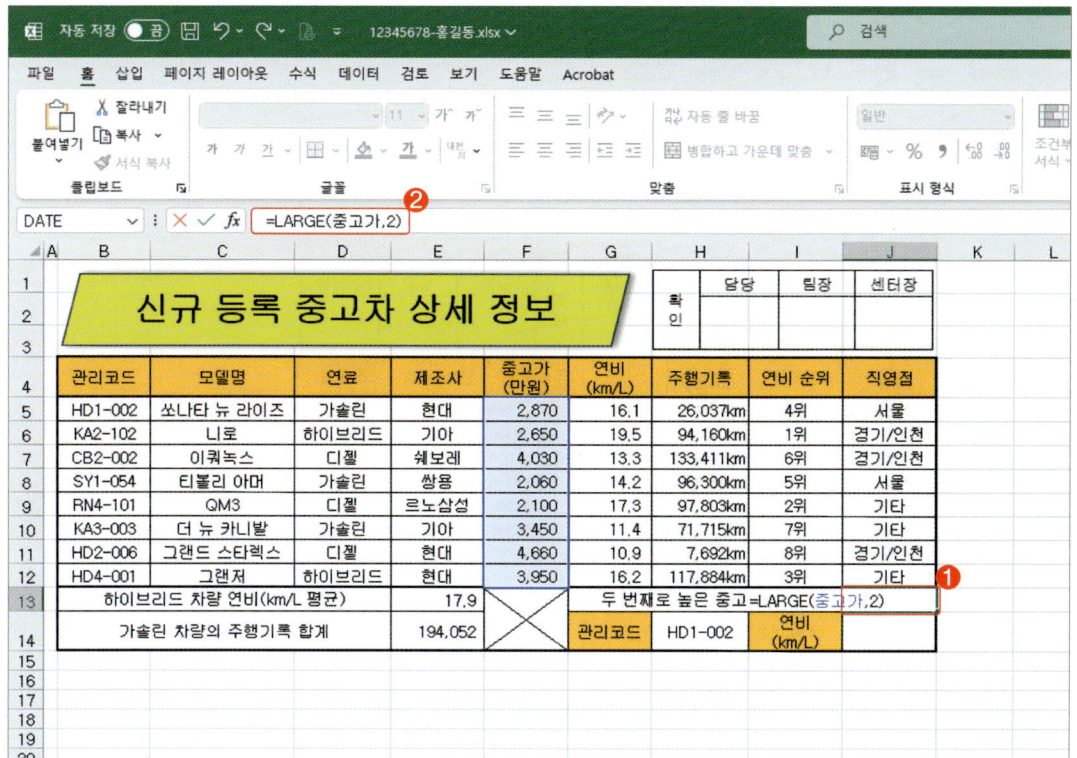

💬 함수 설명

=LARGE(중고가, 2)
           ①   ②

① 중고가로 이름 정의한 데이터 중에서
② 2번째로 큰 값을 반환

LARGE(Array, K) 함수

Array : 데이터 범위
K : 가장 큰 값을 기준으로 한 상대 순위

⑬ 「J13」 셀에 마우스 오른쪽 클릭하여 [셀 서식](▦)을 클릭한다.
→ [셀 서식] 대화상자에서 범주 '회계', 기호 '없음'을 설정한다.

⑭ 「J14」 셀에 『=VLOOKUP(H14,B5:G12,6,0)』을 입력한다.

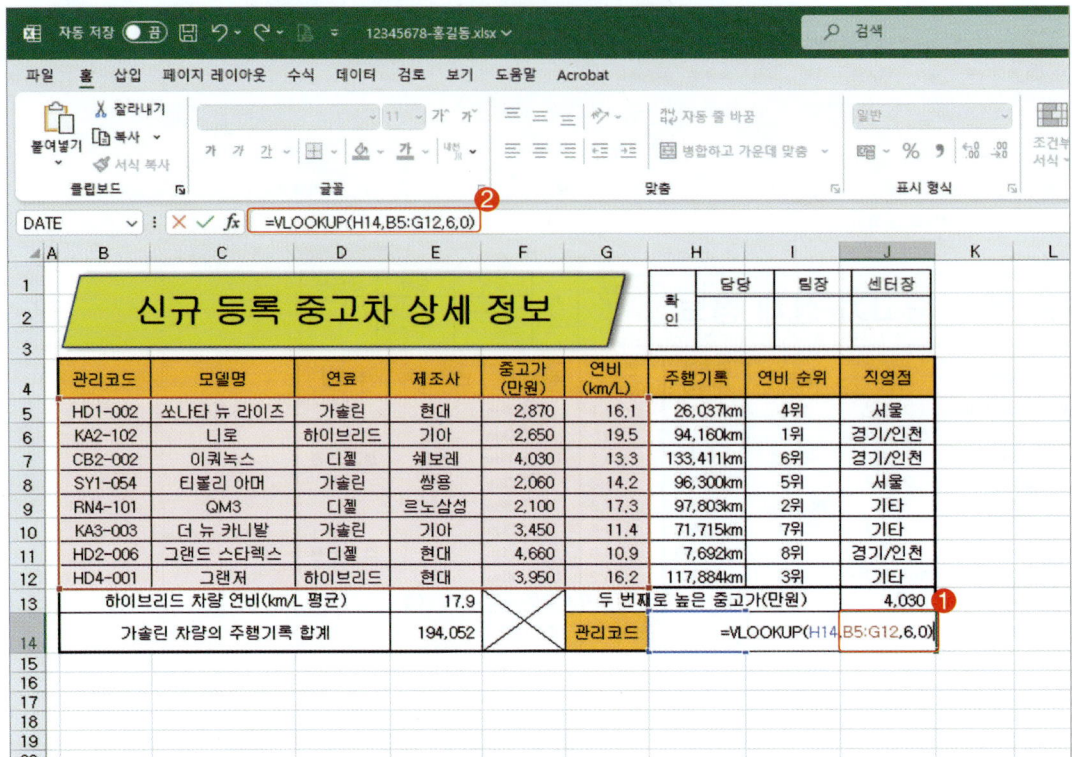

💬 함수 설명

=VLOOKUP(H14,B5:G12,6,0)
                 ①   ②

① 「H14」 셀의 값을 「B5:G12」 영역에서 조회하고
② 해당하는 행의 6번째 열인 "연비"의 값을 반환

VLOOKUP(Lookup_value, Table_array, Col_index_num, [Range_lookup]) 함수

Lookup_value : 조회하려는 값
Table_array : 조회할 값이 있는 범위
Col_index_num : 반환할 값이 있는 열
Range_lookup : 0(FALSE)이면 정확히 일치, 1(TRUE)이면 근사값 반환

SECTION 08 조건부 서식

① 「B5:J12」 영역을 블록 설정한다.
→ [홈] 탭 – [스타일] 그룹 – [조건부 서식](▦)을 클릭하고 [새 규칙](▦)을 클릭한다.

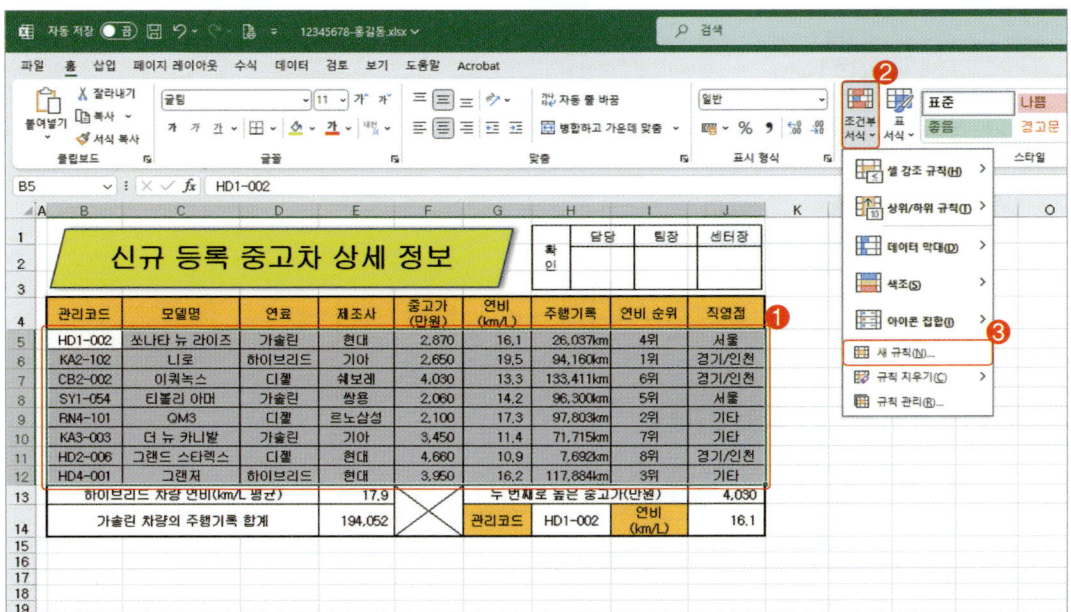

② [새 서식 규칙] 대화상자에서 '▶ 수식을 사용하여 서식을 지정할 셀 결정'을 클릭한다.
→ 『=$G5>=16』을 입력하고 [서식]을 클릭한다.

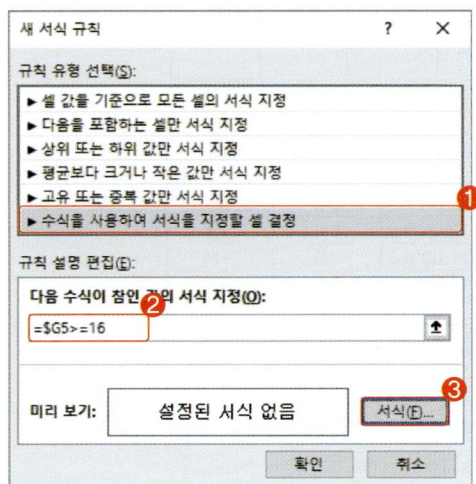

③ [셀 서식] 대화상자에서 글꼴 스타일을 '굵게', 색을 '파랑'으로 설정하고 [확인]을 클릭한다.

→ 다시 [새 서식 규칙] 대화상자로 돌아오면 [확인]을 클릭한다.

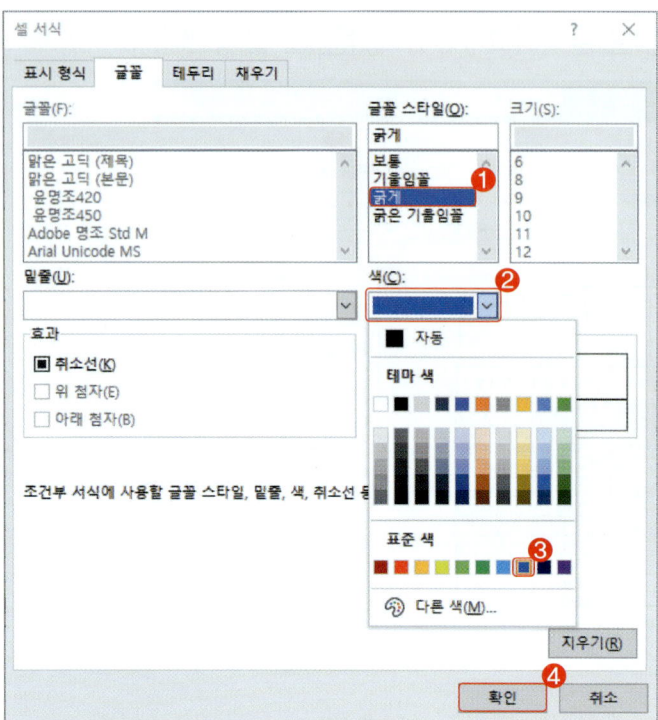

④ G열 연비가 16 이상인 행에 서식이 적용된다.

제 2 작업 | 목표값 찾기 및 필터　　　　80점

제2작업은 제1작업에서 작성한 데이터를 이용하여 목표값을 찾거나 조건 지정으로 필터링하는 형태의 문제가 출제된다.

SECTION 01 | 목표값 찾기

① "제1작업" 시트의 「B4:H12」 영역을 블록 설정한다.
　→ [홈] 탭 – [클립보드] 그룹 – [복사](📋)를 클릭한다(Ctrl+C).

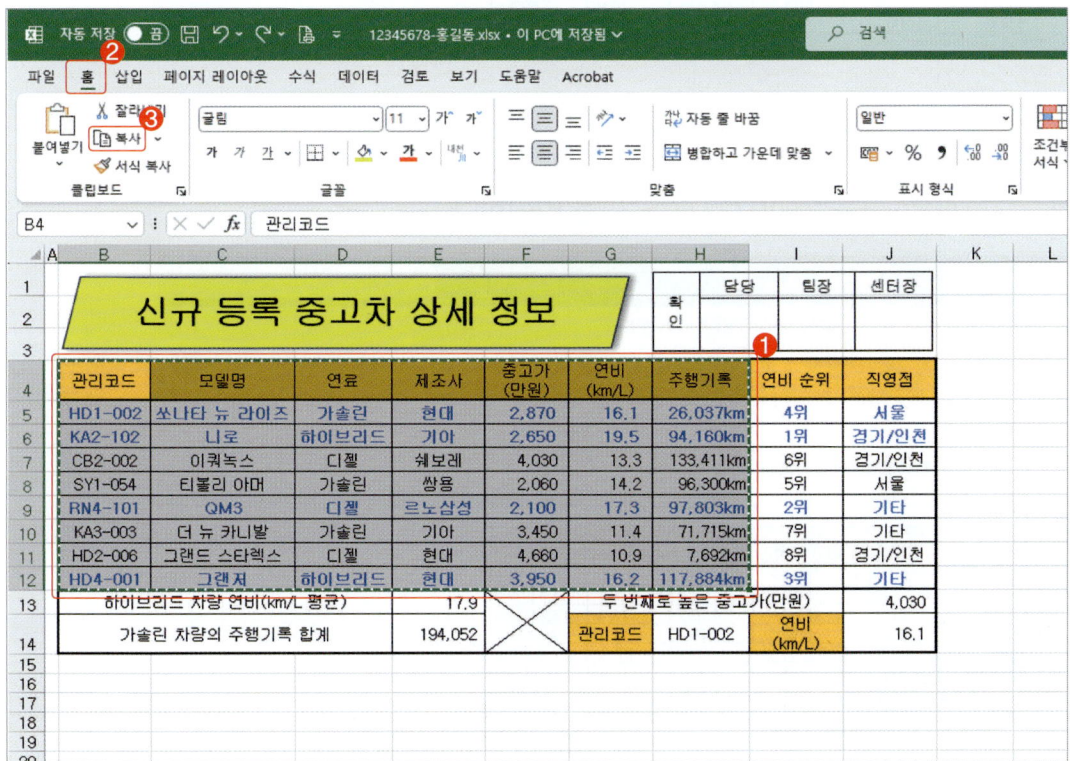

② "제2작업" 시트의 「B2」 셀에서 [붙여넣기](📋)를 한다(Ctrl+V).
　→ [붙여넣기 옵션] – [원본 열 너비 유지](📋)를 클릭한다.

③ 「B11:G11」 영역을 블록 설정한다.

→ [홈] 탭 – [맞춤] 그룹 – [병합하고 가운데 맞춤](🔲)을 클릭한다.

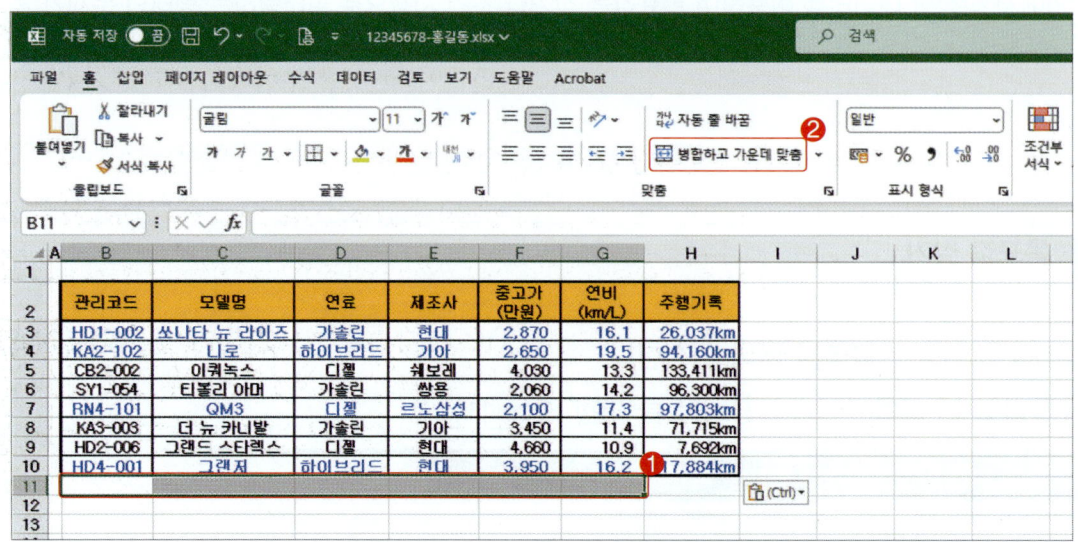

④ 병합한 셀에 『현대 자동차의 연비(km/L) 평균』을 입력한다.

→ 「H11」 셀에 『=DAVERAGE(B2:H10,G2,E2:E3)』을 입력한다.

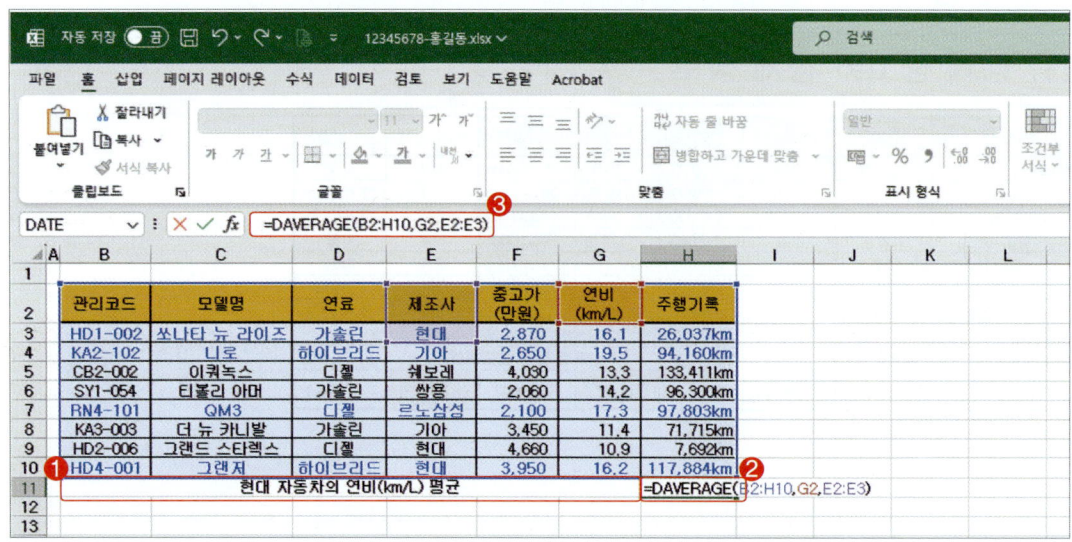

💬 함수 설명

=DAVERAGE(B2:H10,G2,E2:E3)
               ①   ②

① 「B2:H10」 영역의 「G2」 셀 열인 연비에서
② 제조사가 "현대"인 것들의 평균을 계산

DAVERAGE(Database, Field, Criteria) 함수

Database : 지정할 범위
Field : 함수에 사용되는 열 위치
Criteria : 조건이 있는 셀 범위

⑤ 「B11:H11」 영역을 블록 설정한다.
  → [홈] 탭 – [글꼴] 그룹 – [테두리]에서 [모든 테두리](⊞)를 클릭한다.
  → [맞춤] 그룹 – [가운데 맞춤](≡)을 클릭한다.

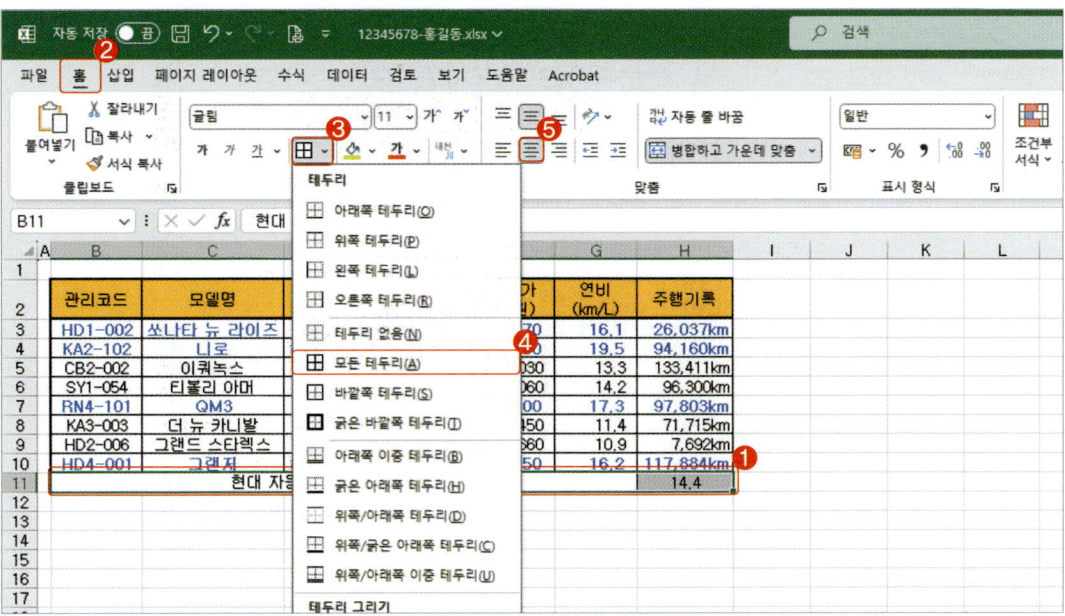

⑥ 「H11」 셀을 클릭한다.
  → [데이터] 탭 – [예측] 그룹 – [가상 분석](⊞)을 클릭하고 [목표값 찾기]를 클릭한다.

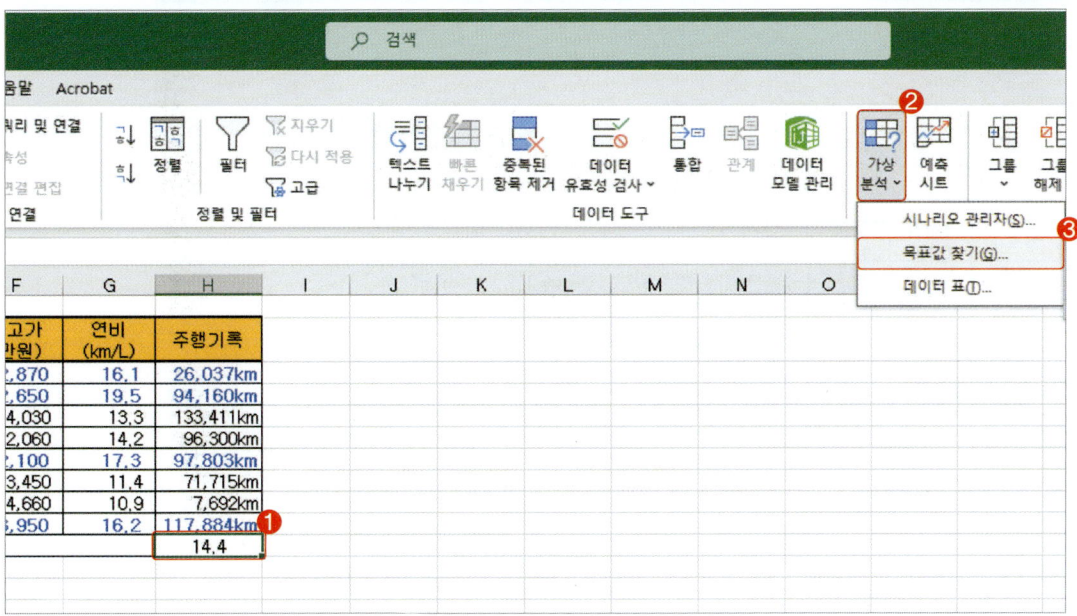

⑦ [목표값 찾기] 대화상자에서 수식 셀 『H11』, 찾는 값 『15』, 값을 바꿀 셀 『$G$3』을 입력한다.

→ [확인]을 클릭한다.

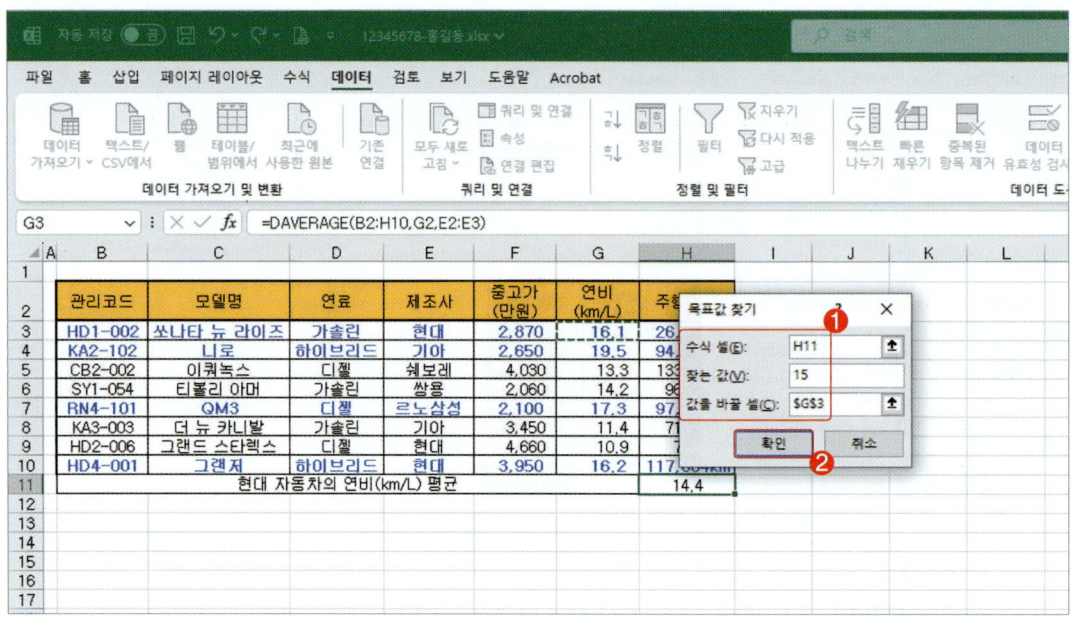

⑧ [목표값 찾기 상태] 대화상자가 나타나며 「G3」 셀의 값이 변경되면 [확인]을 클릭한다.

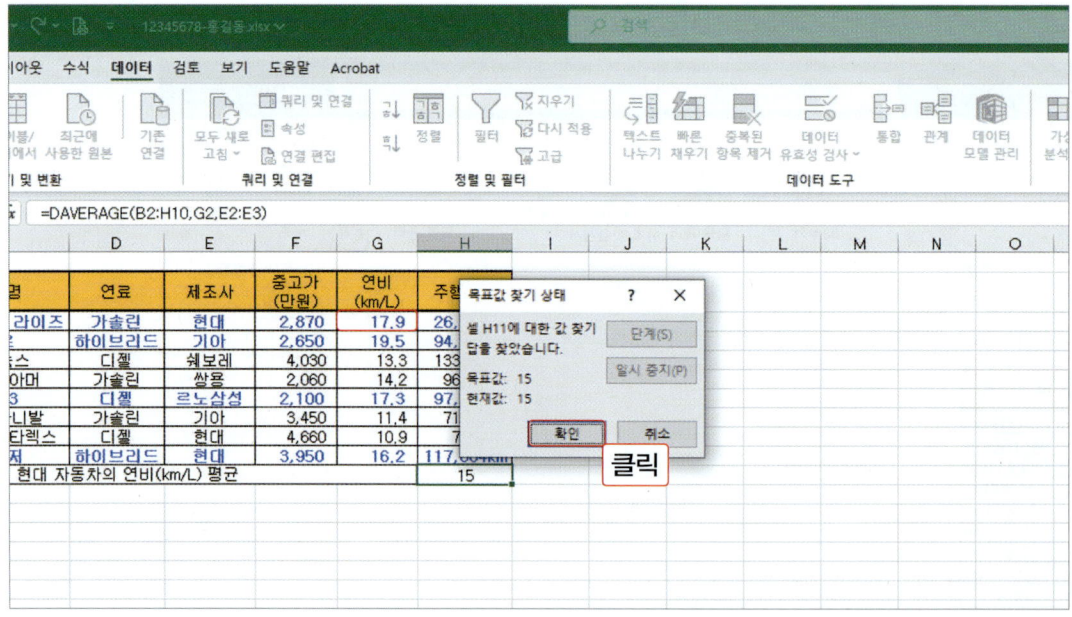

SECTION 02　고급 필터

① Ctrl 을 누른 채 「B2」 셀과 「H2」 셀을 클릭하여 복사(Ctrl + C) 한다.
→ 조건의 위치인 「B14」 셀에 붙여넣기(Ctrl + V) 한다.

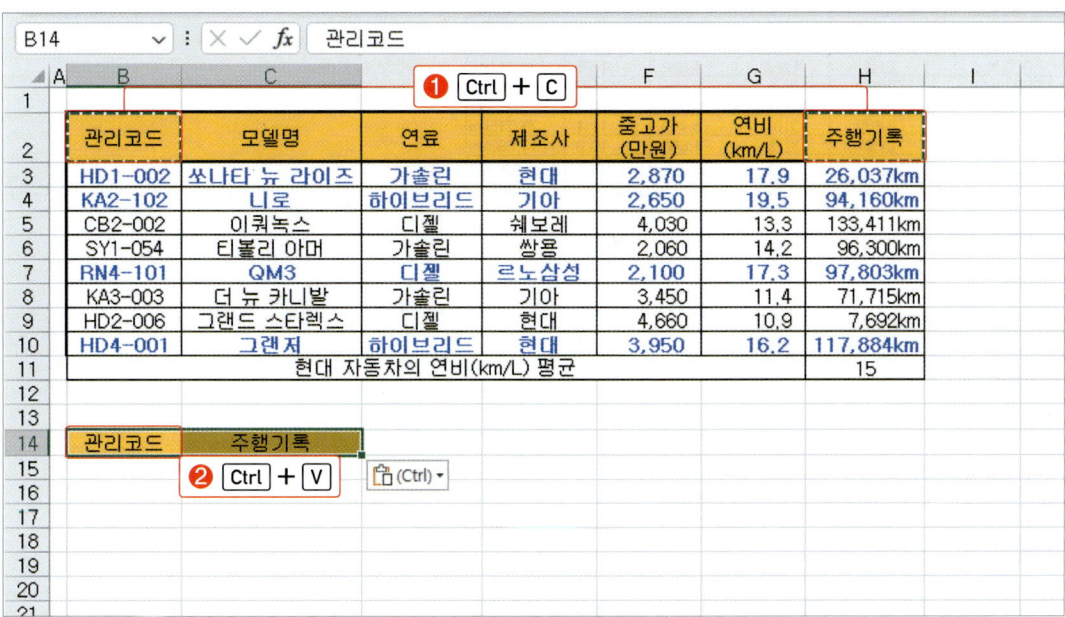

② 「B15」 셀에 『K*』, 「C16」 셀에 『>=100000』을 입력한다.

③ Ctrl 을 누른 채 「C2」, 「D2」, 「F2」, 「G2」 셀을 클릭하여 복사(Ctrl + C) 한다.
→ 복사 위치인 「B18」 셀에 붙여넣기(Ctrl + V) 한다.

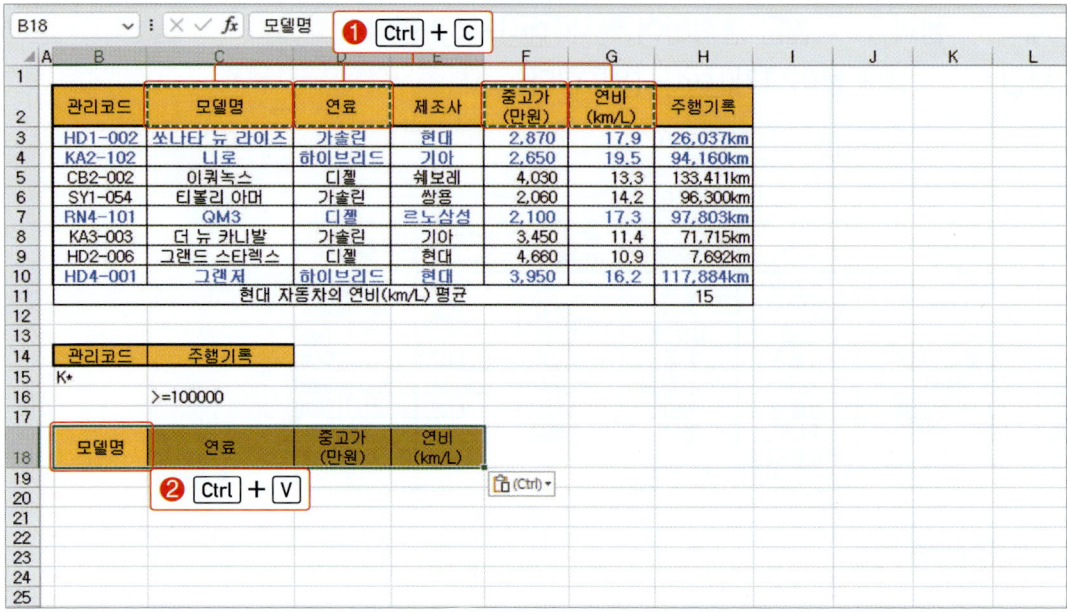

④ 「B2:H10」 영역을 블록 설정한다.
→ [데이터] 탭 – [정렬 및 필터] 그룹 – [고급]()을 클릭한다.

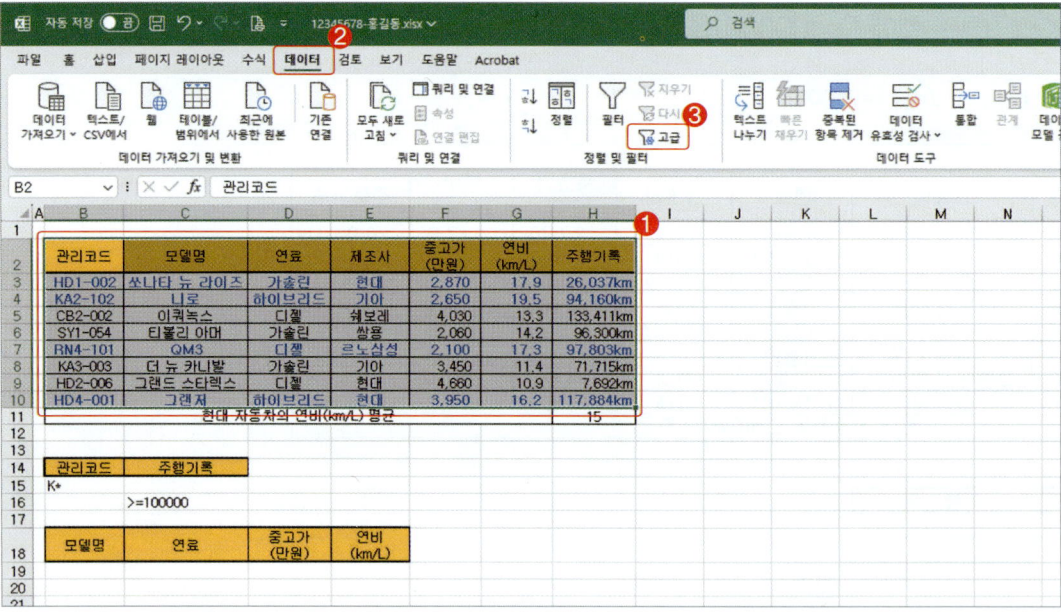

⑤ [고급 필터] 대화상자 – '결과'에서 [다른 장소에 복사]를 클릭한다.
→ 마우스 드래그로 조건 범위 「B14:C16」, 복사 위치 「B18:E18」을 지정하고 [확인]을 클릭한다.

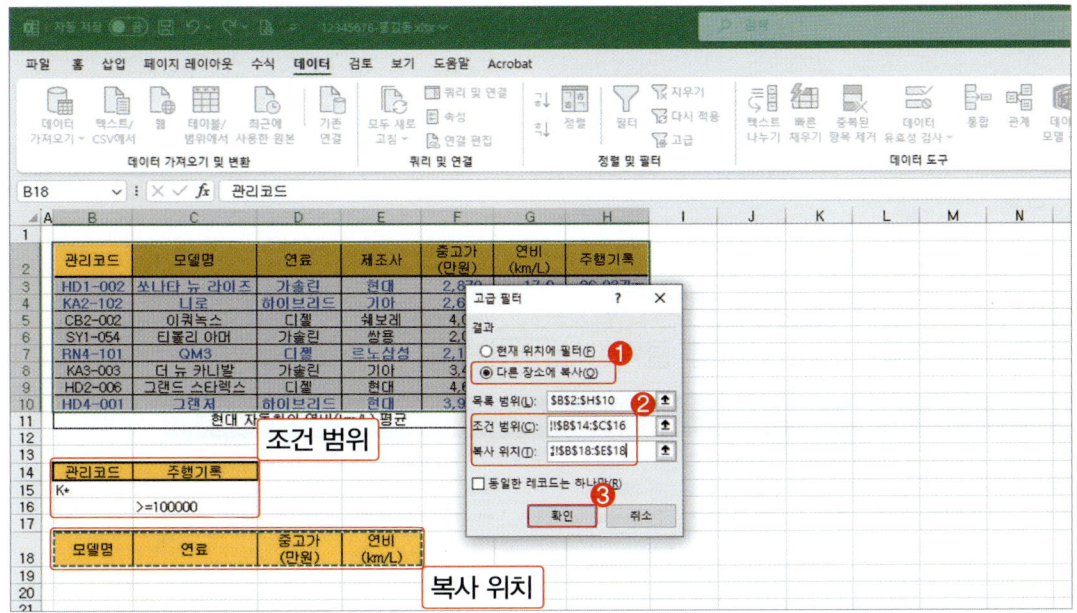

제 3 작업 정렬 및 부분합   80점

제3작업에서는 제1작업에서 작성한 데이터를 이용하여 특정 필드에 대한 합계, 평균 등을 구하고 정렬하는 문제가 출제된다.

SECTION 01 정렬

① "제1작업" 시트의 「B4:H12」 영역을 블록 설정한다.
→ [홈] 탭 – [클립보드] 그룹 – [복사]( )를 클릭한다(Ctrl + C).

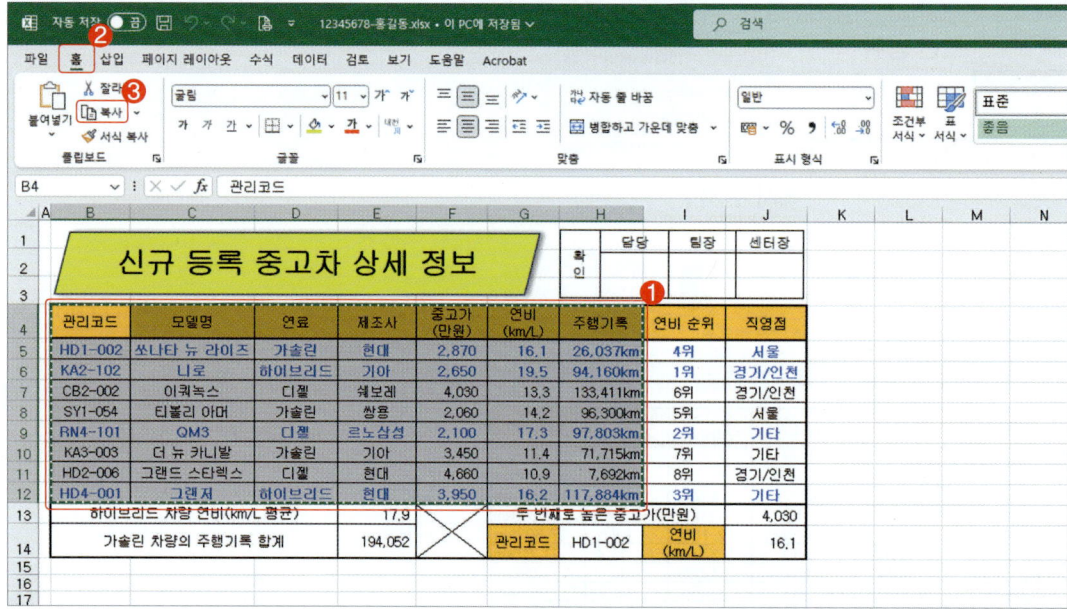

② "제3작업" 시트의 「B2」 셀에서 [붙여넣기]( )를 한다(Ctrl + V).
→ [붙여넣기 옵션] – [원본 열 너비 유지]( )를 클릭한다.

③ 연료 「D2」 셀을 클릭한다.
→ [데이터] 탭 – [정렬 및 필터] 그룹 – [텍스트 내림차순 정렬]()을 클릭한다.

> 🅵 **기적의 TIP**
> 출력형태에서 평균, 개수 등이 보여지는 열이 정렬 기준이 된다.

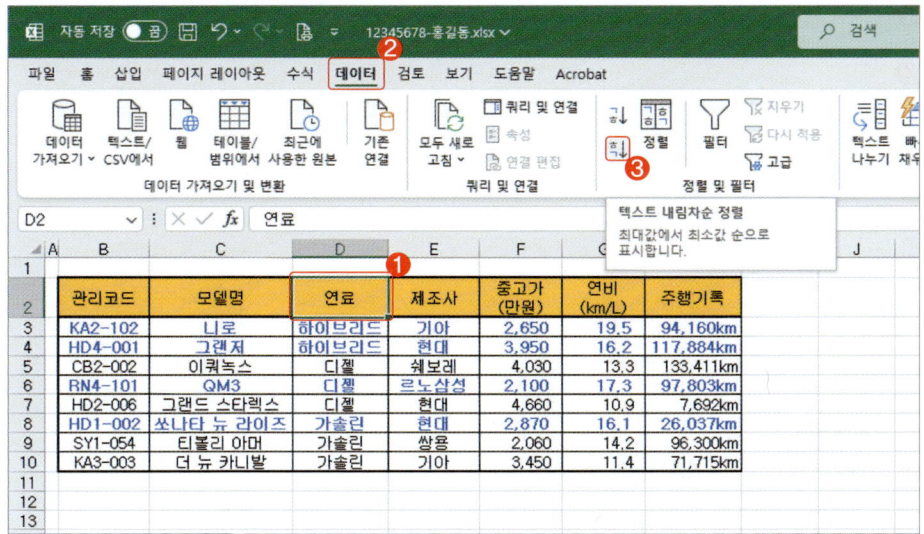

SECTION 02 　부분합

① 「B2:H10」 영역에 셀 포인터를 둔다.
→ [데이터] 탭 – [개요] 그룹 – [부분합](▦)을 클릭한다.

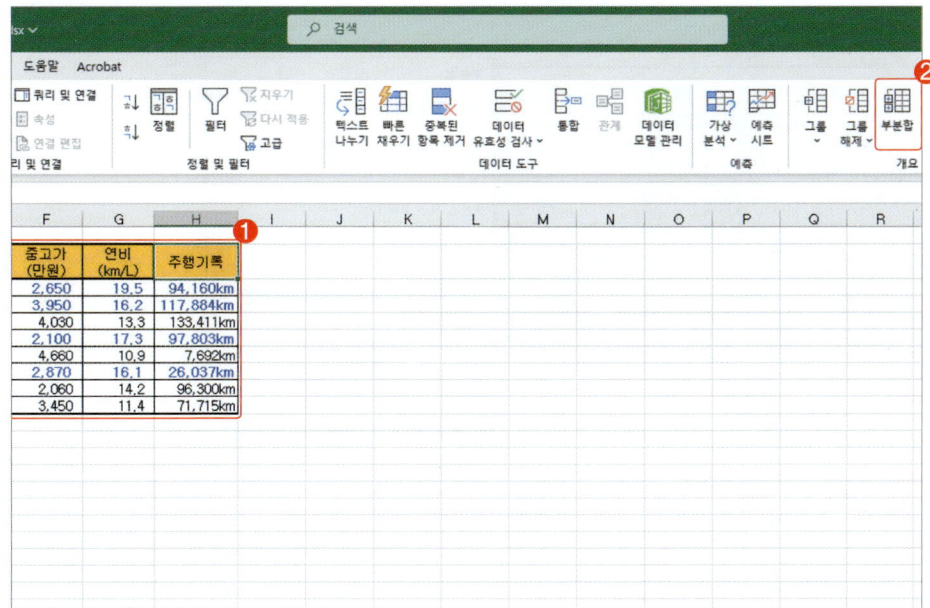

② [부분합] 대화상자에서 그룹화할 항목에 '연료', 사용할 함수에 '개수', 부분합 계산 항목에 '제조사'를 선택하고 [확인]을 클릭한다.

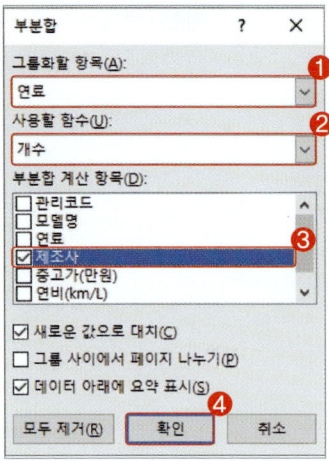

③ 다시, [데이터] 탭 – [개요] 그룹 – [부분합](　)을 클릭한다.

④ [부분합] 대화상자에서 사용할 함수에 '평균', 부분합 계산 항목에 '중고가(만원)'을 선택한다.
  → 새로운 값으로 대치를 체크 해제하고 [확인]을 클릭한다.

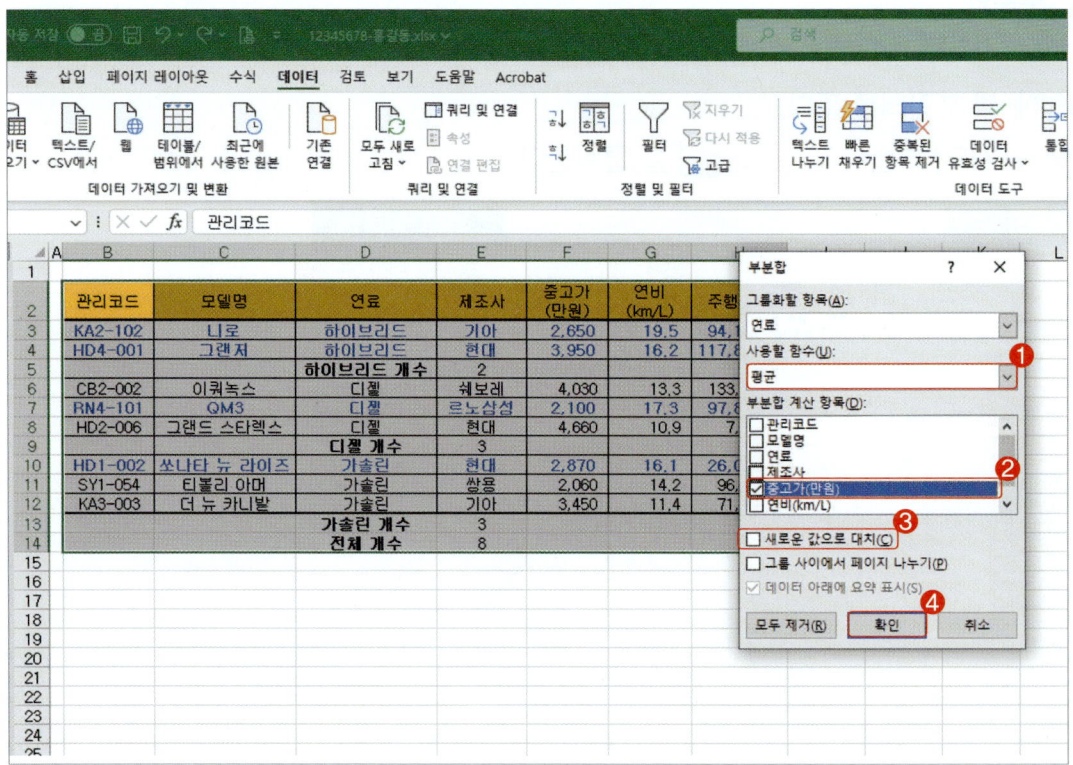

⑤ [데이터] 탭 – [개요] 그룹 – [그룹 해제]( )에서 [개요 지우기]를 클릭한다.

⑥ 열 너비 등을 조절한다.

제 4 작업 　 그래프 　　　　　　　　　　　　　　　　　　　　　100점

제4작업은 제1작업에서 작성한 데이터를 이용하여 차트로 표현하는 능력을 평가한다.
차트의 종류, 서식, 옵션, 범례 등을 다루는 형태가 출제된다.

SECTION 01 　 차트 작성

① "제1작업" 시트의 「C4:C5」 영역을 블록 설정한다.
　→ Ctrl 을 누른 채 「C7:C11」, 「G4:G5」, 「G7:G11」, 「H4:H5」, 「H7:H11」 영역을 블록 설정한다.

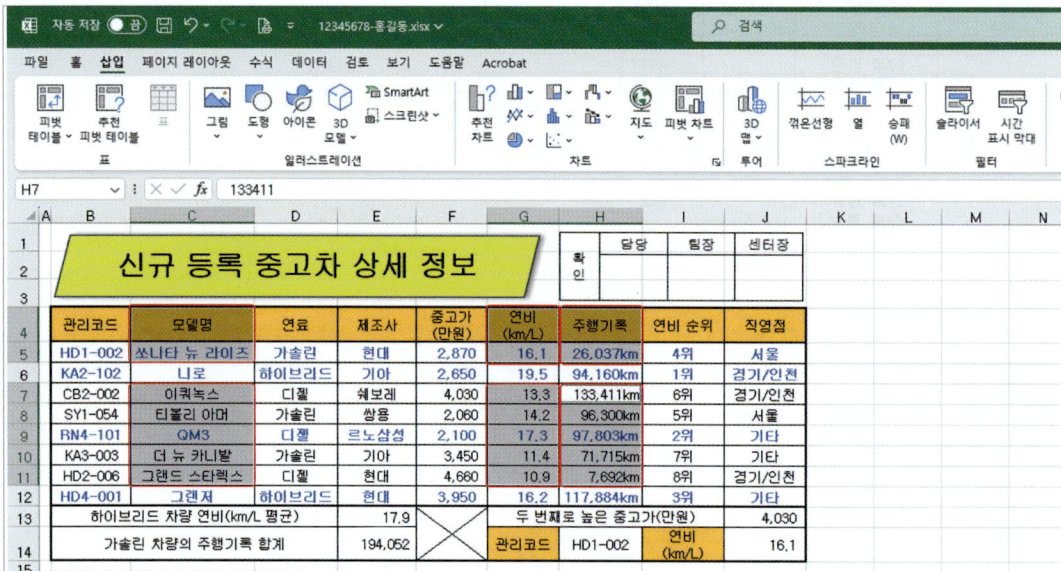

② [삽입] 탭 – [차트] 그룹 – [2차원 묶은 세로 막대형](📊)을 클릭한다.

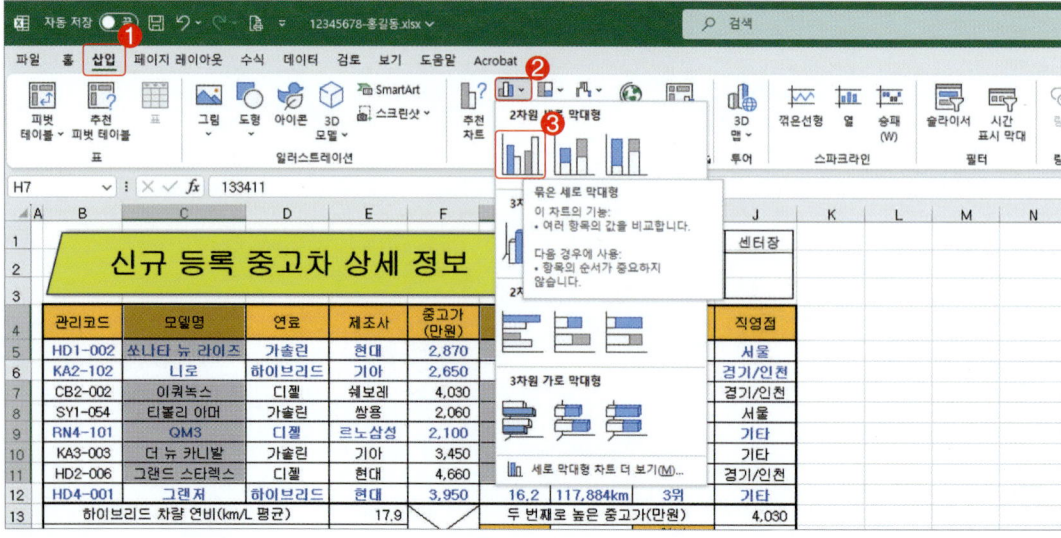

③ [차트 디자인] 탭 – [차트 이동](   )을 클릭한다.
   → [차트 이동] 대화상자에서 '새 시트'를 선택하고 『제4작업』을 입력한 후 [확인]을 클릭한다.

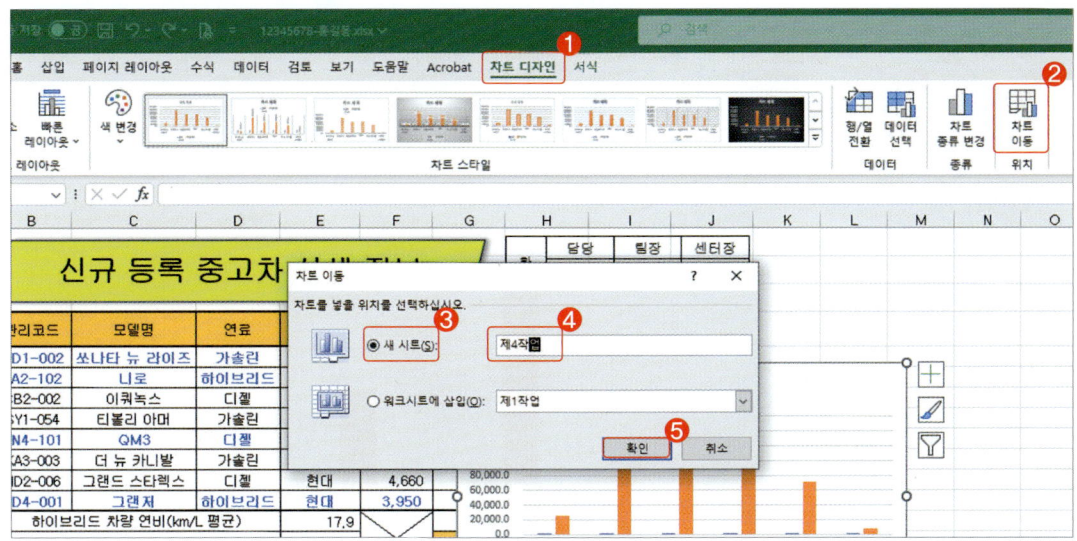

④ "제4작업" 시트를 마우스 드래그하여 제일 끝으로 이동한다.

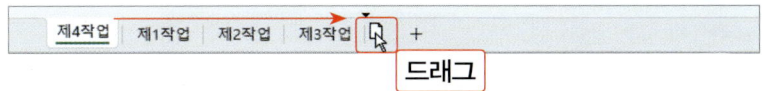

SECTION 02   차트 디자인, 영역 서식, 제목 서식

① [차트 디자인] 탭 – [빠른 레이아웃](   ) – [레이아웃 3](   )을 클릭한다.
   → [스타일 1]을 클릭한다.

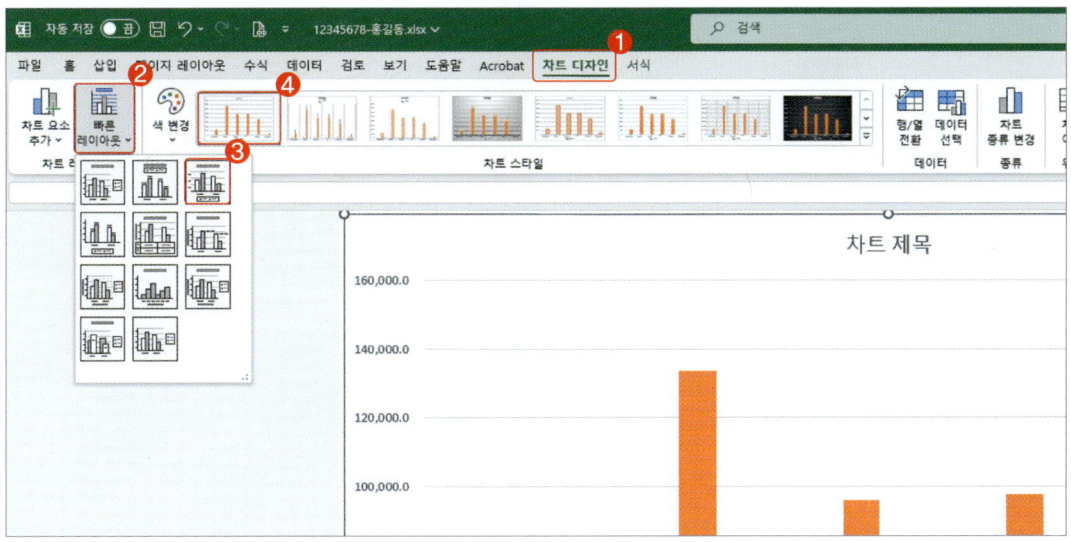

② 차트 영역을 선택하고 [홈] 탭 – [글꼴] 그룹에서 글꼴 '굴림', 크기 '11'을 설정한다.

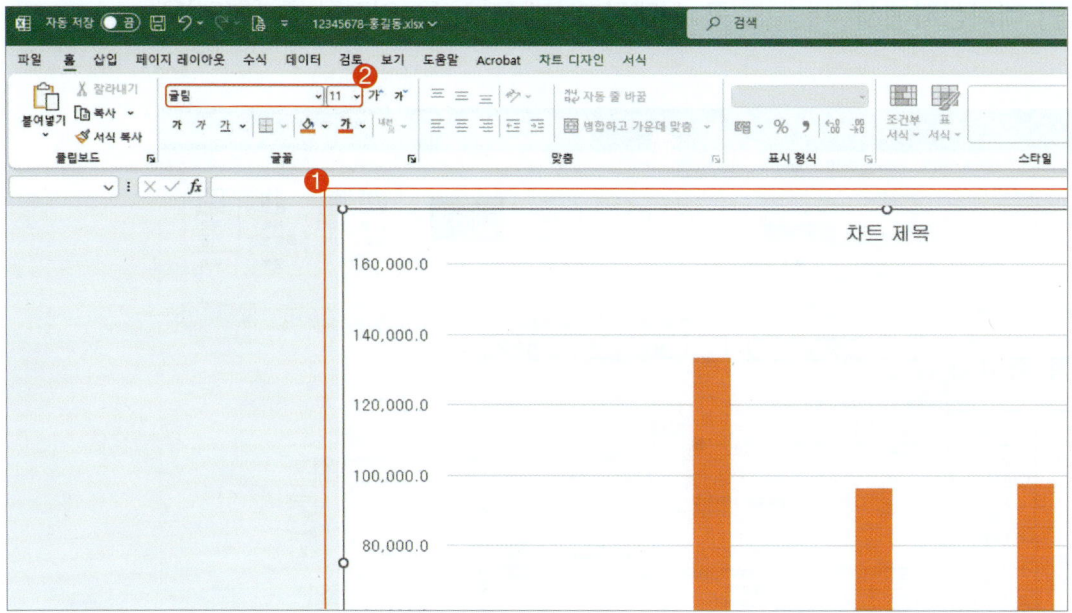

③ [서식] 탭 – [현재 선택 영역] 그룹 – [선택 영역 서식]()을 클릭한다.

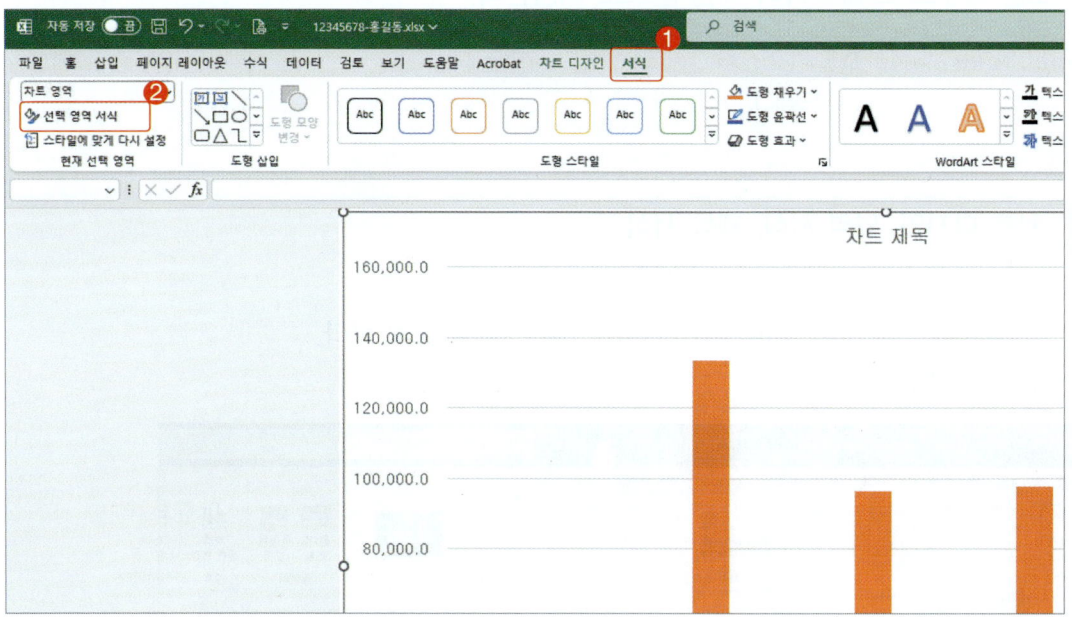

④ [차트 영역 서식] 사이드바에서 채우기 '그림 또는 질감 채우기'를 선택한다.
→ [질감](▦) – [분홍 박엽지]를 설정한다.

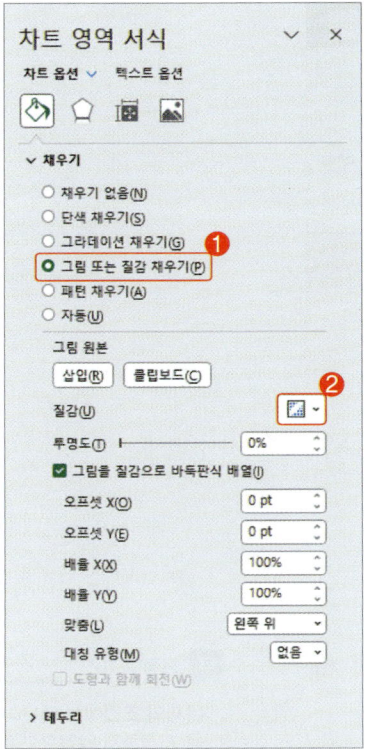

⑤ [서식] 탭 – [현재 선택 영역] 그룹에서 [그림 영역]을 선택한다.
→ 채우기 '단색 채우기'를 선택하고 [색](🎨) – [흰색, 배경 1]을 설정한다.

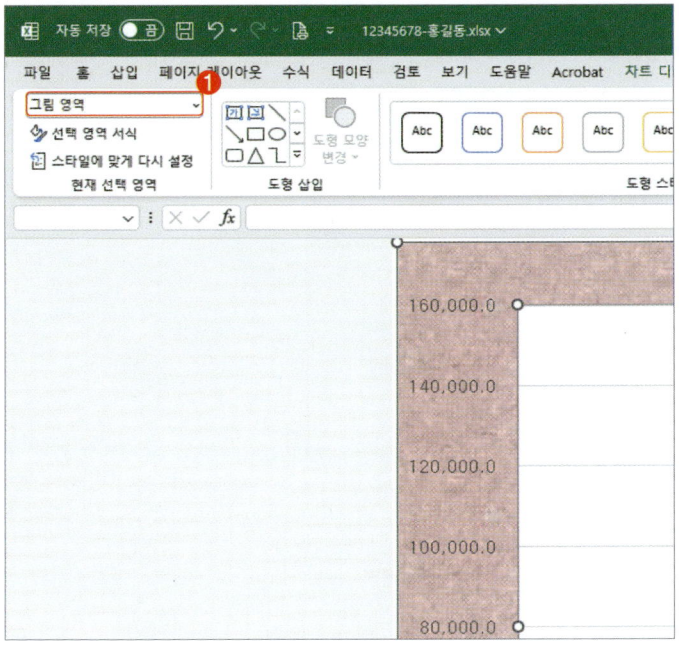
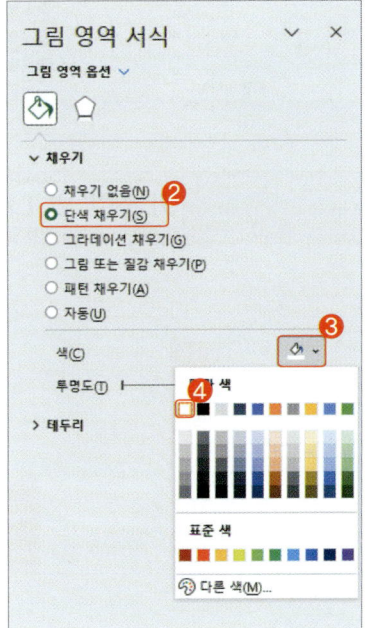

⑥ 차트 제목에 『가솔린 및 디젤 차량 현황』을 입력한다.
→ 글꼴 '굴림', 크기 '20', [굵게] 설정한다.

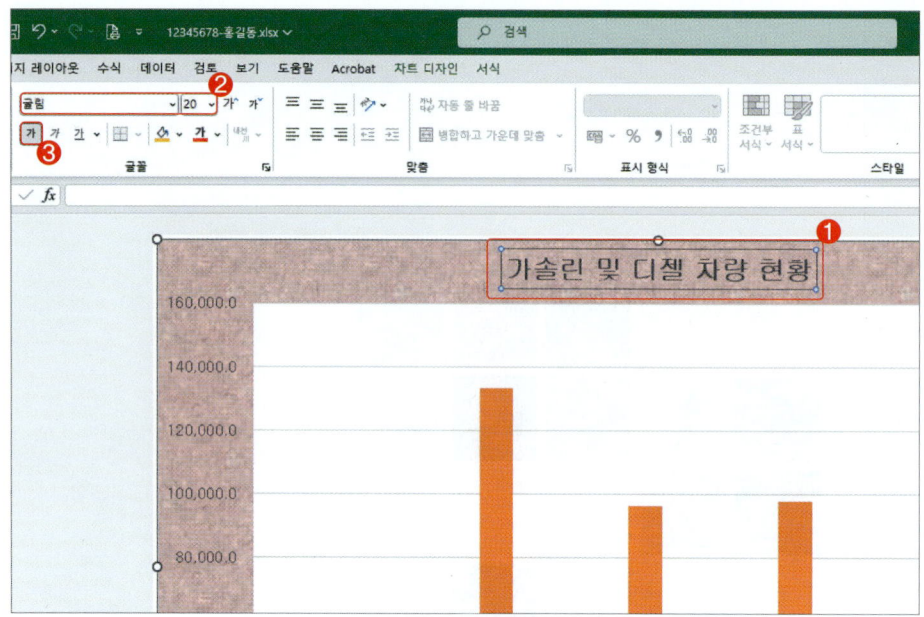

⑦ [서식] 탭 – [도형 스타일] 그룹 – [도형 채우기](🎨)를 클릭하고 '흰색, 배경 1'을 설정한다.
→ [도형 윤곽선](✏️)을 클릭하고 '검정'을 설정한다.

> 🅱 **기적의 TIP**
>
> 문제의 조건에서 테두리 색을 지정하지 않았으므로 검정과 같이 적당히 구분되는 색을 설정한다.

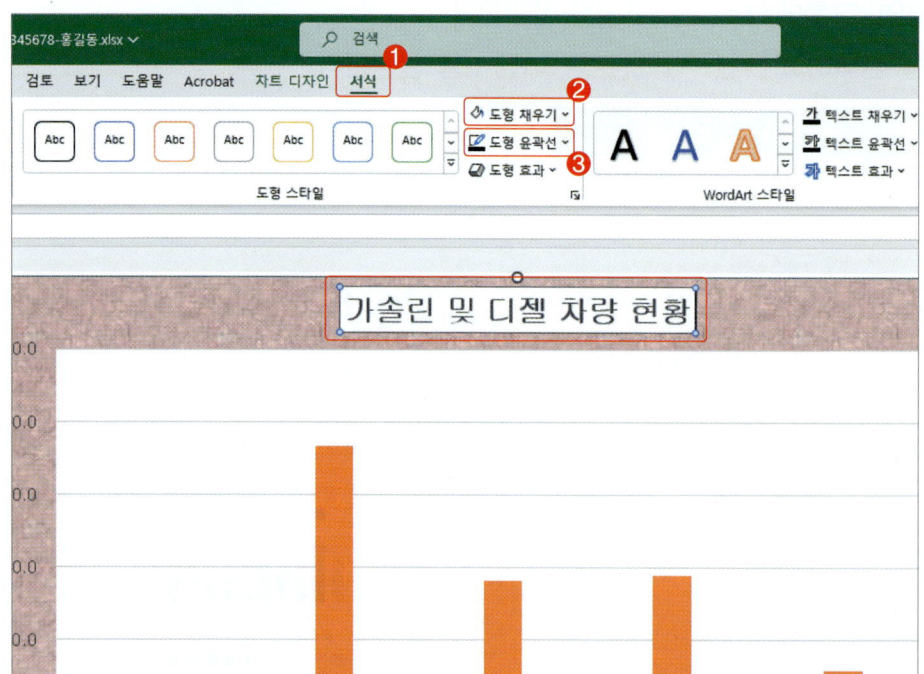

SECTION 03 서식 (보조 축)

① [차트 디자인] 탭 – [차트 종류 변경](📊)을 클릭한다.

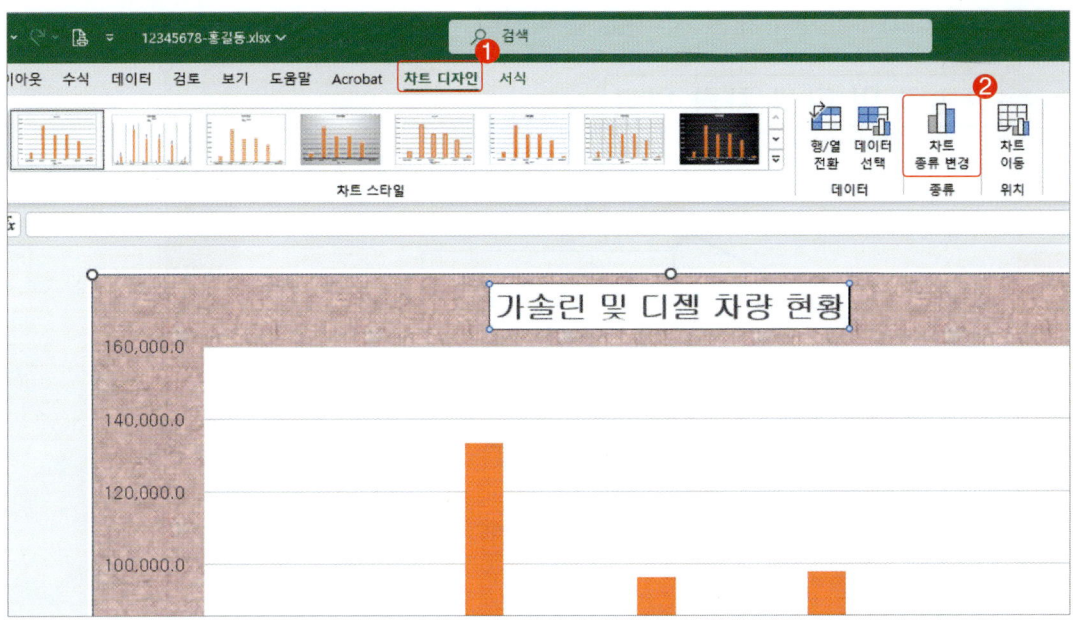

② [차트 종류 변경] 대화상자에서 '혼합'을 클릭한다.
  → 연비(km/L)의 차트 종류를 '표식이 있는 꺾은선형'으로 설정하고 '보조 축'에 체크한다.
  → 주행기록의 차트 종류를 '묶은 세로 막대형'으로 설정한다.

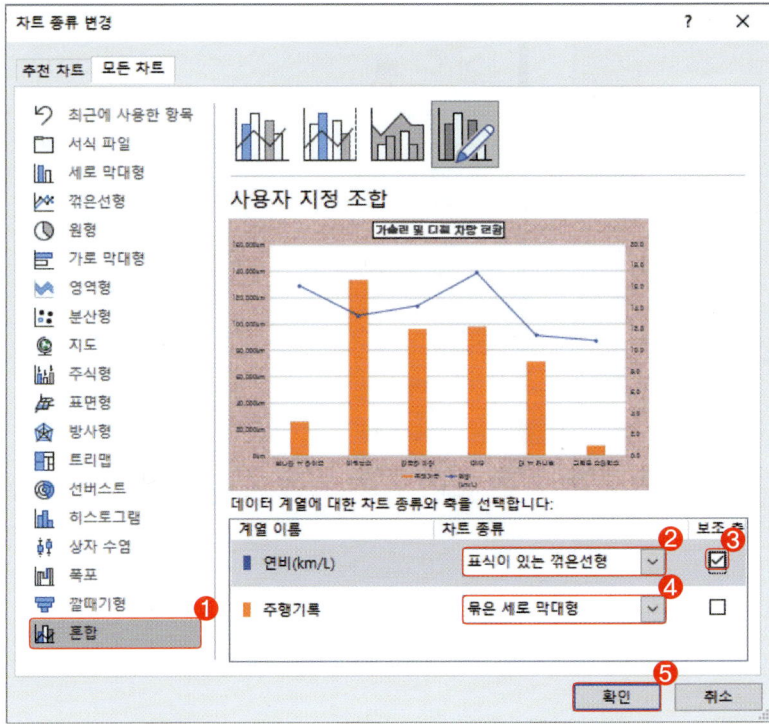

SECTION 04 서식 (표식, 레이블 값)

① 연비(km/L) 계열을 선택한다.
→ 마우스 오른쪽 클릭하고 [데이터 계열 서식]을 클릭한다.

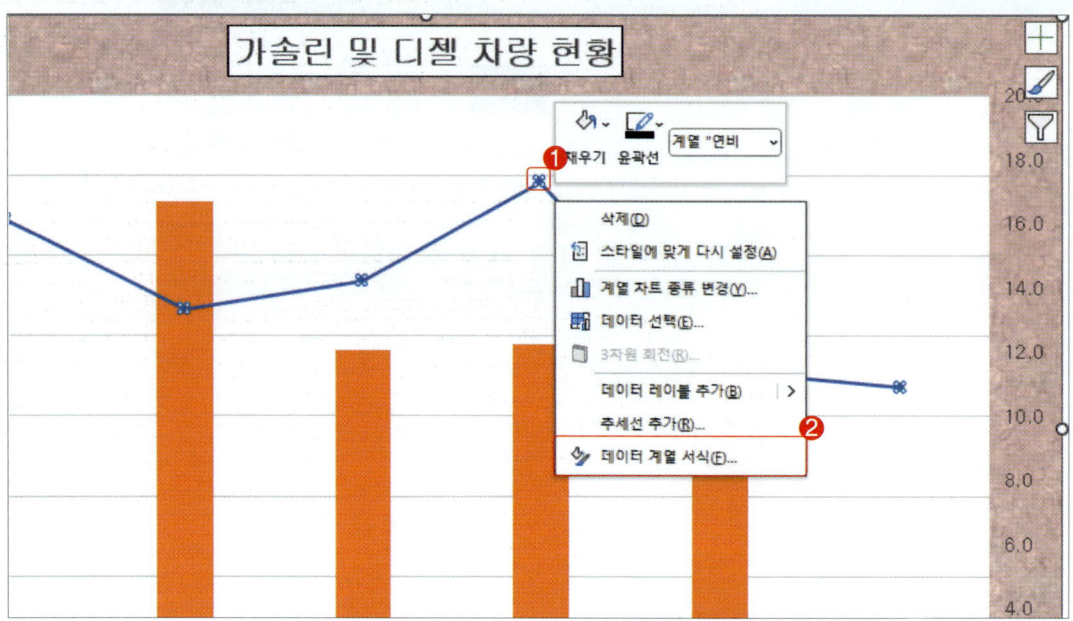

② [채우기 및 선](⬧) – 표식(⌇) – 표식 옵션을 클릭한다.
→ 형식 '마름모', 크기 '10'을 설정한다.

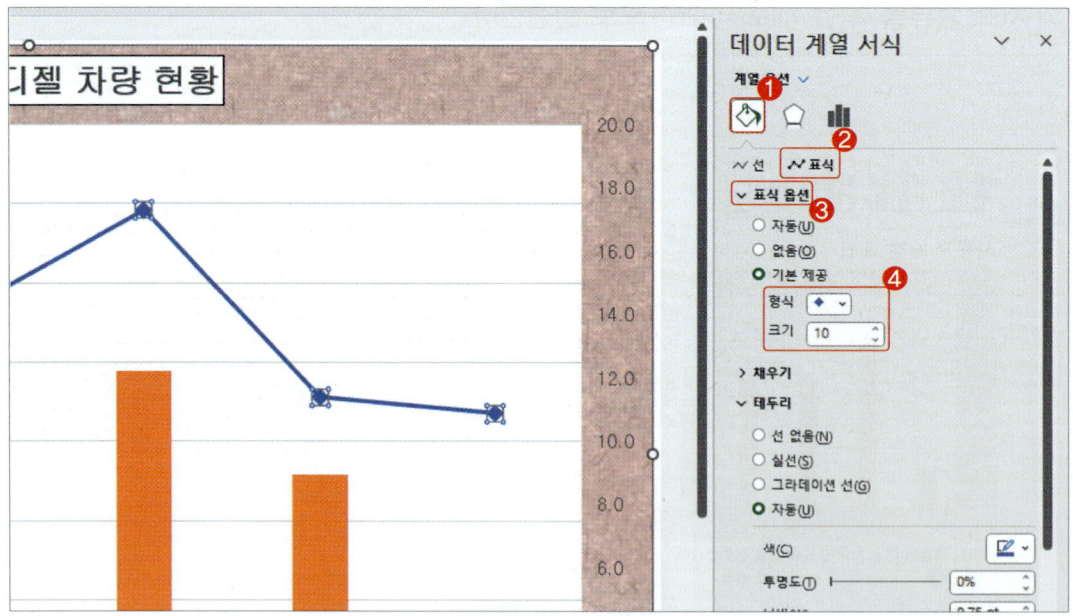

③ 연비(km/L) 계열의 'QM3' 요소만 두 번 클릭하여 선택한다.
   → [차트 요소 추가]( ) – [데이터 레이블]( ) – [위쪽]( )을 클릭한다.

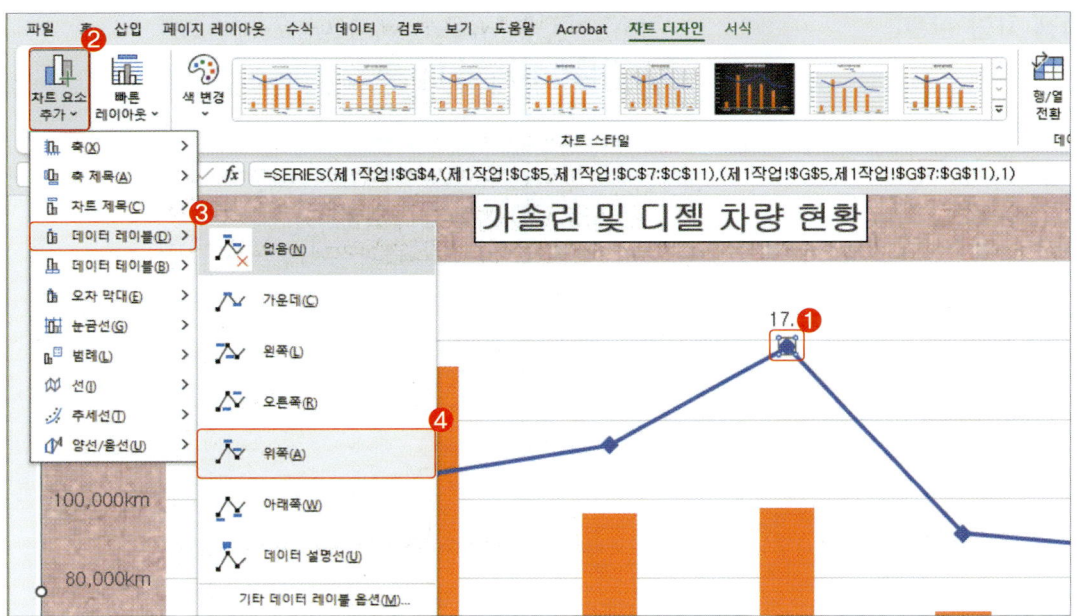

④ 주행기록 계열을 선택한다.
   → 마우스 오른쪽 클릭하고 [데이터 계열 서식]을 클릭한다.

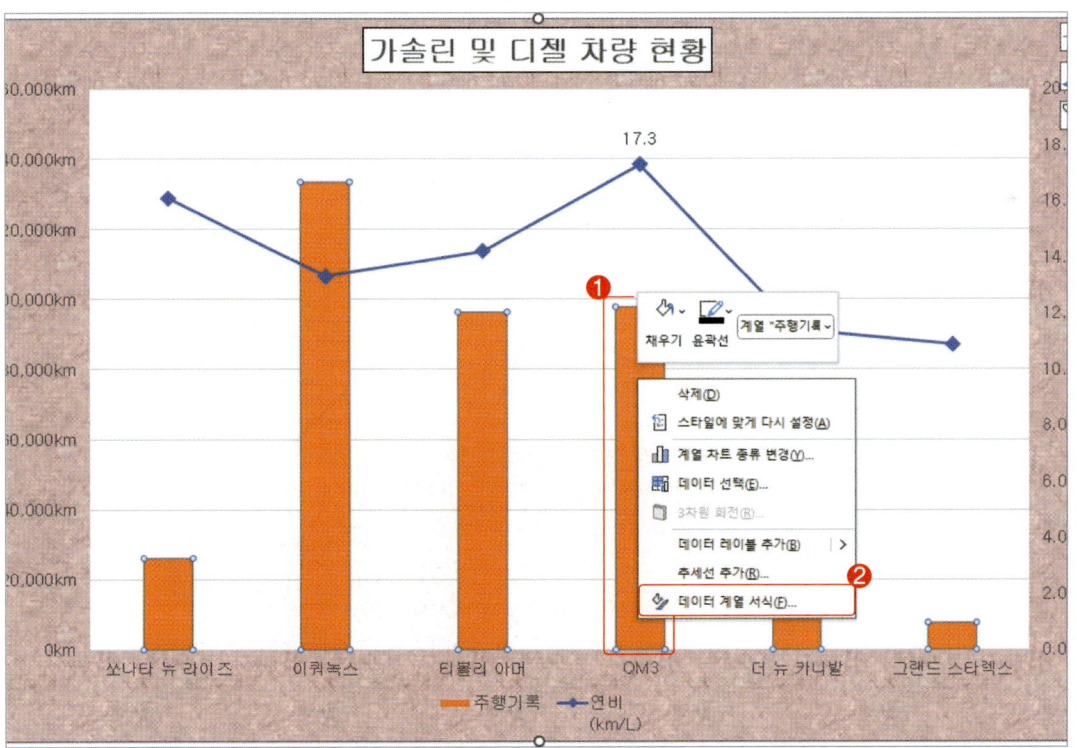

⑤ 간격 너비를 ≪출력형태≫를 참고하여 적당히 조절한다.

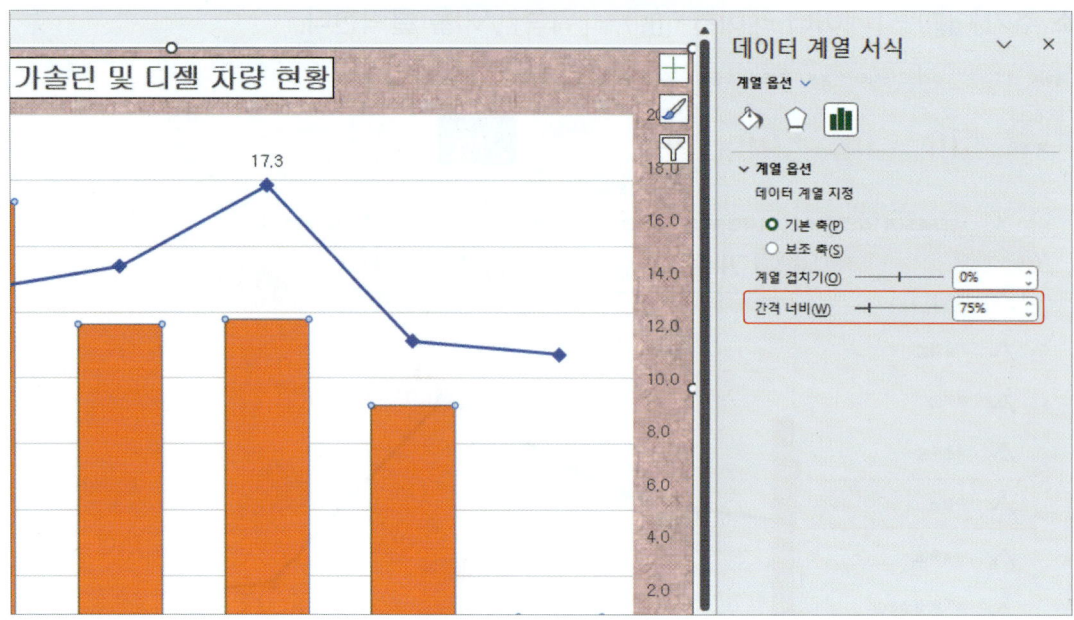

SECTION 05 서식 (눈금선)

① 눈금선을 선택하여 마우스 오른쪽 클릭하고 [눈금선 서식](📊)을 클릭한다.

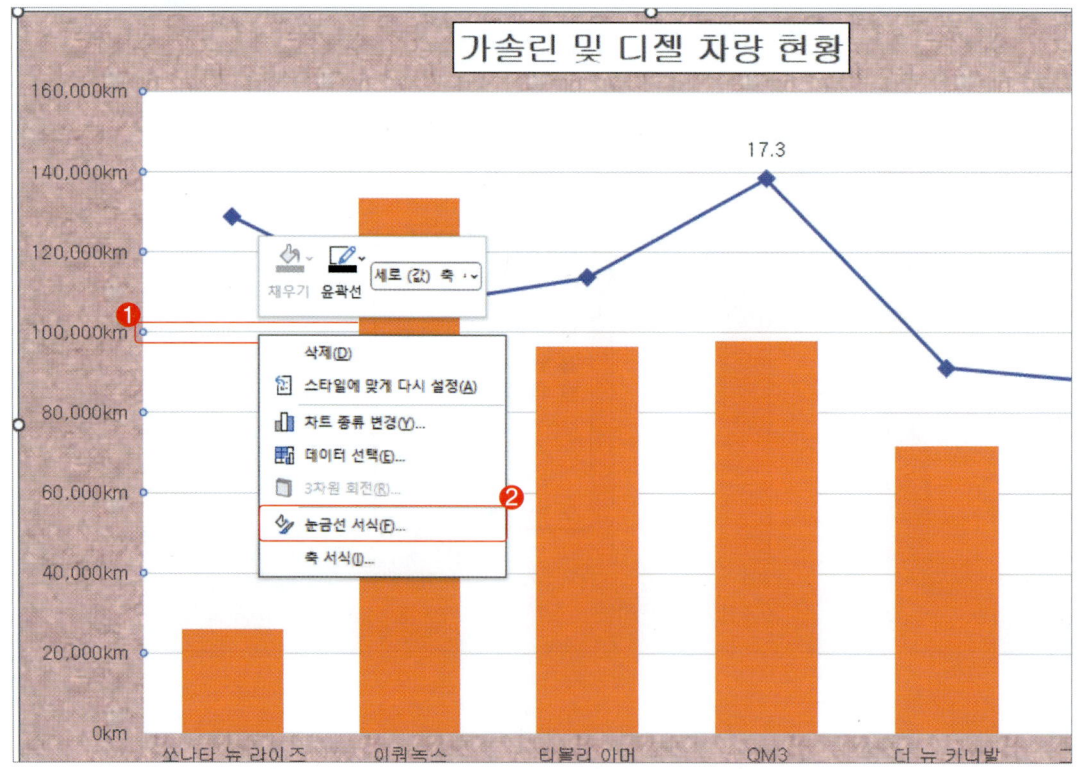

② [주 눈금선 서식] 사이드바에서 선 색 '검정', 대시 종류 '파선'을 설정한다.

> 📌 **기적의 TIP**
> 문제의 조건에서 선의 색을 지정하지 않았으므로 검정과 같이 적당히 구분되는 색을 설정한다.

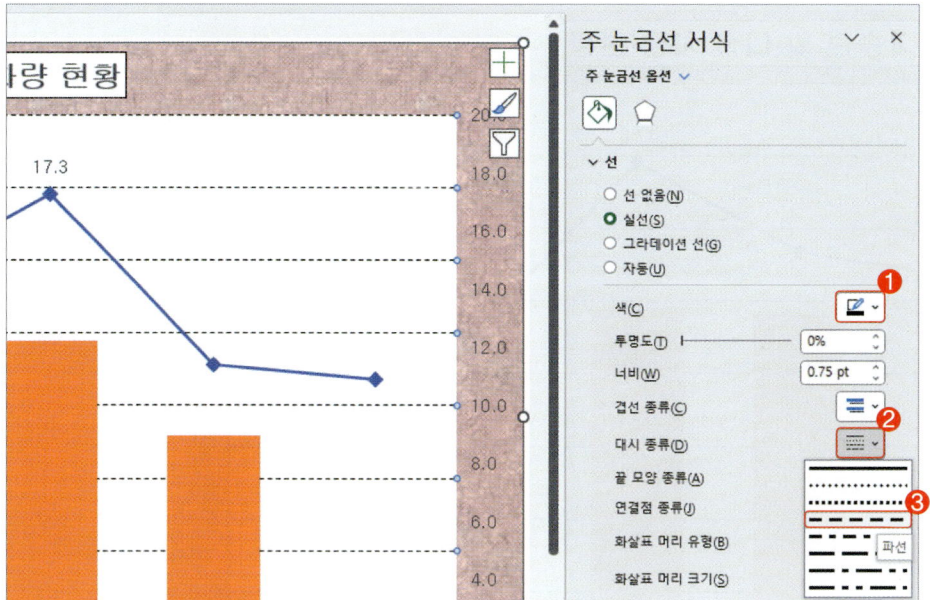

SECTION 06 　서식 (축, 데이터 계열)

① 세로 (값) 축을 클릭한다.
　→ [서식] 탭 – [도형 스타일] 그룹 – [도형 윤곽선](📝)을 클릭하고 '검정'을 설정한다.

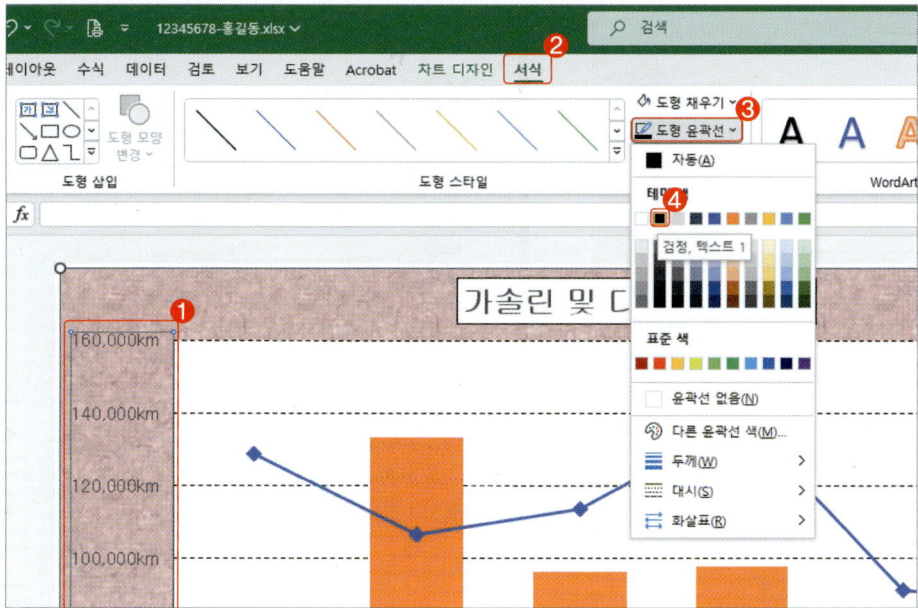

PART 02 ● 　179　 ● 대표 기출 따라하기 01회 해설

② 보조 세로 (값) 축과 가로 (항목) 축도 [도형 윤곽선](   )을 설정한다.

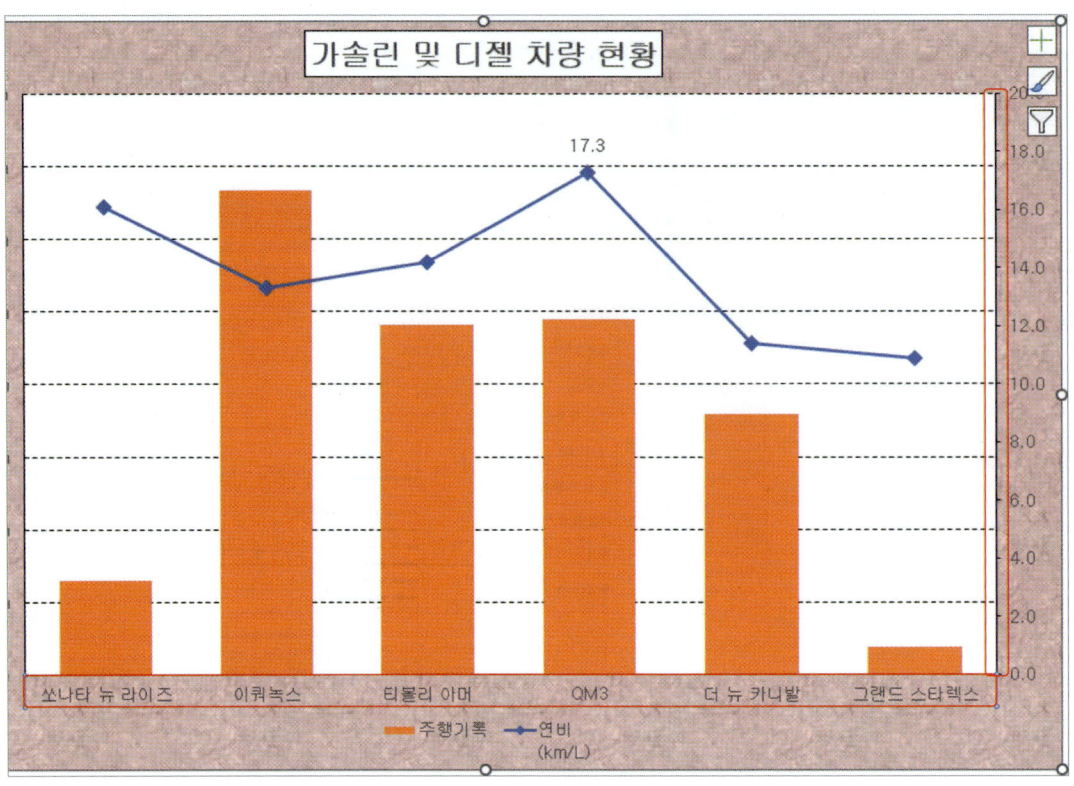

③ 보조 세로 (값) 축을 더블클릭하여 축 서식 사이드바를 연다.
　→ 축 옵션 – 단위 '기본'에 『5.0』을 입력한다.

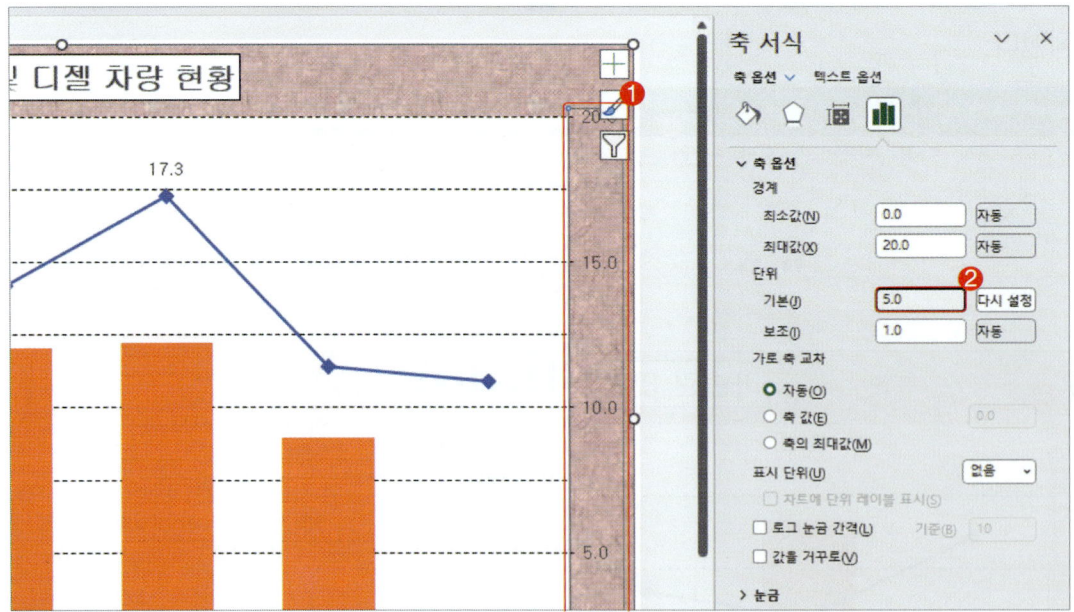

SECTION 07 　범례

① [차트 디자인] 탭 – [데이터] 그룹 – [데이터 선택](▦)을 클릭한다.

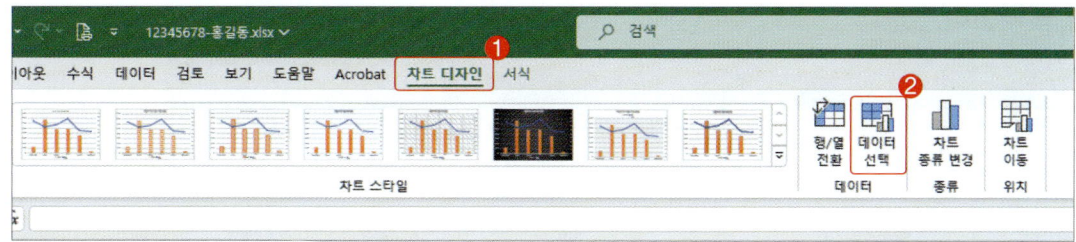

② [데이터 원본 선택] 대화상자에서 범례 항목(계열) '연비(km/L)'를 선택하고 [편집]을 클릭한다.

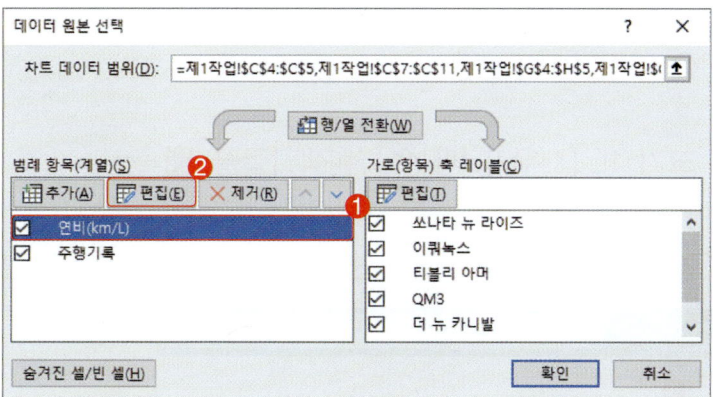

③ [계열 편집] 대화상자에서 계열 이름에 『연비(km/L)』를 입력하고 [확인]을 클릭한다.

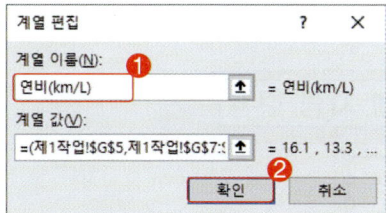

④ 다시 [데이터 원본 선택] 대화상자로 돌아오면 [확인]을 클릭한다.
　→ 범례의 연비(km/L)가 한 줄로 변경된 것을 확인한다.

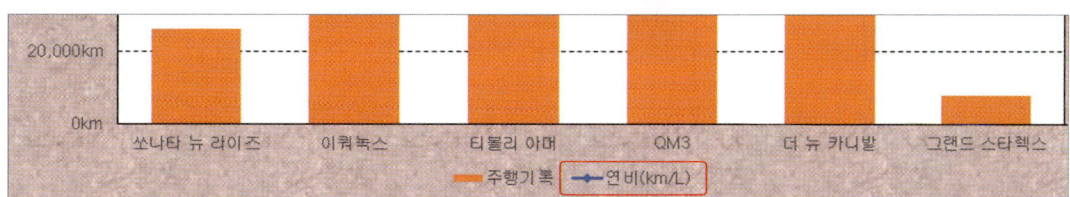

SECTION 08　도형

① [삽입] 탭 – [일러스트레이션] 그룹 – [도형]( )을 클릭하고 [말풍선: 모서리가 둥근 사각형]을 클릭한다.

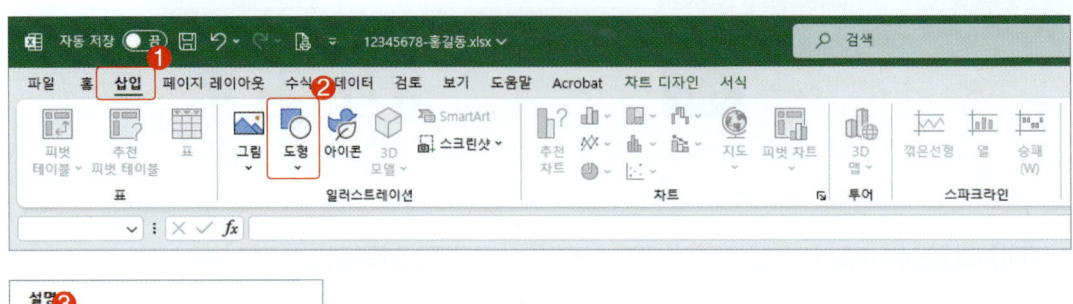

② 도형을 그리고 『최고 연비』를 입력한다.

→ [홈] 탭 – [글꼴] 그룹에서 글꼴 '굴림', 크기 '11', [채우기 색]( ) '흰색', [글꼴 색]
(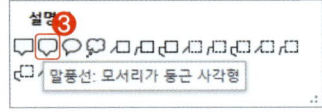) '검정'을 설정한다.

→ [맞춤] 그룹에서 가로와 세로 모두 [가운데 맞춤](,)을 클릭한다.

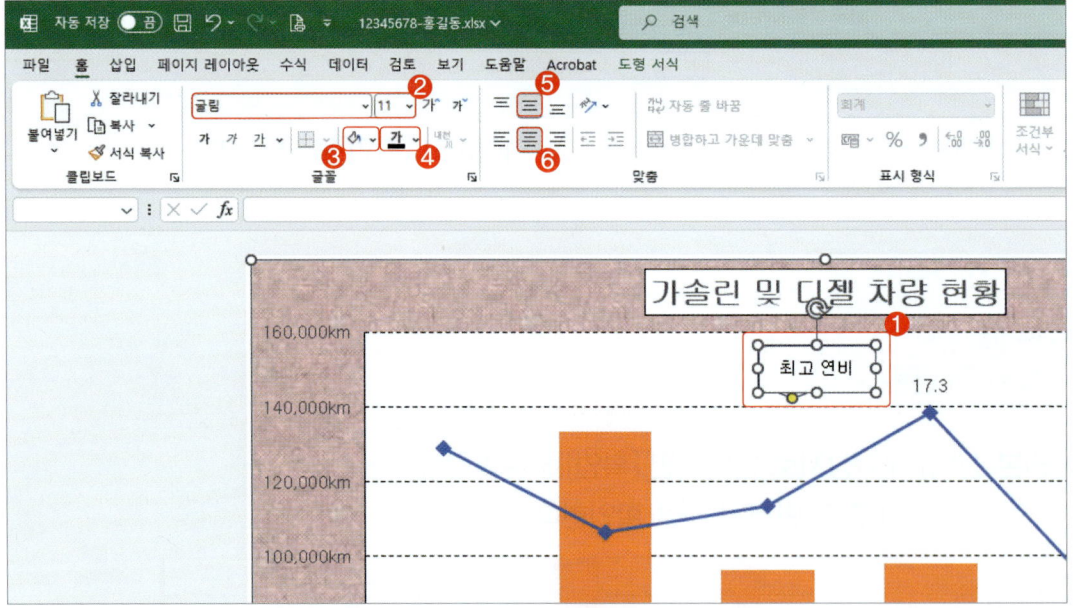

③ 노란색 조절점을 움직여 도형의 모양을 조절한다.

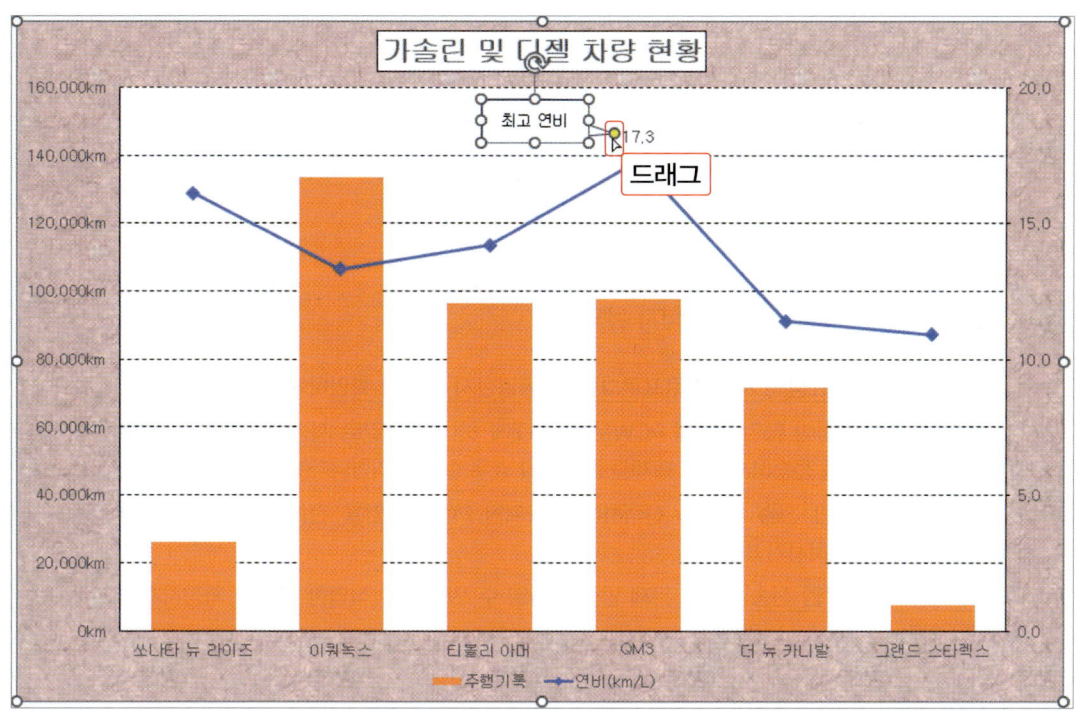

대표 기출 따라하기 02회 피벗 테이블 유형

과목	코드	문제유형	시험시간	수험번호	성명
한글엑셀	1122	A	60분		

수험자 유의사항

- 수험자는 문제지를 받는 즉시 문제지와 **수험표상의 시험과목(프로그램)이 동일한지 반드시 확인**하여야 합니다.
- 파일명은 본인의 "수험번호-성명"으로 입력하여 답안폴더(내 PC₩문서₩ITQ)에 하나의 파일로 저장해야 하며, 답안문서 파일명이 "수험번호-성명"과 일치하지 않거나, 답안파일을 전송하지 않아 미제출로 처리될 경우 실격 처리합니다(예: 12345678-홍길동.xlsx).
- 답안 작성을 마치면 파일을 저장하고, '답안 전송' 버튼을 선택하여 감독위원 PC로 답안을 전송하십시오. 수험생 정보와 저장한 파일명이 다를 경우 전송되지 않으므로 주의하시기 바랍니다.
- 답안 작성 중에도 **주기적으로 저장하고, '답안 전송'**하여야 문제 발생을 줄일 수 있습니다. 작업한 내용을 저장하지 않고 전송할 경우 이전에 저장된 내용이 전송되니 이점 유의하시기 바랍니다.
- 답안문서는 지정된 경로 외의 다른 보조기억장치에 저장하는 경우, 지정된 시험 시간 외에 작성된 파일을 활용할 경우, 기타 통신수단(이메일, 메신저, 네트워크 등)을 이용하여 타인에게 전달 또는 외부 반출하는 경우는 부정 처리합니다.
- 시험 중 부주의 또는 고의로 시스템을 파손한 경우는 수험자가 변상해야 하며, 〈수험자 유의사항〉에 기재된 방법대로 이행하지 않아 생기는 불이익은 수험생 당사자의 책임임을 알려 드립니다.
- 문제의 조건은 MS오피스 2021 버전으로 설정되어 있으며 MS오피스 2016은 【 】에 표기되어 있습니다. 이와 관련하여 작성한 답안의 출력형태가 문제지와 다를 수 있습니다.
- 시험을 완료한 수험자는 답안파일이 전송되었는지 확인한 후 감독위원의 지시에 따라 문제지를 제출하고 퇴실합니다.

답안 작성요령

- 온라인 답안 작성 절차
  수험자 등록 ⇒ 시험 시작 ⇒ 답안파일 저장 ⇒ 답안 전송 ⇒ 시험 종료
- 문제는 총 4단계, 즉 제1작업부터 제4작업까지 구성되어 있으며 반드시 제1작업부터 순서대로 작성하고 조건대로 작업하시오.
- 모든 작업시트의 A열은 열 너비 '1'로, 나머지 열은 적당하게 조절하시오.
- 모든 작업시트의 테두리는 ≪출력형태≫와 같이 작업하시오.
- 해당 작업란에서는 각각 제시된 조건에 따라 ≪출력형태≫와 같이 작업하시오.
- 답안 시트 이름은 "제1작업", "제2작업", "제3작업", "제4작업"이어야 하며 답안 시트 이외의 것은 감점 처리됩니다.
- 각 시트를 파일로 나누어 작업해서 저장할 경우 실격 처리됩니다.

제1작업 표 서식 작성 및 값 계산   240점

다음은 '프랜차이즈 창업 현황'에 대한 자료이다. 자료를 입력하고 조건에 맞도록 작업하시오.

출력형태

	A	B	C	D	E	F	G	H	I	J
1								결재	담당	부장	대표
2				프랜차이즈 창업 현황							
3											
4		코드	창업주	창업일	항목	창업비용(원)	인테리어 경비	국산재료 사용비율	지역	비고
5		K2661	한사랑	2023-01-15	핫도그	45,000,000	10,000	95.0%	(1)	(2)
6		K3968	홍준표	2023-02-01	떡갈비	50,000,000	15,000	80.0%	(1)	(2)
7		T1092	한예지	2023-01-10	핫도그	60,000,000	18,000	88.5%	(1)	(2)
8		K2154	이소영	2023-01-15	떡갈비	55,455,500	20,000	75.5%	(1)	(2)
9		P1514	임용균	2023-02-01	떡볶이	38,500,000	8,000	70.0%	(1)	(2)
10		P2603	임유나	2023-02-05	떡볶이	45,500,000	12,000	85.0%	(1)	(2)
11		T1536	조형준	2023-01-17	떡갈비	62,550,000	19,500	82.5%	(1)	(2)
12		K3843	김유진	2023-02-01	핫도그	40,000,000	9,500	92.5%	(1)	(2)
13		핫도그 창업 개수			(3)			최대 인테리어 경비		(5)
14		떡볶이 창업비용(원) 평균			(4)			코드	K2661	인테리어 경비	(6)

조건

- 모든 데이터의 서식에는 글꼴(굴림, 11pt), 정렬은 숫자 및 회계 서식은 오른쪽 정렬, 나머지 서식은 가운데 정렬로 작성하며 예외적인 것은 ≪출력형태≫를 참조하시오.
- 제목 ⇒ 도형(배지)과 그림자(오프셋 오른쪽 아래)를 이용하여 작성하고 "프랜차이즈 창업 현황"을 입력한 후 다음 서식을 적용하시오
  (글꼴 – 굴림, 24pt, 검정, 굵게, 채우기 – 노랑).
- 임의의 셀에 결재란을 작성하여 그림으로 복사 기능을 이용하여 붙이기 하시오(단, 원본 삭제).
- 「B4:J4, G14, I14」 영역은 '주황'으로 채우기 하시오.
- 유효성 검사를 이용하여 「H14」 셀에 코드(「B5:B12」 영역)가 선택 표시되도록 하시오.
- 셀 서식 ⇒ 「G5:G12」 영역에 셀 서식을 이용하여 숫자 뒤에 '천원'을 표시하시오
  (예 : 10,000천원).
- 「E5:E12」 영역에 대해 '항목'으로 이름정의를 하시오.

(1)~(6) 셀은 반드시 <u>주어진 함수를 이용하여</u> 값을 구하시오(결과값을 직접 입력하면 해당 셀은 0점 처리됨).

(1) 지역 ⇒ 코드의 두 번째 값이 1이면 '안산', 2이면 '부천', 3이면 '안양'으로 표시하시오(CHOOSE, MID 함수).
(2) 비고 ⇒ 국산재료 사용비율의 내림차순 순위를 구하시오(RANK.EQ 함수).
(3) 핫도그 창업 개수 ⇒ 결과값에 '개'를 붙이시오. 단, 조건은 입력데이터를 이용하시오
  (DCOUNTA 함수, & 연산자)(예 : 1개).
(4) 떡볶이 창업비용(원) 평균 ⇒ 정의된 이름(항목)을 이용하여 구하시오(SUMIF, COUNTIF 함수).
(5) 최대 인테리어 경비 ⇒ (MAX 함수)
(6) 인테리어 경비 ⇒ 「H14」 셀에서 선택한 코드에 대한 인테리어 경비를 구하시오(VLOOKUP 함수).
(7) 조건부 서식의 수식을 이용하여 창업비용(원)이 '60,000,000' 이상인 행 전체에 다음의 서식을 적용하시오
  (글꼴 : 파랑, 굵게).

제 2 작업 | 필터 및 서식 | 80점

"제1작업" 시트의 「B4:H12」 영역을 복사하여 "제2작업" 시트의 「B2」 셀부터 모두 붙여넣기를 한 후 다음의 조건과 같이 작업하시오.

조건	(1) 고급 필터 – 코드가 'T'로 시작하거나, 인테리어 경비가 '10,000' 이하인 자료의 코드, 항목, 창업비용(원), 인테리어 경비 데이터만 추출하시오. 　　　　– 조건 범위 : 「B14」 셀부터 입력하시오. 　　　　– 복사 위치 : 「B18」 셀부터 나타나도록 하시오. (2) 표 서식 – 고급필터의 결과셀을 채우기 없음으로 설정한 후 '표 스타일 보통 6'의 서식을 적용하시오. 　　　　– 머리글 행, 줄무늬 행을 적용하시오.

제 3 작업 | 피벗 테이블 | 80점

"제1작업" 시트를 이용하여 "제3작업" 시트에 조건에 따라 ≪출력형태≫와 같이 작업하시오.

조건	(1) 창업비용(원) 및 항목의 코드의 개수와 인테리어 경비의 평균을 구하시오. (2) 창업비용(원)을 그룹화하고, 항목을 ≪출력형태≫와 같이 정렬하시오. (3) 레이블이 있는 셀 병합 및 가운데 맞춤 적용 및 빈 셀은 '**'로 표시하시오. (4) 행의 총합계는 지우고, 나머지 사항은 ≪출력형태≫에 맞게 작성하시오.
출력형태	

▲	A	B	C	D	E	F	G	H
1								
2			항목 ↓					
3				핫도그		떡볶이		떡갈비
4		창업비용(원) ▼	개수 : 코드	평균 : 인테리어 경비	개수 : 코드	평균 : 인테리어 경비	개수 : 코드	평균 : 인테리어 경비
5		30000001-45000000	2	9,750	1	8,000	**	**
6		45000001-60000000	1	18,000	1	12,000	2	17,500
7		60000001-75000000	**	**	**	**	1	19,500
8		총합계	3	12,500	2	10,000	3	18,167

제 4 작업   그래프   100점

"제1작업" 시트를 이용하여 조건에 따라 ≪출력형태≫와 같이 작업하시오.

조건

(1) 차트 종류 ⇒ 〈묶은 세로 막대형〉으로 작업하시오.
(2) 데이터 범위 ⇒ "제1작업" 시트의 내용을 이용하여 작업하시오.
(3) 위치 ⇒ "새 시트"로 이동하고, "제4작업"으로 시트 이름을 바꾸시오.
(4) 차트 디자인 도구 ⇒ 레이아웃 3, 스타일 1을 선택하여 ≪출력형태≫에 맞게 작업하시오.
(5) 영역 서식 ⇒ 차트 : 글꼴(굴림, 11pt), 채우기 효과(질감 – 파랑 박엽지)
                그림 : 채우기(흰색, 배경1)
(6) 제목 서식 ⇒ 차트 제목 : 글꼴(굴림, 굵게, 20pt), 채우기(흰색, 배경1), 테두리
(7) 서식 ⇒ 창업비용(원) 계열의 차트 종류를 〈표식이 있는 꺾은선형〉으로 변경한 후 보조 축으로 지정하시오.
        계열 : ≪출력형태≫를 참조하여 표식(네모, 크기 10)과 레이블 값을 표시하시오.
        눈금선 : 선 스타일 – 파선
        축 : ≪출력형태≫를 참조하시오.
(8) 범례 ⇒ 범례명을 변경하고 ≪출력형태≫를 참조하시오.
(9) 도형 ⇒ '타원형 설명선'을 삽입한 후 ≪출력형태≫와 같이 내용을 입력하시오.
(10) 나머지 사항은 ≪출력형태≫에 맞게 작성하시오.

출력형태

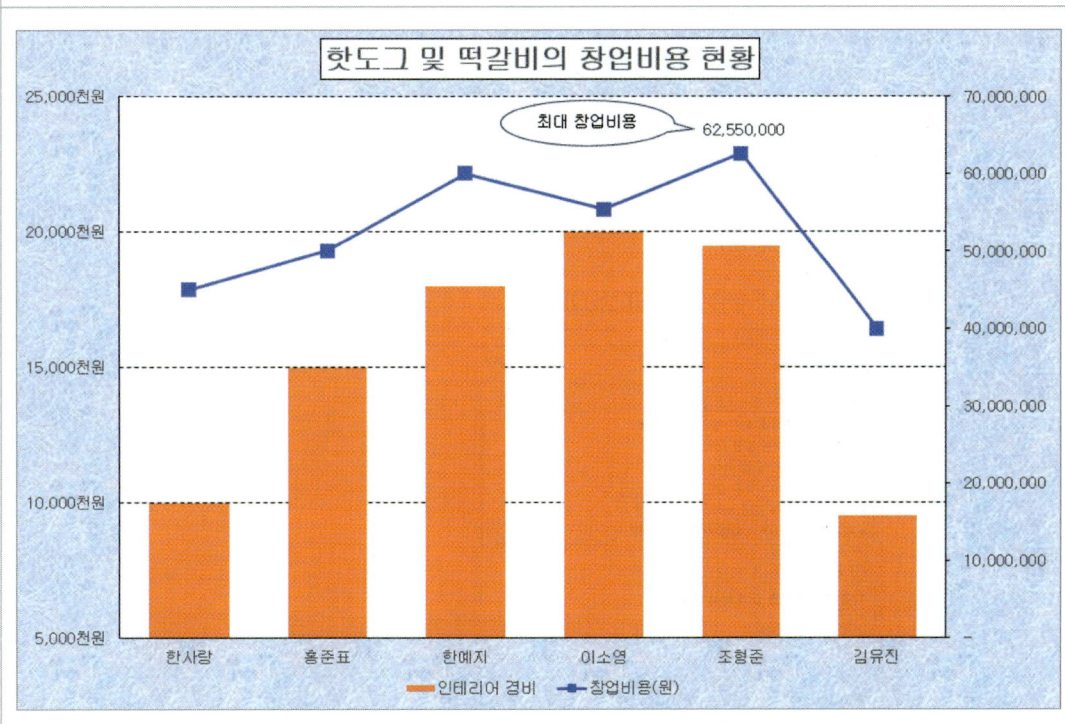

주의 시트명 순서가 차례대로 "제1작업", "제2작업", "제3작업", "제4작업"이 되도록 할 것

대표 기출 따라하기 02회 정답

정답파일 PART 02 대표 기출 따라하기₩대표기출02회_정답.xlsx

제1작업 표 서식 작성 및 값 계산 240점

번호	기준셀	수식
(1)	I5	=CHOOSE(MID(B5,2,1),"안산","부천","안양")
(2)	J5	=RANK.EQ(H5,$H$5:$H$12)
(3)	E13	=DCOUNTA(B4:H12,4,E4:E5)&"개"
(4)	E14	=SUMIF(항목,"떡볶이",F5:F12)/COUNTIF(항목,"떡볶이")
(5)	J13	=MAX(G5:G12)
(6)	J14	=VLOOKUP(H14,B5:G12,6,0)
(7)	B5:J12	=$F5>=60000000

제 2 작업 | 필터 및 서식 | 80점

	A	B	C	D	E	F	G	H
1								
2		코드	창업주	창업일	항목	창업비용(원)	인테리어 경비	국산재료 사용비율
3		K2661	한사랑	2023-01-15	핫도그	45,000,000	10,000천원	95.0%
4		K3968	홍준표	2023-02-01	떡갈비	50,000,000	15,000천원	80.0%
5		T1092	한예지	2023-01-10	핫도그	60,000,000	18,000천원	88.5%
6		K2154	이소영	2023-01-15	떡갈비	55,455,500	20,000천원	75.5%
7		P1514	임용균	2023-02-01	떡볶이	38,500,000	8,000천원	70.0%
8		P2603	임유나	2023-02-05	떡볶이	45,500,000	12,000천원	85.0%
9		T1536	조형준	2023-01-17	떡갈비	62,550,000	19,500천원	82.5%
10		K3843	김유진	2023-02-01	핫도그	40,000,000	9,500천원	92.5%
11								
12								
13								
14		코드	인테리어 경비					
15		T*						
16			<=10000					
17								
18		코드	항목	창업비용(원)	인테리어 경비			
19		K2661	핫도그	45,000,000	10,000천원			
20		T1092	핫도그	60,000,000	18,000천원			
21		P1514	떡볶이	38,500,000	8,000천원			
22		T1536	떡갈비	62,550,000	19,500천원			
23		K3843	핫도그	40,000,000	9,500천원			

제 3 작업 | 피벗 테이블 | 80점

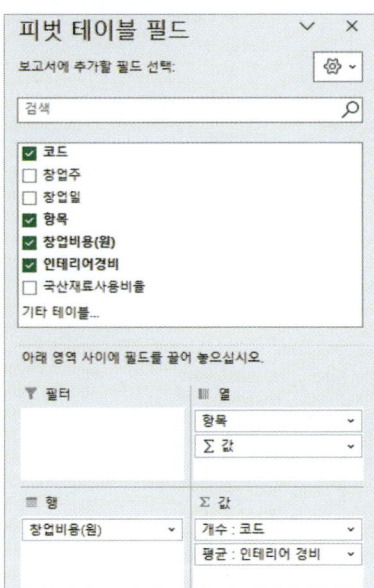

제 4 작업 | 그래프 | 100점

≪출력형태≫를 참고

대표 기출 따라하기 02회 해설

정답파일 PART 02 대표 기출 따라하기₩대표기출02회_정답.xlsx

제1작업 표 서식 작성 및 값 계산   240점

제1작업은 표를 작성하고 조건에 따른 서식 변환 및 함수 사용 능력을 평가한다.
제1작업 데이터를 기반으로 다른 작업들이 이어지므로 정확히 작성하도록 한다.

SECTION 01 데이터 입력, 셀 서식, 테두리, 정렬

① 본 도서 [PART 01 – CHAPTER 01]의 답안 작성요령을 참고하여 글꼴 '굴림', 크기 '11'로 하고, 작업시트를 설정한다.
→ "수험번호-성명.xlsx"으로 저장한다.

② "제1작업" 시트에 ≪출력형태≫의 내용을 입력한다.

	A	B	C	D	E	F	G	H	I	J
1										
2										
3										
4		코드	창업주	창업일	항목	창업비용(원)	인테리어 경비	국산재료 사용비율	지역	비고
5		K2661	한사랑	2023-01-15	핫도그	45000000	10000	95.00%		
6		K3968	홍준표	2023-02-01	떡갈비	50000000	15000	80.00%		
7		T1092	한예지	2023-01-10	떡갈비	60000000	18000	88.50%		
8		K2154	이소영	2023-01-15	떡갈비	55455500	20000	75.50%		
9		P1514	임용균	2023-02-01	떡볶이	38500000	8000	70.00%		
10		P2603	임유나	2023-02-05	떡볶이	45500000	12000	85.00%		
11		T1536	조형준	2023-01-17	떡갈비	62550000	19500	82.50%		
12		K3843	김유진	2023-02-01	핫도그	40000000	9500	92.50%		
13		핫도그 창업 개수					최대 인테리어 경비			
14		떡볶이 창업비용(원) 평균					코드		인테리어 경비	

기적의 TIP

숫자 뒤에 %를 입력하면 자동으로 서식이 백분율 형태가 된다.

③ '국산재료 사용비율'에 대한 셀 서식을 지정하기 위해 「H5:H12」 영역을 블록 설정한다.
　→ 마우스 오른쪽 클릭하여 [셀 서식](　)을 클릭한다.
　→ [셀 서식] 대화상자 – [표시 형식] 탭에서 범주 '백분율', 소수 자릿수 '1'을 설정한다.

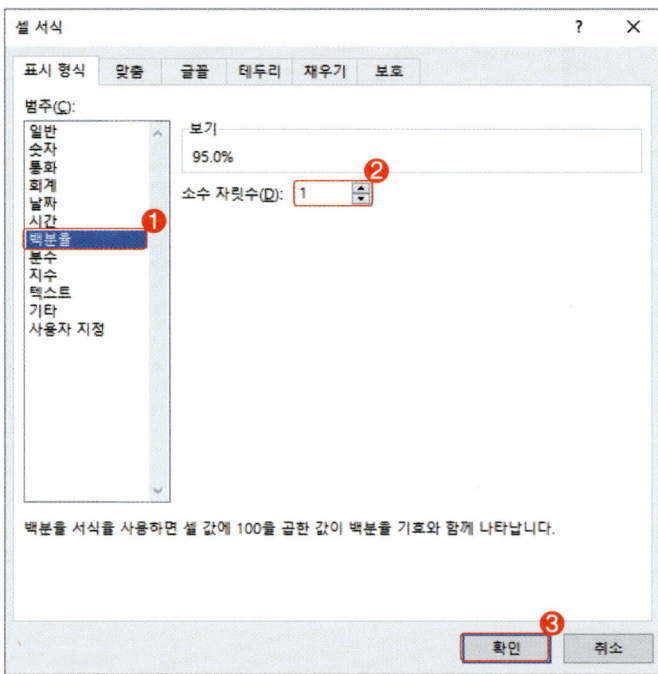

④ '인테리어 경비'가 입력된 「G5:G12」 영역을 블록 설정 후 [셀 서식](　)을 연다.
　→ [셀 서식] 대화상자 – [표시 형식] 탭에서 범주 '사용자 지정', 형식 '#,##0'을 선택한다.
　→ 『"천원"』을 추가로 입력한 후 [확인]을 클릭한다.

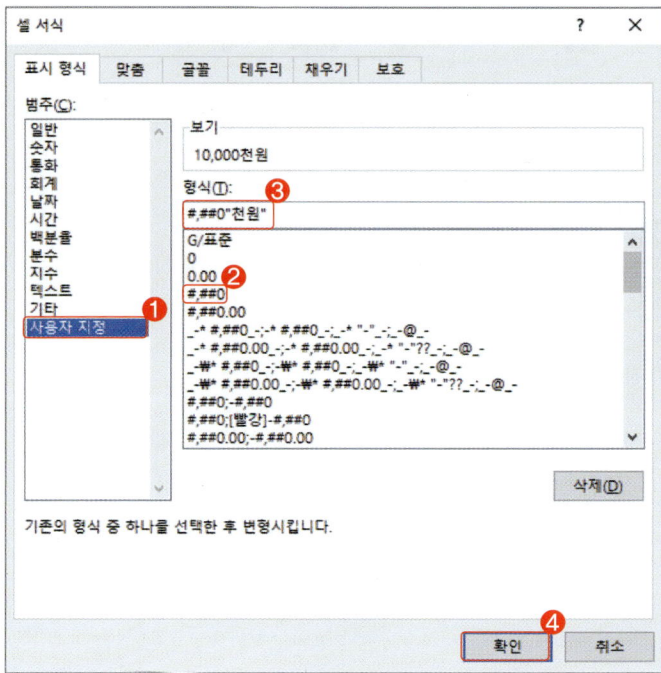

⑤ '창업비용(원)'이 입력된 「F5:F12」 영역을 블록 설정 후 [셀 서식]( )을 연다.
   → [셀 서식] 대화상자 – [표시 형식] 탭에서 범주 '회계', 기호 '없음'을 설정한다.

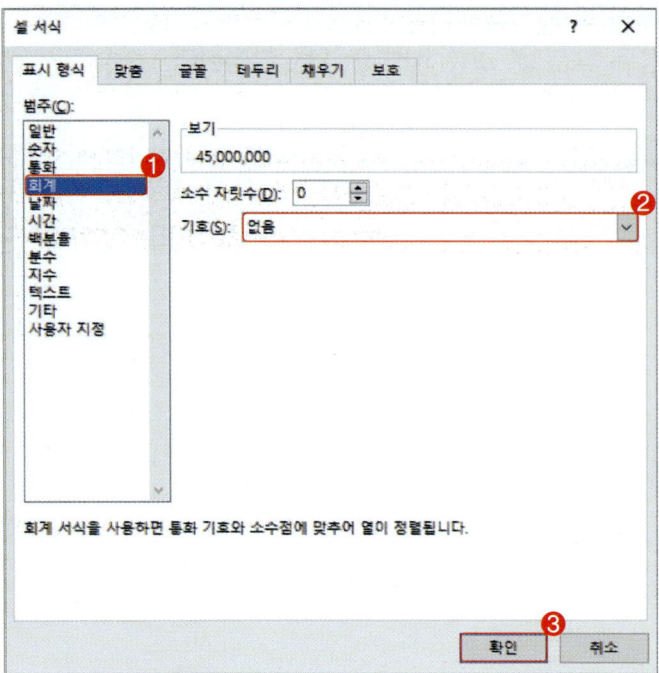

⑥ 「B13:D13」 영역을 마우스 드래그하여 블록 설정한다.
   → Ctrl 을 누른 채 「B14:D14」, 「F13:F14」, 「G13:I13」 영역을 각각 블록 설정한다.
   → [홈] 탭 – [맞춤] 그룹 – [병합하고 가운데 맞춤]( )을 클릭한다.

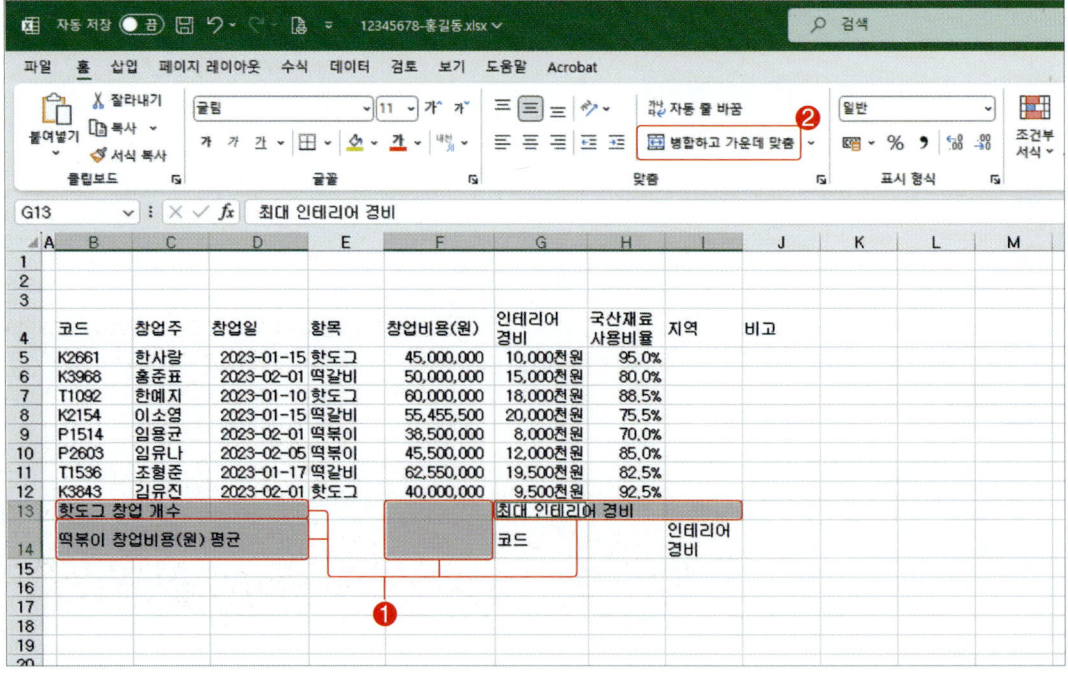

⑦ 「B4:J4」 영역을 블록 설정한다.
　→ Ctrl 을 누른 채 「B5:J12」, 「B13:J14」 영역을 각각 블록 설정한다.
　→ [홈] 탭 – [글꼴] 그룹 – [테두리]에서 [모든 테두리](⊞), [굵은 바깥쪽 테두리](▢)
　　를 클릭한다.

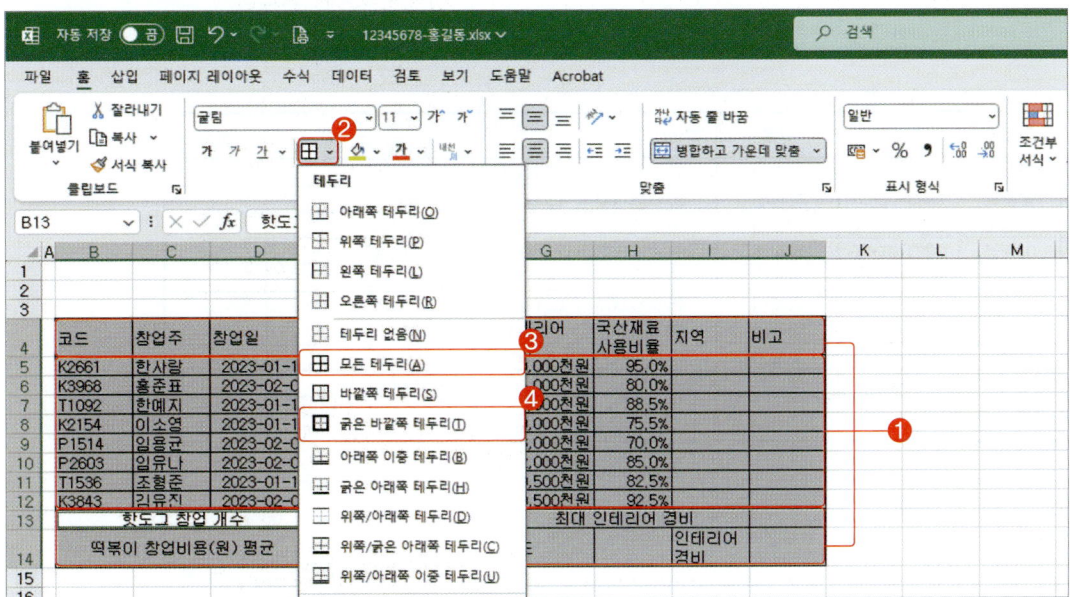

⑧ 「F13:F14」 영역을 클릭한다.
　→ [테두리]에서 [다른 테두리](⊞)를 클릭하면 [셀 서식] 대화상자가 나타난다.

⑨ 선 스타일에서 [가는 실선](━━)을 클릭한다.
　→ 두 개의 [대각선](◿)(◺)을 각각 클릭하고 [확인]을 클릭한다.

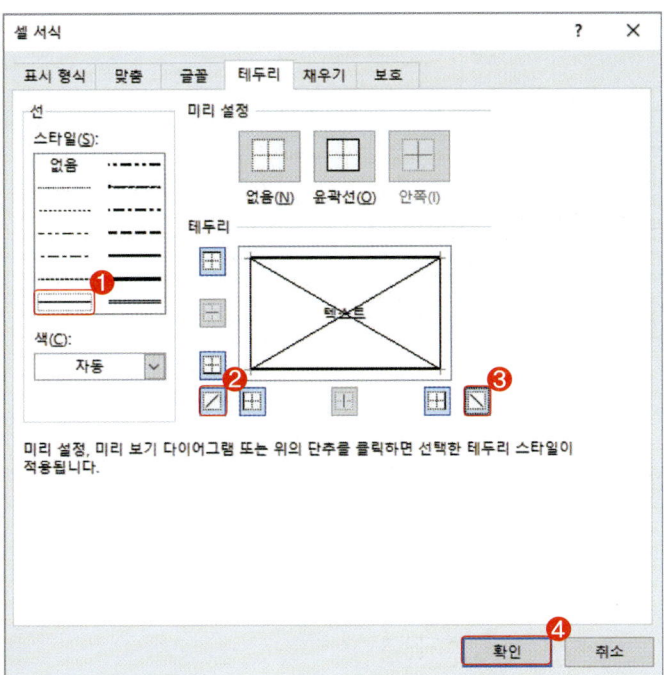

⑩ 행과 열의 머리글 경계선(🔃)(✢)을 마우스 드래그하여 행 높이와 열 너비를 조절한다.
→ 숫자 영역은 [홈] 탭 – [맞춤] 그룹 – [오른쪽 맞춤](≡), 나머지는 [가운데 맞춤](≡)을 설정한다.

	A	B	C	D	E	F	G	H	I	J
1										
2										
3										
4		코드	창업주	창업일	항목	창업비용(원)	인테리어 경비	국산재료 사용비율	지역	비고
5		K2661	한사랑	2023-01-15	핫도그	45,000,000	10,000천원	95.0%		
6		K3968	홍준표	2023-02-01	떡갈비	50,000,000	15,000천원	80.0%		
7		T1092	한예지	2023-01-10	핫도그	60,000,000	18,000천원	88.5%		
8		K2154	이소영	2023-01-15	떡갈비	55,455,500	20,000천원	75.5%		
9		P1514	임용균	2023-02-01	떡볶이	38,500,000	8,000천원	70.0%		
10		P2603	임유나	2023-02-05	떡볶이	45,500,000	12,000천원	85.0%		
11		T1536	조형준	2023-01-17	떡갈비	62,550,000	19,500천원	82.5%		
12		K3843	김유진	2023-02-01	핫도그	40,000,000	9,500천원	92.5%		
13		핫도그 창업 개수					최대 인테리어 경비			
14		떡볶이 창업비용(원) 평균					코드		인테리어 경비	

⑪ 「B4:J4」, 「G14」, 「I14」 셀에 [홈] 탭 – [글꼴] 그룹 – [채우기 색](🎨▾)에서 '주황'을 설정한다.

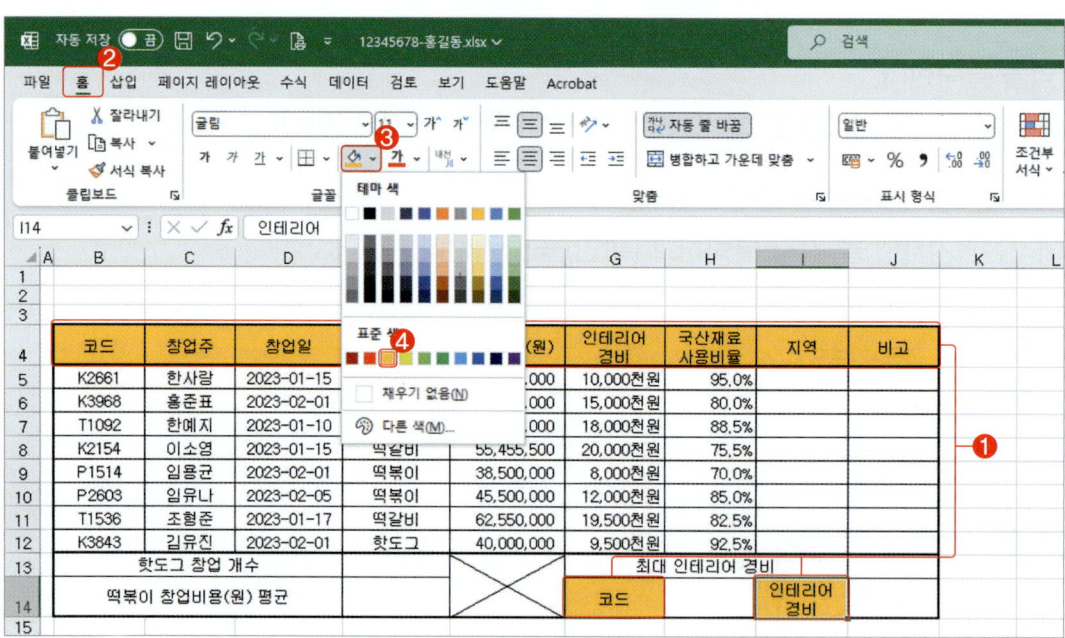

SECTION 02 제목 작성

① 출력형태를 참고하여 도형이 들어갈 1~3행 높이를 적당히 조절한다.

② [삽입] 탭 – [일러스트레이션] 그룹 – [도형](🔾)을 클릭하고 [기본 도형] – [배지]를 클릭한다.

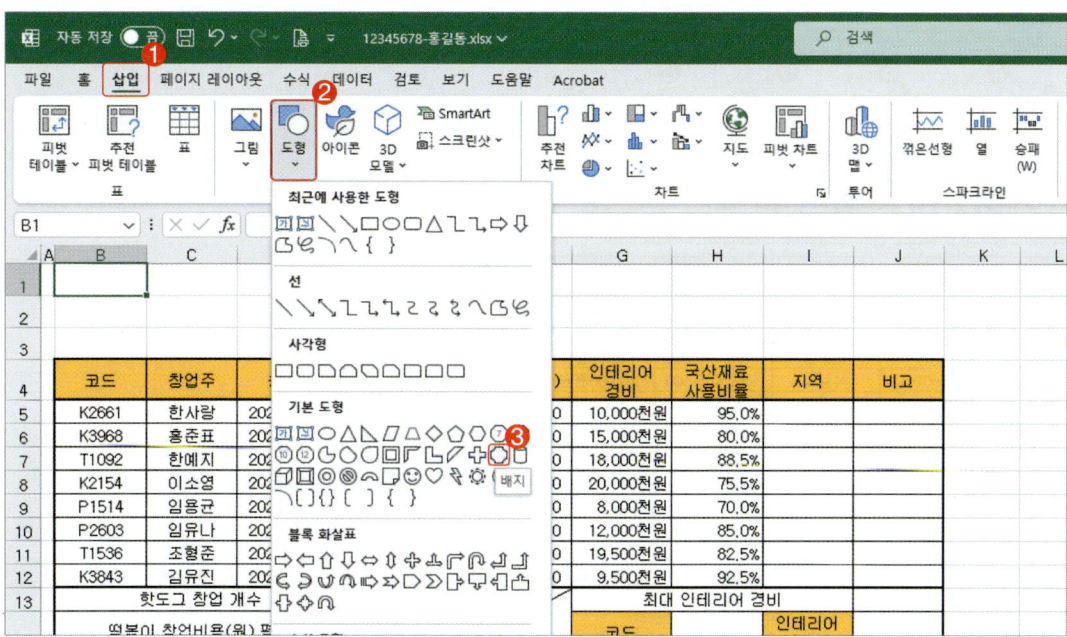

③ 마우스 포인터 모양이 +가 된 상태에서 「B1」 셀부터 「G3」 셀까지 드래그하여 도형을 그린다.

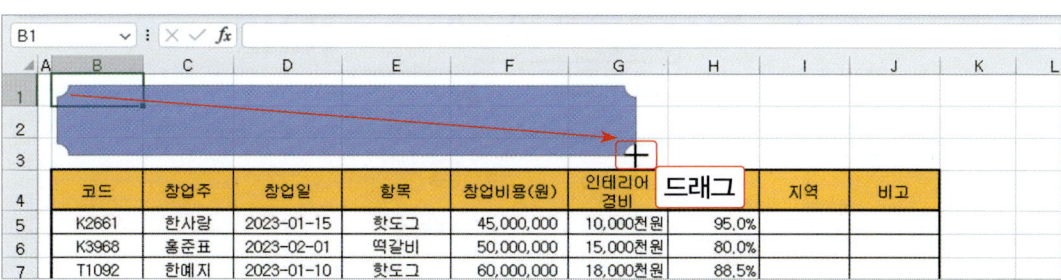

④ 도형에 『프랜차이즈 창업 현황』을 입력한다.

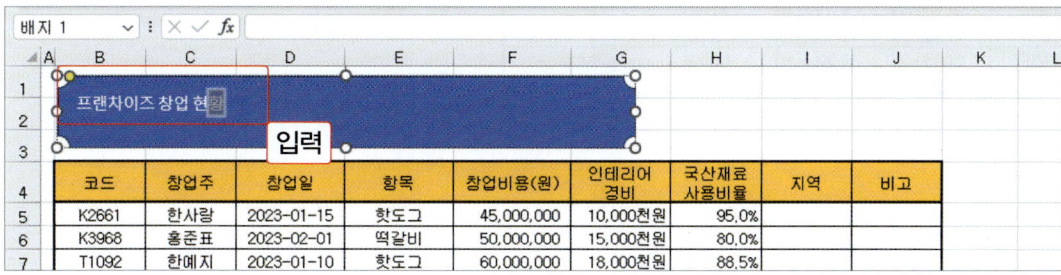

⑤ 도형의 배경색 부분을 클릭한다.
  → [홈] 탭 – [글꼴] 그룹에서 글꼴 '굴림', 크기 '24', [굵게], [채우기 색](🪣) '노랑', [글꼴 색](가) '검정'을 설정한다.
  → [맞춤] 그룹에서 가로와 세로 모두 [가운데 맞춤](≡, ≡)을 클릭한다.

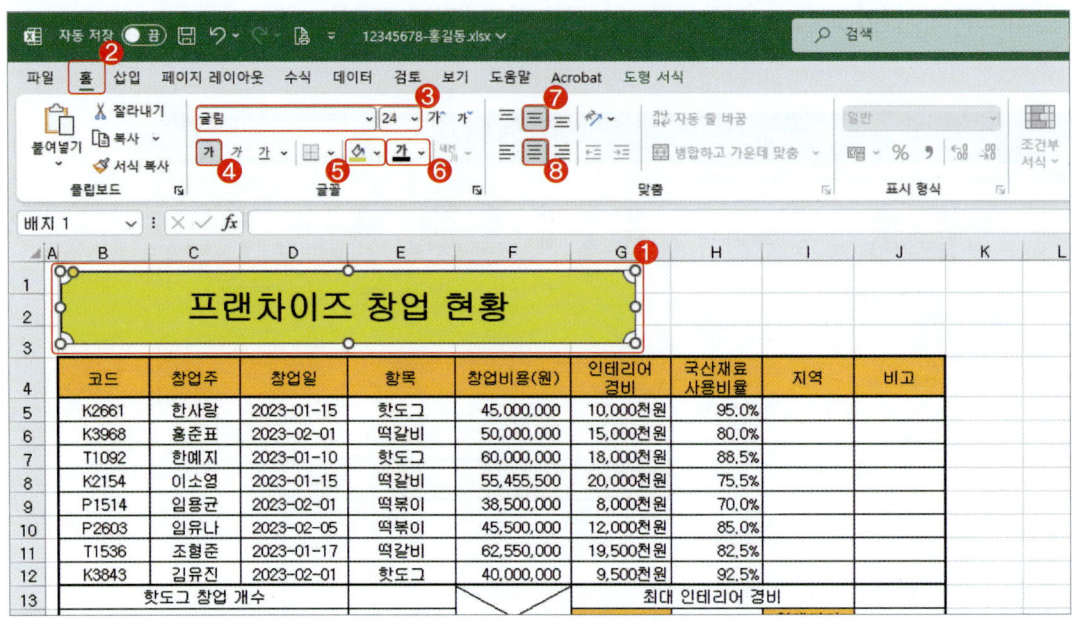

⑥ [도형 서식] 탭 – [도형 스타일] 그룹 – [도형 효과](🔲)를 클릭하고 [그림자] – [오프셋: 오른쪽 아래]를 클릭한다.

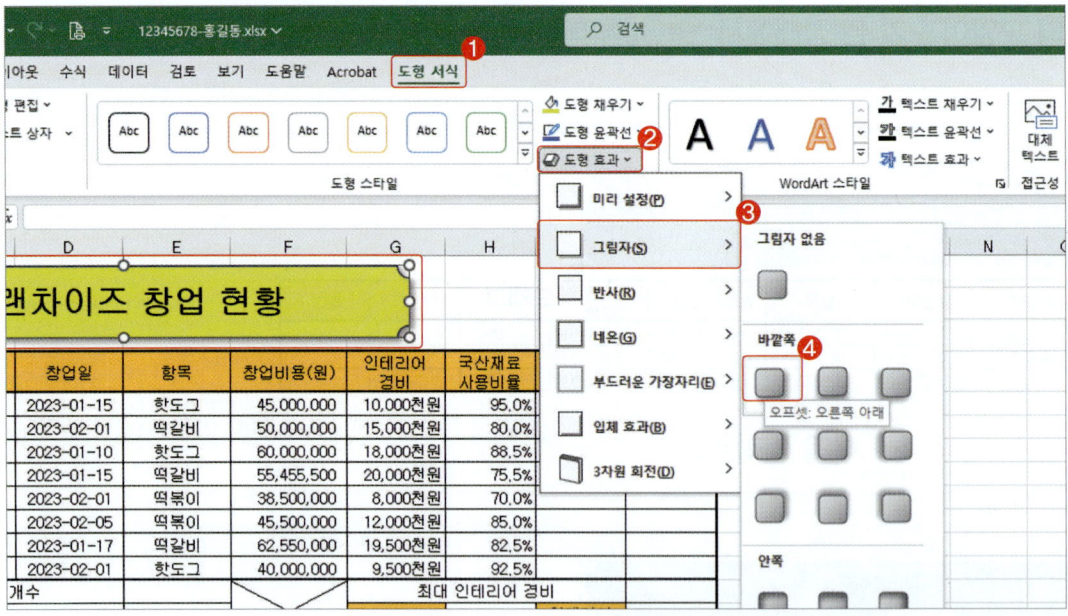

SECTION 03 결재란 작성(그림으로 복사)

① 결재란은 앞에 작성한 내용과 행이나 열이 겹치지 않는 셀에서 작성한다. 여기서는 「L16」 셀에서 작성한다.

② 『결재』가 입력될 두 개의 셀을 블록 설정한다.
→ [홈] 탭 – [맞춤] 그룹 – [병합하고 가운데 맞춤](🔲)을 클릭한다.

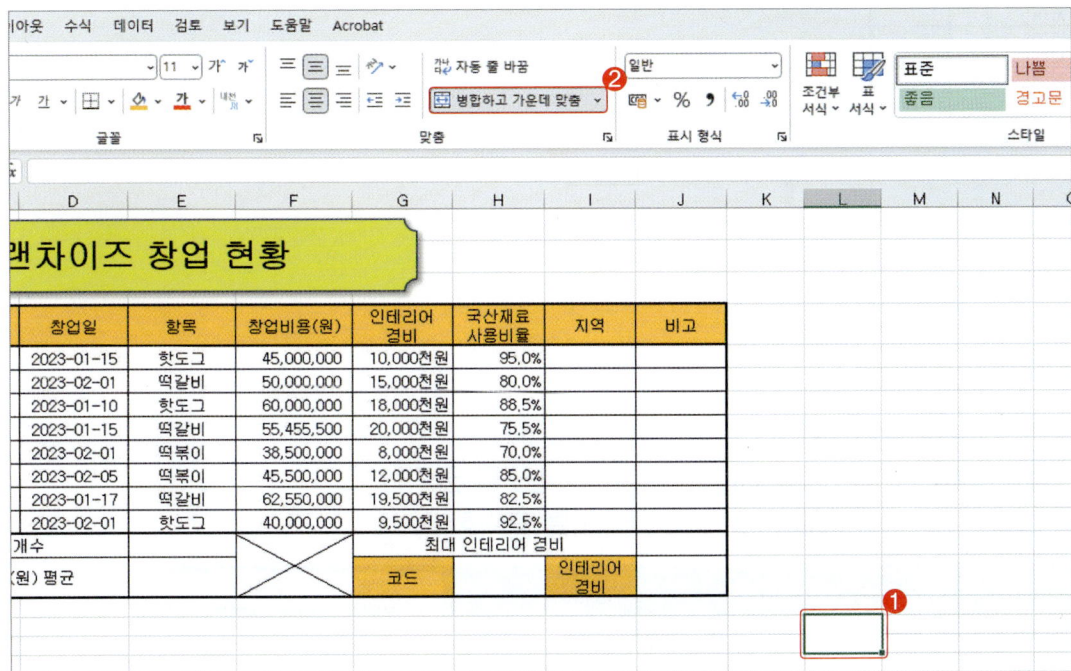

③ 『결재』를 입력한다.
→ [홈] 탭 – [맞춤] 그룹 – [방향](🔖)을 클릭하고 [세로 쓰기](🔖)를 클릭한다.

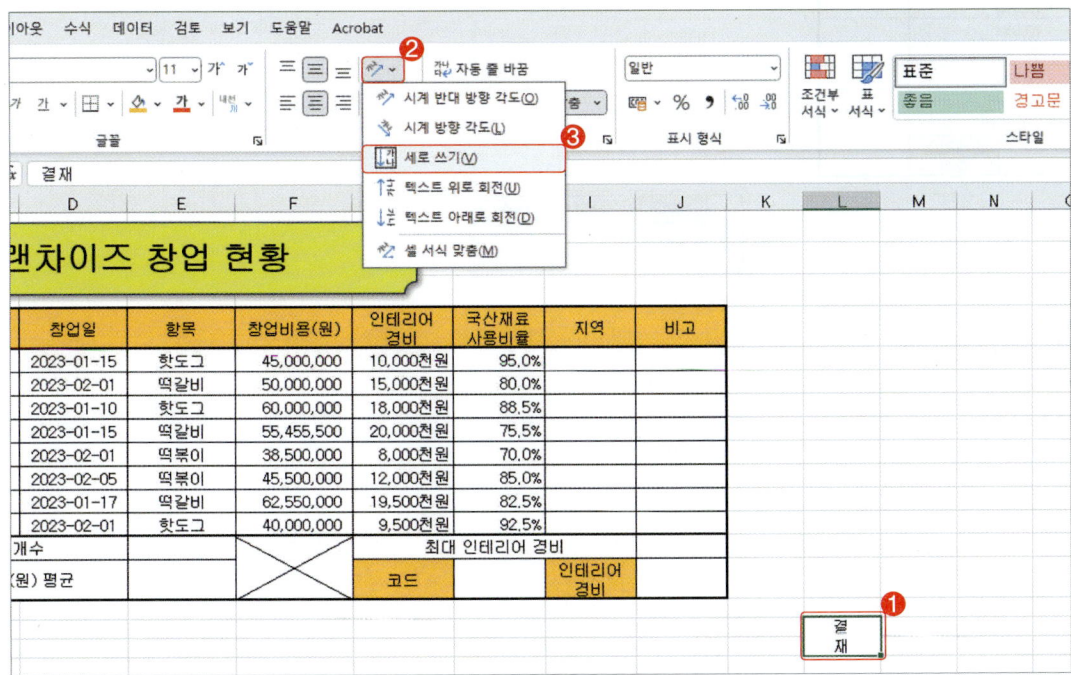

④ 텍스트를 모두 입력하고 행 높이와 열 너비를 조절한다.
   → [홈] 탭 – [맞춤] 그룹 – [가운데 맞춤](≡)을 클릭한다.

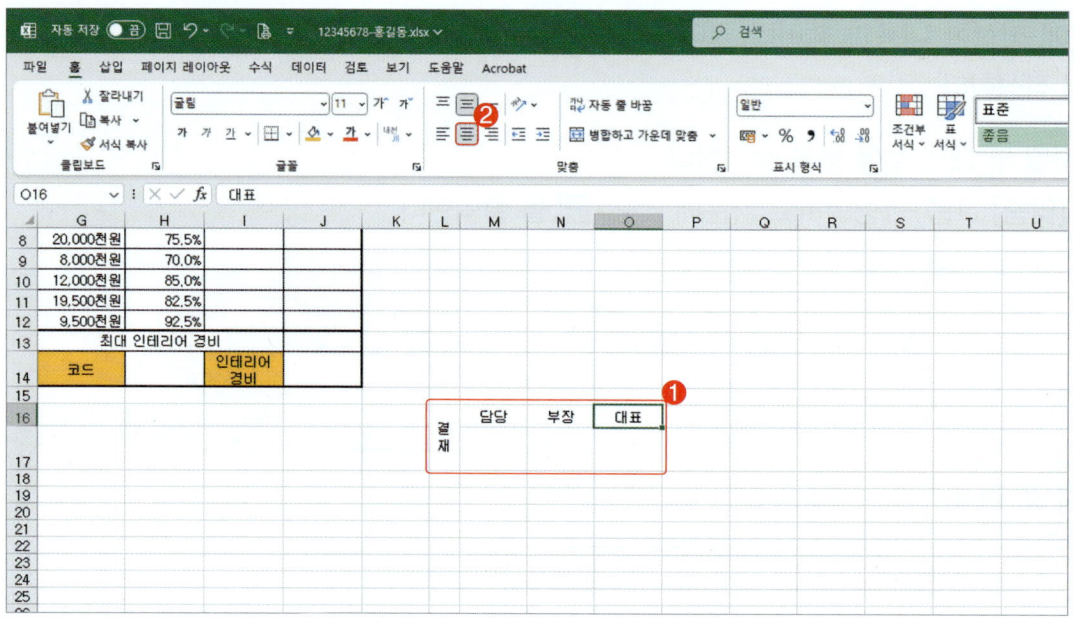

⑤ 결재란 영역을 모두 블록 설정한다.
   → [홈] 탭 – [글꼴] 그룹 – [테두리]에서 [모든 테두리](⊞)를 클릭한다.
   → [클립보드] 그룹 – [복사](📋)에서 [그림으로 복사]를 클릭한다.

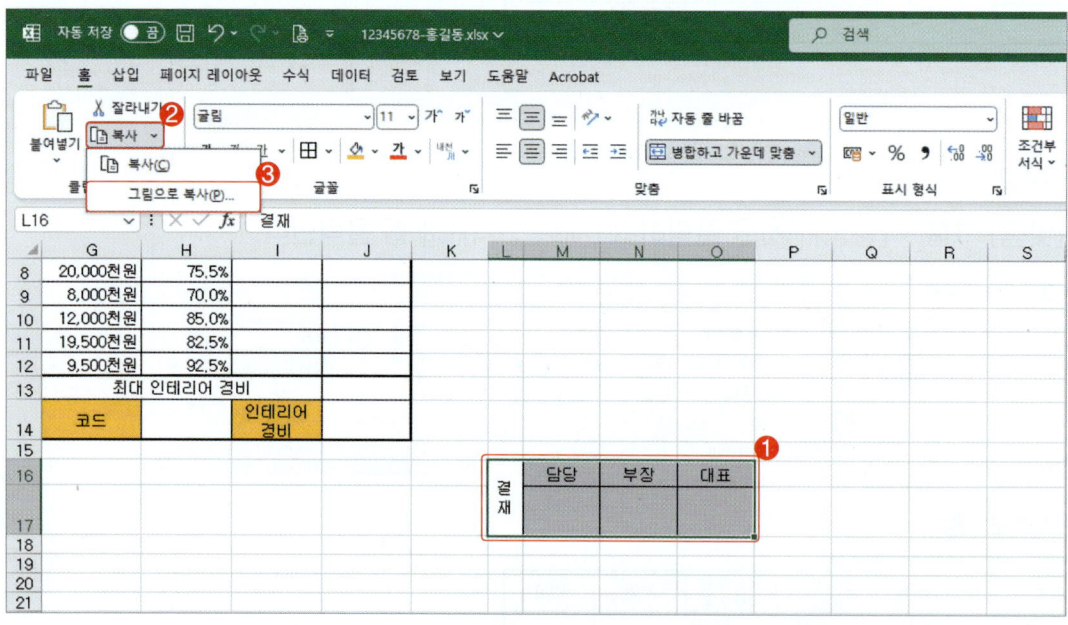

⑥ [그림 복사] 대화상자에서 [확인]을 클릭한다.
→ [홈] 탭 – [클립보드] 그룹 – [붙여넣기]( )를 클릭한다.
→ 그림의 위치를 마우스 드래그하여 조절한다.

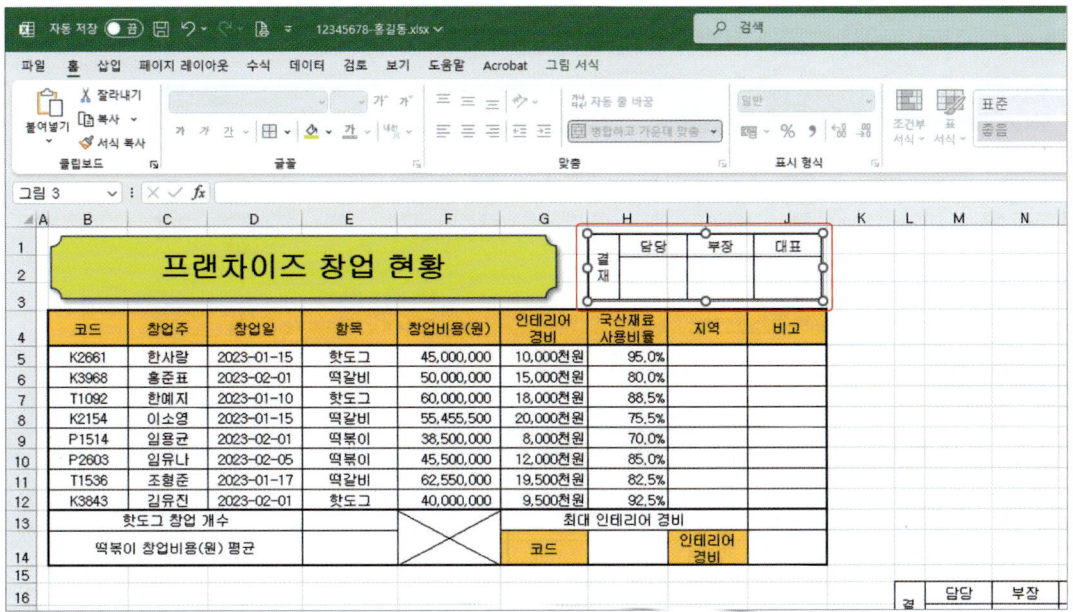

⑦ 기존 작업한 결재란 영역을 블록 설정한다.
→ [홈] 탭 – [셀] 그룹 – [삭제]( )를 클릭한다.

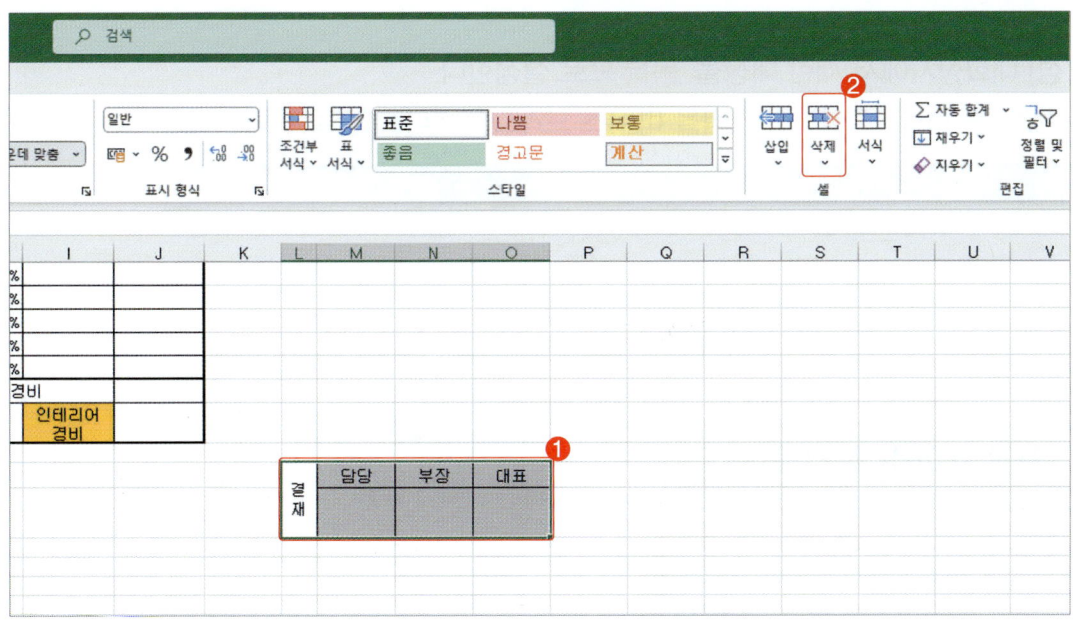

SECTION 04　유효성 검사

① 「H14」 셀을 클릭한다.

→ [데이터] 탭 – [데이터 도구] 그룹 – [데이터 유효성 검사](📋)를 클릭한다.

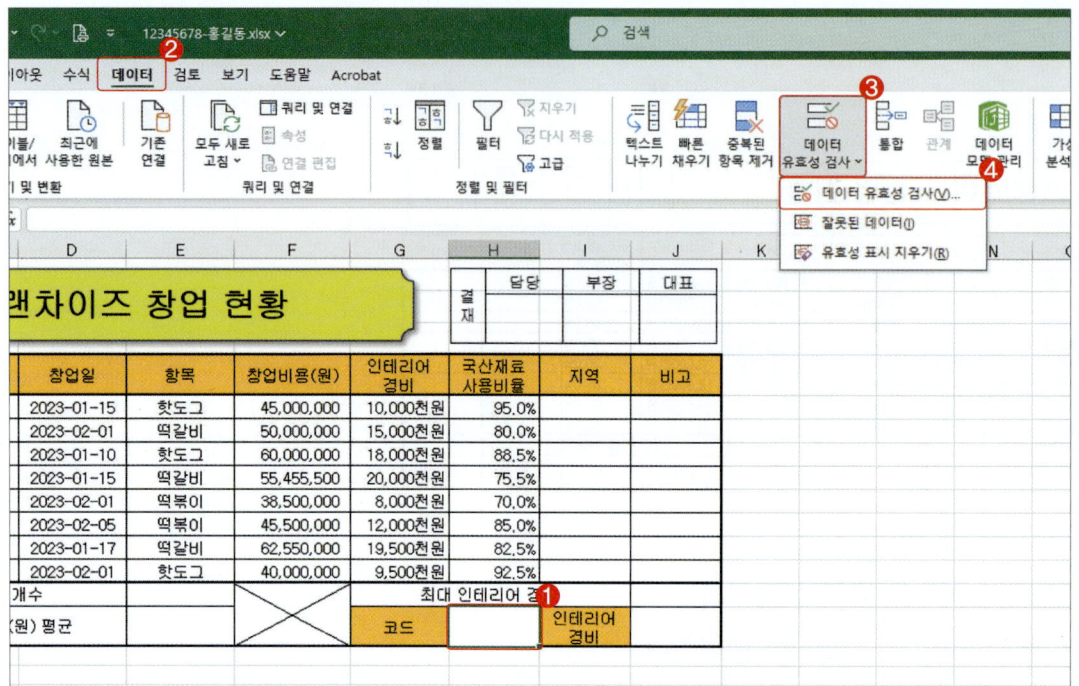

② [데이터 유효성] 대화상자에서 제한 대상을 '목록'으로 설정한다.

→ 원본 입력란을 클릭하고 「B5:B12」 영역을 마우스 드래그한 후 [확인]을 클릭한다.

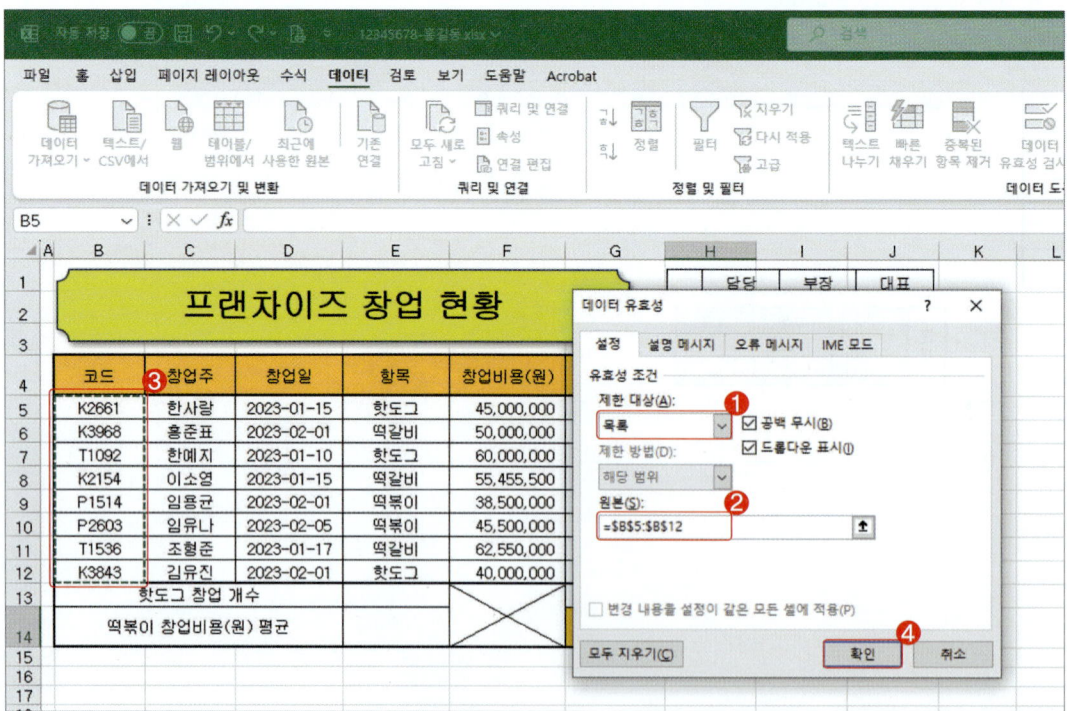

③ 「H14」 셀에 드롭다운 버튼이 생성된 것을 확인한다.
→ [홈] 탭 – [맞춤] 그룹 – [가운데 맞춤](≡)을 클릭한다.

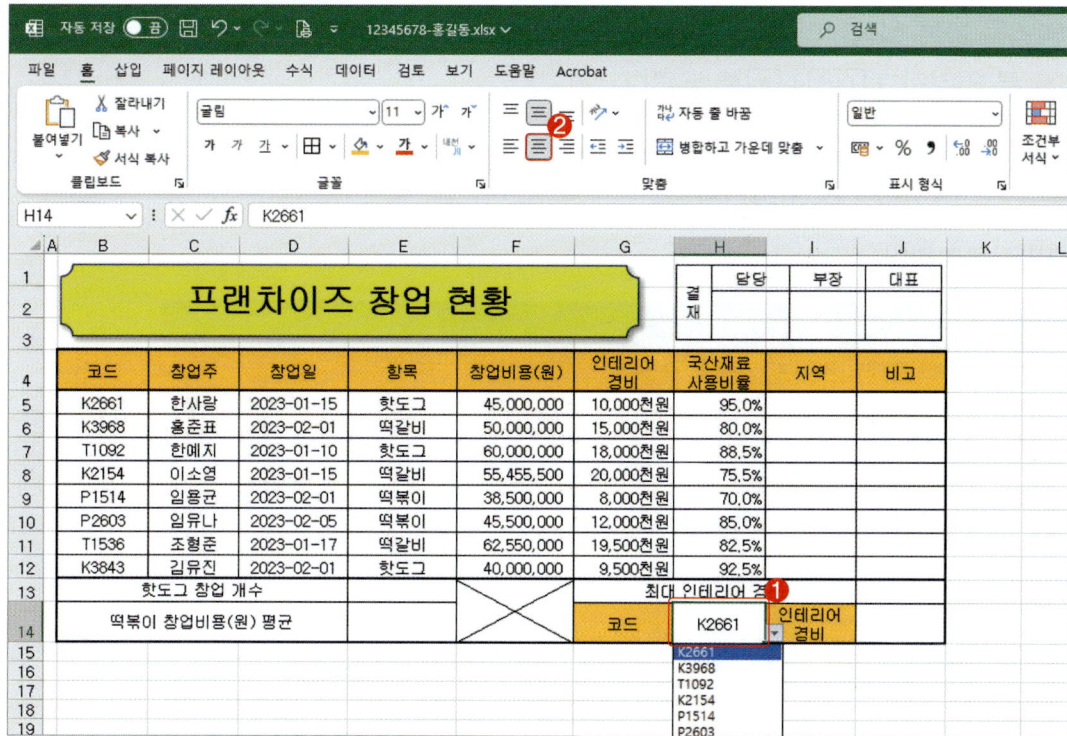

SECTION 05 　 이름 정의

① 「E5:E12」 영역을 블록 설정한다.
→ 수식 입력줄 왼쪽의 [이름 상자]에 『항목』을 입력한다.

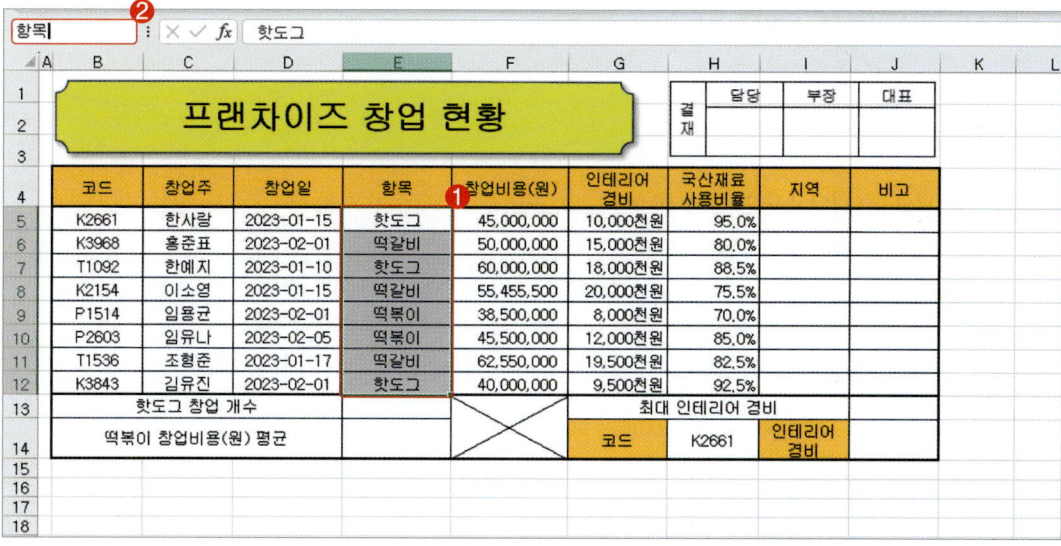

SECTION 06 함수식 작성

① 지역 「I5:I12」 영역을 블록 설정한다.
　→『=CHOOSE』를 입력하고 Ctrl + A 를 누른다.

② CHOOSE의 [함수 인수] 대화상자에서 Index_num 『MID(B5, 2, 1)』, Value1 『안산』, Value2 『부천』, Value3 『안양』을 입력한다.
　→ Ctrl +[확인]을 클릭한다.

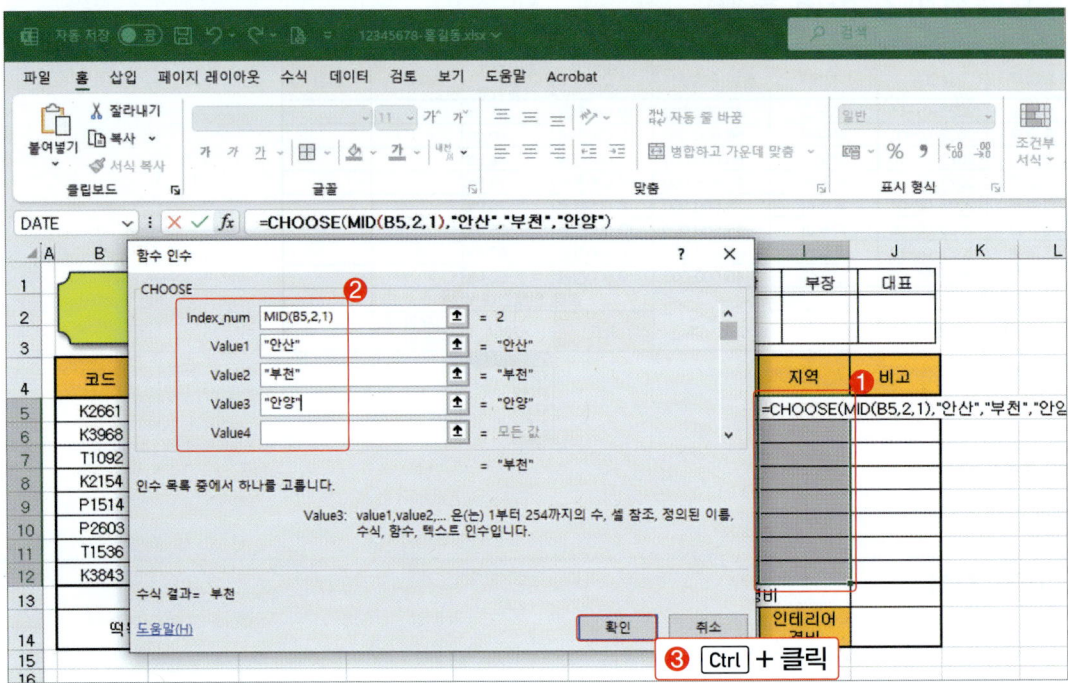

함수 설명

=CHOOSE(MID(B5,2,1), "안산","부천","안양")
　　　　　　　①　　　　　　②

① 「B5」셀에서 두 번째 글자가
② 1이면 "안산", 2이면 "부천", 3이면 "안양"을 반환

CHOOSE(Index_num, Value1, [Value2], …) 함수

Index_num : 1이면 Value1, 2이면 Value2가 반환

MID(Text, Start_num, Num_chars) 함수

Text : 추출할 문자가 들어 있는 텍스트
Start_num : 추출할 문자의 시작 위치
Num_chars : 추출할 문자의 수

③ 비고「J5:J12」영역을 블록 설정한다.
→『=RANK.EQ(H5, $H$5:$H$12)』를 입력하고 Ctrl + Enter 를 누른다.

> **기적의 TIP**
> 셀 주소를 입력 후 F4를 누르면 절대주소로 바뀐다.

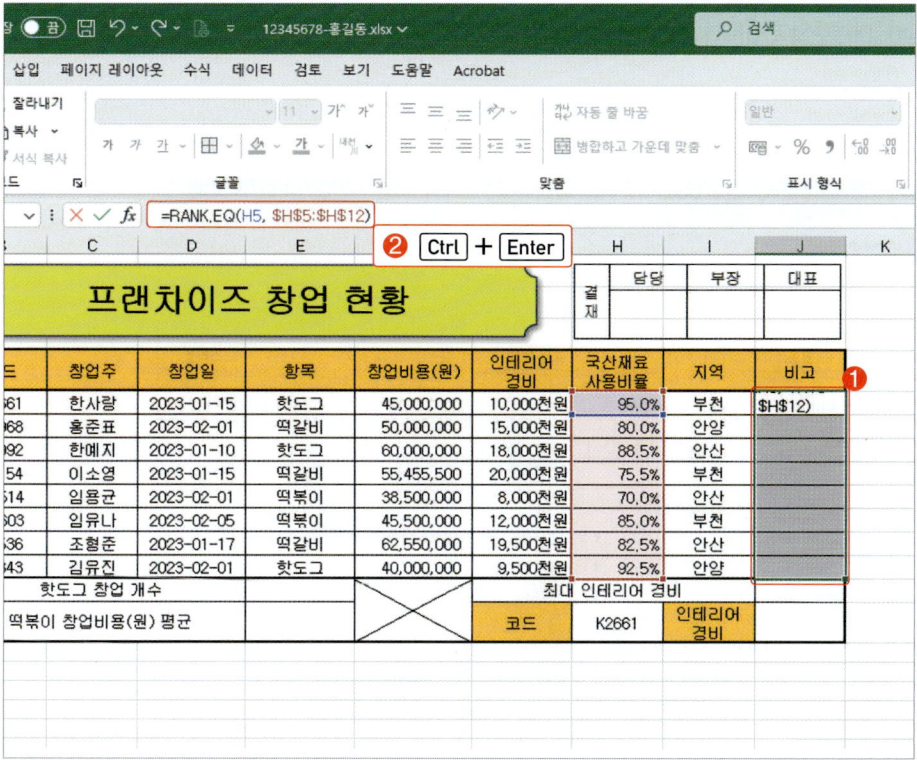

 **함수 설명**

=RANK.EQ(H5, $H$5:$H$12)
         ①   ②

① 「H5」셀의 순위를
② 「H5:H12」영역에서 구함

RANK.EQ(Number, Ref, [Order]) 함수

Number : 순위를 구하려는 셀
Ref : 목록의 범위
Order : 순위 결정 방법, 0이거나 생략하면 내림차순, 0이 아니면 오름차순

④ 핫도그 창업 개수를 구하기 위해「E13」셀에『=DCOUNTA』를 입력하고 Ctrl + A 를 누른다.

⑤ DCOUNTA의 [함수 인수] 대화상자에서 Database『B4:H12』, Field『4』, Criteria『E4:E5』를 입력한다.
→ [확인]을 클릭한다.

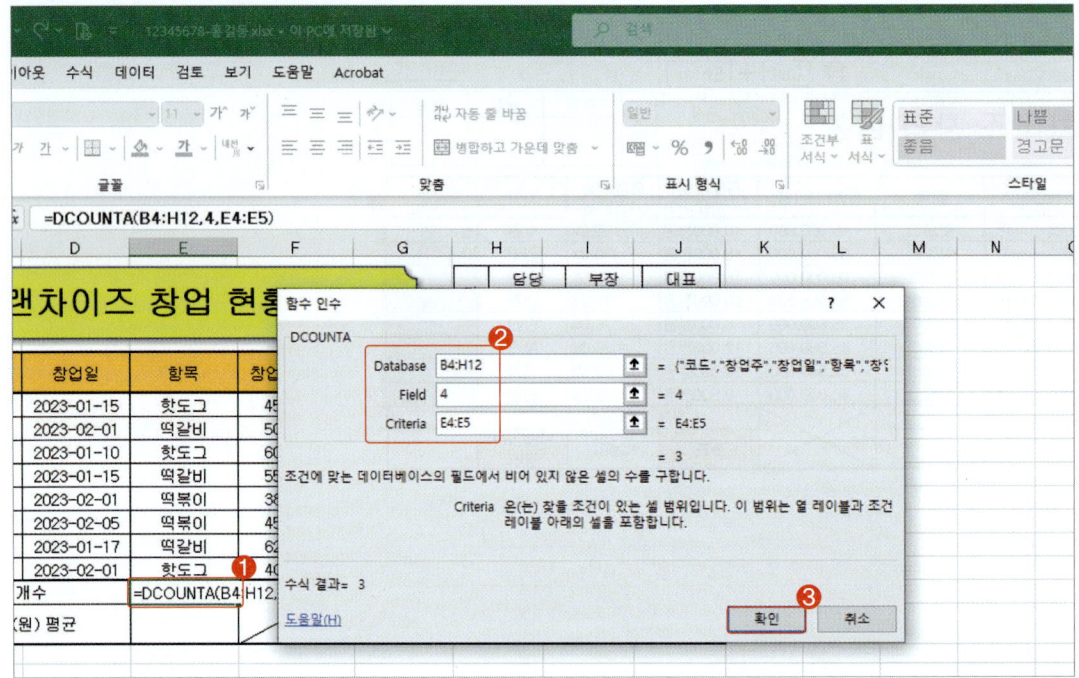

함수 설명

=DCOUNTA(B4:H12,4,E4:E5)
　　　　　　①　　②

① 「B4:H12」영역의 4번째 열인 "항목"에서
② 항목이 "핫도그"인 것들의 개수를 반환

DCOUNTA(Database, Field, Criteria) 함수

Database : 지정할 범위
Field : 함수에 사용되는 열 위치
Criteria : 조건이 있는 셀 범위

⑥ 「E13」셀의 수식에『&"개"』를 이어서 입력한다.

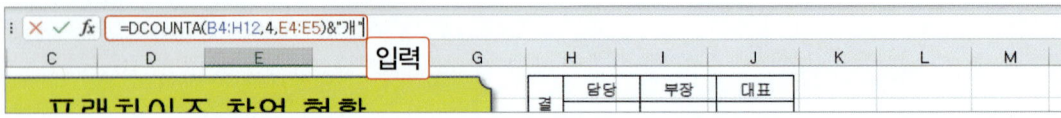

⑦ 떡볶이 창업비용(원) 평균을 구하기 위해 「E14」 셀에 『=SUMIF』를 입력하고 Ctrl + A 를 누른다.

⑧ SUMIF의 [함수 인수] 대화상자에서 Range 『항목』, Criteria 『"떡볶이"』, Sum_range 『F5:F12』를 입력한다.
→ [확인]을 클릭한다.

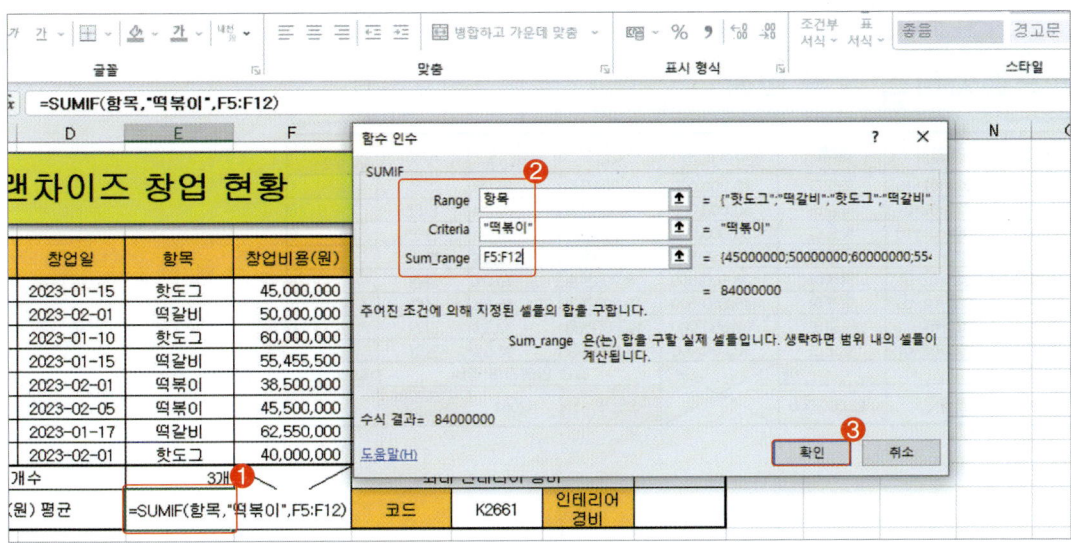

⑨ 「E14」 셀의 수식에 떡볶이의 개수를 구하여 나눗셈하는 『/COUNTIF(항목, "떡볶이")』를 이어서 입력한다.

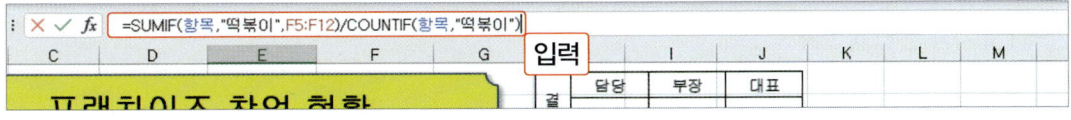

💬 함수 설명

=SUMIF(항목,"떡볶이",F5:F12) / COUNTIF(항목,"떡볶이")
             ①   ②

① 항목으로 이름 정의된 영역에서 "떡볶이"를 찾아 해당하는 「F5:F12」 영역의 합계를 계산
② "떡볶이"의 개수를 구하여 나눗셈

SUMIF(Range, Criteria, Sum_range) 함수
Range : 조건을 적용할 셀 범위
Criteria : 조건
Sum_range : Range 인수에 지정되지 않은 범위를 추가

COUNTIF(Range, Criteria) 함수
⇒ 조건에 맞는 셀의 개수를 반환한다.

⑩ 「E14」 셀에 마우스 오른쪽 클릭하여 [셀 서식]()을 클릭한다.
→ [셀 서식] 대화상자에서 범주 '회계', 기호 '없음'을 설정한다.

⑪ 최대 인테리어 경비를 구하기 위해 「J13」 셀에 『=MAX(G5:G12)』를 입력한다.

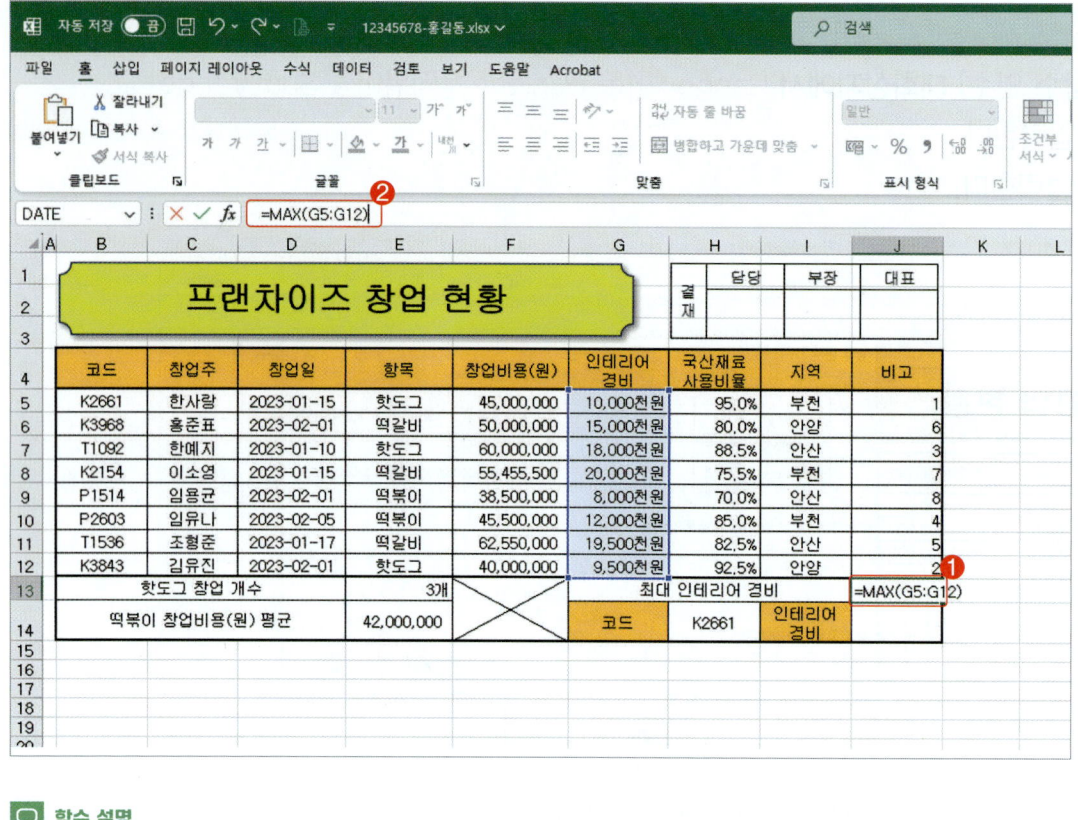

함수 설명

=MAX(G5:G12)
　　　①

① 「G5:G12」 영역에서 가장 큰 값을 반환

MAX(Number1, [Number2], …) 함수
Number : 최대값을 구할 값의 집합

⑫ 「J13」 셀에 마우스 오른쪽 클릭하여 [셀 서식](📋)을 클릭한다.
→ [셀 서식] 대화상자에서 범주 '사용자 지정', 형식 '#,##0'을 설정한다.

⑬ 「J14」 셀에 『=VLOOKUP(H14,B5:G12,6,0)』을 입력한다.

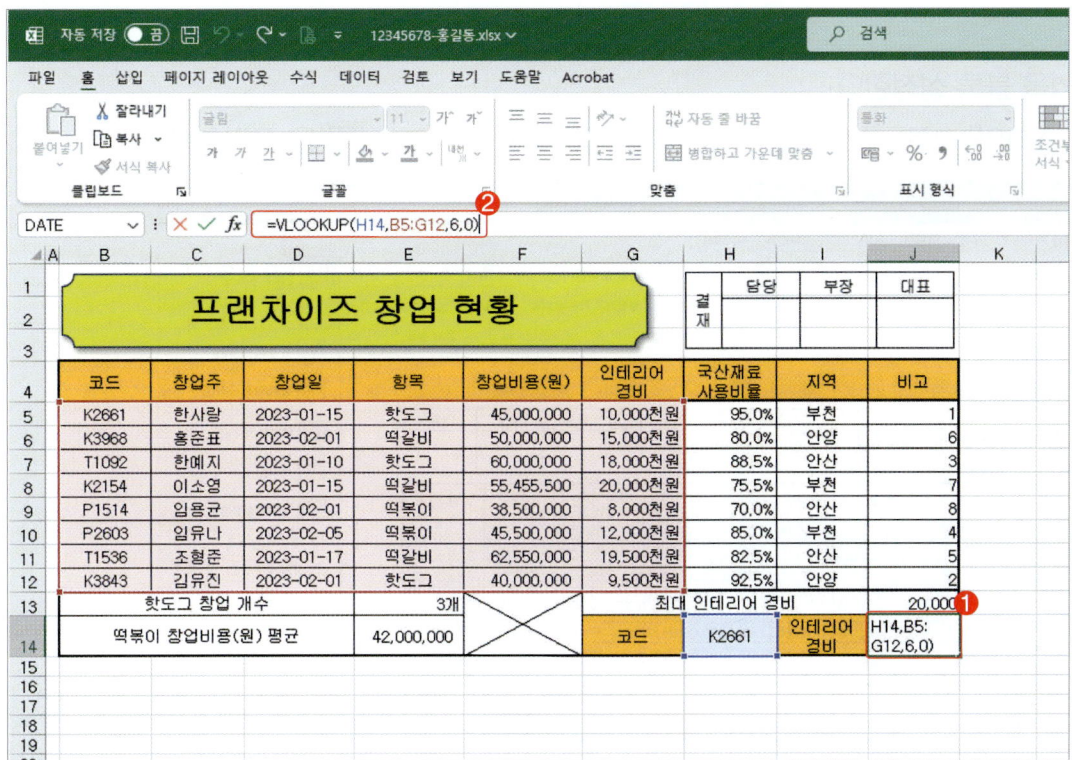

💬 함수 설명

=VLOOKUP(H14, B5:G12, 6, 0)
　　　　　　①　　　　②

① 「H14」 셀의 값을 「B5:G12」 영역에서 조회하고
② 해당하는 행의 6번째 열인 "인테리어 경비"의 값을 반환

VLOOKUP(Lookup_value, Table_array, Col_index_num, [Range_lookup]) 함수

Lookup_value : 조회하려는 값
Table_array : 조회할 값이 있는 범위
Col_index_num : 반환할 값이 있는 열
Range_lookup : 0(FALSE)이면 정확히 일치, 1(TRUE)이면 근사값 반환

SECTION 07 조건부 서식

① 「B5:J12」 영역을 블록 설정한다.
　→ [홈] 탭 – [스타일] 그룹 – [조건부 서식](▦)을 클릭하고 [새 규칙](▦)을 클릭한다.

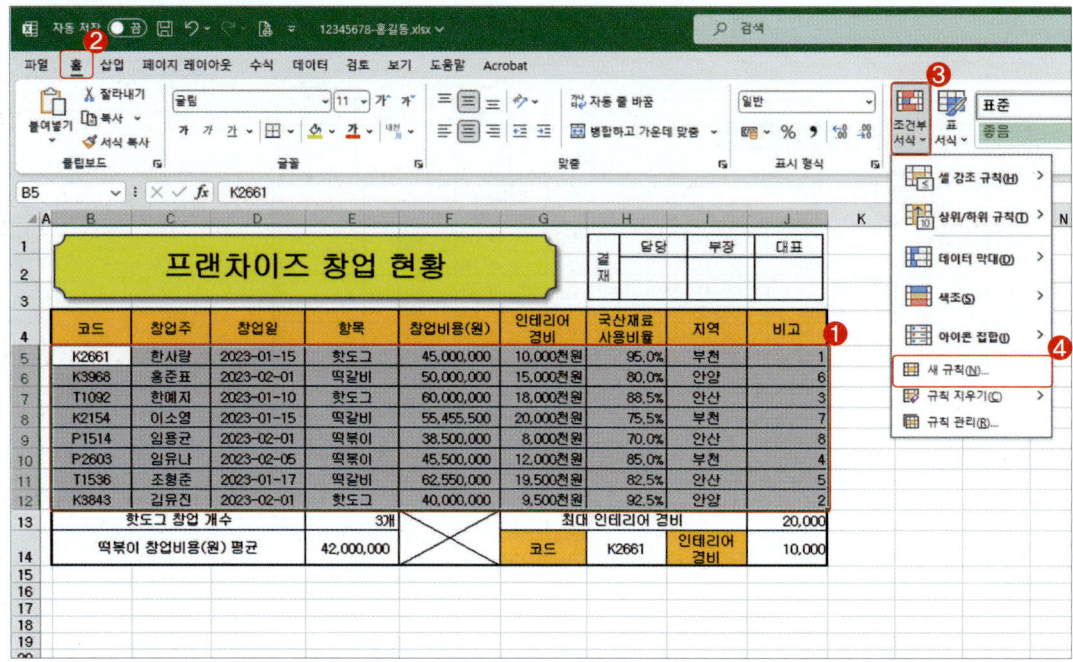

② [새 서식 규칙] 대화상자에서 '▶ 수식을 사용하여 서식을 지정할 셀 결정'을 클릭한다.
　→ 『=$F5>=60000000』을 입력하고 [서식]을 클릭한다.

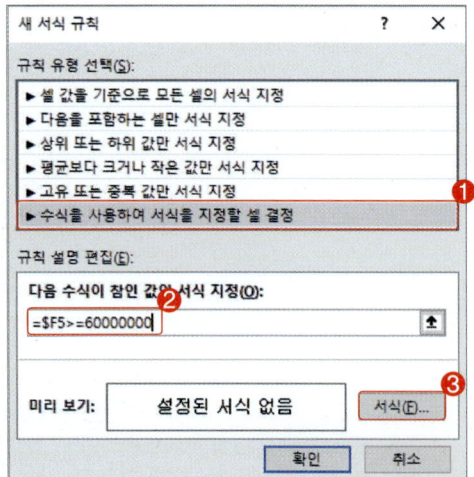

③ [셀 서식] 대화상자에서 글꼴 스타일을 '굵게', 색을 '파랑'으로 설정하고 [확인]을 클릭한다.

→ 다시 [새 서식 규칙] 대화상자로 돌아오면 [확인]을 클릭한다.

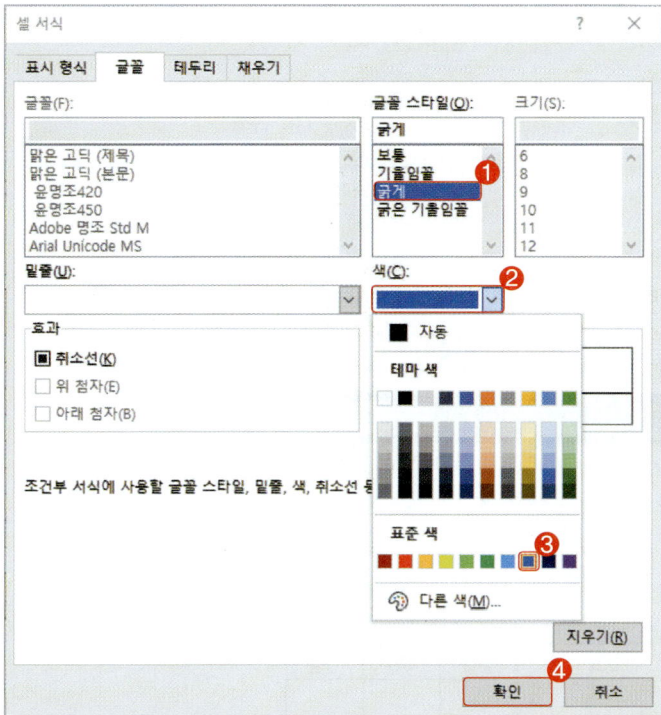

④ F열 창업비용(원)이 60,000,000 이상인 행에 서식이 적용된다.

제 2 작업 | 필터 및 서식　　80점

제2작업은 제1작업에서 작성한 데이터를 이용하여 조건 지정으로 필터링하고 표 서식을 지정하는 형태의 문제가 출제된다.

SECTION 01 | 고급 필터

① "제1작업" 시트의 「B4:H12」 영역을 블록 설정한다.
　→ [홈] 탭 – [클립보드] 그룹 – [복사](📋)를 클릭한다(Ctrl + C).

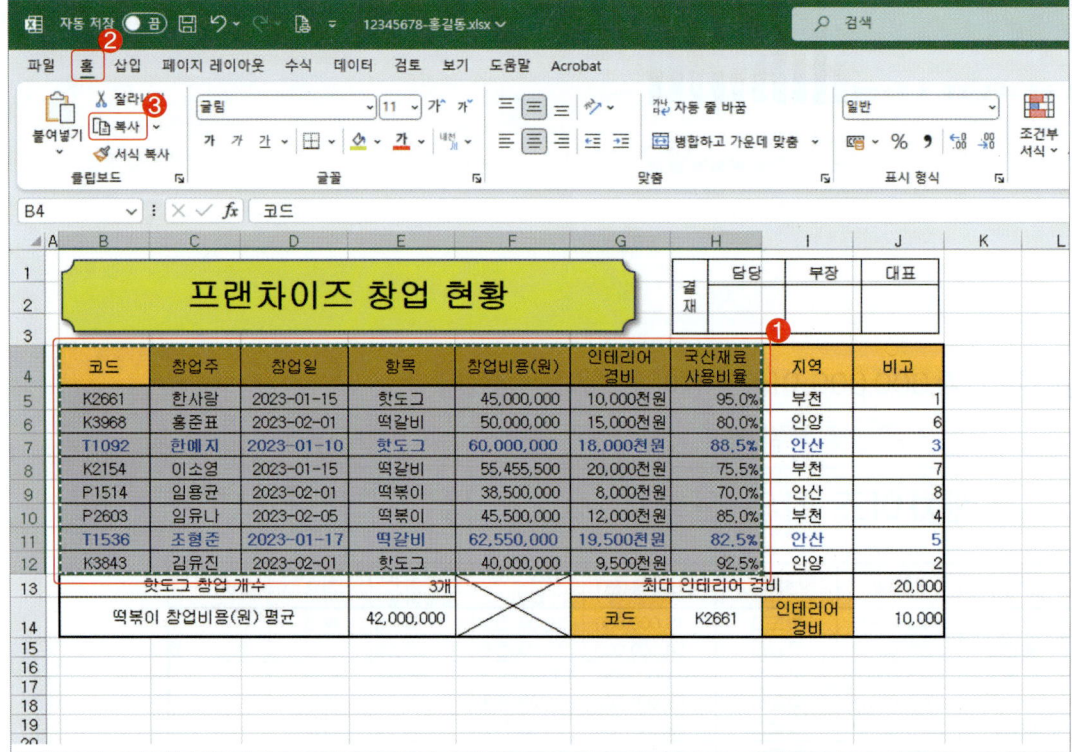

② "제2작업" 시트의 「B2」 셀에서 [붙여넣기](📋)를 한다(Ctrl + V).
　→ [붙여넣기 옵션] – [원본 열 너비 유지](📋)를 클릭한다.

③ Ctrl 을 누른 채 「B2」 셀과 「G2」 셀을 클릭하여 복사(Ctrl+C) 한다.
→ 조건의 위치인 「B14」 셀에 붙여넣기(Ctrl+V) 한다.

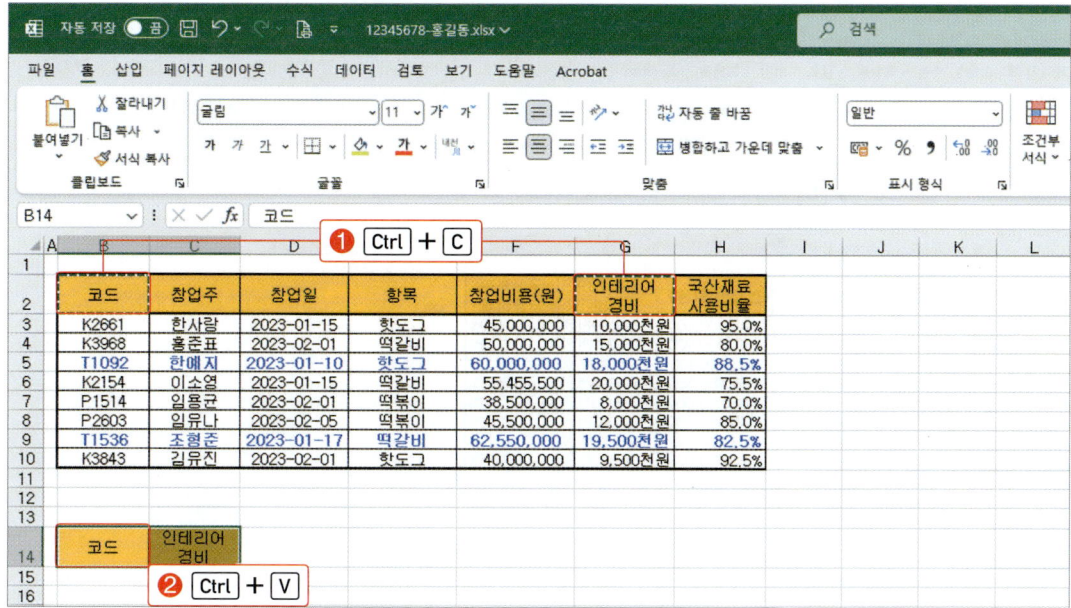

④ 「B15」 셀에 『T*』, 「C16」 셀에 『<=10000』을 입력한다.

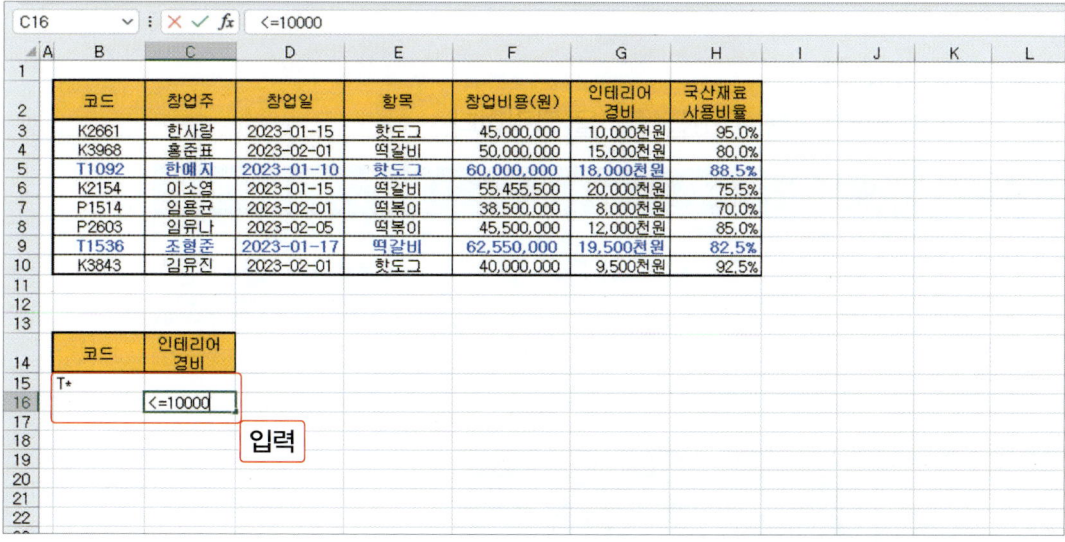

⑤ Ctrl 을 누른 채 「B2」, 「E2」, 「F2」, 「G2」 셀을 클릭하여 복사(Ctrl + C) 한다.
　→ 복사 위치인 「B18」 셀에 붙여넣기(Ctrl + V) 한다.

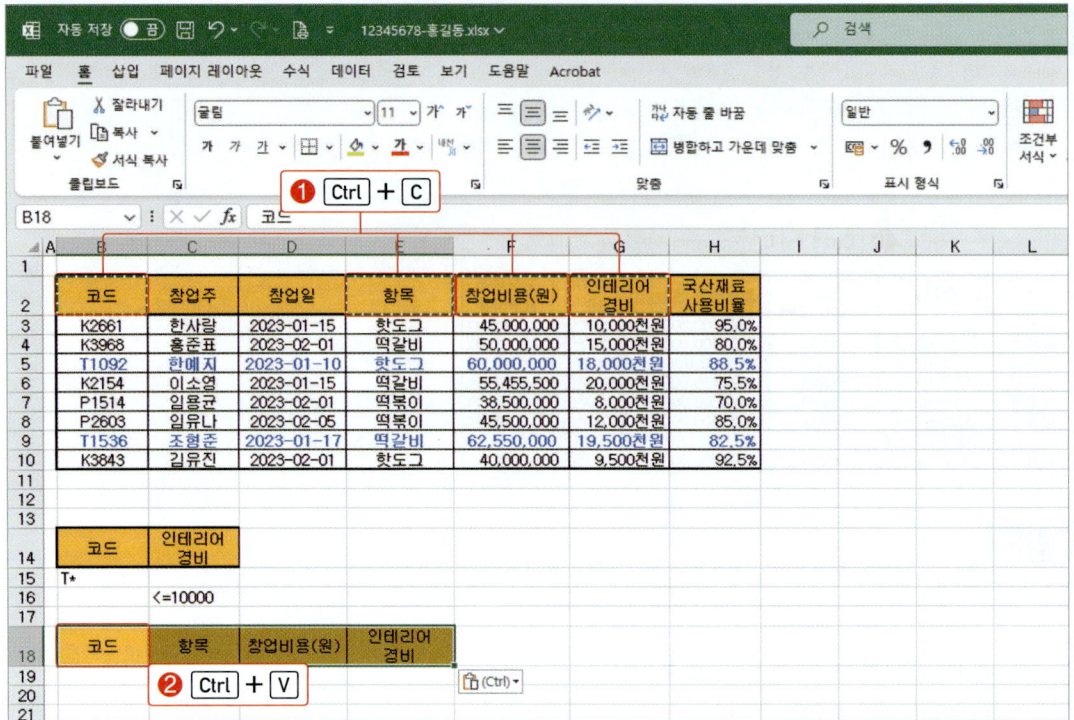

⑥ 「B2:H10」 영역을 블록 설정한다.
　→ [데이터] 탭 – [정렬 및 필터] 그룹 – [고급]()을 클릭한다.

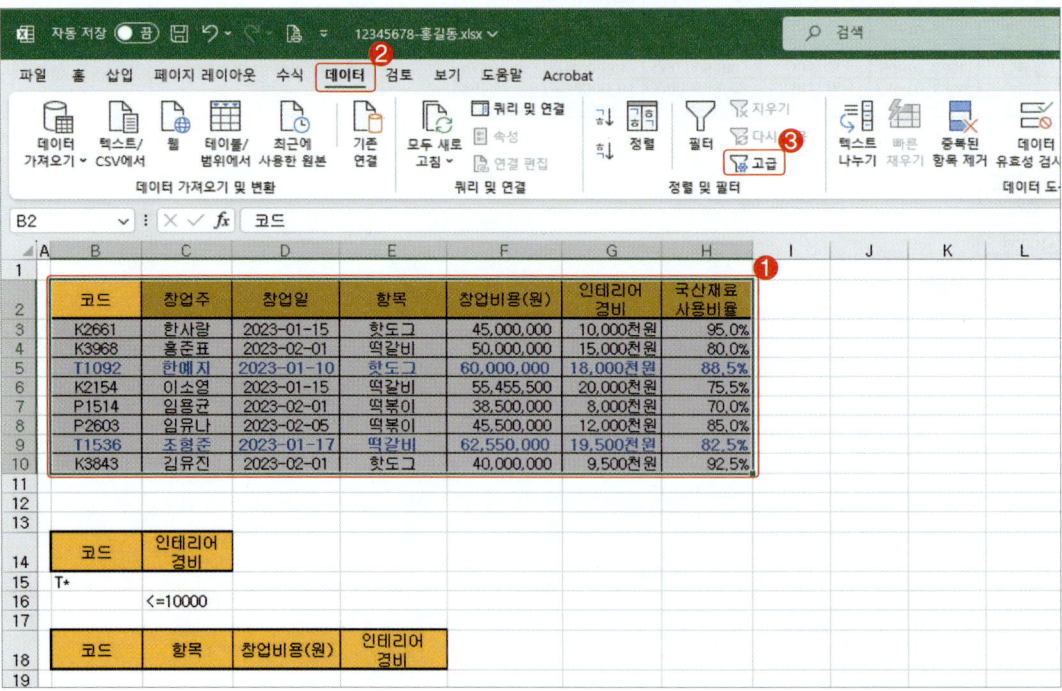

⑦ [고급 필터] 대화상자 – '결과'에서 [다른 장소에 복사]를 클릭한다.
→ 마우스 드래그로 조건 범위 『B14:C16』, 복사 위치 『B18:E18』을 지정하고 [확인]을 클릭한다.

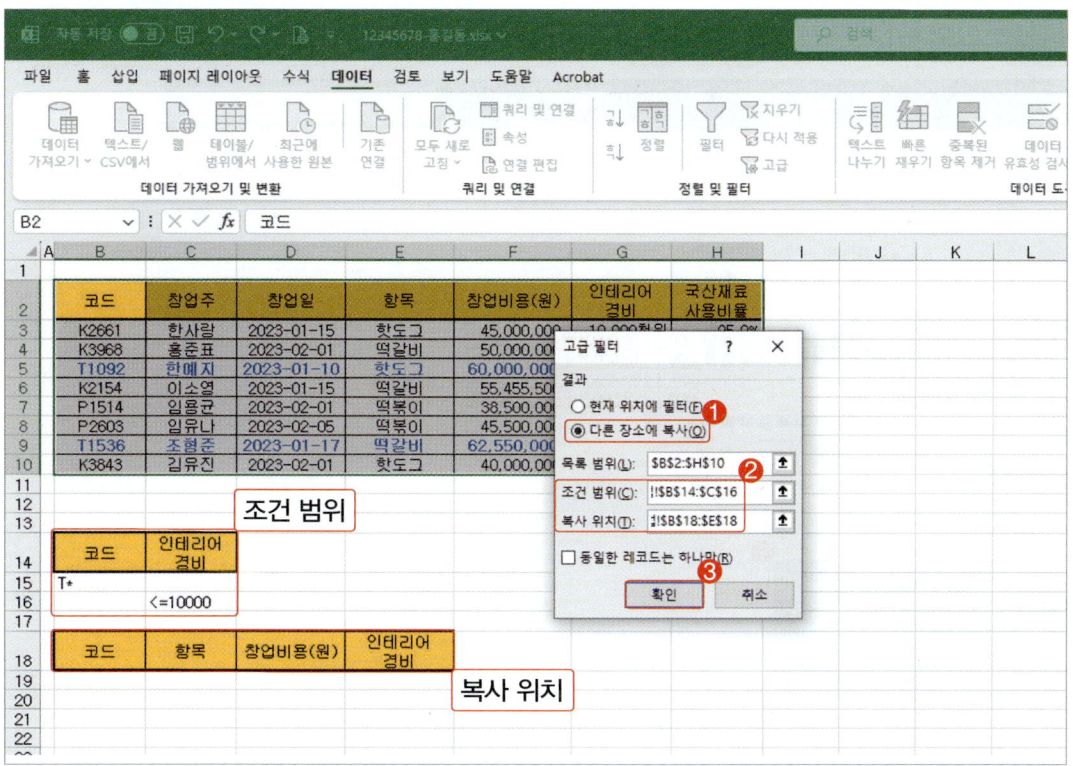

SECTION 02 표 서식

① 「B18:E23」 영역을 블록 설정한다.
  → [홈] 탭 – [글꼴] 그룹 – [채우기 색](🎨▼)을 클릭하고 '채우기 없음'을 클릭한다.

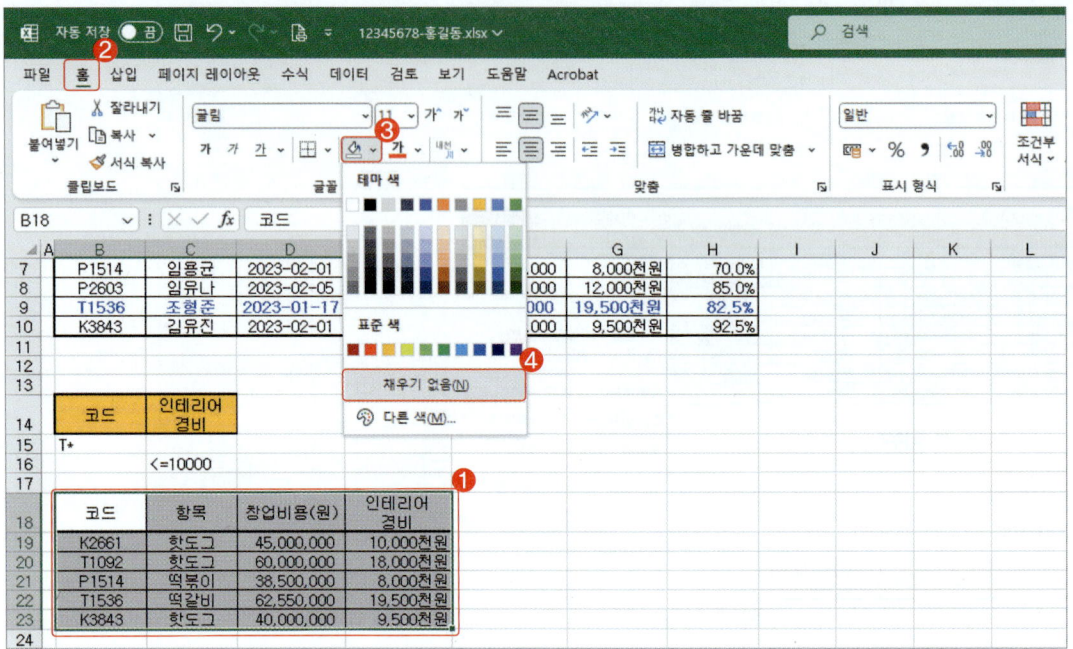

② 「B18:E23」 영역이 블록 설정된 상태에서 [홈] 탭 – [스타일] 그룹 – [표 서식](📋)을 클릭한다.
  → [표 스타일 보통 6]을 클릭한다.

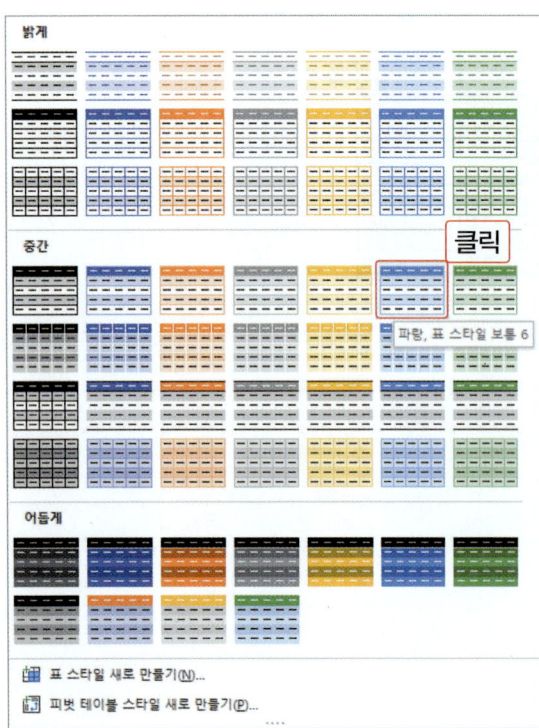

③ [표 만들기] 대화상자가 나타나면 [확인]을 클릭한다.

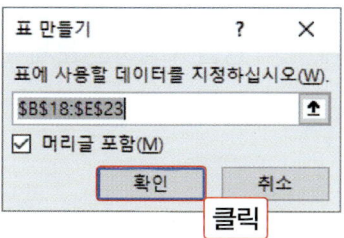
클릭

④ [테이블 디자인] 탭 – [표 스타일 옵션] 그룹에서 [머리글 행]과 [줄무늬 행]이 기본 적용된 것을 확인한다.

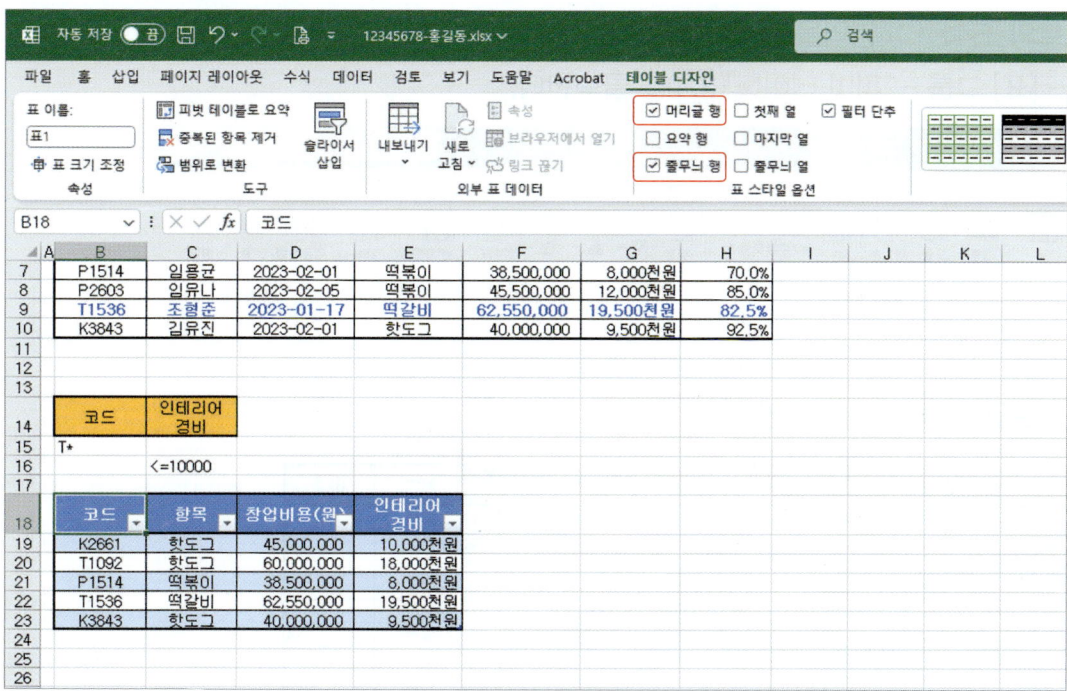

| 제 3 작업 | 피벗 테이블 | 80점 |

제3작업에서는 제1작업에서 작성한 데이터를 이용하여 특정 필드에 대한 비교, 집계, 분석 등을 수행하는 문제가 출제된다.

SECTION 01   피벗 테이블 작성

① "제1작업" 시트의 「B4:H12」 영역을 블록 설정한다.
　→ [삽입] 탭 – [표] 그룹 – [피벗 테이블](🔁)을 클릭한다.

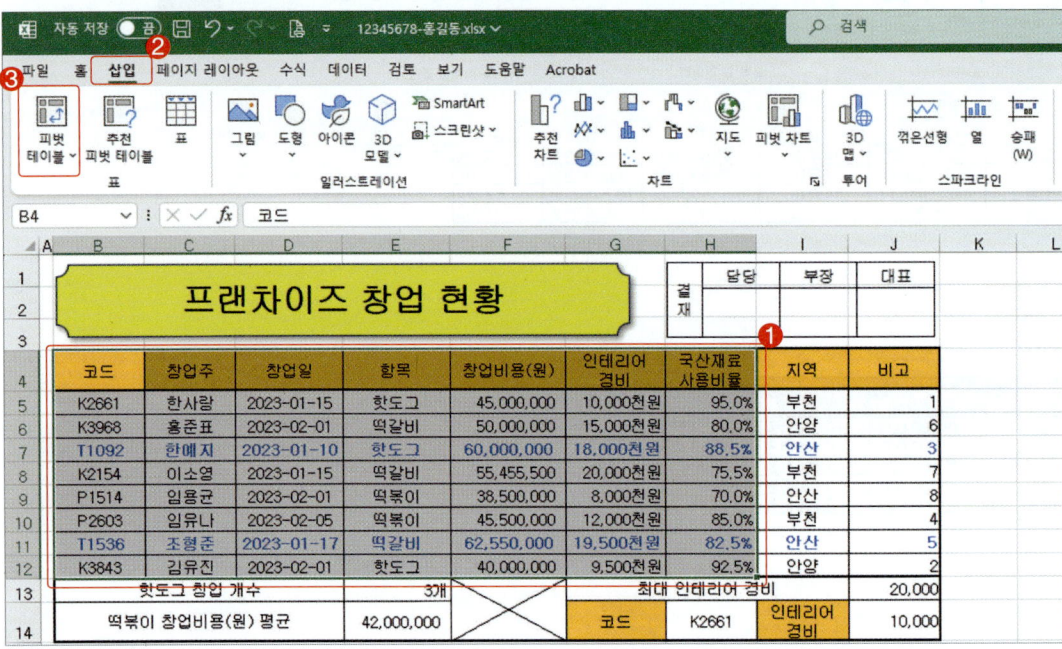

② [표 또는 범위의 피벗 테이블] 대화상자에서 '기존 워크시트'를 선택한다.
　→ 위치는 마우스로 "제3작업" 시트의 「B2」 셀을 지정하고 [확인]을 클릭한다.

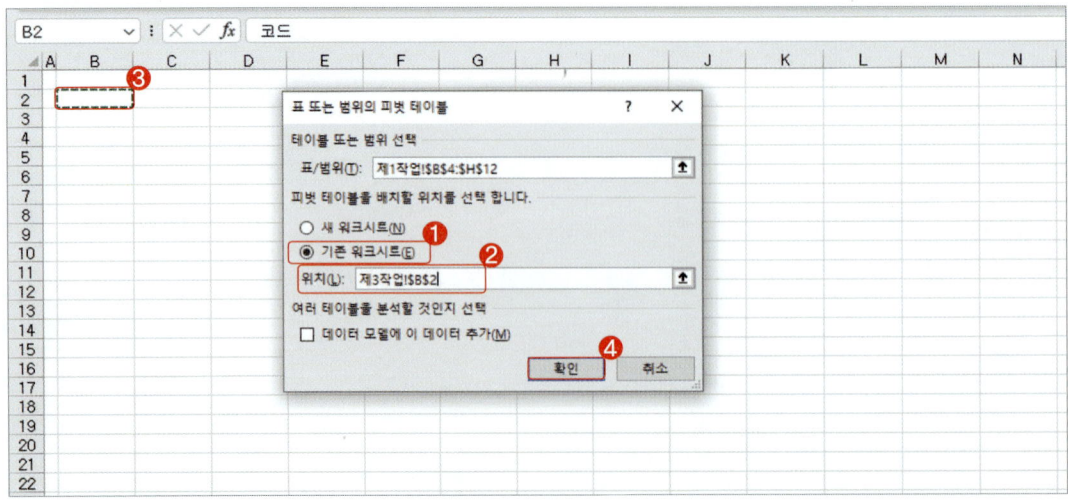

③ [피벗 테이블 필드] 탭에서 '창업비용(원)'을 마우스 드래그하여 행에 배치한다.

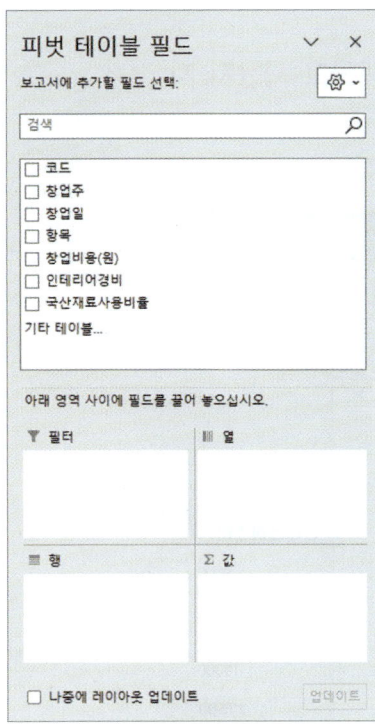
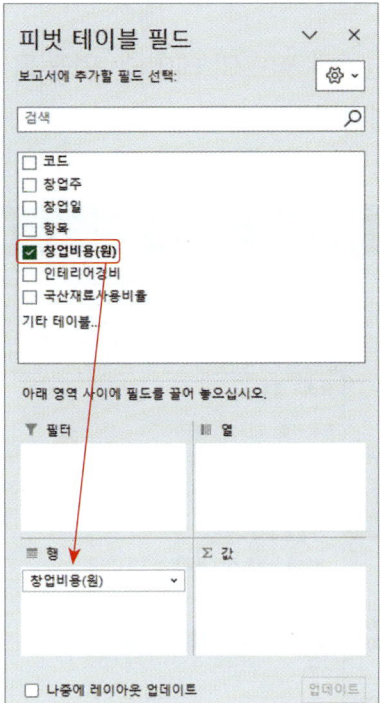

④ '항목'을 열에 배치한다.
→ '코드'와 '인테리어경비'를 값에 배치한다.

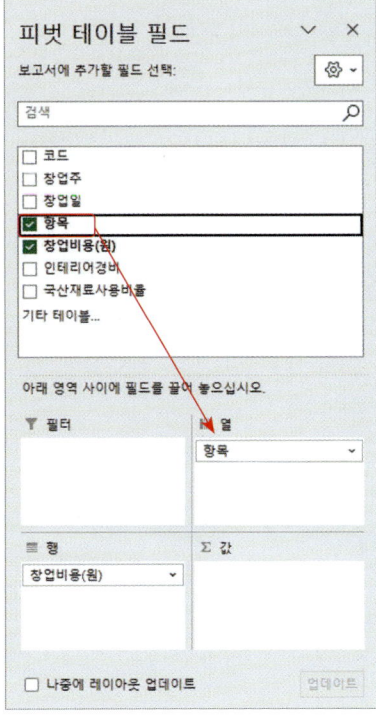
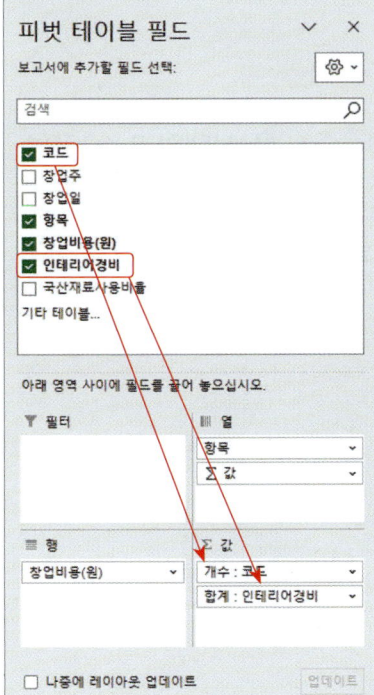

⑤ 「D4」 셀을 클릭하고 [피벗 테이블 분석] 탭 – [활성 필드] 그룹 – [필드 설정](　)을 클릭한다.

→ [값 필드 설정] 대화상자에서 선택한 필드의 데이터 '평균'을 선택하고 사용자 지정 이름에 『경비』를 이어서 작성한다.

→ [표시 형식]을 클릭한다.

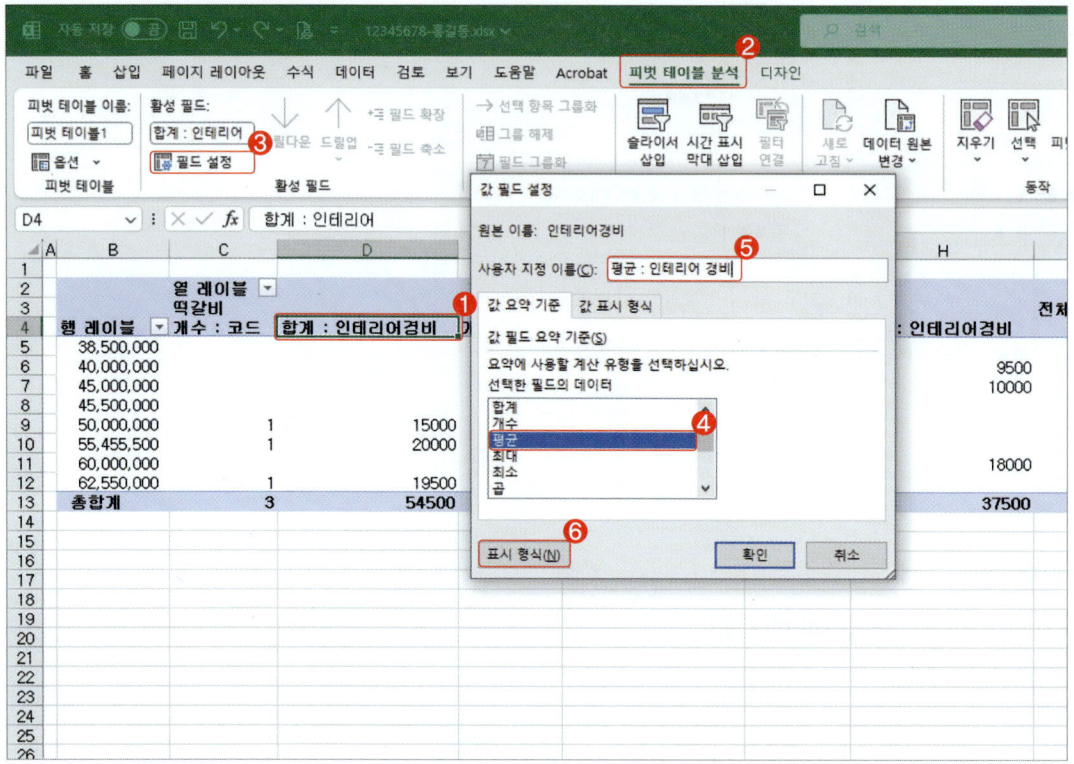

⑥ [셀 서식] 대화상자가 나타나면 범주 '숫자'를 선택하고 '1000 단위 구분 기호(,) 사용'을 체크한 후 [확인]을 클릭한다.

→ 다시 [값 필드 설정] 대화상자로 돌아오면 [확인]을 클릭한다.

SECTION 02　피벗 테이블 옵션, 그룹화

① [피벗 테이블 분석] 탭 – [피벗 테이블] 그룹 – [옵션](🔲)을 클릭한다.

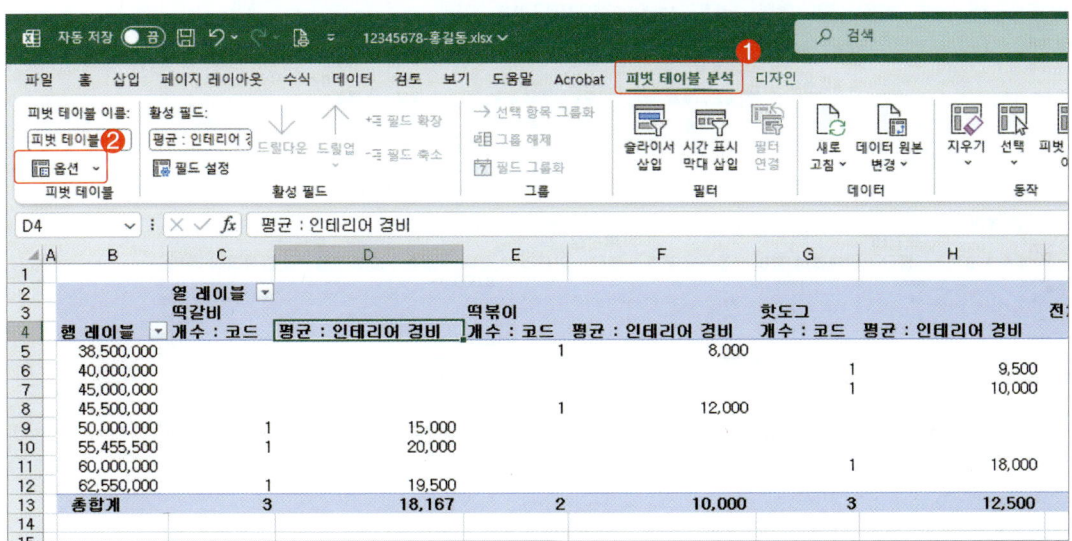

② [피벗 테이블 옵션] 대화상자에서 '레이블이 있는 셀 병합 및 가운데 맞춤'을 체크하고 빈 셀 표시 입력란에 『**』를 입력한다.
→ [요약 및 필터] 탭에서 '행 총합계 표시'를 체크 해제하고 [확인]을 클릭한다.

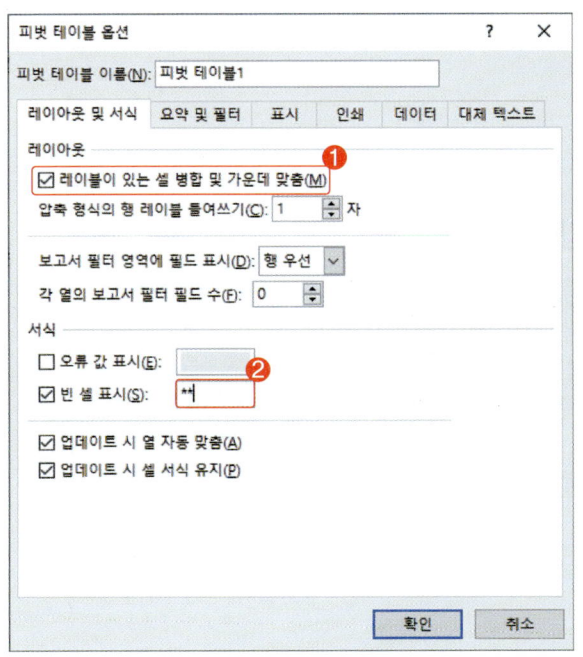 

③ 창업비용(원)을 그룹화하기 위해 「B5」 셀을 클릭하고 [선택 항목 그룹화](→)를 클릭한다.

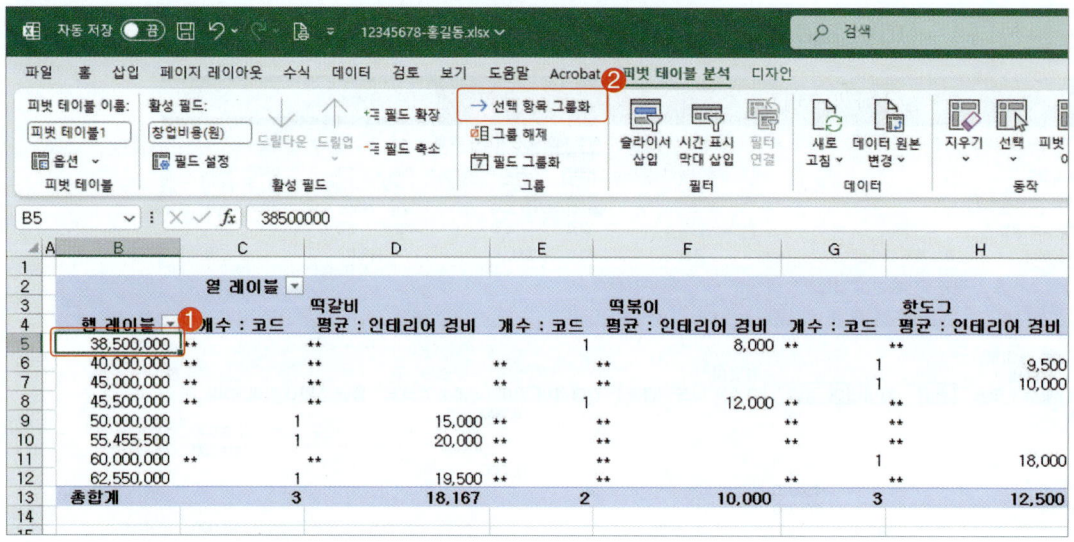

④ [그룹화] 대화상자에서 시작 『30000001』, 끝 『75000000』, 단위 『15000000』을 입력하고 [확인]을 클릭한다.

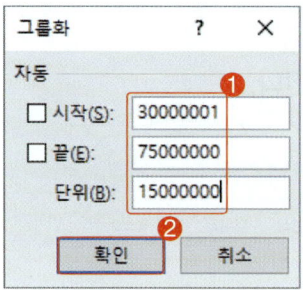

⑤ 「C2」 셀에 『항목』, 「B4」 셀에 『창업비용(원)』을 직접 입력한다.

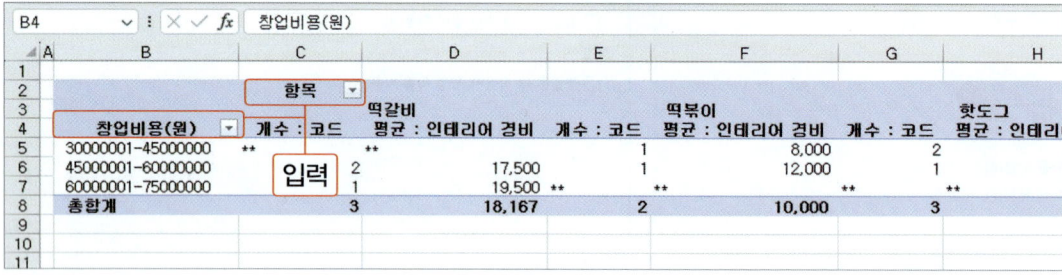

⑥ 항목 필터 단추를 클릭한다.
→ [텍스트 내림차순 정렬](힣↓)을 클릭한다.

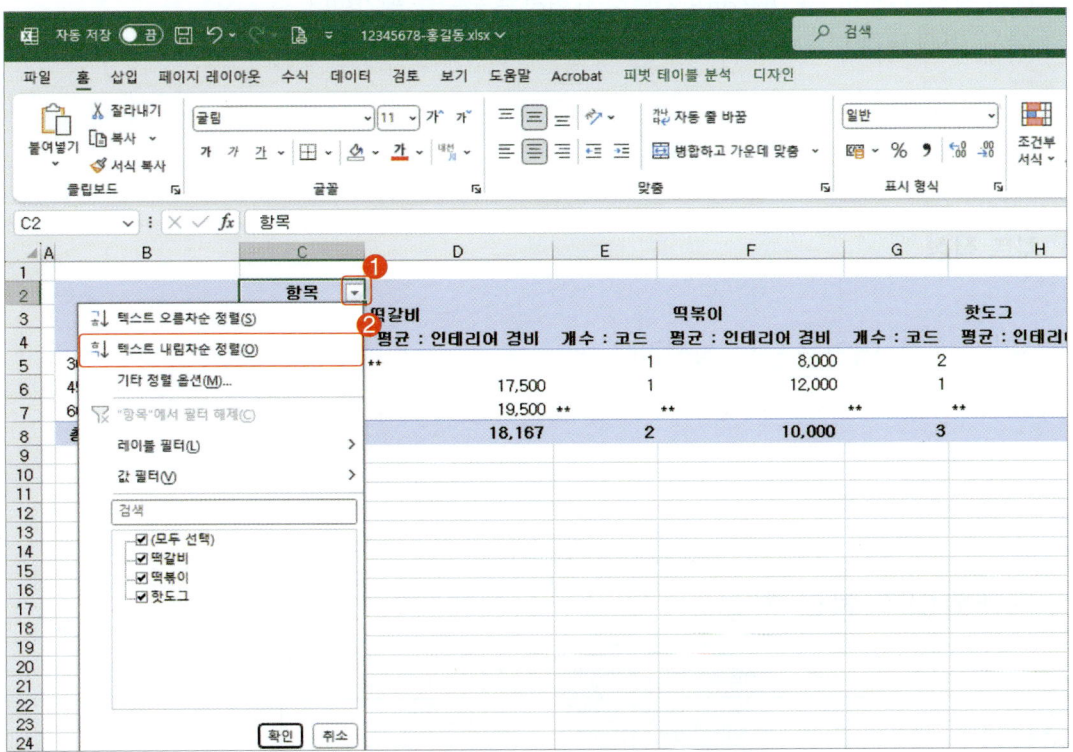

⑦ **로 표시된 셀들은 [홈] 탭 – [맞춤] 그룹 – [가운데 맞춤](≡)을 클릭한다.

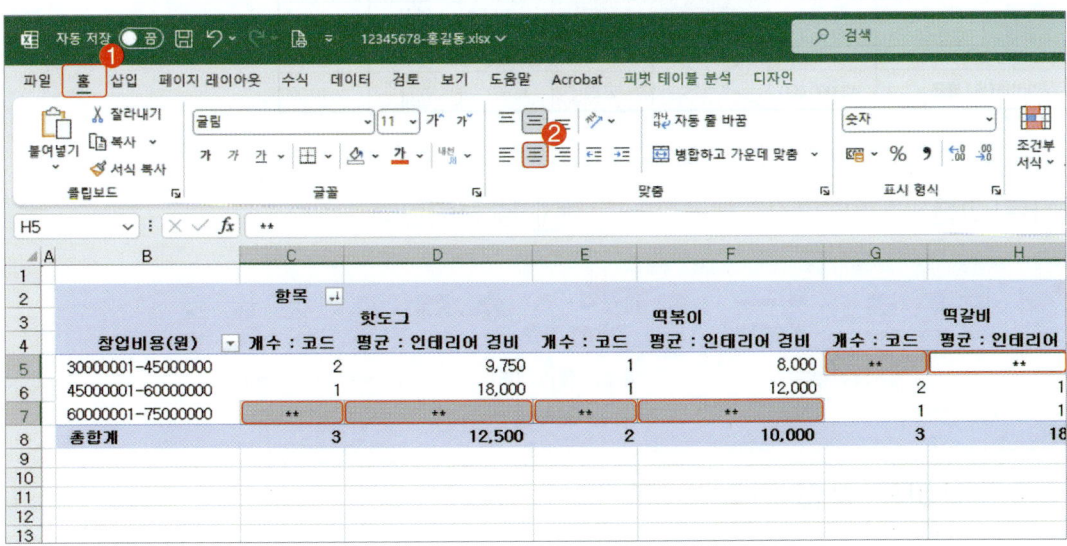

| 제 4 작업 | 그래프 | 100점 |

제4작업은 제1작업에서 작성한 데이터를 이용하여 차트로 표현하는 능력을 평가한다.
차트의 종류, 서식, 옵션, 범례 등을 다루는 형태가 출제된다.

SECTION 01 　 차트 작성

① "제1작업" 시트의 「C4:C8」 영역을 블록 설정한다.
→ Ctrl 을 누른 채 「C11:C12」, 「F4:F8」, 「F11:F12」, 「G4:G8」, 「G11:G12」 영역을 블록 설정한다.

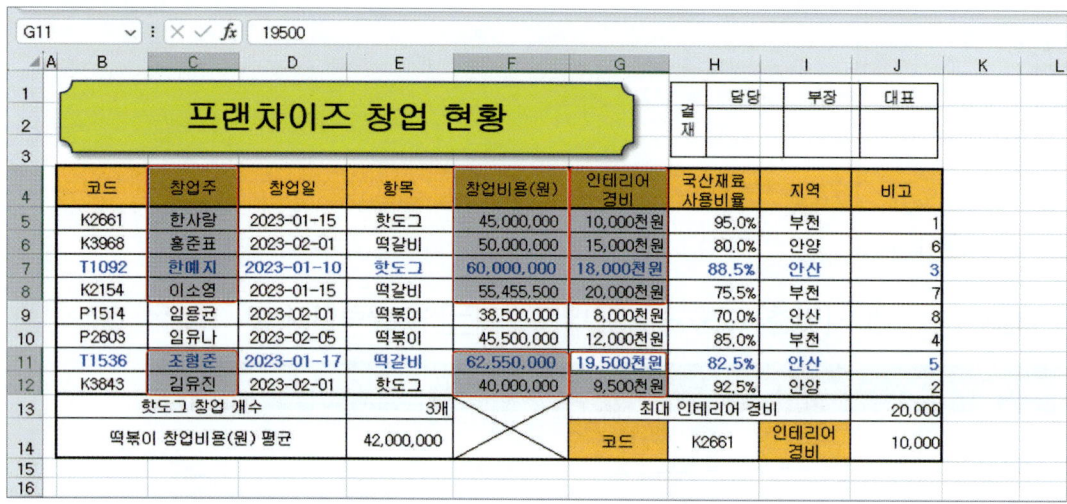

② [삽입] 탭 – [차트] 그룹 – [2차원 묶은 세로 막대형](📊)을 클릭한다.

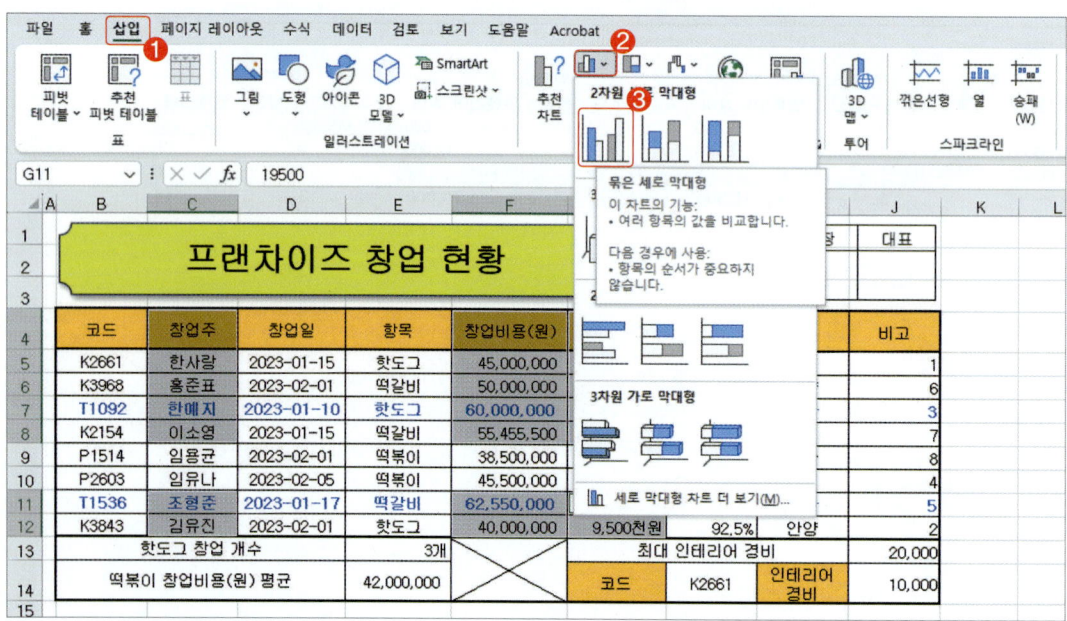

③ [차트 디자인] 탭 – [차트 이동](   )을 클릭한다.
   → [차트 이동] 대화상자에서 '새 시트'를 선택하고 『제4작업』을 입력한 후 [확인]을 클릭한다.

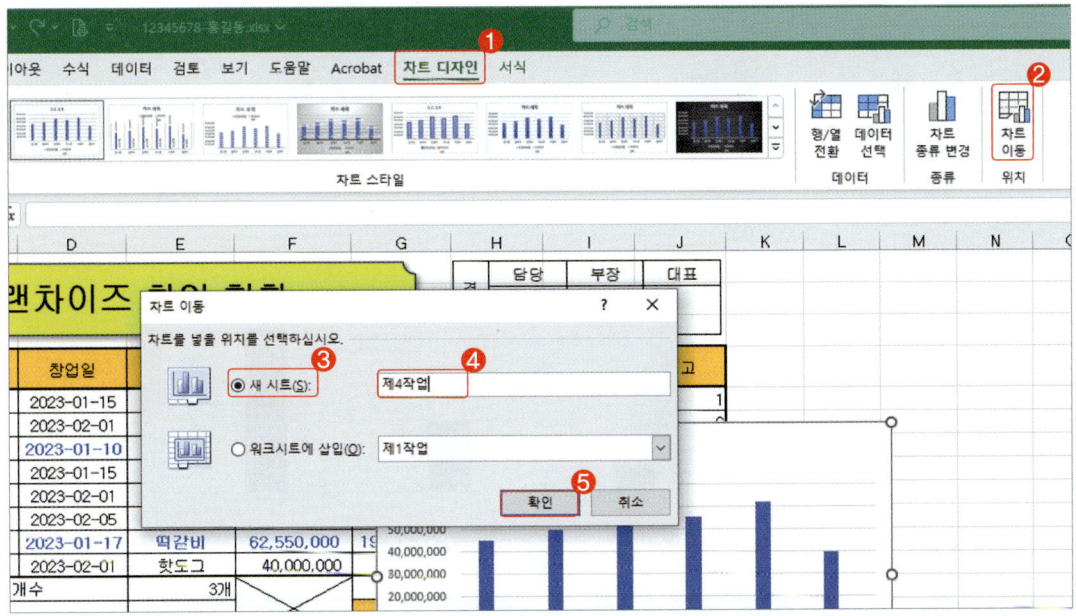

④ "제4작업" 시트를 마우스 드래그하여 제일 끝으로 이동한다.

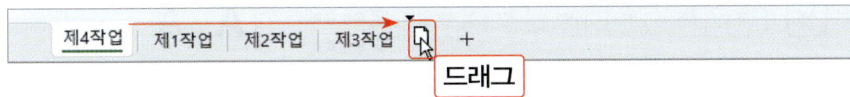

SECTION 02   차트 디자인, 영역 서식, 제목 서식

① [차트 디자인] 탭 – [빠른 레이아웃](   ) – [레이아웃 3](   )을 클릭한다.
   → [스타일 1]을 클릭한다.

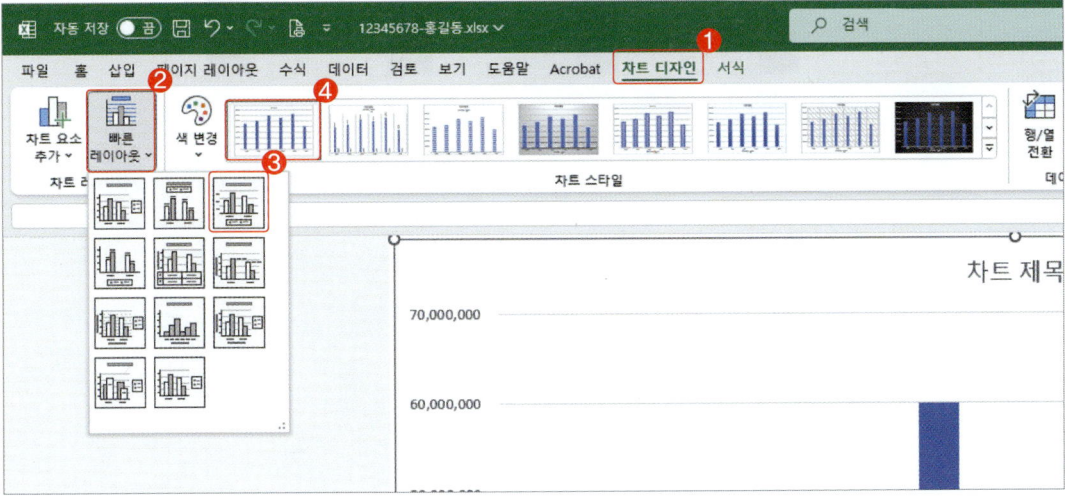

② 차트 영역을 선택하고 [홈] 탭 – [글꼴] 그룹에서 글꼴 '굴림', 크기 '11'을 설정한다.

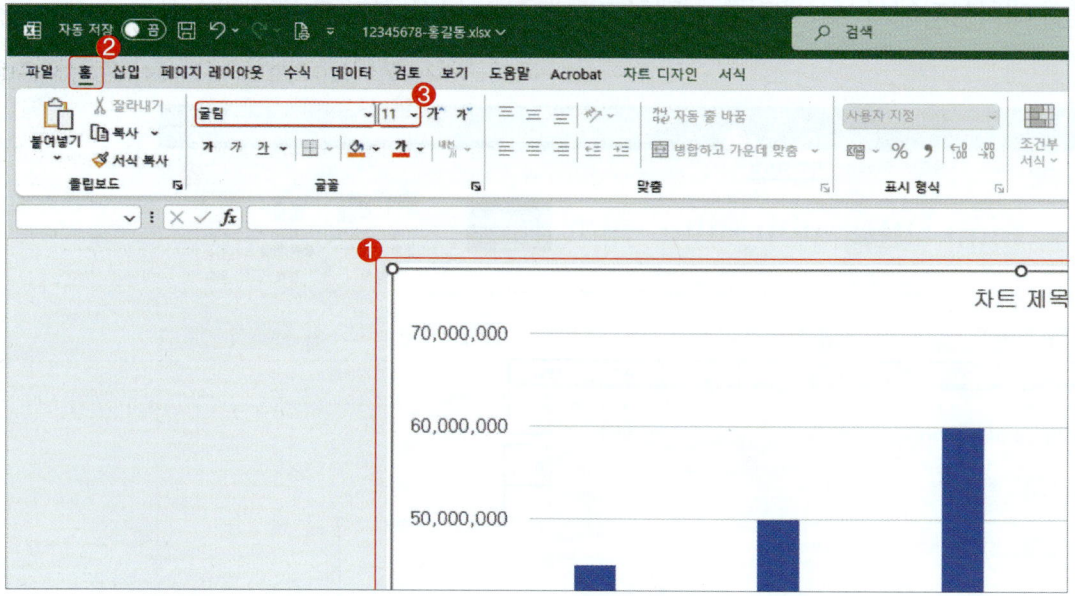

③ [서식] 탭 – [현재 선택 영역] 그룹 – [선택 영역 서식]( )을 클릭한다.

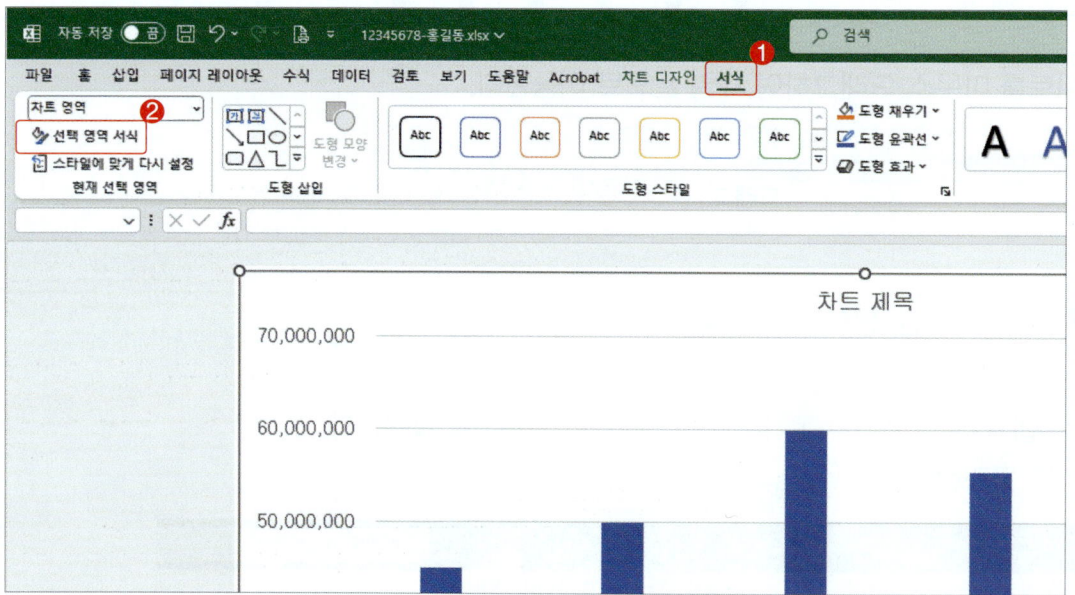

④ [차트 영역 서식] 사이드바에서 채우기 '그림 또는 질감 채우기'를 선택한다.
→ [질감]() – [파랑 박엽지]를 설정한다.

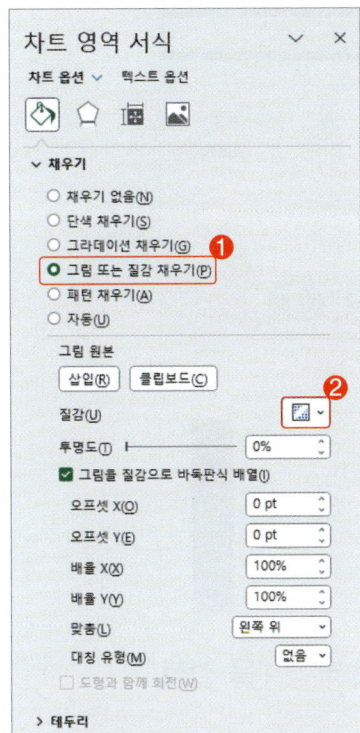

⑤ [서식] 탭 – [현재 선택 영역] 그룹에서 [그림 영역]을 선택한다.
→ 채우기 '단색 채우기'를 선택하고 [색](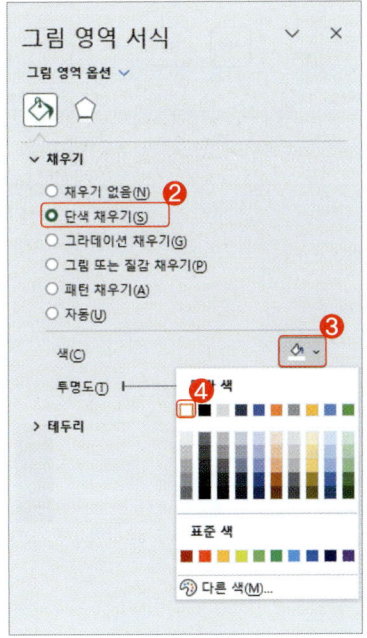) – [흰색, 배경 1]을 설정한다.

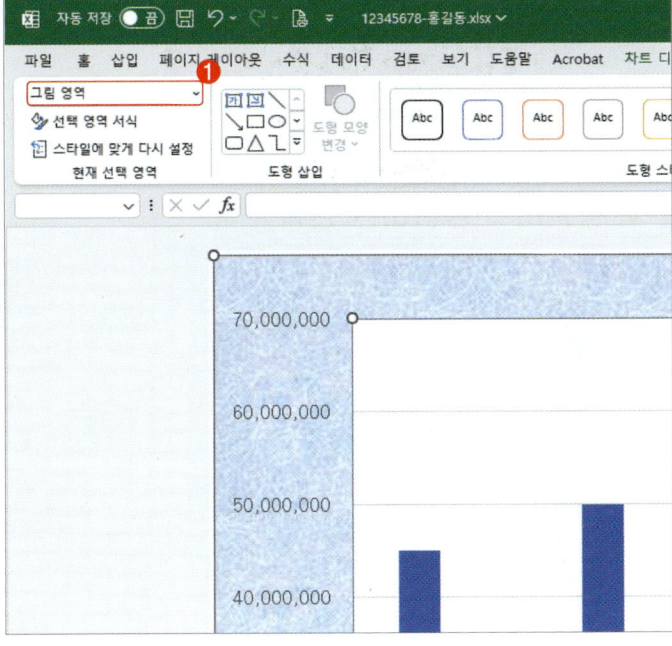

⑥ 차트 제목에 『핫도그 및 떡갈비의 창업비용 현황』을 입력한다.

→ 글꼴 '굴림', 크기 '20', [굵게] 설정한다.

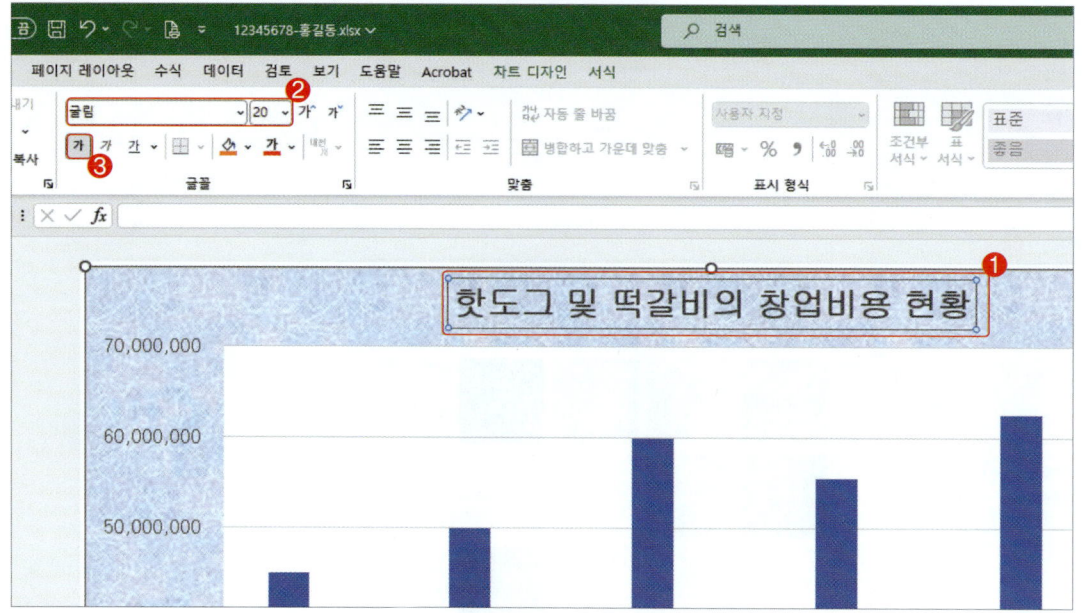

⑦ [서식] 탭 – [도형 스타일] 그룹 – [도형 채우기]( )를 클릭하고 '흰색, 배경 1'을 설정한다.

→ [도형 윤곽선]( )을 클릭하고 '검정'을 설정한다.

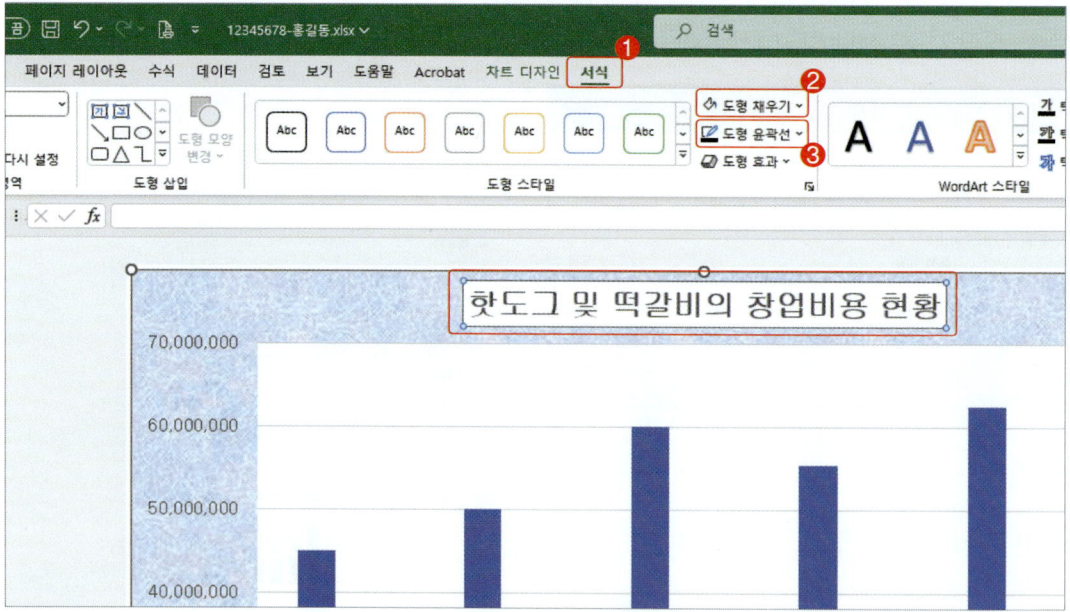

SECTION 03 서식 (보조 축)

① [차트 디자인] 탭 – [차트 종류 변경]( )을 클릭한다.

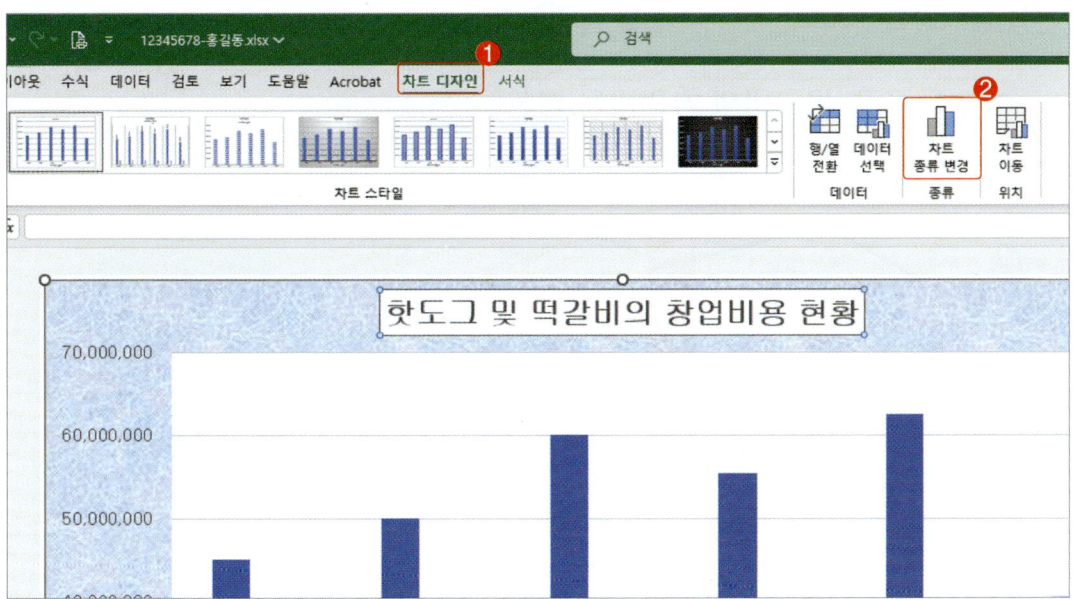

② [차트 종류 변경] 대화상자에서 '혼합'을 클릭한다.
→ 창업비용(원)의 차트 종류를 '표식이 있는 꺾은선형'으로 설정하고 '보조 축'에 체크한다.
→ 인테리어경비의 차트 종류를 '묶은 세로 막대형'으로 설정한다.

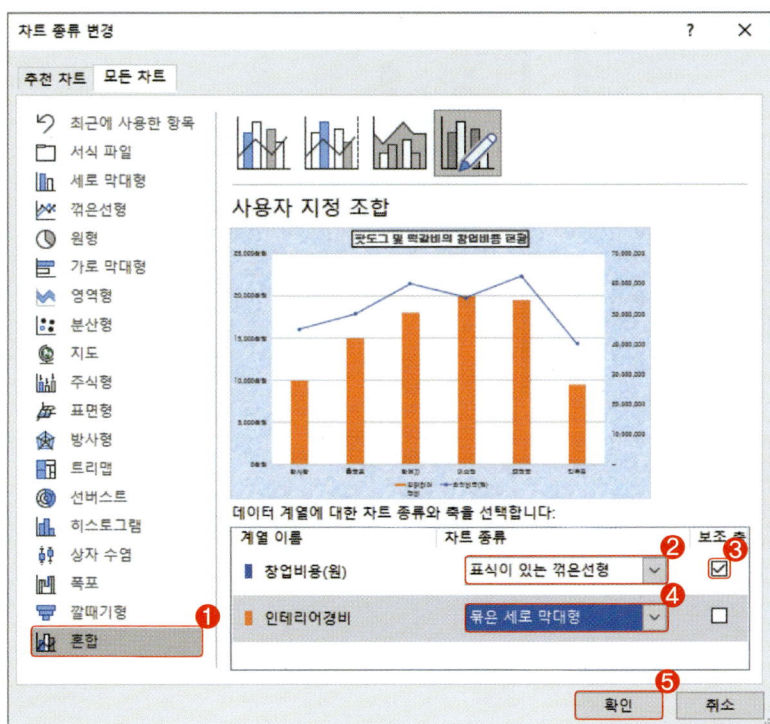

SECTION 04 서식 (표식, 레이블 값)

① **창업비용(원)** 계열을 선택한다.
  → 마우스 오른쪽 클릭하고 [데이터 계열 서식]을 클릭한다.

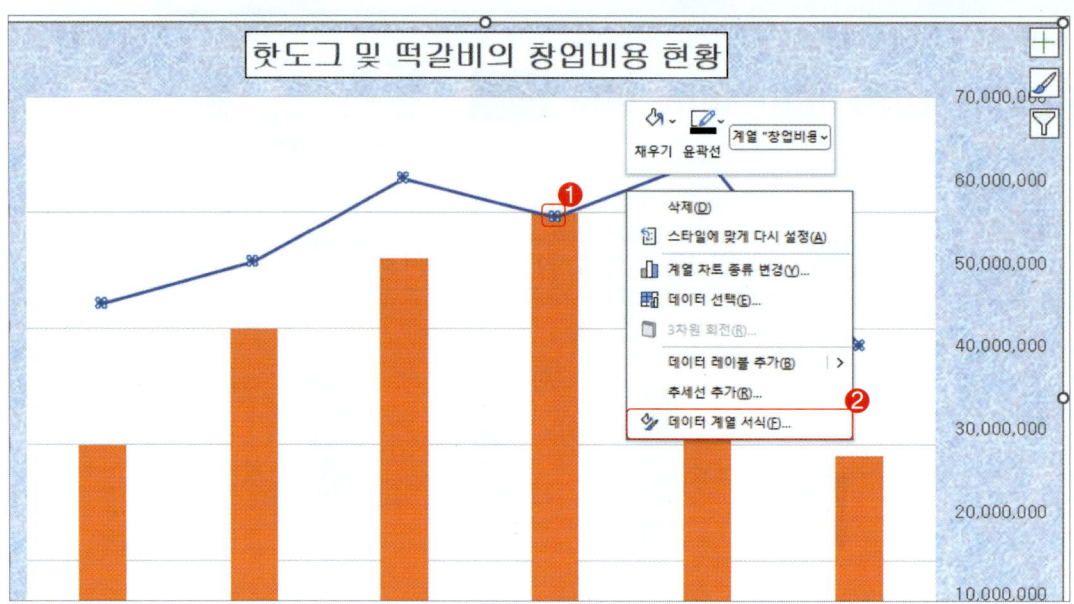

② [채우기 및 선](🎨) – 표식(📈) – 표식 옵션을 클릭한다.
  → 형식 '네모', 크기 '10'을 설정한다.

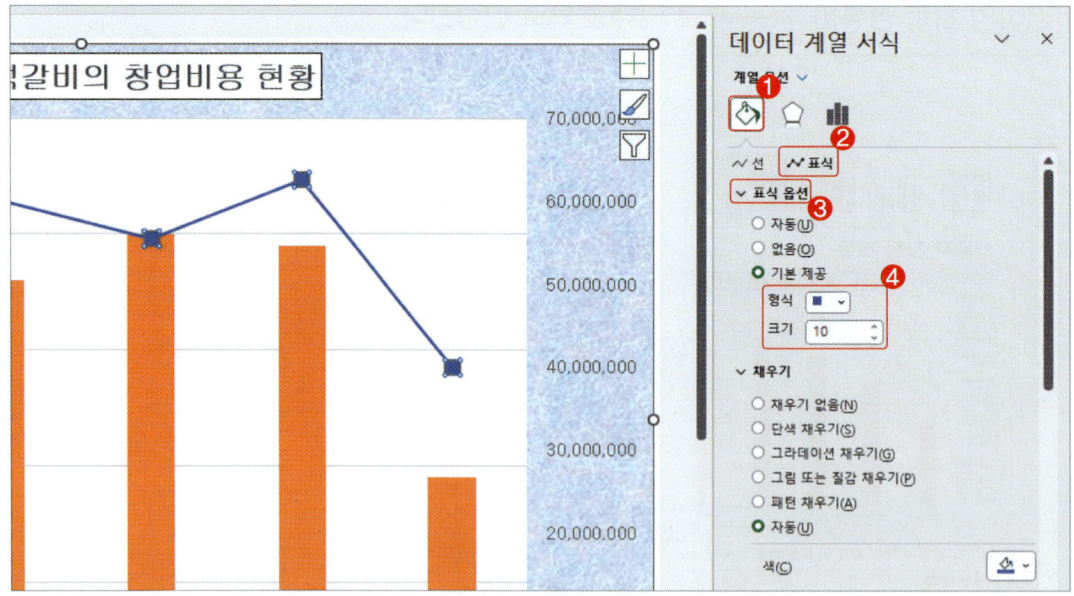

③ 창업비용(원) 계열의 '조형준' 요소만 두 번 클릭하여 선택한다.
→ [차트 요소 추가]( ) – [데이터 레이블]( ) – [위쪽]( )을 클릭한다.

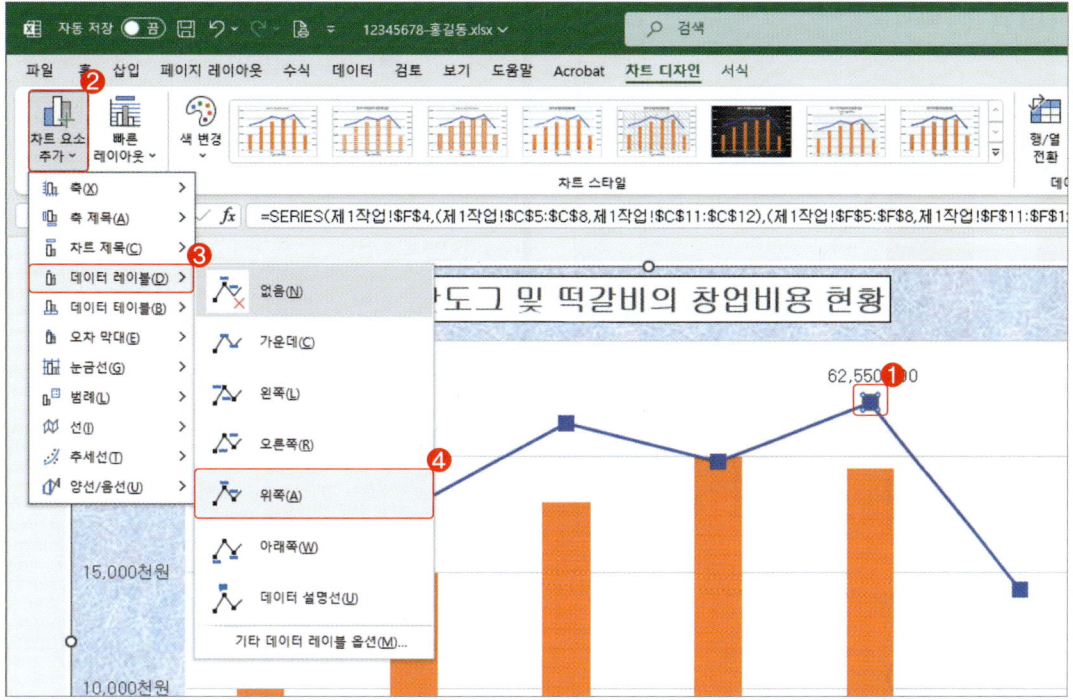

④ 인테리어경비 계열을 선택한다.
→ 마우스 오른쪽 클릭하고 [데이터 계열 서식]을 클릭한다.

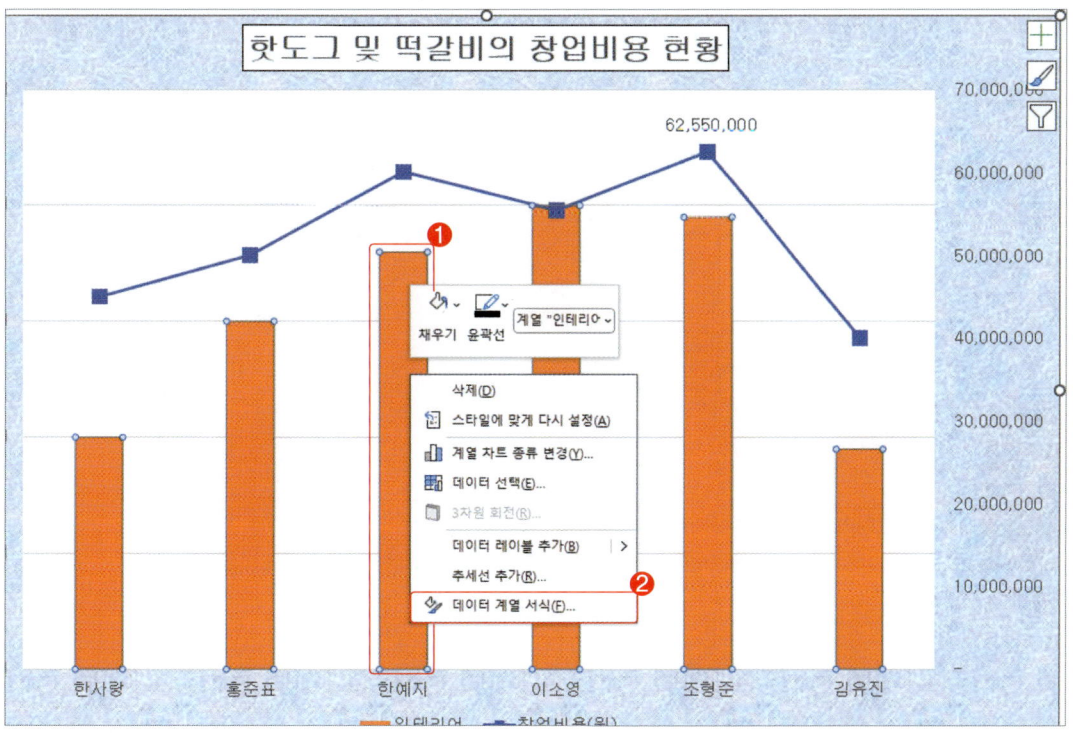

⑤ 간격 너비를 ≪출력형태≫를 참고하여 적당히 조절한다.

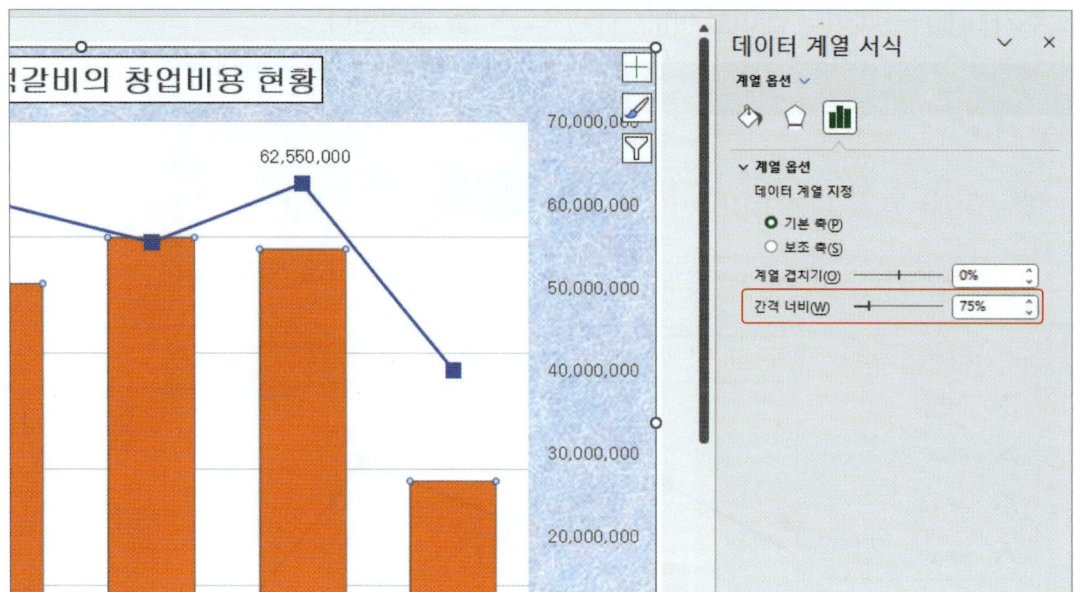

SECTION 05   서식 (눈금선)

① 눈금선을 선택하여 마우스 오른쪽 클릭하고 [눈금선 서식]( )을 클릭한다.

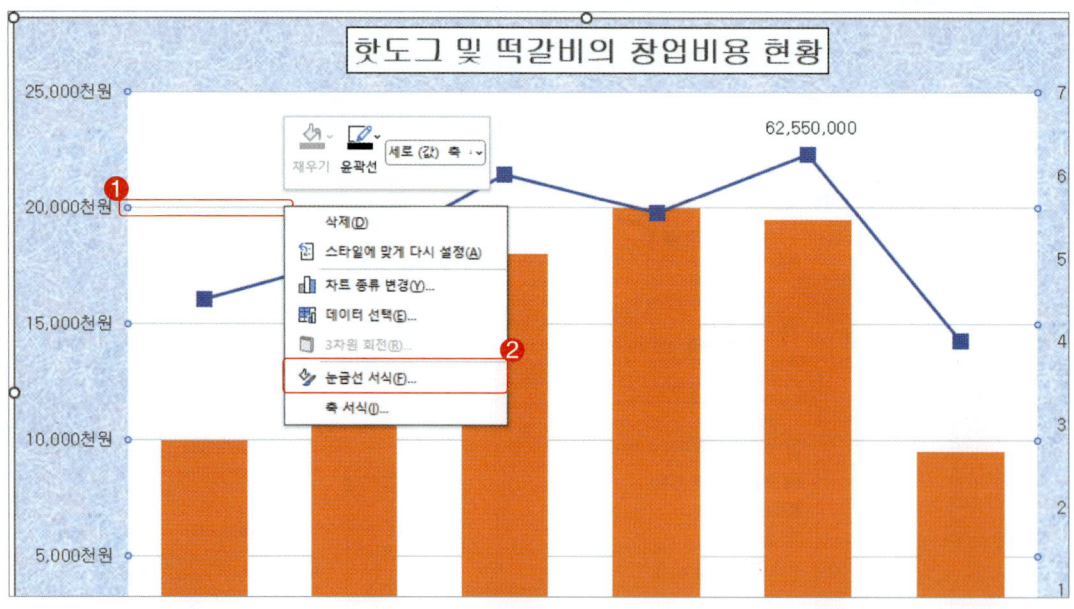

② [주 눈금선 서식] 사이드바에서 선 색 '검정', 대시 종류 '파선'을 설정한다.

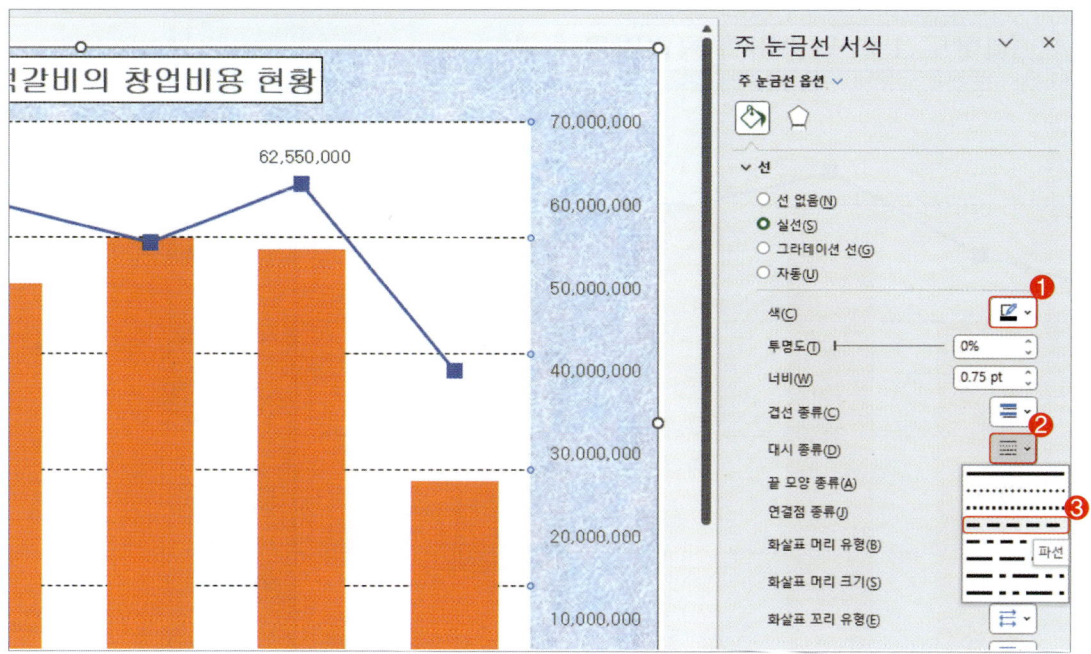

SECTION 06 서식 (축, 데이터 계열)

① 세로 (값) 축을 클릭한다.
   → [서식] 탭 – [도형 스타일] 그룹 – [도형 윤곽선](📝)을 클릭하고 '검정'을 설정한다.

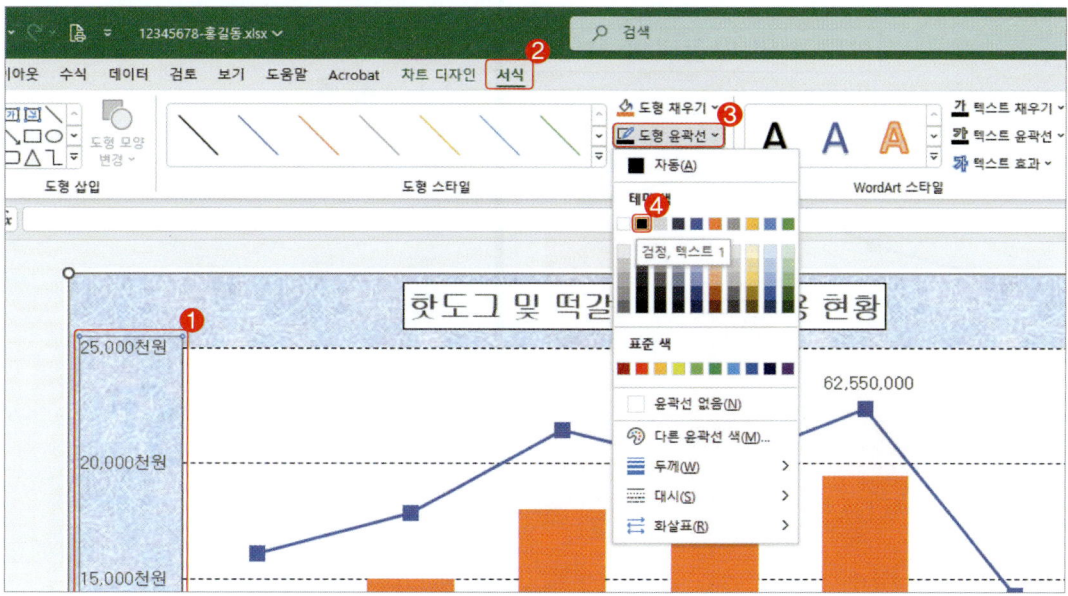

② 보조 세로 (값) 축과 가로 (항목) 축도 [도형 윤곽선](✐)을 설정한다.

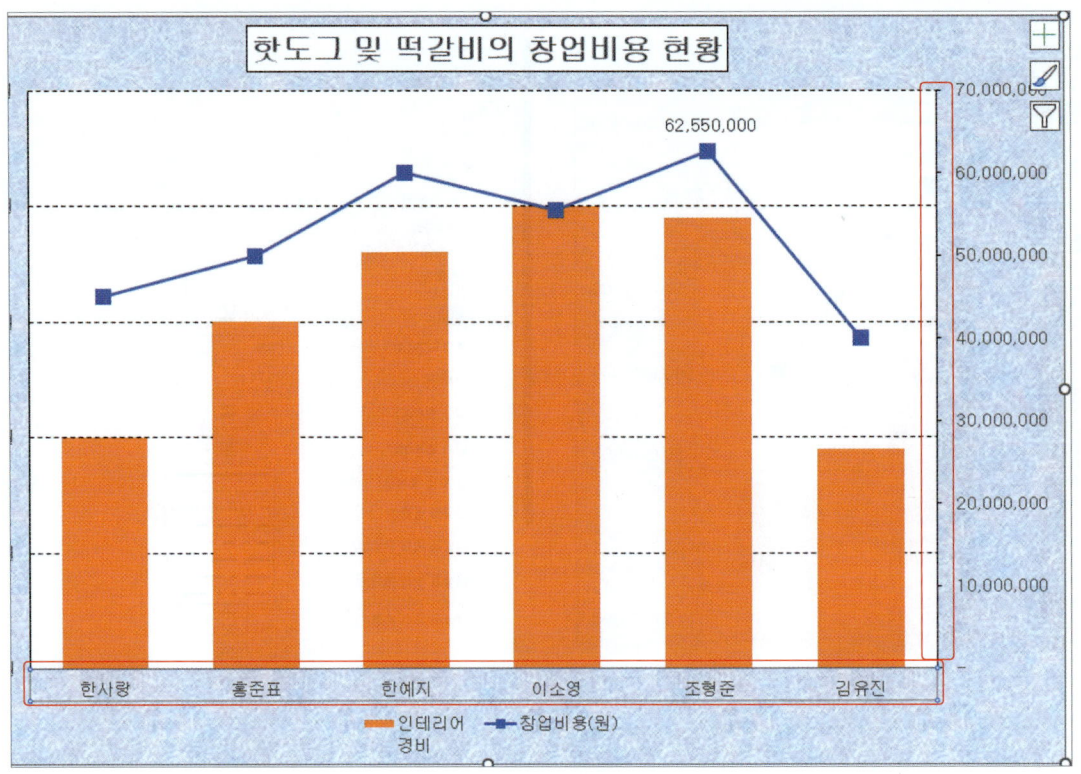

③ 세로 (값) 축을 더블클릭하여 축 서식 사이드바를 연다.
→ 축 옵션 – 경계 '최소값'에 『5000』, '최대값'에 『25000』, 단위 '기본'에 『5000』을 입력한다.

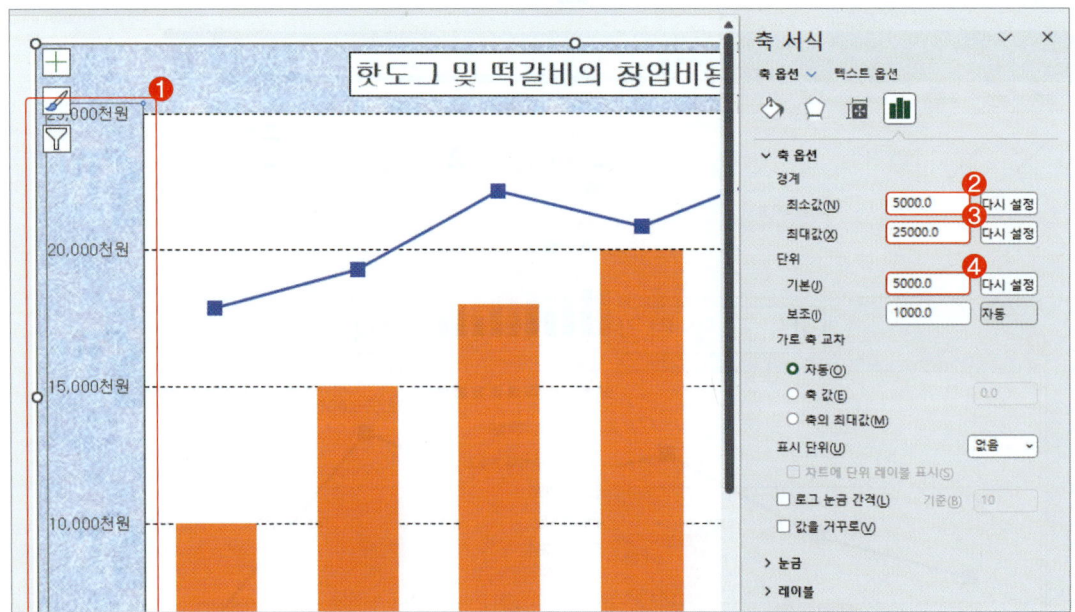

SECTION 07 범례

① [차트 디자인] 탭 – [데이터] 그룹 – [데이터 선택](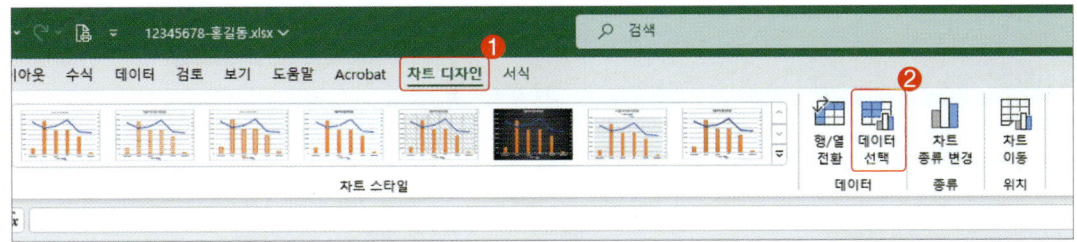)을 클릭한다.

② [데이터 원본 선택] 대화상자에서 범례 항목(계열) '인테리어경비'를 선택하고 [편집]을 클릭한다.

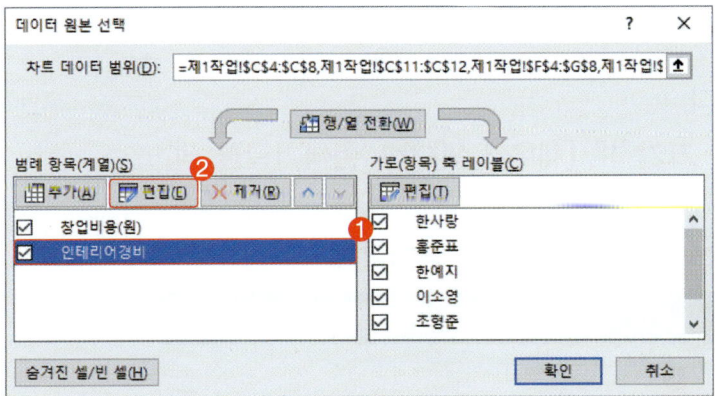

③ [계열 편집] 대화상자에서 계열 이름에 『인테리어 경비』를 입력하고 [확인]을 클릭한다.

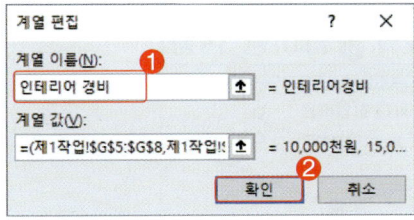

④ 다시 [데이터 원본 선택] 대화상자로 돌아오면 [확인]을 클릭한다.
   → 범례의 인테리어 경비가 한 줄로 변경된 것을 확인한다.

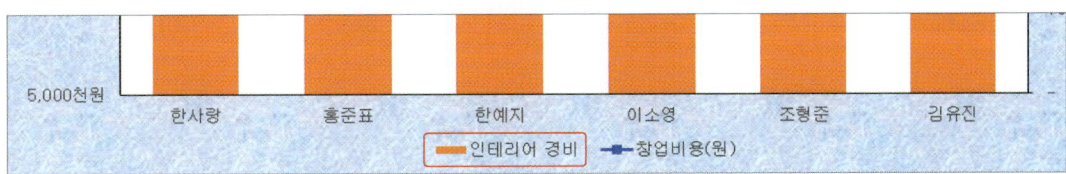

SECTION 08 도형

① [삽입] 탭 – [일러스트레이션] 그룹 – [도형]( )을 클릭하고 [말풍선: 타원형]을 클릭한다.

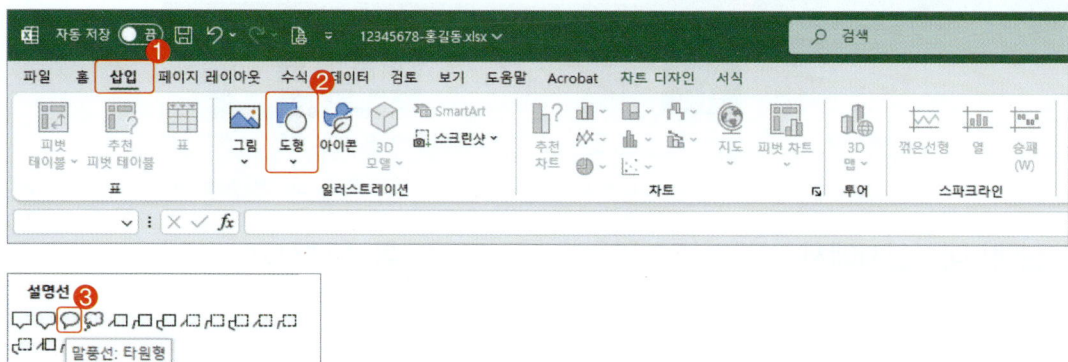

② 도형을 그리고 『최대 창업비용』을 입력한다.
  → [홈] 탭 – [글꼴] 그룹에서 글꼴 '굴림', 크기 '11', [채우기 색]( ) '흰색', [글꼴 색] (가) '검정'을 설정한다.
  → [맞춤] 그룹에서 가로와 세로 모두 [가운데 맞춤](≡, ≡)을 클릭한다.

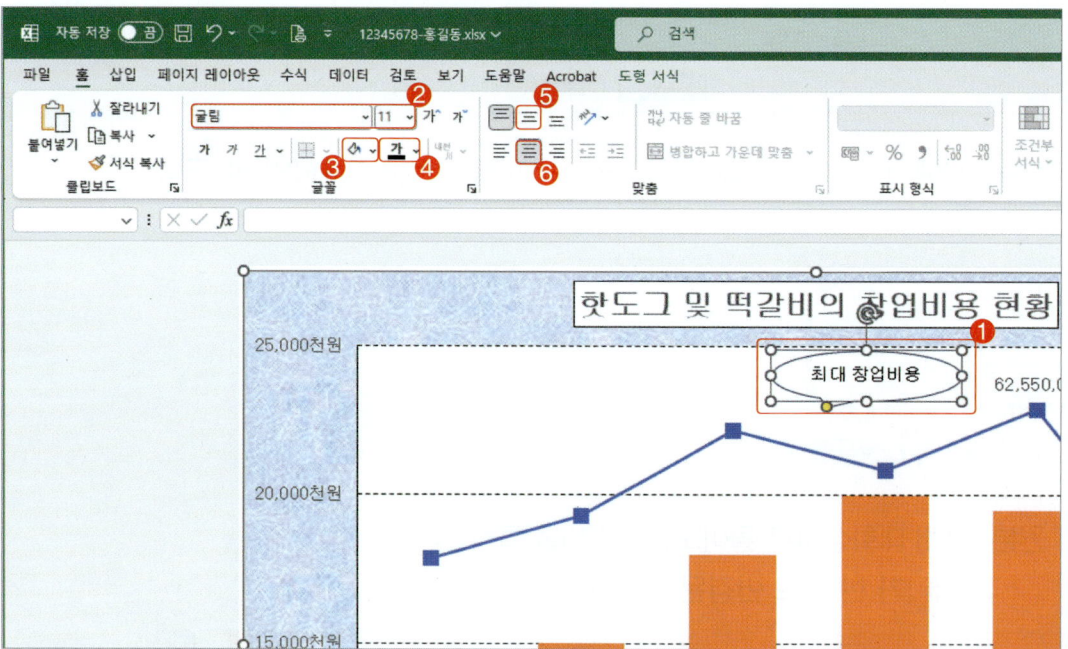

③ 노란색 조절점을 움직여 도형의 모양을 조절한다.

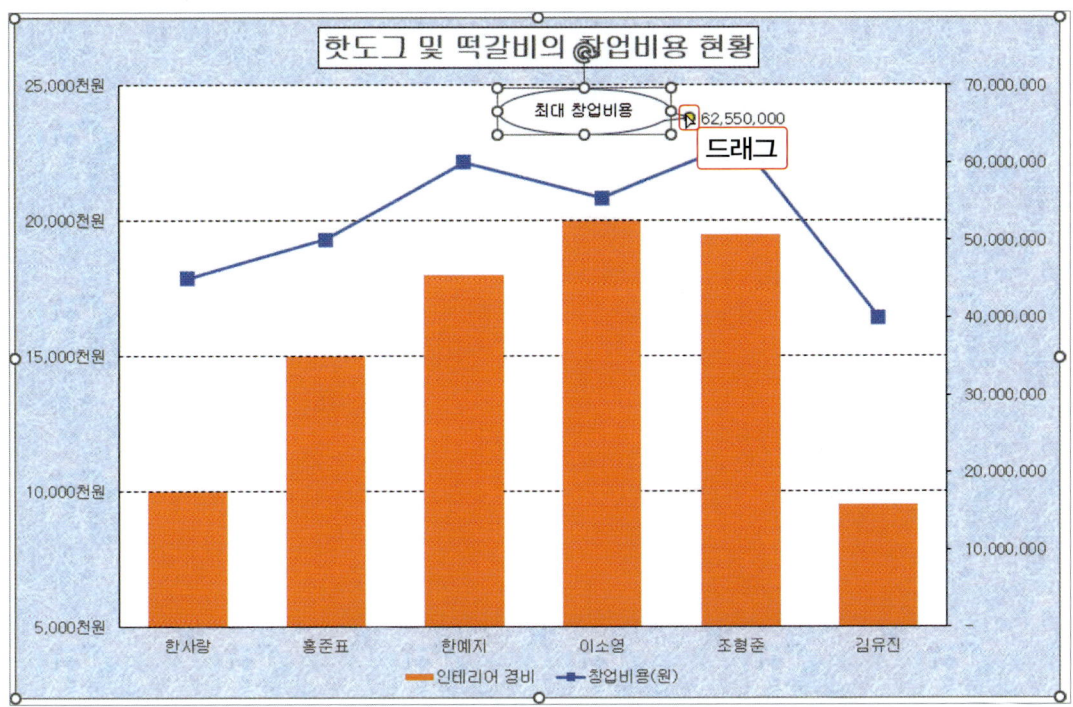

결과가 어떨지 아무도 모르지.
그냥 지금까지 열심히 공부한 만큼
네가 합격했으면 좋겠다.

PART 03

최신 기출문제

최신 기출문제 01회	239
최신 기출문제 02회	242
최신 기출문제 03회	245
최신 기출문제 04회	248
최신 기출문제 05회	251
최신 기출문제 06회	254
최신 기출문제 07회	257
최신 기출문제 08회	260
최신 기출문제 09회	263
최신 기출문제 10회	266

정보기술자격(ITQ) 시험

과목	코드	문제유형	시험시간	수험번호	성명
한글엑셀	1122	A	60분		

MS오피스

※ 최신 기출문제 01~10회 학습 시 답안 작성요령을 동일하게 적용하세요.

수험자 유의사항

- 수험자는 문제지를 받는 즉시 문제지와 **수험표상의 시험과목(프로그램)이 동일한지 반드시 확인**하여야 합니다.
- 파일명은 본인의 "수험번호-성명"으로 입력하여 답안폴더(내 PC₩문서₩ITQ)에 하나의 파일로 저장해야 하며, 답안문서 파일명이 "수험번호-성명"과 일치하지 않거나, 답안파일을 전송하지 않아 미제출로 처리될 경우 실격 처리합니다(예: 12345678-홍길동.xlsx).
- 답안 작성을 마치면 파일을 저장하고, '답안 전송' 버튼을 선택하여 감독위원 PC로 답안을 전송하십시오. 수험생 정보와 저장한 파일명이 다를 경우 전송되지 않으므로 주의하시기 바랍니다.
- 답안 작성 중에도 **주기적으로 저장하고, '답안 전송'**하여야 문제 발생을 줄일 수 있습니다. 작업한 내용을 저장하지 않고 전송할 경우 이전에 저장된 내용이 전송되니 이점 유의하시기 바랍니다.
- 답안문서는 지정된 경로 외의 다른 보조기억장치에 저장하는 경우, 지정된 시험 시간 외에 작성된 파일을 활용할 경우, 기타 통신수단(이메일, 메신저, 네트워크 등)을 이용하여 타인에게 전달 또는 외부 반출하는 경우는 부정 처리합니다.
- 시험 중 부주의 또는 고의로 시스템을 파손한 경우는 수험자가 변상해야 하며, 〈수험자 유의사항〉에 기재된 방법대로 이행하지 않아 생기는 불이익은 수험생 당사자의 책임임을 알려 드립니다.
- 문제의 조건은 MS오피스 2021 버전으로 설정되어 있으며 MS오피스 2016은 【 】에 표기되어 있습니다. 이와 관련하여 작성한 답안의 출력형태가 문제지와 다를 수 있습니다.
- 시험을 완료한 수험자는 답안파일이 전송되었는지 확인한 후 감독위원의 지시에 따라 문제지를 제출하고 퇴실합니다.

답안 작성요령

- 온라인 답안 작성 절차
  수험자 등록 ⇒ 시험 시작 ⇒ 답안파일 저장 ⇒ 답안 전송 ⇒ 시험 종료
- 문제는 총 4단계, 즉 제1작업부터 제4작업까지 구성되어 있으며 반드시 제1작업부터 순서대로 작성하고 조건대로 작업하시오.
- 모든 작업시트의 A열은 열 너비 '1'로, 나머지 열은 적당하게 조절하시오.
- 모든 작업시트의 테두리는 ≪출력형태≫와 같이 작업하시오.
- 해당 작업란에서는 각각 제시된 조건에 따라 ≪출력형태≫와 같이 작업하시오.
- 답안 시트 이름은 "제1작업", "제2작업", "제3작업", "제4작업"이어야 하며 답안 시트 이외의 것은 감점 처리됩니다.
- 각 시트를 파일로 나누어 작업해서 저장할 경우 실격 처리됩니다.

최신 기출문제 01회

수험번호 20263011 **정답파일** PART 03 최신 기출문제₩최신01회_정답.xlsx

제1 작업 — 표 서식 작성 및 값 계산 240점

다음은 '편의점 김밥 비교'에 대한 자료이다. 자료를 입력하고 조건에 맞도록 작업하시오.

출력형태

코드	제품명	분류	출시일	지방(g)	나트륨(mg)	판매가격	판매처	순위
DF-219	오징어볶음	볶음	2019-05-04	3.3	459	2,300	(1)	(2)
FU-321	묵은지참치	참치	2021-11-04	5.1	328	2,500	(1)	(2)
TU-122	참치마요	참치	2020-06-22	4.7	321	2,600	(1)	(2)
BF-115	듬뿍소고기	소고기	2024-03-22	2.2	282	2,900	(1)	(2)
CB-106	멸치볶음	볶음	2021-07-01	2.4	511	2,200	(1)	(2)
BF-314	바싹불고기	소고기	2024-07-03	2.9	377	3,200	(1)	(2)
DB-213	스팸볶음김치	볶음	2021-06-15	2.3	328	2,400	(1)	(2)
TA-347	양배추참치	참치	2021-08-09	6.3	268	2,700	(1)	(2)
참치김밥 개수			(3)			최대 판매가격		(5)
볶음김밥 지방(g) 평균			(4)			코드	DF-219	판매가격	(6)

결재 / 담당 / 대리 / 팀장

조건

- 모든 데이터의 서식에는 글꼴(굴림, 11pt), 정렬은 숫자 및 회계 서식은 오른쪽 정렬, 나머지 서식은 가운데 정렬로 작성하며 예외적인 것은 ≪출력형태≫를 참조하시오.
- 제목 ⇒ 도형(육각형)과 그림자(오프셋 오른쪽)를 이용하여 작성하고 "편의점 김밥 비교"를 입력한 후 다음 서식을 적용하시오(글꼴 – 굴림, 24pt, 검정, 굵게, 채우기 – 노랑).
- 임의의 셀에 결재란을 작성하여 그림으로 복사 기능을 이용하여 붙이기 하시오(단, 원본 삭제).
- 「B4:J4, G14, I14」 영역은 '주황'으로 채우기 하시오.
- 유효성 검사를 이용하여 「H14」셀에 코드(「B5:B12」 영역)가 선택 표시되도록 하시오.
- 셀 서식 ⇒ 「H5:H12」 영역에 셀 서식을 이용하여 숫자 뒤에 '원'을 표시하시오(예 : 2,300원).
- 「D5:D12」 영역에 대해 '분류'로 이름정의를 하시오.

(1)~(6) 셀은 반드시 주어진 함수를 이용하여 값을 구하시오(결과값을 직접 입력하면 해당 셀은 0점 처리됨).

(1) 판매처 ⇒ 코드의 네 번째 글자가 1이면 'AU', 2이면 'ES25', 3이면 '디마트24'로 표시하시오 (CHOOSE, MID 함수).
(2) 순위 ⇒ 판매가격의 내림차순 순위를 구하시오(RANK.EQ 함수).
(3) 참치김밥 개수 ⇒ 정의된 이름(분류)을 이용하여 구한 결과값에 '개'를 붙이시오(COUNTIF 함수, & 연산자)(예 : 1개).
(4) 볶음김밥 지방(g) 평균 ⇒ 반올림하여 예와 같이 구하시오. 단, 조건은 입력데이터를 이용하시오 (ROUND, DAVERAGE 함수)(예 : 12.347 → 12.35).
(5) 최대 판매가격 ⇒ (MAX 함수)
(6) 판매가격 ⇒ 「H14」셀에서 선택한 코드에 대한 판매가격을 구하시오(VLOOKUP 함수).
(7) 조건부 서식의 수식을 이용하여 판매가격이 '2,800' 이상인 행 전체에 다음의 서식을 적용하시오(글꼴 : 파랑, 굵게).

제 2 작업   필터 및 서식   80점

"제1작업" 시트의 「B4:H12」 영역을 복사하여 "제2작업" 시트의 「B2」 셀부터 모두 붙여넣기를 한 후 다음의 조건과 같이 작업하시오.

조건	
	(1) 고급 필터 – 분류가 '참치'이거나, 판매가격이 '3,000' 이상인 자료의 제품명, 지방(g), 나트륨(mg), 판매가격 데이터만 추출하시오. 　　– 조건 범위 : 「B14」 셀부터 입력하시오. 　　– 복사 위치 : 「B18」 셀부터 나타나도록 하시오. (2) 표 서식 – 고급필터의 결과셀을 채우기 없음으로 설정한 후 '표 스타일 보통 6'의 서식을 적용하시오. 　　– 머리글 행, 줄무늬 행을 적용하시오.

제 3 작업   피벗 테이블   80점

"제1작업" 시트를 이용하여 "제3작업" 시트에 조건에 따라 ≪출력형태≫와 같이 작업하시오.

조건	
	(1) 나트륨(mg) 및 분류별 제품명의 개수와 판매가격의 평균을 구하시오. (2) 나트륨(mg)을 그룹화하고, 분류를 ≪출력형태≫와 같이 정렬하시오. (3) 레이블이 있는 셀 병합 및 가운데 맞춤 적용 및 빈 셀은 '**'로 표시하시오. (4) 행의 총합계는 지우고, 나머지 사항은 ≪출력형태≫에 맞게 작성하시오.

출력형태

A	B	C	D	E	F	G	H
1							
2		분류					
3		참치		소고기		볶음	
4	나트륨(mg)	개수 : 제품명	평균 : 판매가격	개수 : 제품명	평균 : 판매가격	개수 : 제품명	평균 : 판매가격
5	201-350	3	2,600	1	2,900	1	2,400
6	351-500	**	**	1	3,200	1	2,300
7	501-650	**	**	**	**	1	2,200
8	총합계	3	2,600	2	3,050	3	2,300

제 4 작업   그래프   100점

"제1작업" 시트를 이용하여 조건에 따라 ≪출력형태≫와 같이 작업하시오.

조건

(1) 차트 종류 ⇒ 〈묶은 세로 막대형〉으로 작업하시오.
(2) 데이터 범위 ⇒ "제1작업" 시트의 내용을 이용하여 작업하시오.
(3) 위치 ⇒ "새 시트"로 이동하고, "제4작업"으로 시트 이름을 바꾸시오.
(4) 차트 디자인 도구 ⇒ 레이아웃 3, 스타일 1을 선택하여 ≪출력형태≫에 맞게 작업하시오.
(5) 영역 서식 ⇒ 차트 : 글꼴(굴림, 11pt), 채우기 효과(질감 – 분홍 박엽지)
             그림 : 채우기(흰색, 배경1)
(6) 제목 서식 ⇒ 차트 제목 : 글꼴(굴림, 굵게, 20pt), 채우기(흰색, 배경1), 테두리
(7) 서식 ⇒ 판매가격 계열의 차트 종류를 〈표식이 있는 꺾은선형〉으로 변경한 후 보조 축으로 지정하시오.
       계열 : ≪출력형태≫를 참조하여 표식(세모, 크기 10)과 레이블 값을 표시하시오.
       눈금선 : 선 스타일 – 파선
       축 : ≪출력형태≫를 참조하시오.
(8) 범례 ⇒ 범례명을 변경하고 ≪출력형태≫를 참조하시오.
(9) 도형 ⇒ '모서리가 둥근 사각형 설명선'을 삽입한 후 ≪출력형태≫와 같이 내용을 입력하시오.
(10) 나머지 사항은 ≪출력형태≫에 맞게 작성하시오.

출력형태

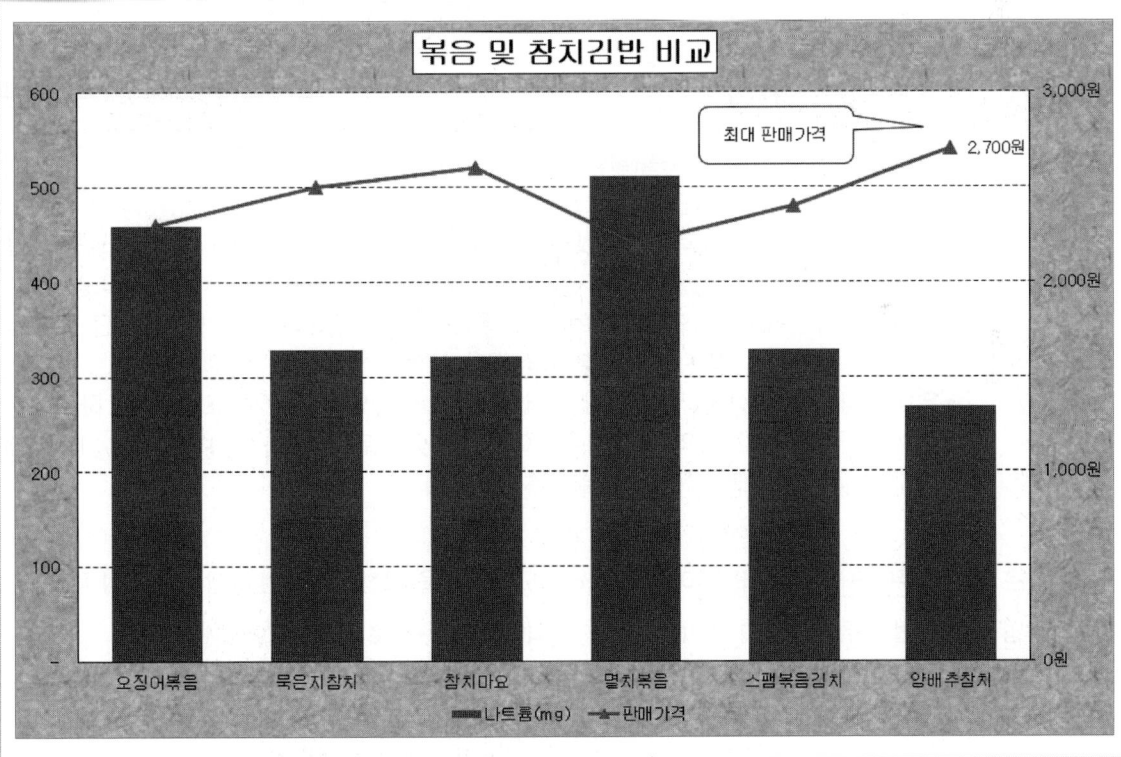

주의 시트명 순서가 차례대로 "제1작업", "제2작업", "제3작업", "제4작업"이 되도록 할 것

최신 기출문제 02회

수험번호 20263002　　**정답파일** PART 03 최신 기출문제₩최신02회_정답.xlsx

제1 작업　표 서식 작성 및 값 계산　　240점

다음은 '맛나 디저트 쇼핑몰 납품현황'에 대한 자료이다. 자료를 입력하고 조건에 맞도록 작업하시오.

출력형태

관리번호	종류	디저트명	납품최저가(원)	출시일	전월판매량	거래처수(개)	보관방법	순위
CC-001	케이크	치즈케이크	6,850	2024-10-10	1,020	10	(1)	(2)
BR-001	베이커리	클래식휘낭시에	3,200	2024-01-20	950	8	(1)	(2)
CC-002	케이크	생크림밀크롤	15,530	2024-05-10	675	12	(1)	(2)
MR-001	마카롱	황치즈마카롱	2,850	2024-11-20	1,150	9	(1)	(2)
BR-002	베이커리	크리스피누룽지	4,300	2024-02-10	733	9	(1)	(2)
BC-003	베이커리	대만샌드위치	3,550	2024-07-10	1,230	20	(1)	(2)
CR-003	케이크	딸기크레이프	6,570	2024-01-10	585	10	(1)	(2)
MC-002	마카롱	딸기뚱카롱	3,070	2024-12-20	780	7	(1)	(2)
케이크 납품최저가(원) 평균			(3)		마카롱 제품 개수			(5)
가장 많은 거래처수(개)			(4)		디저트명	치즈케이크	전월판매량	(6)

조건

- 모든 데이터의 서식에는 글꼴(굴림, 11pt), 정렬은 숫자 및 회계 서식은 오른쪽 정렬, 나머지 서식은 가운데 정렬로 작성하며 예외적인 것은 ≪출력형태≫를 참조하시오.
- 제목 ⇒ 도형(배지)과 그림자(오프셋 오른쪽)를 이용하여 작성하고 "맛나 디저트 쇼핑몰 납품현황"을 입력한 후 다음 서식을 적용하시오(글꼴 – 굴림, 24pt, 검정, 굵게, 채우기 – 노랑).
- 임의의 셀에 결재란을 작성하여 그림으로 복사 기능을 이용하여 붙이기 하시오(단, 원본 삭제).
- 「B4:J4, G14, I14」 영역은 '주황'으로 채우기 하시오.
- 유효성 검사를 이용하여 「H14」셀에 디저트명(「D5:D12」 영역)이 선택 표시되도록 하시오.
- 셀 서식 ⇒ 「G5:G12」 영역에 셀 서식을 이용하여 숫자 뒤에 '개'를 표시하시오(예 : 1,020개).
- 「H5:H12」 영역에 대해 '거래처수'로 이름정의를 하시오.

(1)~(6) 셀은 반드시 <u>주어진 함수를 이용하여</u> 값을 구하시오(결과값을 직접 입력하면 해당 셀은 0점 처리됨).

(1) 보관방법 ⇒ 관리번호 두 번째 값이 C이면 '냉장', 그 외에는 '실온'으로 구하시오(IF, MID 함수).
(2) 순위 ⇒ 전월판매량의 내림차순 순위를 구하시오(RANK.EQ 함수).
(3) 케이크 납품최저가(원) 평균 ⇒ 반올림하여 백원 단위까지 구하고, 조건은 입력데이터를 이용하시오 (ROUND, DAVERAGE 함수)(예 : 4,650 → 4,700).
(4) 가장 많은 거래처수(개) ⇒ 정의된 이름(거래처수)을 이용하여 구하시오(MAX 함수).
(5) 마카롱 제품 개수 ⇒ 결과값에 '개'를 붙이시오(COUNTIF 함수, & 연산자)(예 : 1개).
(6) 전월판매량 ⇒ 「H14」 셀에서 선택한 디저트명에 대한 전월판매량을 구하시오(VLOOKUP 함수).
(7) 조건부 서식의 수식을 이용하여 전월판매량이 '1,000' 이상인 행 전체에 다음의 서식을 적용하시오(글꼴 : 파랑, 굵게).

제 2 작업   목표값 찾기 및 필터   80점

"제1작업" 시트의 「B4:H12」 영역을 복사하여 "제2작업" 시트의 「B2」 셀부터 모두 붙여넣기를 한 후 다음의 조건과 같이 작업하시오.

조건

(1) 목표값 찾기 – 「B11:G11」 셀을 병합하고, 가운데 맞춤한 후 "납품최저가(원) 전체 평균"을 입력하고, 「H11」 셀에 납품최저가(원)의 전체 평균을 구하시오(AVERAGE 함수, 테두리).
    – '납품최저가(원)의 전체 평균'이 '5,700'이 되려면 치즈케이크의 납품최저가(원)가 얼마가 되어야 하는지 목표값을 구하시오.

(2) 고급필터 – 종류가 '마카롱'이 아니면서 거래처수(개)가 '10' 이상인 자료의 관리번호, 디저트명, 납품최저가(원), 출시일 데이터만 추출하시오.
    – 조건 범위 : 「B14」 셀부터 입력하시오.
    – 복사 위치 : 「B18」 셀부터 나타나도록 하시오.

제 3 작업   정렬 및 부분합   80점

"제1작업" 시트의 「B4:H12」 영역을 복사하여 "제3작업" 시트의 「B2」 셀부터 모두 붙여넣기를 한 후 다음의 조건과 같이 작업하시오.

조건

(1) 부분합 – ≪출력형태≫처럼 정렬하고, 디저트명의 개수와 전월판매량의 평균을 구하시오.
(2) 개요【윤곽】– 지우시오.
(3) 나머지 사항은 ≪출력형태≫에 맞게 작성하시오.

출력형태

	A	B	C	D	E	F	G	H
1								
2		관리번호	종류	디저트명	납품최저가(원)	출시일	전월판매량	거래처수(개)
3		CC-001	케이크	치즈케이크	6,850	2024-10-10	1,020개	10
4		CC-002	케이크	생크림밀크롤	15,530	2024-05-10	675개	12
5		CR-003	케이크	딸기크레이프	6,570	2024-01-10	585개	10
6			케이크 평균				760개	
7			케이크 개수	3				
8		BR-001	베이커리	클래식휘낭시에	3,200	2024-01-20	950개	8
9		BR-002	베이커리	크리스피누룽지	4,300	2024-02-10	733개	9
10		BC-003	베이커리	대만샌드위치	3,550	2024-07-10	1,230개	20
11			베이커리 평균				971개	
12			베이커리 개수	3				
13		MR-001	마카롱	황치즈마카롱	2,850	2024-11-20	1,150개	9
14		MC-002	마카롱	딸기뚱카롱	3,070	2024-12-20	780개	7
15			마카롱 평균				965개	
16			마카롱 개수	2				
17			전체 평균				890개	
18			전체 개수	8				
19								

제 4 작업   그래프   100점

"제1작업" 시트를 이용하여 조건에 따라 ≪출력형태≫와 같이 작업하시오.

조건	(1) 차트 종류 ⇒ 〈묶은 세로 막대형〉으로 작업하시오.
	(2) 데이터 범위 ⇒ "제1작업" 시트의 내용을 이용하여 작업하시오.
	(3) 위치 ⇒ "새 시트"로 이동하고, "제4작업"으로 시트 이름을 바꾸시오.
	(4) 차트 디자인 도구 ⇒ 레이아웃 3, 스타일 1을 선택하여 ≪출력형태≫에 맞게 작업하시오.
	(5) 영역 서식 ⇒ 차트 : 글꼴(굴림, 11pt), 채우기 효과(질감 – 파랑 박엽지)
	                그림 : 채우기(흰색, 배경1)
	(6) 제목 서식 ⇒ 차트 제목 : 글꼴(굴림, 굵게, 20pt), 채우기(흰색, 배경1), 테두리
	(7) 서식 ⇒ 거래처수(개) 계열의 차트 종류를 〈표식이 있는 꺾은선형〉으로 변경한 후 보조 축으로 지정하시오.
	           계열 : ≪출력형태≫를 참조하여 표식(세모, 크기 10)과 레이블 값을 표시하시오.
	           눈금선 : 선 스타일 – 파선
	           축 : ≪출력형태≫를 참조하시오.
	(8) 범례 ⇒ 범례명을 변경하고 ≪출력형태≫를 참조하시오.
	(9) 도형 ⇒ '모서리가 둥근 사각형 설명선'을 삽입한 후 ≪출력형태≫와 같이 내용을 입력하시오.
	(10) 나머지 사항은 ≪출력형태≫에 맞게 작성하시오.

출력형태	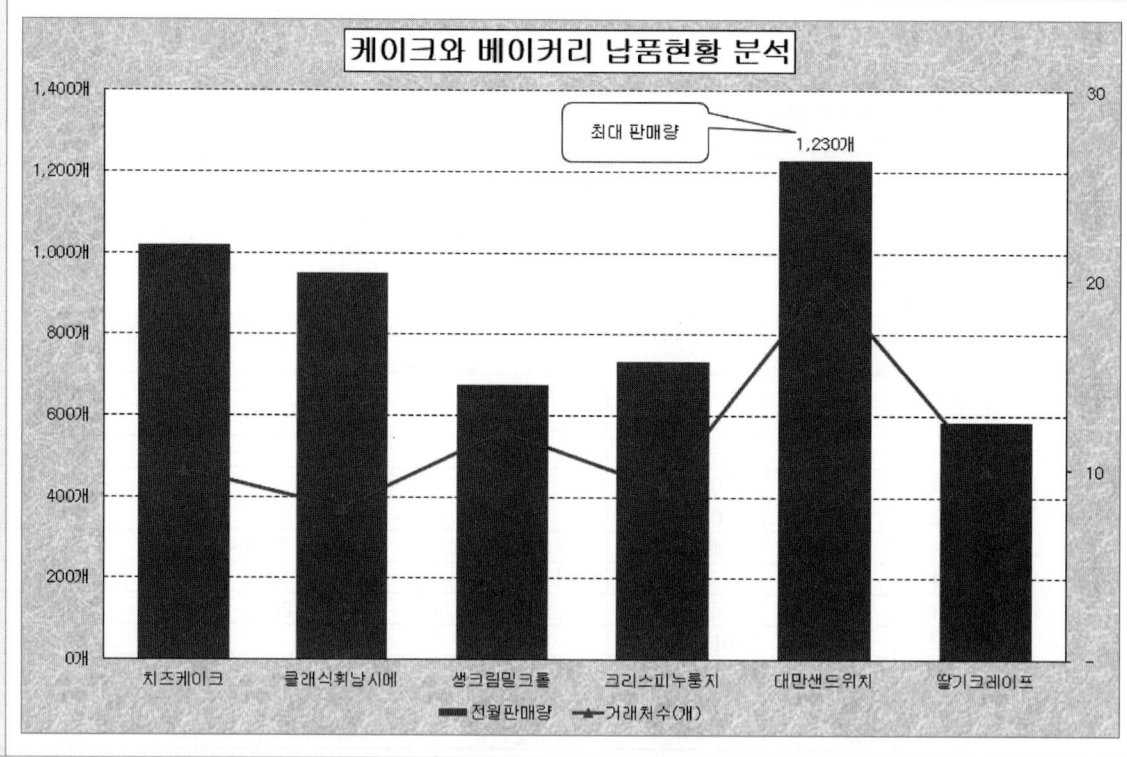

주의 시트명 순서가 차례대로 "제1작업", "제2작업", "제3작업", "제4작업"이 되도록 할 것

최신 기출문제 03회

수험번호 20263003 **정답파일** PART 03 최신 기출문제\최신03회_정답.xlsx

제 1 작업 — 표 서식 작성 및 값 계산 (240점)

다음은 '전문인력 파견업무 현황'에 대한 자료이다. 자료를 입력하고 조건에 맞도록 작업하시오.

출력형태

관리코드	업무구분	성명	근무지	계약일	근무시간(일)	총급여(단위:원)	순위	성별
C3222	교육	박은진	서울	2020-03-20	6	8,850,000	(1)	(2)
T2281	디자인	주민재	대전	2021-02-20	5	5,730,000	(1)	(2)
A4352	회계	정소민	부산	2022-11-20	6	7,656,000	(1)	(2)
A4222	디자인	차시영	대전	2021-07-20	5	6,050,000	(1)	(2)
C7271	회계	김근호	대전	2020-05-20	5	6,500,000	(1)	(2)
A3342	교육	장은비	부산	2022-12-20	6	8,640,000	(1)	(2)
V2242	교육	김현희	서울	2022-11-20	4	5,780,000	(1)	(2)
T5311	디자인	정지상	대전	2021-09-20	7	9,086,000	(1)	(2)
교육업무 총급여(단위:원) 평균			(3)			최대 총급여(단위:원)		(5)
회계업무 파견 건수			(4)			관리코드	C3222	근무지	(6)

확인: 담당 / 팀장 / 센터장

조건

- 모든 데이터의 서식에는 글꼴(굴림, 11pt), 정렬은 숫자 및 회계 서식은 오른쪽 정렬, 나머지 서식은 가운데 정렬로 작성하며 예외적인 것은 ≪출력형태≫를 참조하시오.
- 제목 ⇒ 도형(사다리꼴)과 그림자(오프셋 오른쪽)를 이용하여 작성하고 "전문인력 파견업무 현황"을 입력한 후 다음 서식을 적용하시오(글꼴 – 굴림, 24pt, 검정, 굵게, 채우기 – 노랑).
- 임의의 셀에 결재란을 작성하여 그림으로 복사 기능을 이용하여 붙이기 하시오(단, 원본 삭제).
- 「B4:J4, G14, I14」 영역은 '주황'으로 채우기 하시오.
- 유효성 검사를 이용하여 「H14」 셀에 관리코드(「B5:B12」 영역)가 선택 표시되도록 하시오.
- 셀 서식 ⇒ 「G5:G12」 영역에 셀 서식을 이용하여 숫자 뒤에 'H'를 표시하시오(예 : 6H).
- 「C5:C12」 영역에 대해 '업무구분'으로 이름정의를 하시오.

(1)~(6) 셀은 반드시 주어진 함수를 이용하여 값을 구하시오(결과값을 직접 입력하면 해당 셀은 0점 처리됨).

(1) 순위 ⇒ 총급여(단위:원)의 내림차순 순위를 1~3까지 구하고, 그 외에는 공백으로 표시하시오(IF, RANK.EQ 함수).
(2) 성별 ⇒ 관리코드의 마지막 글자가 1이면 '남성', 2이면 '여성'으로 구하시오(CHOOSE, RIGHT 함수).
(3) 교육업무 총급여(단위:원) 평균 ⇒ 내림하여 만원 단위로 구하시오. 단, 조건은 입력데이터를 이용하시오 (ROUNDDOWN, DAVERAGE 함수)(예 : 2,567,468 → 2,560,000).
(4) 회계업무 파견 건수 ⇒ 정의된 이름(업무구분)을 이용하여 구한 결과값에 '건'을 붙이시오 (COUNTIF 함수, & 연산자)(예 : 1건).
(5) 최대 총급여(단위:원) ⇒ (MAX 함수)
(6) 근무지 ⇒ 「H14」 셀에서 선택한 관리코드에 대한 근무지를 표시하시오(VLOOKUP 함수).
(7) 조건부 서식의 수식을 이용하여 총급여(단위:원)가 '8,000,000' 이상인 행 전체에 다음의 서식을 적용하시오 (글꼴 : 파랑, 굵게).

제 2 작업 — 필터 및 서식 (80점)

"제1작업" 시트의 「B4:H12」 영역을 복사하여 "제2작업" 시트의 「B2」 셀부터 모두 붙여넣기를 한 후 다음의 조건과 같이 작업하시오.

조건

(1) 고급 필터 – 업무구분이 '회계'이거나, 총급여(단위:원)가 '6,000,000' 이하인 자료의 성명, 근무지, 근무시간(일), 총급여(단위:원) 데이터만 추출하시오.
　　　　– 조건 범위 : 「B14」 셀부터 입력하시오.
　　　　– 복사 위치 : 「B18」 셀부터 나타나도록 하시오.
(2) 표 서식 – 고급필터의 결과셀을 채우기 없음으로 설정한 후 '표 스타일 보통 6'의 서식을 적용하시오.
　　　　– 머리글 행, 줄무늬 행을 적용하시오.

제 3 작업 — 피벗 테이블 (80점)

"제1작업" 시트를 이용하여 "제3작업" 시트에 조건에 따라 ≪출력형태≫와 같이 작업하시오.

조건

(1) 계약일 및 근무지별 성명의 개수와 총급여(단위:원)의 평균을 구하시오.
(2) 계약일을 그룹화하고, 근무지를 ≪출력형태≫와 같이 정렬하시오.
(3) 레이블이 있는 셀 병합 및 가운데 맞춤 적용 및 빈 셀은 '**'로 표시하시오.
(4) 행의 총합계는 지우고, 나머지 사항은 ≪출력형태≫에 맞게 작성하시오.

출력형태

	A	B	C	D	E	F	G	H
1								
2		근무지						
3			서울		부산		대전	
4		계약일	개수 : 성명	평균 : 총급여(단위:원)	개수 : 성명	평균 : 총급여(단위:원)	개수 : 성명	평균 : 총급여(단위:원)
5		2020년	1	8,850,000	**	**	1	6,500,000
6		2021년	**	**	**	**	3	6,955,333
7		2022년	1	5,780,000	2	8,148,000	**	**
8		총합계	2	7,315,000	2	8,148,000	4	6,841,500
9								

제 4 작업 그래프 100점

"제1작업" 시트를 이용하여 조건에 따라 ≪출력형태≫와 같이 작업하시오.

조건

(1) 차트 종류 ⇒ 〈묶은 세로 막대형〉으로 작업하시오.
(2) 데이터 범위 ⇒ "제1작업" 시트의 내용을 이용하여 작업하시오.
(3) 위치 ⇒ "새 시트"로 이동하고, "제4작업"으로 시트 이름을 바꾸시오.
(4) 차트 디자인 도구 ⇒ 레이아웃 3, 스타일 1을 선택하여 ≪출력형태≫에 맞게 작업하시오.
(5) 영역 서식 ⇒ 차트 : 글꼴(굴림, 11pt), 채우기 효과(질감 – 파랑 박엽지)
　　　　　　　그림 : 채우기(흰색, 배경1)
(6) 제목 서식 ⇒ 차트 제목 : 글꼴(굴림, 굵게, 20pt), 채우기(흰색, 배경1), 테두리
(7) 서식 ⇒ 근무시간(일) 계열의 차트 종류를 〈표식이 있는 꺾은선형〉으로 변경한 후 보조 축으로 지정하시오.
　　　　계열 : ≪출력형태≫를 참조하여 표식(마름모, 크기 10)과 레이블 값을 표시하시오.
　　　　눈금선 : 선 스타일 – 파선
　　　　축 : ≪출력형태≫를 참조하시오.
(8) 범례 ⇒ 범례명을 변경하고 ≪출력형태≫를 참조하시오.
(9) 도형 ⇒ '모서리가 둥근 사각형 설명선'을 삽입한 후 ≪출력형태≫와 같이 내용을 입력하시오.
(10) 나머지 사항은 ≪출력형태≫에 맞게 작성하시오.

출력형태

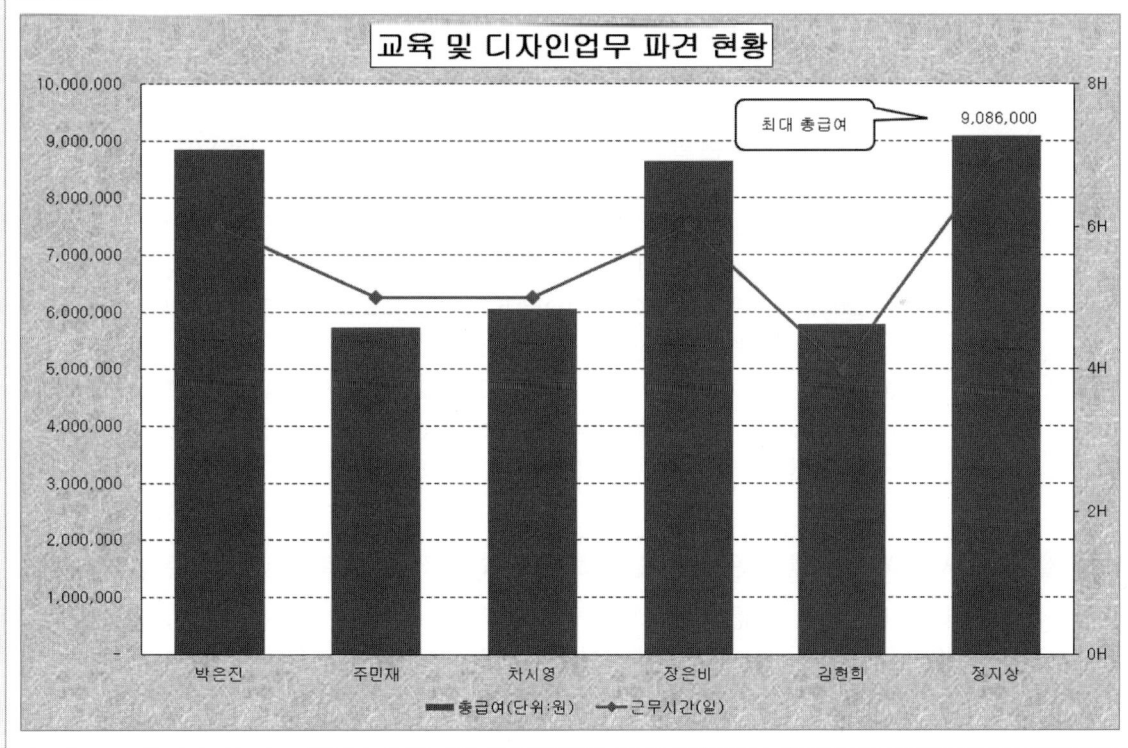

주의 시트명 순서가 차례대로 "제1작업", "제2작업", "제3작업", "제4작업"이 되도록 할 것

최신 기출문제 04회

수험번호 20263004　**정답파일** PART 03 최신 기출문제\최신04회_정답.xlsx

제1 작업　표 서식 작성 및 값 계산　　240점

다음은 '국내 인기 유튜브 현황'에 대한 자료이다. 자료를 입력하고 조건에 맞도록 작업하시오.

출력형태

	유튜브	채널명	가입일	카테고리	게시 된 비디오수	구독자수	조회수 (최근 7일간)	순위	가입연도
	결재							담당 / 팀장 / 본부장	

유튜브	채널명	가입일	카테고리	게시 된 비디오수	구독자수	조회수 (최근 7일간)	순위	가입연도
KE-115	한국셀럽	2016-05-03	피플앤블로그	235	28,053	9,964	(1)	(2)
KH-541	칸바이트	2017-12-05	엔터테인먼트	1,908	6,632	3,201	(1)	(2)
MR-213	코리아이슈	2018-01-03	피플앤블로그	348	3,996	658	(1)	(2)
PW-245	한국TV	2017-06-04	엔터테인먼트	981	3,331	754	(1)	(2)
LQ-712	마이소코리아	2016-04-03	과학과 기술	375	1,142	347	(1)	(2)
AL-432	코스모코리아	2018-03-04	과학과 기술	1,506	16,588	8,261	(1)	(2)
KG-312	투데이경제	2017-05-26	피플앤블로그	605	1,913	1,988	(1)	(2)
CK-123	러브캣	2017-03-07	엔터테인먼트	809	20,356	8,044	(1)	(2)
최대 조회수			(3)		엔터테인먼트에 게시 된 비디오수 합계			(5)
피플앤블로그 구독자수 평균			(4)		채널명	한국셀럽	구독자수	(6)

조건

- 모든 데이터의 서식에는 글꼴(굴림, 11pt), 정렬은 숫자 및 회계 서식은 오른쪽 정렬, 나머지 서식은 가운데 정렬로 작성하며 예외적인 것은 《출력형태》를 참조하시오.
- 제목 ⇒ 도형(배지)과 그림자(오프셋 오른쪽)를 이용하여 작성하고 "국내 인기 유튜브 현황"을 입력한 후 다음 서식을 적용하시오(글꼴 – 굴림, 24pt, 검정, 굵게, 채우기 – 노랑).
- 임의의 셀에 결재란을 작성하여 그림으로 복사 기능을 이용하여 붙이기 하시오(단, 원본 삭제).
- 「B4:J4, G14, I14」 영역은 '주황'으로 채우기 하시오.
- 유효성 검사를 이용하여 「H14」셀에 채널명(「C5:C12」 영역)이 선택 표시되도록 하시오.
- 셀 서식 ⇒ 「H5:H12」 영역에 셀 서식을 이용하여 숫자 뒤에 '천회'를 표시하시오(예 : 9,964천회).
- 「H5:H12」 영역에 대해 '조회수'로 이름정의를 하시오.

(1)~(6) 셀은 반드시 <u>주어진 함수를 이용하여</u> 값을 구하시오(결과값을 직접 입력하면 해당 셀은 0점 처리됨).

(1) 순위 ⇒ 구독자수의 내림차순 순위를 1~3까지 구하고, 그 외에는 공백으로 표시하시오(IF, RANK.EQ 함수).
(2) 가입연도 ⇒ 가입일의 연도를 구한 결과값에 '년'을 붙이시오(YEAR 함수, & 연산자)(예 : 2025년).
(3) 최대 조회수 ⇒ 정의된 이름(조회수)을 이용하여 구하시오(MAX 함수).
(4) 피플앤블로그 구독자수 평균 ⇒ 반올림하여 예와 같이 구하시오. 단, 조건은 입력데이터를 이용하시오
　　　　　　　　　　(ROUND, DAVERAGE 함수)(예 : 10,367.4 → 10,370).
(5) 엔터테인먼트에 게시 된 비디오수 합계 ⇒ (SUMIF 함수)
(6) 구독자수 ⇒ 「H14」셀에서 선택한 채널명에 대한 구독자수를 구하시오(VLOOKUP 함수).
(7) 조건부 서식의 수식을 이용하여 구독자수가 '10,000' 이상인 행 전체에 다음의 서식을 적용하시오(글꼴 : 파랑, 굵게).

제 2 작업 목표값 찾기 및 필터   80점

"제1작업" 시트의 「B4:H12」 영역을 복사하여 "제2작업" 시트의 「B2」 셀부터 모두 붙여넣기를 한 후 다음의 조건과 같이 작업하시오.

조건

(1) 목표값 찾기 – 「B11:G11」 셀을 병합하고, 가운데 맞춤한 후 "구독자수 전체 평균"을 입력하고, 「H11」 셀에 구독자수 전체 평균을 구하시오(AVERAGE 함수, 테두리).
  – '구독자수 전체 평균'이 '10,300'이 되려면 한국셀럽의 구독자수가 얼마가 되어야 하는지 목표값을 구하시오.
(2) 고급필터 – 카테고리가 '피플앤블로그'가 아니면서 조회수(최근 7일간)가 '5,000' 이하인 자료의 채널명, 가입일, 구독자수, 조회수(최근 7일간) 데이터만 추출하시오.
  – 조건 범위 : 「B14」 셀부터 입력하시오.
  – 복사 위치 : 「B18」 셀부터 나타나도록 하시오.

제 3 작업 정렬 및 부분합   80점

"제1작업" 시트의 「B4:H12」 영역을 복사하여 "제3작업" 시트의 「B2」 셀부터 모두 붙여넣기를 한 후 다음의 조건과 같이 작업하시오.

조건

(1) 부분합 – ≪출력형태≫처럼 정렬하고, 채널명의 개수와 조회수(최근 7일간)의 평균을 구하시오.
(2) 개요【윤곽】 – 지우시오.
(3) 나머지 사항은 ≪출력형태≫에 맞게 작성하시오.

출력형태

	A	B	C	D	E	F	G	H
1								
2		유튜브	채널명	가입일	카테고리	게시 된 비디오수	구독자수	조회수 (최근 7일간)
3		KE-115	한국셀럽	2016-05-03	피플앤블로그	235	28,053	9,964천회
4		MR-213	코리아이슈	2018-01-03	피플앤블로그	348	3,996	658천회
5		KG-312	투데이경제	2017-05-26	피플앤블로그	605	1,913	1,988천회
6					피플앤블로그 평균			4,203천회
7			3		피플앤블로그 개수			
8		KH-541	칸바이트	2017-12-05	엔터테인먼트	1,908	6,632	3,201천회
9		PW-245	한국TV	2017-06-04	엔터테인먼트	981	3,331	754천회
10		CK-123	러브캣	2017-03-07	엔터테인먼트	809	20,356	8,044천회
11					엔터테인먼트 평균			4,000천회
12			3		엔터테인먼트 개수			
13		LQ-712	마이소코리아	2016-04-03	과학과 기술	375	1,142	347천회
14		AL-432	코스모코리아	2018-03-04	과학과 기술	1,506	16,588	8,261천회
15					과학과 기술 평균			4,304천회
16			2		과학과 기술 개수			
17					전체 평균			4,152천회
18			8		전체 개수			

| 제 4 작업 | 그래프 | 100점 |

"제1작업" 시트를 이용하여 조건에 따라 ≪출력형태≫와 같이 작업하시오.

| 조건 | (1) 차트 종류 ⇒ 〈묶은 세로 막대형〉으로 작업하시오.
(2) 데이터 범위 ⇒ "제1작업" 시트의 내용을 이용하여 작업하시오.
(3) 위치 ⇒ "새 시트"로 이동하고, "제4작업"으로 시트 이름을 바꾸시오.
(4) 차트 디자인 도구 ⇒ 레이아웃 3, 스타일 1을 선택하여 ≪출력형태≫에 맞게 작업하시오.
(5) 영역 서식 ⇒ 차트 : 글꼴(굴림, 11pt), 채우기 효과(질감 – 파랑 박엽지)
　　　　　　　　그림 : 채우기(흰색, 배경1)
(6) 제목 서식 ⇒ 차트 제목 : 글꼴(굴림, 굵게, 20pt), 채우기(흰색, 배경1), 테두리
(7) 서식 ⇒ 구독자수 계열의 차트 종류를 〈표식이 있는 꺾은선형〉으로 변경한 후 보조 축으로 지정하시오.
　　　　　계열 : ≪출력형태≫를 참조하여 표식(세모, 크기 10)과 레이블 값을 표시하시오.
　　　　　눈금선 : 선 스타일 – 파선
　　　　　축 : ≪출력형태≫를 참조하시오.
(8) 범례 ⇒ 범례명을 변경하고 ≪출력형태≫를 참조하시오.
(9) 도형 ⇒ '모서리가 둥근 사각형 설명선'을 삽입한 후 ≪출력형태≫와 같이 내용을 입력하시오.
(10) 나머지 사항은 ≪출력형태≫에 맞게 작성하시오. |
| 출력형태 | 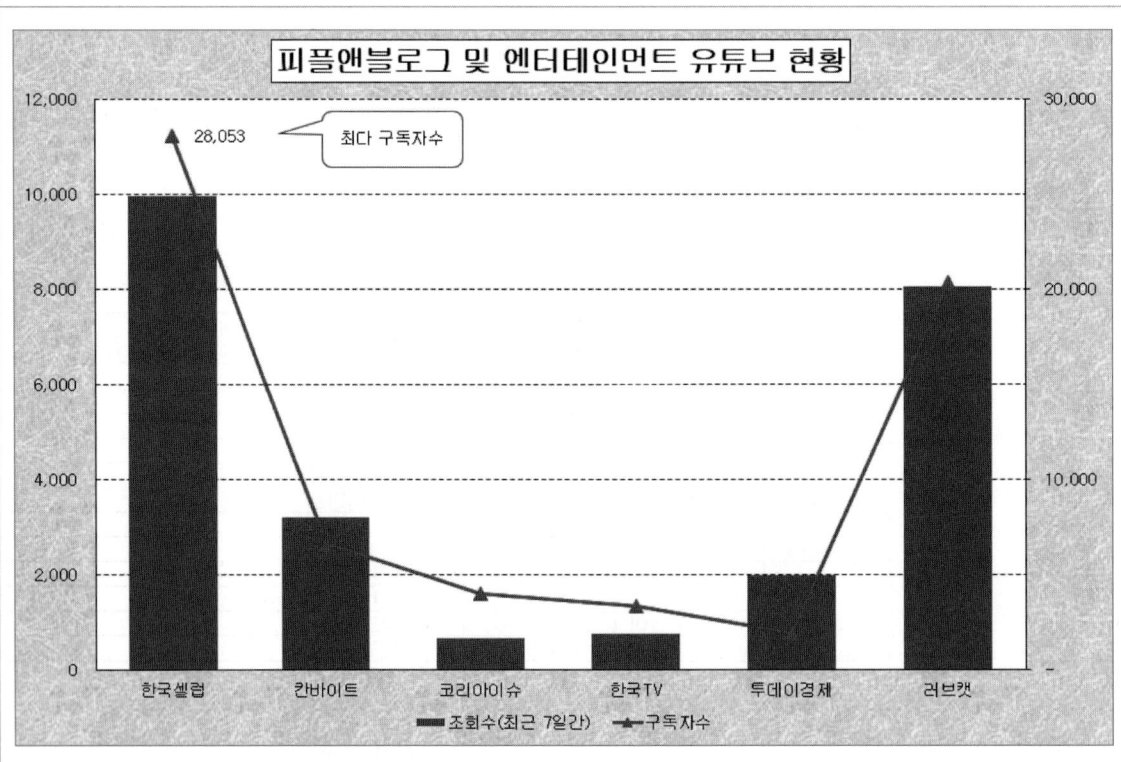 |

주의 시트명 순서가 차례대로 "제1작업", "제2작업", "제3작업", "제4작업"이 되도록 할 것

최신 기출문제 05회

수험번호 20263005　**정답파일** PART 03 최신 기출문제\최신05회_정답.xlsx

제 1 작업　표 서식 작성 및 값 계산　240점

다음은 '미래 박물관 체험학습 현황'에 대한 자료이다. 자료를 입력하고 조건에 맞도록 작업하시오.

출력형태

코드	체험 유형	담당자	학습 대상자	신청인원(명)	정원(명)	누적 참여인원	순위	학습 장소
E2432	응급처치	손미진	성인	42	50	12,500	(1)	(2)
A2512	미술체험	이경희	유아	38	40	22,500	(1)	(2)
S1531	과학실험	김경동	초등학생	28	30	13,500	(1)	(2)
S1341	증강현실	이정빈	성인	32	40	14,259	(1)	(2)
L3603	문학체험	김미영	초등학생	45	50	8,950	(1)	(2)
S2102	로봇만들기	박정훈	유아	31	35	7,840	(1)	(2)
C1551	가상현실	장우진	성인	27	30	6,200	(1)	(2)
P2842	사진촬영	정다영	초등학생	29	30	5,580	(1)	(2)
성인 대상자 체험학습 개수			(3)			최대 누적 참여인원		(5)
유아 대상자 누적 참여인원 합계			(4)		체험 유형	응급처치	학습 대상자	(6)

확인 | 담당 | 팀장 | 부장

조건

- 모든 데이터의 서식에는 글꼴(굴림, 11pt), 정렬은 숫자 및 회계 서식은 오른쪽 정렬, 나머지 서식은 가운데 정렬로 작성하며 예외적인 것은 ≪출력형태≫를 참조하시오.
- 제목 ⇒ 도형(사다리꼴)과 그림자(오프셋 오른쪽)를 이용하여 작성하고 "미래 박물관 체험학습 현황"을 입력한 후 다음 서식을 적용하시오(글꼴 – 굴림, 24pt, 검정, 굵게, 채우기 – 노랑).
- 임의의 셀에 결재란을 작성하여 그림으로 복사 기능을 이용하여 붙이기 하시오(단, 원본 삭제).
- 「B4:J4, G14, I14」 영역은 '주황'으로 채우기 하시오.
- 유효성 검사를 이용하여 「H14」 셀에 체험 유형(「C5:C12」 영역)이 선택 표시되도록 하시오.
- 셀 서식 ⇒ 「H5:H12」 영역에 셀 서식을 이용하여 숫자 뒤에 '명'을 표시하시오(예 : 12,500명).
- 「E5:E12」 영역에 대해 '대상자'로 이름정의를 하시오.

(1)~(6) 셀은 반드시 **주어진 함수를 이용하여** 값을 구하시오(결과값을 직접 입력하면 해당 셀은 0점 처리됨).

(1) 순위 ⇒ 누적 참여인원의 내림차순 순위를 1~3까지 구하고, 그 외에는 공백으로 나타내시오(IF, RANK.EQ 함수).
(2) 학습 장소 ⇒ 코드의 두 번째 글자가 1이면 '실험실', 2이면 '강당', 3이면 '강의실'로 구하시오(CHOOSE, MID 함수).
(3) 성인 대상자 체험학습 개수 ⇒ 조건은 입력데이터를 이용하여 구한 후 결과값에 '개'를 붙이오
　　　　　　　　　　　(DCOUNTA 함수, & 연산자)(예 : 5개).
(4) 유아 대상자 누적 참여인원 합계 ⇒ 정의된 이름(대상자)을 이용하여 구하시오(SUMIF 함수).
(5) 최대 누적 참여인원 ⇒ (LARGE 함수)
(6) 학습 대상자 ⇒ 「H14」 셀에서 선택한 체험 유형에 대한 학습 대상자를 구하시오(VLOOKUP 함수).
(7) 조건부 서식의 수식을 이용하여 누적 참여인원이 '14,000' 이상인 행 전체에 다음의 서식을 적용하시오(글꼴 : 파랑, 굵게).

제 2 작업   필터 및 서식   80점

"제1작업" 시트의 「B4:H12」 영역을 복사하여 "제2작업" 시트의 「B2」 셀부터 모두 붙여넣기를 한 후 다음의 조건과 같이 작업하시오.

조건	(1) 고급 필터 – 학습 대상자가 '성인'이거나, 누적 참여인원이 '20,000' 이상인 자료의 체험 유형, 담당자, 신청인원(명), 누적 참여인원 데이터만 추출하시오.
	    – 조건 범위 : 「B14」 셀부터 입력하시오.
	    – 복사 위치 : 「B18」 셀부터 나타나도록 하시오.
	(2) 표 서식 – 고급필터의 결과셀을 채우기 없음으로 설정한 후 '표 스타일 보통 6'의 서식을 적용하시오.
	    – 머리글 행, 줄무늬 행을 적용하시오.

제 3 작업   피벗 테이블   80점

"제1작업" 시트를 이용하여 "제3작업" 시트에 조건에 따라 ≪출력형태≫와 같이 작업하시오.

조건	(1) 신청인원(명) 및 학습 대상자별 체험 유형의 개수와 누적 참여인원의 평균을 구하시오. (2) 신청인원(명)을 그룹화하고, 학습 대상자를 ≪출력형태≫와 같이 정렬하시오. (3) 레이블이 있는 셀 병합 및 가운데 맞춤 적용 및 빈 셀은 '**'로 표시하시오. (4) 행의 총합계는 지우고, 나머지 사항은 ≪출력형태≫에 맞게 작성하시오.
출력형태	

	학습 대상자						
	초등학생		유아		성인		
신청인원(명)	개수 : 체험 유형	평균 : 누적 참여인원	개수 : 체험 유형	평균 : 누적 참여인원	개수 : 체험 유형	평균 : 누적 참여인원
21-30	2	9,540	**	**	1	6,200
31-40	**	**	2	15,170	1	14,259
41-50	1	8,950	**	**	1	12,500
총합계	3	9,343	2	15,170	3	10,986

| 제 4 작업 | 그래프 | 100점 |

"제1작업" 시트를 이용하여 조건에 따라 ≪출력형태≫와 같이 작업하시오.

| 조건 | (1) 차트 종류 ⇒ 〈묶은 세로 막대형〉으로 작업하시오.
(2) 데이터 범위 ⇒ "제1작업" 시트의 내용을 이용하여 작업하시오.
(3) 위치 ⇒ "새 시트"로 이동하고, "제4작업"으로 시트 이름을 바꾸시오.
(4) 차트 디자인 도구 ⇒ 레이아웃 3, 스타일 1을 선택하여 ≪출력형태≫에 맞게 작업하시오.
(5) 영역 서식 ⇒ 차트 : 글꼴(굴림, 11pt), 채우기 효과(질감 – 파랑 박엽지)
　　　　　　　그림 : 채우기(흰색, 배경1)
(6) 제목 서식 ⇒ 차트 제목 : 글꼴(굴림, 굵게, 20pt), 채우기(흰색, 배경1), 테두리
(7) 서식 ⇒ 누적 참여인원 계열의 차트 종류를 〈표식이 있는 꺾은선형〉으로 변경한 후 보조 축으로 지정하시오.
　　　　　계열 : ≪출력형태≫를 참조하여 표식(마름모, 크기 10)과 레이블 값을 표시하시오.
　　　　　눈금선 : 선 스타일 – 파선
　　　　　축 : ≪출력형태≫를 참조하시오.
(8) 범례 ⇒ 범례명을 변경하고 ≪출력형태≫를 참조하시오.
(9) 도형 ⇒ '모서리가 둥근 사각형 설명선'을 삽입한 후 ≪출력형태≫와 같이 내용을 입력하시오.
(10) 나머지 사항은 ≪출력형태≫에 맞게 작성하시오. |

| 출력형태 | 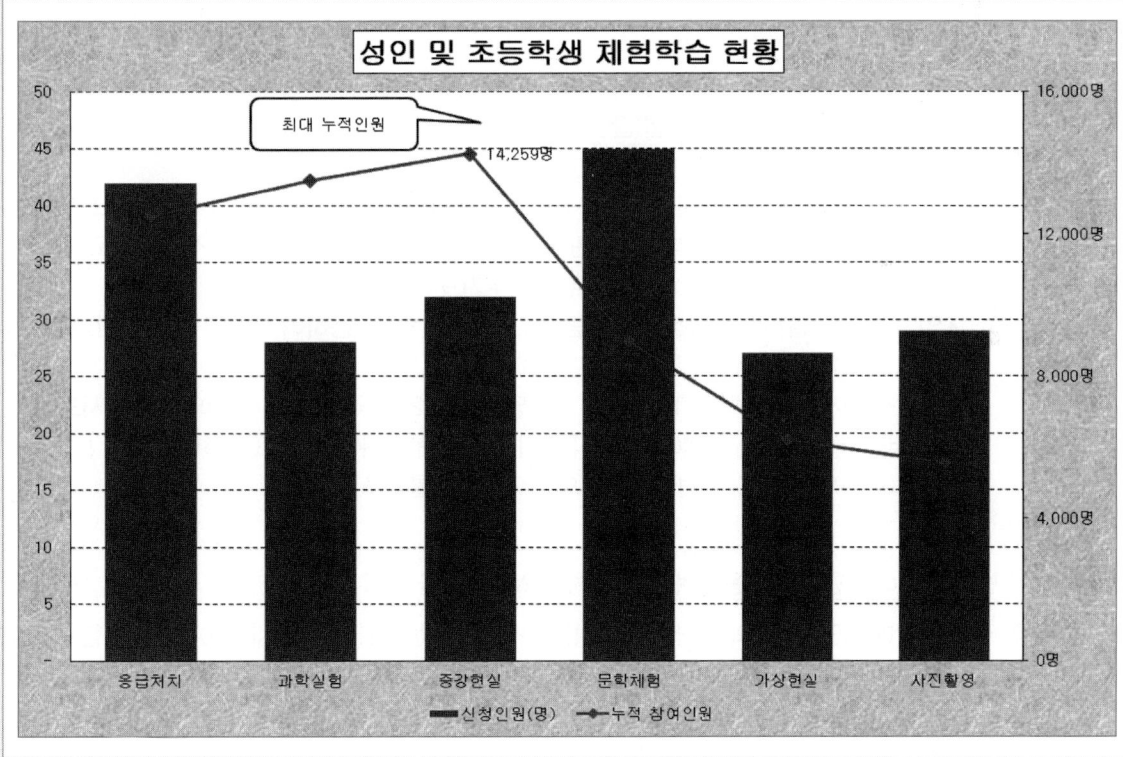 |

주의 시트명 순서가 차례대로 "제1작업", "제2작업", "제3작업", "제4작업"이 되도록 할 것

최신 기출문제 06회

수험번호 20263006　　**정답파일** PART 03 최신 기출문제₩최신06회_정답.xlsx

제1작업　표 서식 작성 및 값 계산　　240점

다음은 '지역특산물 판매 현황'에 대한 자료이다. 자료를 입력하고 조건에 맞도록 작업하시오.

출력형태

상품코드	상품명	지역	단가	단위	전월판매량 (단위:EA)	당월판매량 (단위:EA)	판매순위	비고
MC-20243	취나물	평창	198,000	4kg	1,250	1,644	(1)	(2)
BA-20243	곤드레	홍천	32,000	150g	3,745	3,254	(1)	(2)
MG-20242	단호박	홍천	21,500	4kg	2,450	2,784	(1)	(2)
MP-20247	메밀나물	평창	50,000	5kg	1,596	1,533	(1)	(2)
BB-20241	실속더덕	횡성	155,000	10kg	1,850	3,254	(1)	(2)
MQ-20242	알짜더덕	횡성	200,000	10kg	1,257	1,656	(1)	(2)
BL-20245	서리태	평창	45,000	3kg	2,688	3,247	(1)	(2)
DC-20246	찰옥수수	홍천	19,500	30개	1,287	2,668	(1)	(2)
평창지역 당월판매량(단위:EA) 합계			(3)		최대 전월판매량(단위:EA)			(5)
횡성지역 당월판매량(단위:EA) 평균			(4)		상품명	취나물	단가	(6)

제목 영역에는 "지역특산물 판매 현황"이 입력되고, 확인란에 담당/대리/이사가 있음.

조건

- 모든 데이터의 서식에는 글꼴(굴림, 11pt), 정렬은 숫자 및 회계 서식은 오른쪽 정렬, 나머지 서식은 가운데 정렬로 작성하며 예외적인 것은 ≪출력형태≫를 참조하시오.
- 제목 ⇒ 도형(사각형: 잘린 위쪽 모서리【양쪽 모서리가 잘린 사각형】)과 그림자(오프셋 오른쪽)를 이용하여 작성하고 "지역특산물 판매 현황"을 입력한 후 다음 서식을 적용하시오
  (글꼴 – 굴림, 24pt, 검정, 굵게, 채우기 – 노랑).
- 임의의 셀에 결재란을 작성하여 그림으로 복사 기능을 이용하여 붙이기 하시오(단, 원본 삭제).
- 「B4:J4, G14, I14」 영역은 '주황'으로 채우기 하시오.
- 유효성 검사를 이용하여 「H14」셀에 상품명(「C5:C12」 영역)이 선택 표시되도록 하시오.
- 셀 서식 ⇒ 「E5:E12」 영역에 셀 서식을 이용하여 숫자 뒤에 '원'를 표시하시오(예 : 198,000원).
- 「G5:G12」 영역에 대해 '전월판매량'으로 이름정의를 하시오.

(1)~(6) 셀은 반드시 **주어진 함수를 이용하여 값을 구하시오**(결과값을 직접 입력하면 해당 셀은 0점 처리됨).

(1) 판매순위 ⇒ 당월판매량(단위:EA)의 내림차순 순위를 구한 결과값에 '위'를 붙이시오(RANK.EQ 함수, & 연산자)(예 : 1위).
(2) 비고 ⇒ 전월판매량(단위:EA)이 2,000 이상이면서 당월판매량(단위:EA)이 2,000 이상이면 '베스트 상품', 그 외에는 공백으로 구하시오(IF, AND 함수).
(3) 평창지역 당월판매량(단위:EA) 합계 ⇒ 조건은 입력데이터를 이용하시오(DSUM 함수).
(4) 횡성지역 당월판매량(단위:EA) 평균 ⇒ (SUMIF, COUNTIF 함수).
(5) 최대 전월판매량(단위:EA) ⇒ 정의된 이름(전월판매량)을 이용하여 구하시오(MAX 함수).
(6) 단가 ⇒ 「H14」셀에서 선택한 상품명에 대한 단가를 구하시오(VLOOKUP 함수).
(7) 조건부 서식의 수식을 이용하여 단가가 '100,000' 이상인 행 전체에 다음의 서식을 적용하시오(글꼴 : 파랑, 굵게).

제 2 작업   목표값 찾기 및 필터   80점

"제1작업" 시트의 「B4:H12」 영역을 복사하여 "제2작업" 시트의 「B2」 셀부터 모두 붙여넣기를 한 후 다음의 조건과 같이 작업하시오.

조건

(1) 목표값 찾기 – 「B11:G11」 셀을 병합하고, 가운데 맞춤한 후 "평창지역 당월판매량(단위:EA) 평균"을 입력하고, 「H11」 셀에 평창지역 당월판매량(단위:EA) 평균을 구하시오. 단 조건은 입력데이터를 이용하시오(DAVERAGE 함수, 테두리).
 – '평창지역 당월판매량(단위:EA) 평균'이 '2,150'이 되려면 취나물의 당월판매량(단위:EA)이 얼마가 되어야 하는지 목표값을 구하시오.

(2) 고급필터 – 상품코드가 'B'로 시작하거나 단가가 '30,000' 이하인 자료의 상품코드, 상품명, 단가, 당월판매량(단위:EA) 데이터만 추출하시오.
 – 조건 범위 : 「B14」 셀부터 입력하시오.
 – 복사 위치 : 「B18」 셀부터 나타나도록 하시오.

제 3 작업   정렬 및 부분합   80점

"제1작업" 시트의 「B4:H12」 영역을 복사하여 "제3작업" 시트의 「B2」 셀부터 모두 붙여넣기를 한 후 다음의 조건과 같이 작업하시오.

조건

(1) 부분합 – ≪출력형태≫처럼 정렬하고, 상품명의 개수와 당월판매량(단위:EA)의 평균을 구하시오.
(2) 개요【윤곽】 – 지우시오.
(3) 나머지 사항은 ≪출력형태≫에 맞게 작성하시오.

출력형태

	A	B	C	D	E	F	G	H
1								
2		상품코드	상품명	지역	단가	단위	전월판매량(단위:EA)	당월판매량(단위:EA)
3		BB-20241	실속더덕	횡성	155,000원	10kg	1,850	3,254
4		MQ-20242	알짜더덕	횡성	200,000원	10kg	1,257	1,656
5				횡성 평균				2,455
6			2	횡성 개수				
7		BA-20243	곤드레	홍천	32,000원	150g	3,745	3,254
8		MG-20242	단호박	홍천	21,500원	4kg	2,450	2,784
9		DC-20246	찰옥수수	홍천	19,500원	30개	1,287	2,668
10				홍천 평균				2,902
11			3	홍천 개수				
12		MC-20243	취나물	평창	198,000원	4kg	1,250	1,644
13		MP-20247	메밀나물	평창	50,000원	5kg	1,596	1,533
14		BL-20245	서리태	평창	45,000원	3kg	2,688	3,247
15				평창 평균				2,141
16			3	평창 개수				
17				전체 평균				2,505
18			8	전체 개수				

| 제 4 작업 | 그래프 | | 100점 |

"제1작업" 시트를 이용하여 조건에 따라 ≪출력형태≫와 같이 작업하시오.

| 조건 | (1) 차트 종류 ⇒ 〈묶은 세로 막대형〉으로 작업하시오.
(2) 데이터 범위 ⇒ "제1작업" 시트의 내용을 이용하여 작업하시오.
(3) 위치 ⇒ "새 시트"로 이동하고, "제4작업"으로 시트 이름을 바꾸시오.
(4) 차트 디자인 도구 ⇒ 레이아웃 3, 스타일 1을 선택하여 ≪출력형태≫에 맞게 작업하시오.
(5) 영역 서식 ⇒ 차트 : 글꼴(굴림, 11pt), 채우기 효과(질감 – 파랑 박엽지)
　　　　　　　　그림 : 채우기(흰색, 배경1)
(6) 제목 서식 ⇒ 차트 제목 : 글꼴(굴림, 굵게, 20pt), 채우기(흰색, 배경1), 테두리
(7) 서식 ⇒ 당월판매량(단위:EA) 계열의 차트 종류를 〈표식이 있는 꺾은선형〉으로 변경한 후 보조 축으로 지정하시오.
　　계열 : ≪출력형태≫를 참조하여 표식(마름모, 크기 10)과 레이블 값을 표시하시오.
　　눈금선 : 선 스타일 – 파선
　　축 : ≪출력형태≫를 참조하시오.
(8) 범례 ⇒ 범례명을 변경하고 ≪출력형태≫를 참조하시오.
(9) 도형 ⇒ '모서리가 둥근 사각형 설명선'을 삽입한 후 ≪출력형태≫와 같이 내용을 입력하시오.
(10) 나머지 사항은 ≪출력형태≫에 맞게 작성하시오. |

| 출력형태 | 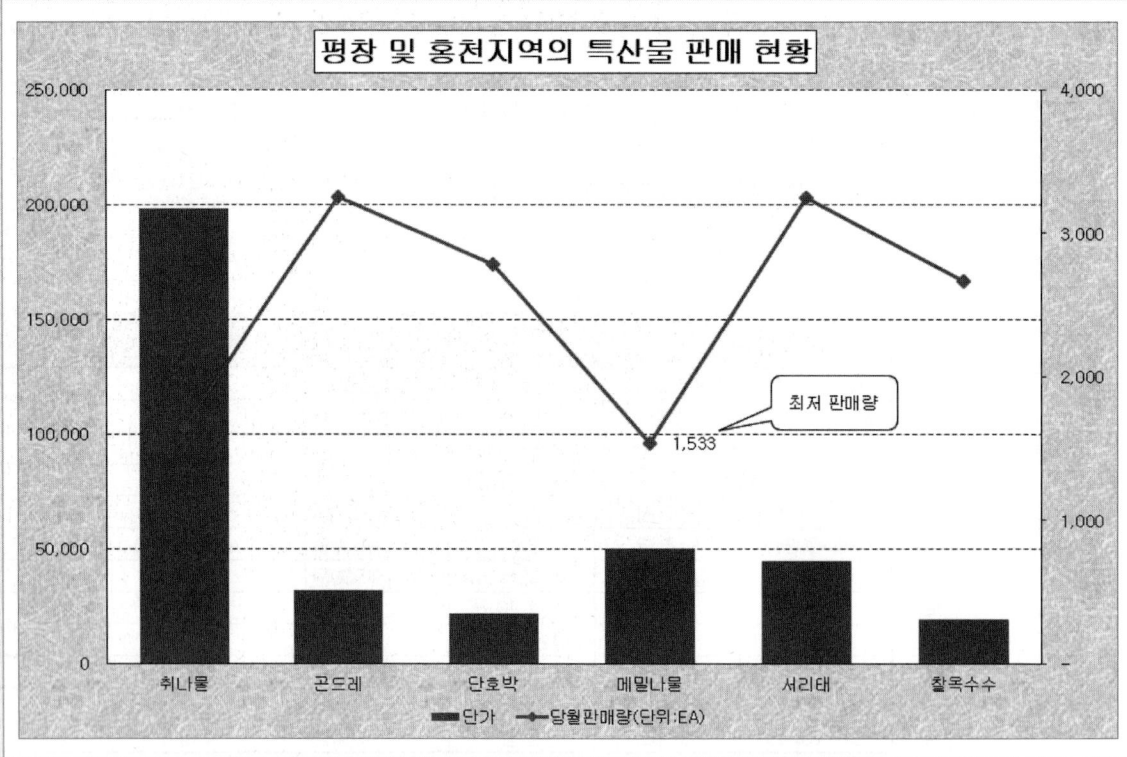 |

주의 시트명 순서가 차례대로 "제1작업", "제2작업", "제3작업", "제4작업"이 되도록 할 것

최신 기출문제 07회

수험번호 20263007　**정답파일** PART 03 최신 기출문제\최신07회_정답.xlsx

제 1 작업　표 서식 작성 및 값 계산　240점

다음은 '베이커리마당 판매 현황'에 대한 자료이다. 자료를 입력하고 조건에 맞도록 작업하시오.

출력형태

제품번호	제품명	구분	제조일	판매가(단위:원)	판매량	전월실적(단위:원)	적립포인트	판매순위
BA-103	스탠드믹서	도구	2023-07-01	158,000	59	7,426,000	(1)	(2)
BC-202	호두분태1K	재료	2024-11-03	21,300	108	3,195,000	(1)	(2)
PC-201	다크청크10K	재료	2024-12-09	178,000	87	8,544,000	(1)	(2)
AP-302	쿠키봉투20매	포장	2023-11-26	3,800	127	532,000	(1)	(2)
AP-301	케익박스10개	포장	2023-09-16	23,000	94	2,760,000	(1)	(2)
BD-101	구겔호프	도구	2022-06-07	7,200	98	864,000	(1)	(2)
AD-102	로프팬	도구	2022-05-16	15,700	68	892,500	(1)	(2)
BP-203	팥배기2K	재료	2024-12-20	8,500	112	1,105,000	(1)	(2)
포장 제품 전월실적(단위:원) 평균			(3)			최저 판매가(단위:원)		(5)
도구 제품 판매량 합계			(4)		제품번호	BA-103	판매량	(6)

조건

- 모든 데이터의 서식에는 글꼴(굴림, 11pt), 정렬은 숫자 및 회계 서식은 오른쪽 정렬, 나머지 서식은 가운데 정렬로 작성하며 예외적인 것은 ≪출력형태≫를 참조하시오.
- 제목 ⇒ 도형(육각형)과 그림자(오프셋 오른쪽)를 이용하여 작성하고 "베이커리마당 판매 현황"을 입력한 후 다음 서식을 적용하시오(글꼴 - 굴림, 24pt, 검정, 굵게, 채우기 - 노랑).
- 임의의 셀에 결재란을 작성하여 그림으로 복사 기능을 이용하여 붙이기 하시오(단, 원본 삭제).
- 「B4:J4, G14, I14」 영역은 '주황'으로 채우기 하시오.
- 유효성 검사를 이용하여 「H14」 셀에 제품번호(「B5:B12」 영역)가 선택 표시되도록 하시오.
- 셀 서식 → 「G5:G12」 영역에 셀 서식을 이용하여 숫자 뒤에 '개'를 표시하시오(예 : 59개).
- 「F5:F12」 영역에 대해 '판매가'로 이름정의를 하시오.

(1)~(6) 셀은 반드시 주어진 함수를 이용하여 값을 구하시오(결과값을 직접 입력하면 해당 셀은 0점 처리됨).

(1) 적립포인트 ⇒ 「판매가(단위:원)×비율」로 구하시오. 단, 비율은 제품번호의 4번째 글자가 1이면 '0.03', 2이면 '0.02', 3이면 '0.01'로 계산하시오(CHOOSE, MID 함수).
(2) 판매순위 ⇒ 판매량의 내림차순 순위를 구한 결과값에 '위'를 붙이시오(RANK.EQ 함수, & 연산자)(예 : 1위).
(3) 포장 제품 전월실적(단위:원) 평균 ⇒ (SUMIF, COUNTIF 함수)
(4) 도구 제품 판매량 합계 ⇒ 조건은 입력데이터를 이용하시오(DSUM 함수).
(5) 최저 판매가(단위:원) ⇒ 정의된 이름(판매가)을 이용하여 구하시오(MIN 함수).
(6) 판매량 ⇒ 「H14」 셀에서 선택한 제품번호에 대한 판매량을 구하시오(VLOOKUP 함수).
(7) 조건부 서식의 수식을 이용하여 판매량이 '100' 이상인 행 전체에 다음의 서식을 적용하시오(글꼴 : 파랑, 굵게).

제 2 작업 | 필터 및 서식 | 80점

"제1작업" 시트의 「B4:H12」 영역을 복사하여 "제2작업" 시트의 「B2」 셀부터 모두 붙여넣기를 한 후 다음의 조건과 같이 작업하시오.

조건	(1) 고급 필터 – 구분이 '재료'이거나, 판매가(단위:원)가 '100,000' 이상인 자료의 제품번호, 제품명, 판매가(단위:원), 판매량 데이터만 추출하시오. 　　　　– 조건 범위 : 「B14」 셀부터 입력하시오. 　　　　– 복사 위치 : 「B18」 셀부터 나타나도록 하시오. (2) 표 서식 – 고급필터의 결과셀을 채우기 없음으로 설정한 후 '표 스타일 보통 6'의 서식을 적용하시오. 　　　　– 머리글 행, 줄무늬 행을 적용하시오.

제 3 작업 | 피벗 테이블 | 80점

"제1작업" 시트를 이용하여 "제3작업" 시트에 조건에 따라 ≪출력형태≫와 같이 작업하시오.

조건	(1) 판매가(단위:원) 및 구분별 제품명의 개수와 판매량의 평균을 구하시오. (2) 판매가(단위:원)를 그룹화하고, 구분을 ≪출력형태≫와 같이 정렬하시오. (3) 레이블이 있는 셀 병합 및 가운데 맞춤 적용 및 빈 셀은 '**'로 표시하시오. (4) 행의 총합계는 지우고, 나머지 사항은 ≪출력형태≫에 맞게 작성하시오.
출력형태	

	A	B	C	D	E	F	G	H
1								
2			구분					
3			포장		재료		도구	
4		판매가(단위:원)	개수 : 제품명	평균 : 판매량	개수 : 제품명	평균 : 판매량	개수 : 제품명	평균 : 판매량
5		<20001	1	127	1	112	2	83
6		20001-120000	1	94	1	108	**	**
7		120001-220000	**	**	1	87	1	59
8		총합계	2	111	3	102	3	75

제 4 작업　그래프

100점

"제1작업" 시트를 이용하여 조건에 따라 ≪출력형태≫와 같이 작업하시오.

조건

(1) 차트 종류 ⇒ 〈묶은 세로 막대형〉으로 작업하시오.
(2) 데이터 범위 ⇒ "제1작업" 시트의 내용을 이용하여 작업하시오.
(3) 위치 ⇒ "새 시트"로 이동하고, "제4작업"으로 시트 이름을 바꾸시오.
(4) 차트 디자인 도구 ⇒ 레이아웃 3, 스타일 1을 선택하여 ≪출력형태≫에 맞게 작업하시오.
(5) 영역 서식 ⇒ 차트 : 글꼴(굴림, 11pt), 채우기 효과(질감 – 분홍 박엽지)
　　　　　　　　 그림 : 채우기(흰색, 배경1)
(6) 제목 서식 ⇒ 차트 제목 : 글꼴(굴림, 굵게, 20pt), 채우기(흰색, 배경1), 테두리
(7) 서식 ⇒ 판매가(단위:원) 계열의 차트 종류를 〈표식이 있는 꺾은선형〉으로 변경한 후 보조 축으로 지정하시오.
　　　계열 : ≪출력형태≫를 참조하여 표식(세모, 크기 10)과 레이블 값을 표시하시오.
　　　눈금선 : 선 스타일 – 파선
　　　축 : ≪출력형태≫를 참조하시오.
(8) 범례 ⇒ 범례명을 변경하고 ≪출력형태≫를 참조하시오.
(9) 도형 ⇒ '모서리가 둥근 사각형 설명선'을 삽입한 후 ≪출력형태≫와 같이 내용을 입력하시오.
(10) 나머지 사항은 ≪출력형태≫에 맞게 작성하시오.

출력형태

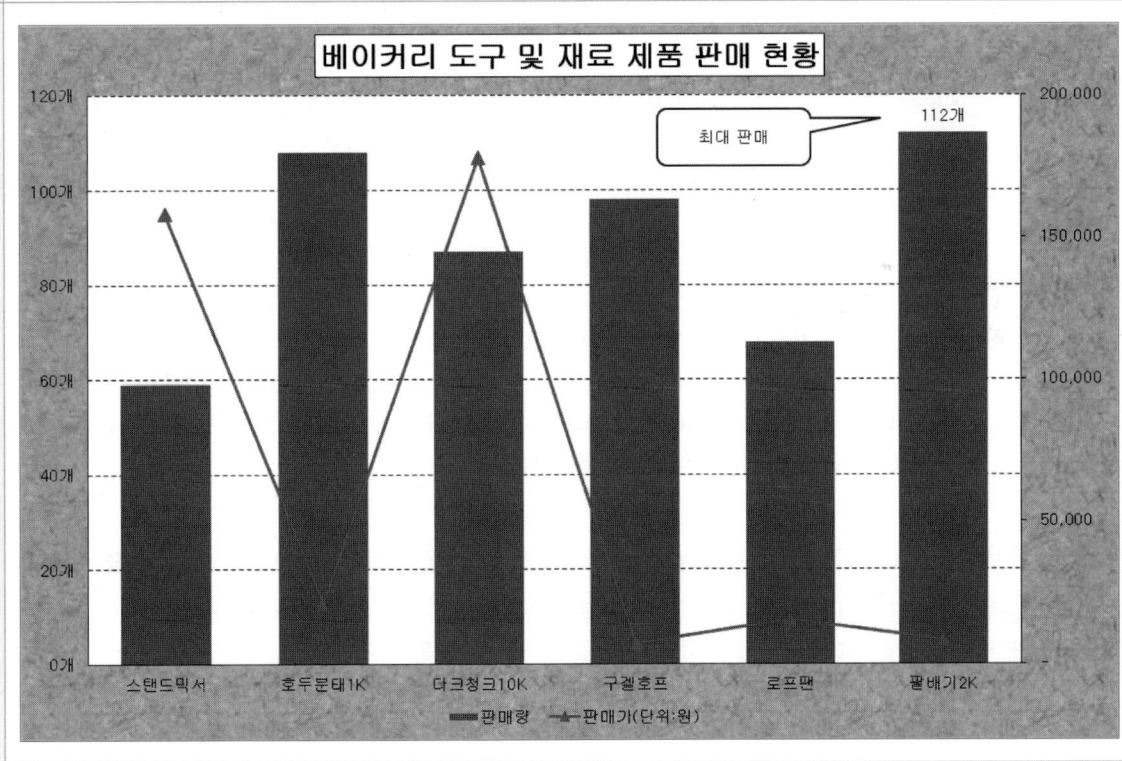

주의　시트명 순서가 차례대로 "제1작업", "제2작업", "제3작업", "제4작업"이 되도록 할 것

최신 기출문제 08회

수험번호 20263008　　**정답파일** PART 03 최신 기출문제\최신08회_정답.xlsx

제1작업　표 서식 작성 및 값 계산　　240점

다음은 '2024년 모바일 쇼핑 동향'에 대한 자료이다. 자료를 입력하고 조건에 맞도록 작업하시오.

출력형태

분류번호	분류	상품	2023년 거래액	2024년 거래액	전년 대비 증감액 (단위:억원)	전년 대비 증감률	증감액 순위	운영형태
LF2024-1	생활	가구	3,436	3,703	267	7.8%	(1)	(2)
FB2024-2	패션	가방	1,658	1,608	-50	-3.0%	(1)	(2)
LD2024-1	생활	생활용품	11,782	11,558	-224	-1.9%	(1)	(2)
FS2024-1	패션	신발	2,520	1,816	-704	-27.9%	(1)	(2)
LF2024-2	생활	애완용품	1,856	1,847	-9	-0.5%	(1)	(2)
SF2024-1	서비스	음식서비스	23,812	22,152	-1,660	-7.5%	(1)	(2)
SE2024-2	서비스	이쿠폰서비스	8,175	6,594	-1,581	-24.0%	(1)	(2)
FC2024-2	패션	화장품	8,588	8,638	50	0.6%	(1)	(2)
분류가 패션인 상품 수			(3)		분류가 생활인 상품의 2024년 거래액 평균			(5)
최대 전년 대비 증감액(단위:억원)			(4)		상품	가구	2024년 거래액	(6)

제목: 2024년 모바일 쇼핑 동향 / 확인 / 담당 / 과장 / 대표

조건

- 모든 데이터의 서식에는 글꼴(굴림, 11pt), 정렬은 숫자 및 회계 서식은 오른쪽 정렬, 나머지 서식은 가운데 정렬로 작성하며 예외적인 것은 ≪출력형태≫를 참조하시오.
- 제목 ⇒ 도형(사각형: 잘린 위쪽 모서리【양쪽 모서리가 잘린 사각형】)과 그림자(오프셋 오른쪽)를 이용하여 작성하고 "2024년 모바일 쇼핑 동향"을 입력한 후 다음 서식을 적용하시오
  (글꼴 – 굴림, 24pt, 검정, 굵게, 채우기 – 노랑).
- 임의의 셀에 결재란을 작성하여 그림으로 복사 기능을 이용하여 붙이기 하시오(단, 원본 삭제).
- 「B4:J4, G14, I14」 영역은 '주황'으로 채우기 하시오.
- 유효성 검사를 이용하여 「H14」셀에 상품(「D5:D12」 영역)이 선택 표시되도록 하시오.
- 셀 서식 ⇒ 「E5:F12」 영역에 셀 서식을 이용하여 숫자 뒤에 '억원'을 표시하시오(예 : 3,436억원).
- 「C5:C12」 영역에 대해 '분류'로 이름정의를 하시오.

◎ (1)~(6) 셀은 반드시 주어진 함수를 이용하여 값을 구하시오(결과값을 직접 입력하면 해당 셀은 0점 처리됨).

(1) 증감액 순위 ⇒ 전년 대비 증감액(단위:억원)의 내림차순 순위를 구하시오(RANK.EQ 함수).
(2) 운영형태 ⇒ 분류번호의 마지막 값이 1이면 '전용몰', 2이면 '병행몰'로 구하시오.
　　　(CHOOSE, RIGHT 함수).
(3) 분류가 패션인 상품 수 ⇒ 정의된 이름(분류)을 이용하여 구한 결과값에 '개'를 붙이시오
　　　(COUNTIF 함수, & 연산자)(예 : 1개).
(4) 최대 전년 대비 증감액(단위:억원) ⇒ (MAX 함수)
(5) 분류가 생활인 상품의 2024년 거래액 평균 ⇒ 반올림하여 정수로 구하시오. 단, 조건은 입력데이터를 이용하시오
　　　(ROUND, DAVERAGE 함수)(9,473.6 → 9,474).
(6) 2024년 거래액 ⇒ 「H14」 셀에서 선택한 상품에 대한 2024년 거래액을 구하시오(VLOOKUP 함수).
(7) 조건부 서식의 수식을 이용하여 2024년 거래액이 '10,000' 이상인 행 전체에 다음의 서식을 적용하시오
　　　(글꼴 : 파랑, 굵게).

제 2 작업   목표값 찾기 및 필터   80점

"제1작업" 시트의 「B4:H12」 영역을 복사하여 "제2작업" 시트의 「B2」 셀부터 모두 붙여넣기를 한 후 다음의 조건과 같이 작업하시오.

조건

(1) 목표값 찾기 – 「B11:G11」 셀을 병합하고, 가운데 맞춤한 후 "생활상품 2024년 거래액 평균"을 입력하고, 「H11」 셀에 생활상품 2024년 거래액 평균을 구하시오. 단 조건은 입력데이터를 이용하시오(DAVERAGE 함수, 테두리).
– '생활상품 2024년 거래액 평균'이 '5,900'이 되려면 가구의 2024년 거래액이 얼마가 되어야 하는지 목표값을 구하시오.

(2) 고급필터 – 분류번호가 'F'로 시작하거나 2023년 거래액이 '2,000' 이하인 자료의 분류번호, 2023년 거래액, 2024년 거래액, 전년 대비 증감률 데이터만 추출하시오.
– 조건 범위 : 「B14」 셀부터 입력하시오.
– 복사 위치 : 「B18」 셀부터 나타나도록 하시오.

제 3 작업   정렬 및 부분합   80점

"제1작업" 시트의 「B4:H12」 영역을 복사하여 "제3작업" 시트의 「B2」 셀부터 모두 붙여넣기를 한 후 다음의 조건과 같이 작업하시오.

조건

(1) 부분합 – ≪출력형태≫처럼 정렬하고, 상품의 개수와 2024년 거래액의 평균을 구하시오.
(2) 개요[윤곽] – 지우시오.
(3) 나머지 사항은 ≪출력형태≫에 맞게 작성하시오.

출력형태

A	B	C	D	E	F	G	H
1							
2	분류번호	분류	상품	2023년 거래액	2024년 거래액	전년 대비 증감액 (단위:억원)	전년 대비 증감률
3	FB2024-2	패션	가방	1,658억원	1,608억원	-50	-3.0%
4	FS2024-1	패션	신발	2,520억원	1,816억원	-704	-27.9%
5	FC2024-2	패션	화장품	8,588억원	8,638억원	50	0.6%
6		패션 평균			4,021억원		
7		패션 개수	3				
8	SF2024-1	서비스	음식서비스	23,812억원	22,152억원	-1,660	-7.5%
9	SE2024-2	서비스	이쿠폰서비스	8,175억원	6,594억원	-1,581	-24.0%
10		서비스 평균			14,373억원		
11		서비스 개수	2				
12	LF2024-1	생활	가구	3,436억원	3,703억원	267	7.8%
13	LD2024-1	생활	생활용품	11,782억원	11,558억원	-224	-1.9%
14	LF2024-2	생활	애완용품	1,856억원	1,847억원	-9	-0.5%
15		생활 평균			5,703억원		
16		생활 개수	3				
17		전체 평균			7,240억원		
18		전체 개수	8				

| 제 4 작업 | 그래프 | 100점 |

"제1작업" 시트를 이용하여 조건에 따라 ≪출력형태≫와 같이 작업하시오.

조건

(1) 차트 종류 ⇒ 〈묶은 세로 막대형〉으로 작업하시오.
(2) 데이터 범위 ⇒ "제1작업" 시트의 내용을 이용하여 작업하시오.
(3) 위치 ⇒ "새 시트"로 이동하고, "제4작업"으로 시트 이름을 바꾸시오.
(4) 차트 디자인 도구 ⇒ 레이아웃 3, 스타일 1을 선택하여 ≪출력형태≫에 맞게 작업하시오.
(5) 영역 서식 ⇒ 차트 : 글꼴(굴림, 11pt), 채우기 효과(질감 – 파랑 박엽지)
　　　　　　　그림 : 채우기(흰색, 배경1)
(6) 제목 서식 ⇒ 차트 제목 : 글꼴(굴림, 굵게, 20pt), 채우기(흰색, 배경1), 테두리
(7) 서식 ⇒ 전년 대비 증감액(단위:억원) 계열의 차트 종류를 〈표식이 있는 꺾은선형〉으로 변경한 후 보조축으로 지정하시오.
　　　　계열 : ≪출력형태≫를 참조하여 표식(마름모, 크기 10)과 레이블 값을 표시하시오.
　　　　눈금선 : 선 스타일 – 파선
　　　　축 : ≪출력형태≫를 참조하시오.
(8) 범례 ⇒ 범례명을 변경하고 ≪출력형태≫를 참조하시오.
(9) 도형 ⇒ '모서리가 둥근 사각형 설명선'을 삽입한 후 ≪출력형태≫와 같이 내용을 입력하시오.
(10) 나머지 사항은 ≪출력형태≫에 맞게 작성하시오.

출력형태

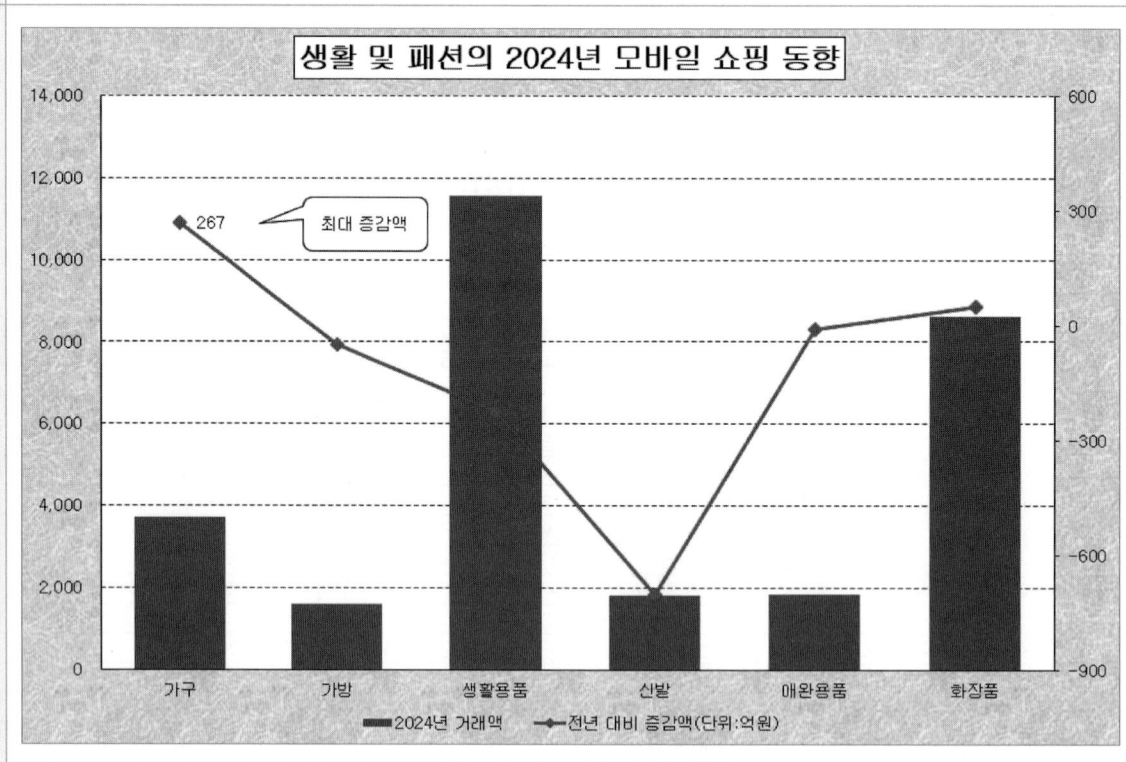

주의 시트명 순서가 차례대로 "제1작업", "제2작업", "제3작업", "제4작업"이 되도록 할 것

최신 기출문제 09회

수험번호 20263009　　**정답파일** PART 03 최신 기출문제₩최신09회_정답.xlsx

제 1 작업　　표 서식 작성 및 값 계산　　240점

다음은 '강아지 사료 판매 현황'에 대한 자료이다. 자료를 입력하고 조건에 맞도록 작업하시오.

출력형태

코드	상품명	카테고리	대상	판매가(원)	댓글수	판매량(개)	순위	중량
DA-132	코엔자임Q	건식	전연령	15,500	288	225	(1)	(2)
SP-123	소프트육즙	소프트	퍼피	17,900	422	587	(1)	(2)
SG-343	닥터치킨	소프트	어덜트	23,000	899	899	(1)	(2)
DA-251	유기농쌀	건식	전연령	17,400	67	310	(1)	(2)
WA-253	닭안심푸드	습식	전연령	21,000	412	755	(1)	(2)
DG-145	리얼오븐베이크	건식	어덜트	15,400	601	432	(1)	(2)
WG-262	펫밀크	습식	어덜트	14,300	792	394	(1)	(2)
SP-151	수제사료	소프트	퍼피	29,000	167	499	(1)	(2)
어덜트 대상 평균 판매량(개)			(3)		최대 댓글수			(5)
건식 카테고리의 총 판매가(원)			(4)		코드	DA-132	상품명	(6)

조건
- 모든 데이터의 서식에는 글꼴(굴림, 11pt), 정렬은 숫자 및 회계 서식은 오른쪽 정렬, 나머지 서식은 가운데 정렬로 작성하며 예외적인 것은 ≪출력형태≫를 참조하시오.
- 제목 ⇒ 도형(육각형)과 그림자(오프셋 오른쪽)를 이용하여 작성하고 "강아지 사료 판매 현황"을 입력한 후 다음 서식을 적용하시오(글꼴 – 굴림, 24pt, 검정, 굵게, 채우기 – 노랑).
- 임의의 셀에 결재란을 작성하여 그림으로 복사 기능을 이용하여 붙이기 하시오(단, 원본 삭제).
- 「B4:J4, G14, I14」 영역은 '주황'으로 채우기 하시오.
- 유효성 검사를 이용하여 「H14」 셀에 코드(「B5:B12」 영역)가 선택 표시되도록 하시오.
- 셀 서식 ⇒ 「G5:G12」 영역에 셀 서식을 이용하여 숫자 뒤에 '개'를 표시하시오(예 : 288개).
- 「E5:E12」 영역에 대해 '대상'으로 이름정의를 하시오.

(1)~(6) 셀은 반드시 <u>주어진 함수를 이용하여</u> 값을 구하시오(결과값을 직접 입력하면 해당 셀은 0점 처리됨).

(1) 순위 ⇒ 판매량(개)의 내림차순 순위를 구하시오(RANK.EQ 함수).
(2) 중량 ⇒ 코드의 네 번째 값이 1이면 '1kg이하', 2이면 '2kg', 3이면 '3kg'으로 구하시오(CHOOSE, MID 함수).
(3) 어덜트 대상 평균 판매량(개) ⇒ 정의된 이름(대상)을 이용하여 구한 결과값에 '개'를 붙이오
　　　　　　　　　　　　　　　(SUMIF, COUNTIF 함수, & 연산자)(예 : 300개).
(4) 건식 카테고리의 총 판매가(원) ⇒ 단, 조건은 입력데이터를 이용하시오(DSUM 함수).
(5) 최대 댓글수 ⇒ (MAX 함수)
(6) 상품명 ⇒ 「H14」 셀에서 선택한 코드에 대한 상품명을 구하시오(VLOOKUP 함수).
(7) 조건부 서식의 수식을 이용하여 판매가(원)가 '20,000' 이상인 행 전체에 다음의 서식을 적용하시오(글꼴 : 파랑, 굵게).

제 2 작업 — 필터 및 서식 (80점)

"제1작업" 시트의 「B4:H12」 영역을 복사하여 "제2작업" 시트의 「B2」 셀부터 모두 붙여넣기를 한 후 다음의 조건과 같이 작업하시오.

조건

(1) 고급 필터 – 카테고리가 '습식'이거나, 판매가(원)가 '22,000' 이상인 자료의 상품명, 카테고리, 대상, 판매가(원) 데이터만 추출하시오.
- 조건 범위 : 「B14」 셀부터 입력하시오.
- 복사 위치 : 「B18」 셀부터 나타나도록 하시오.

(2) 표 서식 – 고급필터의 결과셀을 채우기 없음으로 설정한 후 '표 스타일 보통 6'의 서식을 적용하시오.
- 머리글 행, 줄무늬 행을 적용하시오.

제 3 작업 — 피벗 테이블 (80점)

"제1작업" 시트를 이용하여 "제3작업" 시트에 조건에 따라 ≪출력형태≫와 같이 작업하시오.

조건

(1) 판매량(개) 및 카테고리별 상품명의 개수와 판매가(원)의 평균을 구하시오.
(2) 판매량(개)를 그룹화하고, 카테고리를 ≪출력형태≫와 같이 정렬하시오.
(3) 레이블이 있는 셀 병합 및 가운데 맞춤 적용 및 빈 셀은 '**'로 표시하시오.
(4) 행의 총합계는 지우고, 나머지 사항은 ≪출력형태≫에 맞게 작성하시오.

출력형태

	A	B	C	D	E	F	G	H
1								
2			카테고리					
3			습식		소프트		건식	
4		판매량(개)	개수 : 상품명	평균 : 판매가(원)	개수 : 상품명	평균 : 판매가(원)	개수 : 상품명	평균 : 판매가(원)
5		1-300	**	**	**	**	1	15,500
6		301-600	1	14,300	2	23,450	2	16,400
7		601-900	1	21,000	1	23,000	**	**
8		총합계	2	17,650	3	23,300	3	16,100
9								

제 4 작업 — 그래프 (100점)

"제1작업" 시트를 이용하여 조건에 따라 ≪출력형태≫와 같이 작업하시오.

조건

(1) 차트 종류 ⇒ 〈묶은 세로 막대형〉으로 작업하시오.
(2) 데이터 범위 ⇒ "제1작업" 시트의 내용을 이용하여 작업하시오.
(3) 위치 ⇒ "새 시트"로 이동하고, "제4작업"으로 시트 이름을 바꾸시오.
(4) 차트 디자인 도구 ⇒ 레이아웃 3, 스타일 1을 선택하여 ≪출력형태≫에 맞게 작업하시오.
(5) 영역 서식 ⇒ 차트 : 글꼴(굴림, 11pt), 채우기 효과(질감 – 파랑 박엽지)
　　　　　　　 그림 : 채우기(흰색, 배경1)
(6) 제목 서식 ⇒ 차트 제목 : 글꼴(굴림, 굵게, 20pt), 채우기(흰색, 배경1), 테두리
(7) 서식 ⇒ 댓글수 계열의 차트 종류를 〈표식이 있는 꺾은선형〉으로 변경한 후 보조 축으로 지정하시오.
　　　　　 계열 : ≪출력형태≫를 참조하여 표식(네모, 크기 10)과 레이블 값을 표시하시오.
　　　　　 눈금선 : 선 스타일 – 파선
　　　　　 축 : ≪출력형태≫를 참조하시오.
(8) 범례 ⇒ 범례명을 변경하고 ≪출력형태≫를 참조하시오.
(9) 도형 ⇒ '모서리가 둥근 사각형 설명선'을 삽입한 후 ≪출력형태≫와 같이 내용을 입력하시오.
(10) 나머지 사항은 ≪출력형태≫에 맞게 작성하시오.

출력형태

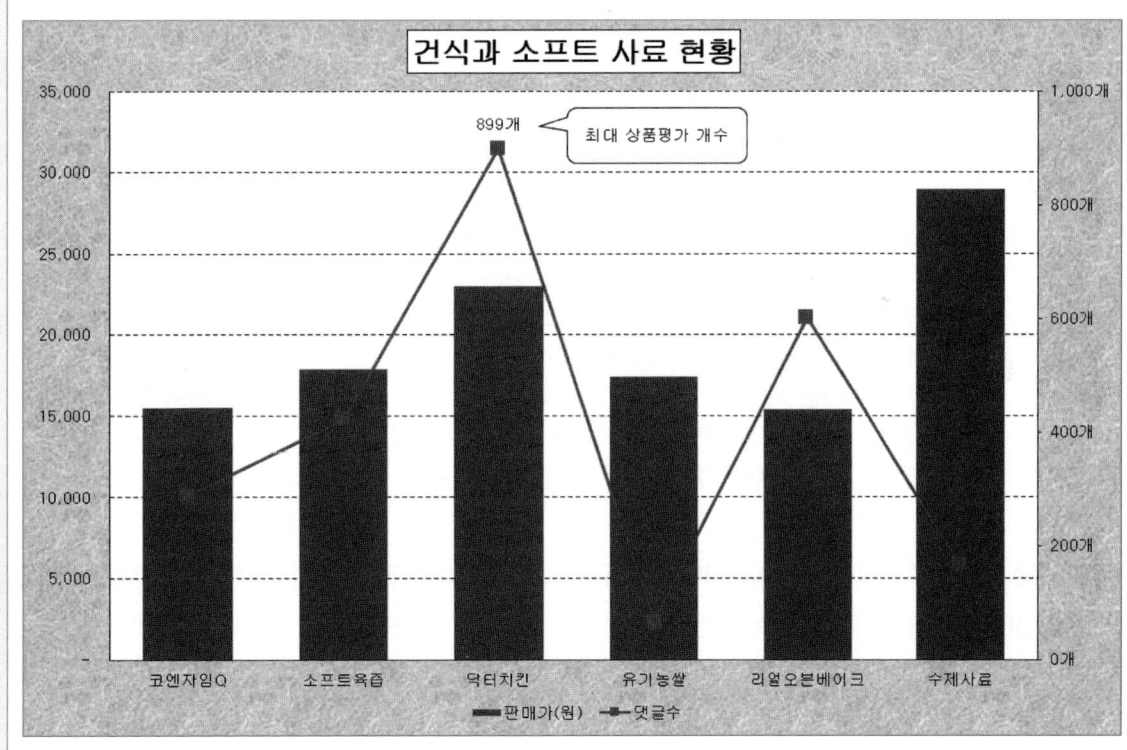

주의 시트명 순서가 차례대로 "제1작업", "제2작업", "제3작업", "제4작업"이 되도록 할 것

최신 기출문제 10회

수험번호 20263010　　**정답파일** PART 03 최신 기출문제\최신10회_정답.xlsx

제 1 작업　　표 서식 작성 및 값 계산　　240점

다음은 '페스타 돌잔치 예약 현황'에 대한 자료이다. 자료를 입력하고 조건에 맞도록 작업하시오.

출력형태

	A	B	C	D	E	F	G	H	I	J
1								결재	담당	대리	팀장
2				페스타 돌잔치 예약 현황							
3											
4		예약코드	고객명	홀명	행사일자	가격 (단위:원)	계약금 (단위:원)	예약인원	행사요일	순위
5		R4-271	신지연	러블리	2025-03-15	32,000	500,000	130	(1)	(2)
6		R3-106	안혜지	오리엔탈	2025-03-16	27,000	700,000	80	(1)	(2)
7		W5-102	금진욱	오리엔탈	2025-03-22	32,000	800,000	125	(1)	(2)
8		H7-023	채동아	러블리	2025-03-28	27,000	1,500,000	260	(1)	(2)
9		H6-011	김은희	로맨틱	2025-03-23	35,000	1,300,000	90	(1)	(2)
10		W7-093	성선아	로맨틱	2025-03-21	35,000	600,000	95	(1)	(2)
11		H1-093	김선하	러블리	2025-03-16	32,000	1,000,000	210	(1)	(2)
12		R3-081	강태희	로맨틱	2019-03-23	32,000	600,000	250	(1)	(2)
13		로맨틱 예약 건수			(3)		최다 예약인원			(5)
14		러블리 예약인원 평균			(4)		예약코드	R4-271	예약인원	(6)

조건

- 모든 데이터의 서식에는 글꼴(굴림, 11pt), 정렬은 숫자 및 회계 서식은 오른쪽 정렬, 나머지 서식은 가운데 정렬로 작성하며 예외적인 것은 ≪출력형태≫를 참조하시오.
- 제목 ⇒ 도형(사다리꼴과 그림자(오프셋 오른쪽)를 이용하여 작성하고 "페스타 돌잔치 예약 현황"을 입력한 후 다음 서식을 적용하시오(글꼴 – 굴림, 24pt, 검정, 굵게, 채우기 – 노랑).
- 임의의 셀에 결재란을 작성하여 그림으로 복사 기능을 이용하여 붙이기 하시오(단, 원본 삭제).
- 「B4:J4, G14, I14」 영역은 '주황'으로 채우기 하시오.
- 유효성 검사를 이용하여 「H14」셀에 예약코드(「B5:B12」 영역)이 선택 표시되도록 하시오.
- 셀 서식 ⇒ 「H5:H12」 영역에 셀 서식을 이용하여 숫자 뒤에 '명'을 표시하시오(예 : 130명).
- 「D5:D12」 영역에 대해 '홀명'으로 이름정의를 하시오.

(1)~(6) 셀은 반드시 <u>주어진 함수를 이용하여</u> 값을 구하시오(결과값을 직접 입력하면 해당 셀은 0점 처리됨).

(1) 행사요일 ⇒ 행사일자의 요일을 예와 같이 구하시오(CHOOSE, WEEKDAY 함수)(예 : 월요일).
(2) 순위 ⇒ 예약인원의 내림차순 순위를 1~3까지 표시하고, 그 외에는 공백으로 구하시오(IF, RANK.EQ 함수).
(3) 로맨틱 예약 건수 ⇒ 정의된 이름(홀명)을 이용하여 구한 결과값에 '건'을 붙이시오
　　　　　　　　　　(COUNTIF 함수, & 연산자)(예 : 1건).
(4) 러블리 예약인원 평균 ⇒ 조건은 입력데이터를 이용하시오(DAVERAGE 함수).
(5) 최다 예약인원 ⇒ (MAX 함수)
(6) 예약인원 ⇒ 「H14」셀에서 선택한 예약코드에 대한 예약인원을 구하시오(VLOOKUP 함수).
(7) 조건부 서식의 수식을 이용하여 예약인원이 '200' 이상인 행 전체에 다음의 서식을 적용하시오(글꼴 : 파랑, 굵게).

제 2 작업   목표값 찾기 및 필터   80점

"제1작업" 시트의 「B4:H12」 영역을 복사하여 "제2작업" 시트의 「B2」 셀부터 모두 붙여넣기를 한 후 다음의 조건과 같이 작업하시오.

조건	(1) 목표값 찾기 – 「B11:G11」 셀을 병합하고, 가운데 맞춤한 후 "러블리 계약금(단위:원) 합계"를 입력하고, 「H11」 셀에 러블리 계약금(단위:원) 합계를 구하시오. 단 조건은 입력데이터를 이용하시오(DSUM 함수, 테두리). – '러블리 계약금(단위:원) 합계'가 '3,500,000'이 되려면 신지연의 계약금(단위:원)이 얼마가 되어야 하는지 목표값을 구하시오. (2) 고급필터 – 예약코드가 'W'로 시작하거나, 예약인원이 '100' 이하인 자료의 고객명, 행사일자, 계약금(단위:원), 예약인원 데이터만 추출하시오. – 조건 범위 : 「B14」 셀부터 입력하시오. – 복사 위치 : 「B18」 셀부터 나타나도록 하시오.

제 3 작업   정렬 및 부분합   80점

"제1작업" 시트의 「B4:H12」 영역을 복사하여 "제3작업" 시트의 「B2」 셀부터 모두 붙여넣기를 한 후 다음의 조건과 같이 작업하시오.

조건	(1) 부분합 – ≪출력형태≫처럼 정렬하고, 고객명의 개수와 예약인원의 평균을 구하시오. (2) 개요【윤곽】 – 지우시오. (3) 나머지 사항은 ≪출력형태≫에 맞게 작성하시오.

출력형태

	A	B	C	D	E	F	G	H
1								
2		예약코드	고객명	홀명	행사일자	가격 (단위:원)	계약금 (단위:원)	예약인원
3		R3-106	안혜지	오리엔탈	2025-03-16	27,000	700,000	80명
4		W5-102	금진욱	오리엔탈	2025-03-22	32,000	800,000	125명
5				오리엔탈 평균				103명
6			2	오리엔탈 개수				
7		H6-011	김은희	로맨틱	2025-03-23	35,000	1,300,000	90명
8		W7-093	성선아	로맨틱	2025-03-21	35,000	600,000	95명
9		R3-081	강태희	로맨틱	2019-03-23	32,000	600,000	250명
10				로맨틱 평균				145명
11			3	로맨틱 개수				
12		R4-271	신지연	러블리	2025-03-15	32,000	500,000	130명
13		H7-023	채동아	러블리	2025-03-28	27,000	1,500,000	260명
14		H1-093	김선하	러블리	2025-03-16	32,000	1,000,000	210명
15				러블리 평균				200명
16			3	러블리 개수				
17				전체 평균				155명
18			8	전체 개수				

| 제 4 작업 | 그래프 | 100점 |

"제1작업" 시트를 이용하여 조건에 따라 ≪출력형태≫와 같이 작업하시오.

| 조건 | (1) 차트 종류 ⇒ 〈묶은 세로 막대형〉으로 작업하시오.
(2) 데이터 범위 ⇒ "제1작업" 시트의 내용을 이용하여 작업하시오.
(3) 위치 ⇒ "새 시트"로 이동하고, "제4작업"으로 시트 이름을 바꾸시오.
(4) 차트 디자인 도구 ⇒ 레이아웃 3, 스타일 1을 선택하여 ≪출력형태≫에 맞게 작업하시오.
(5) 영역 서식 ⇒ 차트 : 글꼴(굴림, 11pt), 채우기 효과(질감 – 파랑 박엽지)
　　　　　　　그림 : 채우기(흰색, 배경1)
(6) 제목 서식 ⇒ 차트 제목 : 글꼴(굴림, 굵게, 20pt), 채우기(흰색, 배경1), 테두리
(7) 서식 ⇒ 가격(단위:원) 계열의 차트 종류를 〈표식이 있는 꺾은선형〉으로 변경한 후 보조 축으로 지정하시오.
　　　　계열 : ≪출력형태≫를 참조하여 표식(마름모, 크기 10)과 레이블 값을 표시하시오.
　　　　눈금선 : 선 스타일 – 파선
　　　　축 : ≪출력형태≫를 참조하시오.
(8) 범례 ⇒ 범례명을 변경하고 ≪출력형태≫를 참조하시오.
(9) 도형 ⇒ '모서리가 둥근 사각형 설명선'을 삽입한 후 ≪출력형태≫와 같이 내용을 입력하시오.
(10) 나머지 사항은 ≪출력형태≫에 맞게 작성하시오. |
| 출력형태 | 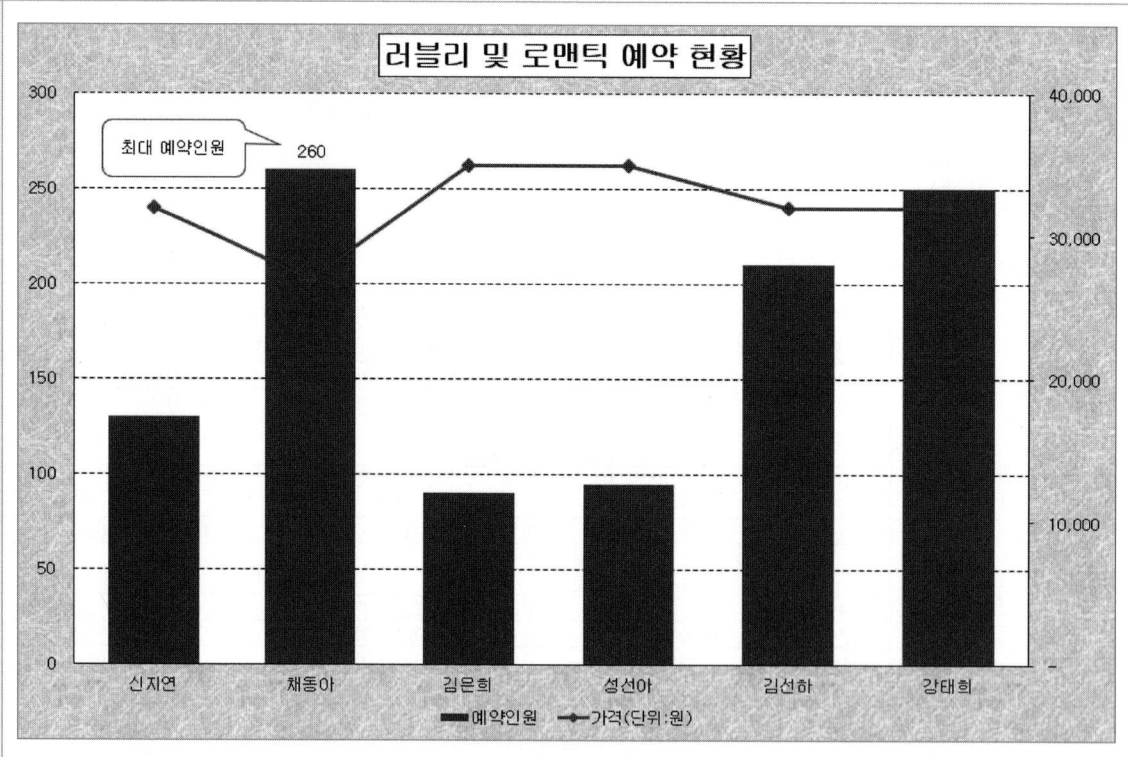 |

주의 시트명 순서가 차례대로 "제1작업", "제2작업", "제3작업", "제4작업"이 되도록 할 것

PART 04

실전 모의고사

실진 모의고사 01회	271
실전 모의고사 02회	274
실전 모의고사 03회	277
실전 모의고사 04회	280
실전 모의고사 05회	283
실전 모의고사 06회	286
실전 모의고사 07회	289
실전 모의고사 08회	292
실전 모의고사 09회	295
실전 모의고사 10회	298

정보기술자격(ITQ) 시험

MS오피스

과목	코드	문제유형	시험시간	수험번호	성명
한글엑셀	1122	A	60분		

※ 실전 모의고사 01~10회 학습 시 답안 작성요령을 동일하게 적용하세요.

수험자 유의사항

- 수험자는 문제지를 받는 즉시 문제지와 <u>수험표상의 시험과목(프로그램)이 동일한지 반드시 확인</u>하여야 합니다.
- 파일명은 본인의 "수험번호-성명"으로 입력하여 답안폴더(내 PC₩문서₩ITQ)에 하나의 파일로 저장해야 하며, 답안문서 파일명이 "수험번호-성명"과 일치하지 않거나, 답안파일을 전송하지 않아 미제출로 처리될 경우 실격 처리합니다(예: 12345678-홍길동.xlsx).
- 답안 작성을 마치면 파일을 저장하고, '답안 전송' 버튼을 선택하여 감독위원 PC로 답안을 전송하십시오. 수험생 정보와 저장한 파일명이 다를 경우 전송되지 않으므로 주의하시기 바랍니다.
- 답안 작성 중에도 <u>주기적으로 저장하고, '답안 전송'</u>하여야 문제 발생을 줄일 수 있습니다. 작업한 내용을 저장하지 않고 전송할 경우 이전에 저장된 내용이 전송되니 이점 유의하시기 바랍니다.
- 답안문서는 지정된 경로 외의 다른 보조기억장치에 저장하는 경우, 지정된 시험 시간 외에 작성된 파일을 활용할 경우, 기타 통신수단(이메일, 메신저, 네트워크 등)을 이용하여 타인에게 전달 또는 외부 반출하는 경우는 부정 처리합니다.
- 시험 중 부주의 또는 고의로 시스템을 파손한 경우는 수험자가 변상해야 하며, 〈수험자 유의사항〉에 기재된 방법대로 이행하지 않아 생기는 불이익은 수험생 당사자의 책임임을 알려 드립니다.
- 문제의 조건은 MS오피스 2021 버전으로 설정되어 있으며 MS오피스 2016은 【 】에 표기되어 있습니다. 이와 관련하여 작성한 답안의 출력형태가 문제지와 다를 수 있습니다.
- 시험을 완료한 수험자는 답안파일이 전송되었는지 확인한 후 감독위원의 지시에 따라 문제지를 제출하고 퇴실합니다.

답안 작성요령

- 온라인 답안 작성 절차
  수험자 등록 ⇒ 시험 시작 ⇒ 답안파일 저장 ⇒ 답안 전송 ⇒ 시험 종료
- 문제는 총 4단계, 즉 제1작업부터 제4작업까지 구성되어 있으며 반드시 제1작업부터 순서대로 작성하고 조건대로 작업하시오.
- 모든 작업시트의 A열은 열 너비 '1'로, 나머지 열은 적당하게 조절하시오.
- 모든 작업시트의 테두리는 ≪출력형태≫와 같이 작업하시오.
- 해당 작업란에서는 각각 제시된 조건에 따라 ≪출력형태≫와 같이 작업하시오.
- 답안 시트 이름은 "제1작업", "제2작업", "제3작업", "제4작업"이어야 하며 답안 시트 이외의 것은 감점 처리됩니다.
- 각 시트를 파일로 나누어 작업해서 저장할 경우 실격 처리됩니다.

실전 모의고사 01회

수험번호 20263011　**정답파일** PART 04 실전 모의고사₩실전01회_정답.xlsx

제1작업　표 서식 작성 및 값 계산　240점

다음은 '인기 복합기 판매 현황'에 대한 자료이다. 자료를 입력하고 조건에 맞도록 작업하시오.

출력형태

제품코드	제품명	제조사	판매금액	인쇄속도(ppm)	판매수량(단위:대)	재고수량(단위:대)	판매순위	평가
K2949	루이	레몬	149,000	14	157	64	(1)	(2)
P3861	레옹	이지전자	150,000	16	184	48	(1)	(2)
L3997	지니	레몬	344,000	15	154	101	(1)	(2)
K2789	퍼플	티파니	421,000	19	201	65	(1)	(2)
K6955	밴티지	이지전자	175,000	6	98	128	(1)	(2)
P3811	다큐프린터	레몬	245,000	17	217	87	(1)	(2)
L3711	로사프린터	티파니	182,000	12	256	36	(1)	(2)
L4928	새롬레이저	이지전자	389,000	18	94	117	(1)	(2)
티파니 제조사 재고수량(단위:대) 합계			(3)		티파니 제조사 비율			(5)
레몬 제조사 최고 판매금액			(4)		제품코드	K2949	판매수량(단위:대)	(6)

조건

- 모든 데이터의 서식에는 글꼴(굴림, 11pt), 정렬은 숫자 및 회계 서식은 오른쪽 정렬, 나머지 서식은 가운데 정렬로 작성하며 예외적인 것은 ≪출력형태≫를 참조하시오.
- 제목 ⇒ 도형(육각형)과 그림자(오프셋 오른쪽)를 이용하여 작성하고 "인기 복합기 판매 현황"을 입력한 후 다음 서식을 적용하시오(글꼴 – 굴림, 24pt, 검정, 굵게, 채우기 – 노랑).
- 임의의 셀에 결재란을 작성하여 그림으로 복사 기능을 이용하여 붙이기 하시오(단, 원본 삭제).
- 「B4:J4, G14, I14」 영역은 '주황'으로 채우기 하시오.
- 유효성 검사를 이용하여 「H14」 셀에 제품코드(「B5:B12」 영역)가 선택 표시되도록 하시오.
- 셀 서식 ⇒ 「E5:E12」 영역에 셀 서식을 이용하여 숫자 뒤에 '원'을 표시하시오(예 : 149,000원).
- 「G5:G12」 영역에 대해 '판매수량'으로 이름정의를 하시오.

(1)~(6) 셀은 반드시 주어진 함수를 이용하여 값을 구하시오(결과값을 직접 입력하면 해당 셀은 0점 처리됨).

(1) 판매순위 ⇒ 정의된 이름(판매수량)을 이용하여 내림차순 순위를 구한 결과값에 '위'를 붙이시오 (RANK.EQ 함수, & 연산자)(예 : 1위).
(2) 평가 ⇒ 인쇄속도(ppm)가 전체 인쇄속도(ppm)에서 세 번째로 큰 값 이상이면 '우수', 그 외에는 공백으로 표시하시오 (IF, LARGE 함수).
(3) 티파니 제조사 재고수량(단위:대) 합계 ⇒ (SUMIF 함수)
(4) 레몬 제조사 최고 판매금액 ⇒ 조건은 입력데이터를 이용하시오(DMAX 함수).
(5) 티파니 제조사 비율 ⇒ 결과값을 백분율로 표시하시오(COUNTIF, COUNTA 함수).
(6) 판매수량(단위:대) ⇒ 「H14」 셀에서 선택한 제품코드에 대한 판매수량(단위:대)를 구하시오(VLOOKUP 함수).
(7) 조건부 서식의 수식을 이용하여 재고수량(단위:대)이 '100' 이상인 행 전체에 다음의 서식을 적용하시오 (글꼴 : 파랑, 굵게).

제 2 작업 　필터 및 서식　80점

"제1작업" 시트의 「B4:H12」 영역을 복사하여 "제2작업" 시트의 「B2」 셀부터 모두 붙여넣기를 한 후 다음의 조건과 같이 작업하시오.

조건	
	(1) 고급 필터 – 제품코드가 'L'로 시작하거나 판매수량(단위:대)이 '100' 이하인 자료의 제품코드, 제품명, 판매수량(단위:대), 재고수량(단위:대) 데이터만 추출하시오. 　　－ 조건 범위 : 「B14」 셀부터 입력하시오. 　　－ 복사 위치 : 「B18」 셀부터 나타나도록 하시오. (2) 표 서식 – 고급필터의 결과셀을 채우기 없음으로 설정한 후 '표 스타일 보통 6'의 서식을 적용하시오. 　　－ 머리글 행, 줄무늬 행을 적용하시오.

제 3 작업 　피벗 테이블　80점

"제1작업" 시트를 이용하여 "제3작업" 시트에 조건에 따라 ≪출력형태≫와 같이 작업하시오.

조건	
	(1) 판매금액 및 제조사별 제품명의 개수와 판매수량(단위:대)의 평균을 구하시오. (2) 판매금액을 그룹화하고, 제조사를 ≪출력형태≫와 같이 정렬하시오. (3) 레이블이 있는 셀 병합 및 가운데 맞춤 적용 및 빈 셀은 '**'로 표시하시오. (4) 행의 총합계는 지우고, 나머지 사항은 ≪출력형태≫에 맞게 작성하시오.
출력형태	

	A	B	C	D	E	F	G	H
1								
2			제조사					
3			티파니		이지전자		레온	
4		판매금액	개수 : 제품명	평균 : 판매수량(단위:대)	개수 : 제품명	평균 : 판매수량(단위:대)	개수 : 제품명	평균 : 판매수량(단위:대)
5		1-200000	1	256	2	141	1	157
6		200001-400000	**	**	1	94	2	186
7		400001-600000	1	201	**	**	**	**
8		총합계	2	229	3	125	3	176

제 4 작업   그래프   100점

"제1작업" 시트를 이용하여 조건에 따라 ≪출력형태≫와 같이 작업하시오.

조건	(1) 차트 종류 ⇒ 〈묶은 세로 막대형〉으로 작업하시오.
	(2) 데이터 범위 ⇒ "제1작업" 시트의 내용을 이용하여 작업하시오.
	(3) 위치 ⇒ "새 시트"로 이동하고, "제4작업"으로 시트 이름을 바꾸시오.
	(4) 차트 디자인 도구 ⇒ 레이아웃 3, 스타일 1을 선택하여 ≪출력형태≫에 맞게 작업하시오.
	(5) 영역 서식 ⇒ 차트 : 글꼴(굴림, 11pt), 채우기 효과(질감 – 파랑 박엽지)
	               그림 : 채우기(흰색, 배경1)
	(6) 제목 서식 ⇒ 차트 제목 : 글꼴(굴림, 굵게, 20pt), 채우기(흰색, 배경1), 테두리
	(7) 서식 ⇒ 판매금액 계열의 차트 종류를 〈표식이 있는 꺾은선형〉으로 변경한 후 보조 축으로 지정하시오.
	       계열 : ≪출력형태≫를 참조하여 표식(네모, 크기 10)과 레이블 값을 표시하시오.
	       눈금선 : 선 스타일 – 파선
	       축 : ≪출력형태≫를 참조하시오.
	(8) 범례 ⇒ 범례명을 변경하고 ≪출력형태≫를 참조하시오.
	(9) 도형 ⇒ '모서리가 둥근 사각형 설명선'을 삽입한 후 ≪출력형태≫와 같이 내용을 입력하시오.
	(10) 나머지 사항은 ≪출력형태≫에 맞게 작성하시오.

출력형태	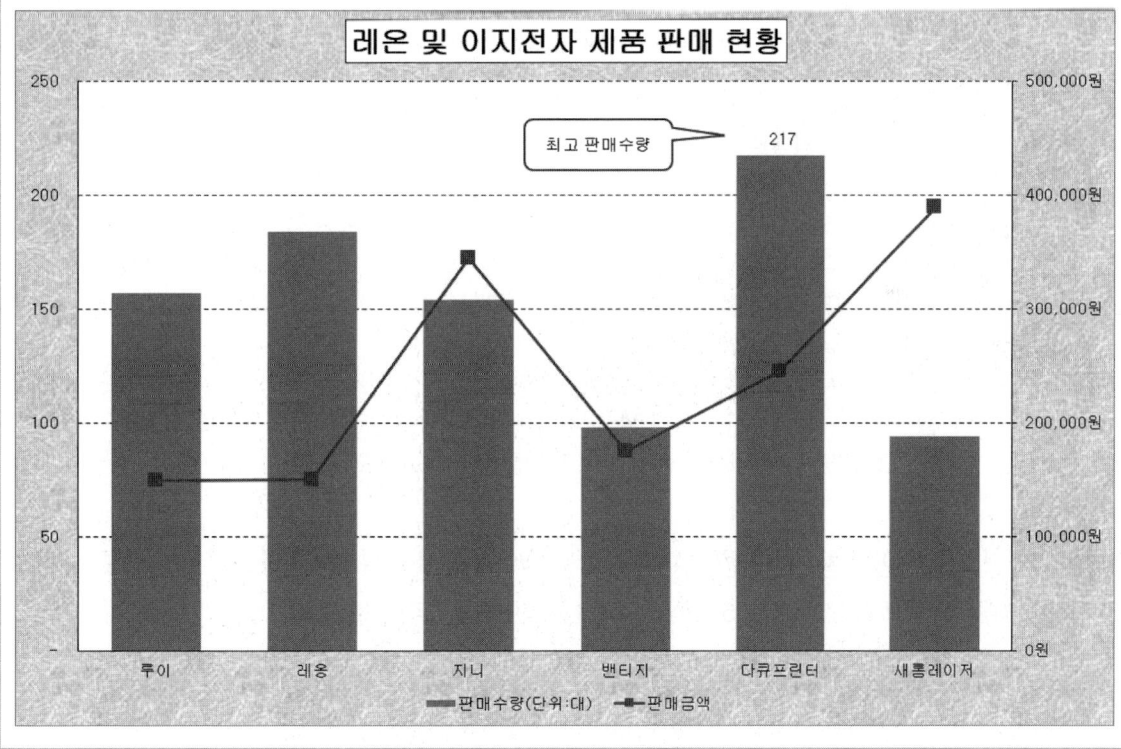

주의 시트명 순서가 차례대로 "제1작업", "제2작업", "제3작업", "제4작업"이 되도록 할 것

실전 모의고사 02회

수험번호 20263012　**정답파일** PART 04 실전 모의고사₩실전02회_정답.xlsx

제1작업　표 서식 작성 및 값 계산　240점

다음은 '3월 체험 행사 현황'에 대한 자료이다. 자료를 입력하고 조건에 맞도록 작업하시오.

출력형태

	A	B	C	D	E	F	G	H	I	J
1								결재	담당	팀장	센터장
2			3월 체험 행사 현황							
3										
4		관리코드	체험행사명	구분	시작연도	행사기간(일)	체험비용	참석인원(단위:명)	체험비 지원금	순위
5		BC-546	목공	공예	1990	7	45,000	6,552	(1)	(2)
6		BE-524	갯벌	생태	2006	30	25,000	2,500	(1)	(2)
7		NC-124	지진	안전	2001	14	12,000	12,134	(1)	(2)
8		UR-242	숲	생태	2002	20	20,000	12,500	(1)	(2)
9		QT-178	도자기	공예	2005	10	35,000	7,231	(1)	(2)
10		FG-688	화재	안전	1998	5	5,000	3,215	(1)	(2)
11		BV-122	유리	공예	1995	10	10,000	8,251	(1)	(2)
12		KD-166	습지	생태	2000	15	30,000	15,000	(1)	(2)
13		공예체험 개수			(3)		최저 체험비용			(5)
14		생태체험 참석인원(단위:명) 평균			(4)		체험행사명	목공	참석인원(단위:명)	(6)

조건

- 모든 데이터의 서식에는 글꼴(굴림, 11pt), 정렬은 숫자 및 회계 서식은 오른쪽 정렬, 나머지 서식은 가운데 정렬로 작성하며 예외적인 것은 ≪출력형태≫를 참조하시오.
- 제목 ⇒ 도형(사다리꼴)과 그림자(오프셋 오른쪽)를 이용하여 작성하고 "3월 체험 행사 현황"을 입력한 후 다음 서식을 적용하시오(글꼴 – 굴림, 24pt, 검정, 굵게, 채우기 – 노랑).
- 임의의 셀에 결재란을 작성하여 그림으로 복사 기능을 이용하여 붙이기 하시오(단, 원본 삭제).
- 「B4:J4, G14, I14」 영역은 '주황'으로 채우기 하시오.
- 유효성 검사를 이용하여 「H14」 셀에 체험행사명(「C5:C12」 영역)이 선택 표시되도록 하시오.
- 셀 서식 ⇒ 「G5:G12」 영역에 셀 서식을 이용하여 숫자 뒤에 '원'을 표시하시오(예 : 45,000원).
- 「G5:G12」 영역에 대해 '체험비용'으로 이름정의를 하시오.

(1)~(6) 셀은 반드시 주어진 함수를 이용하여 값을 구하시오(결과값을 직접 입력하면 해당 셀은 0점 처리됨).

(1) 체험비 지원금 ⇒ 행사기간(일)이 '15' 이상이면서 참석인원(단위:명)이 '10,000' 이상이면 체험비용의 10%, 그 외에는 체험비용의 5%를 구하시오(IF, AND 함수).
(2) 순위 ⇒ 참석인원(단위:명)의 내림차순 순위를 구한 결과값에 '위'를 붙이시오(RANK.EQ 함수, & 연산자)(예 : 1위).
(3) 공예체험 개수 ⇒ 조건은 입력데이터를 이용하시오(DCOUNTA 함수).
(4) 생태체험 참석인원(단위:명) 평균 ⇒ (SUMIF, COUNTIF 함수)
(5) 최저 체험비용 ⇒ 정의된 이름(체험비용)을 이용하여 구하시오(MIN 함수).
(6) 참석인원(단위:명) ⇒ 「H14」 셀에서 선택한 체험행사명에 대한 참석인원(단위:명)을 구하시오(VLOOKUP 함수).
(7) 조건부 서식의 수식을 이용하여 체험비용이 '10,000' 이하인 행 전체에 다음의 서식을 적용하시오(글꼴 : 파랑, 굵게).

제 2 작업   목표값 찾기 및 필터   80점

"제1작업" 시트의 「B4:H12」 영역을 복사하여 "제2작업" 시트의 「B2」 셀부터 모두 붙여넣기를 한 후 다음의 조건과 같이 작업하시오.

조건

(1) 목표값 찾기 – 「B11:G11」 셀을 병합하고, 가운데 맞춤한 후 "공예체험 체험비용 평균"을 입력하고, 「H11」 셀에 공예체험 체험비용 평균을 구하시오. 단, 조건은 입력데이터를 이용하시오 (DAVERAGE 함수, 테두리).
    – '공예체험 체험비용 평균'이 '25,000'이 되려면 목공의 체험비용이 얼마가 되어야 하는지 목표값을 구하시오.

(2) 고급필터 – 구분이 '공예'가 아니면서 참석인원(단위:명)이 '10,000' 이하인 자료의 관리코드, 체험행사명, 행사기간(일), 체험비용, 참석인원(단위:명) 데이터만 추출하시오.
    – 조건 범위 : 「B14」 셀부터 입력하시오.
    – 복사 위치 : 「B18」 셀부터 나타나도록 하시오.

제 3 작업   정렬 및 부분합   80점

"제1작업" 시트의 「B4:H12」 영역을 복사하여 "제3작업" 시트의 「B2」 셀부터 모두 붙여넣기를 한 후 다음의 조건과 같이 작업하시오.

조건

(1) 부분합 – ≪출력형태≫처럼 정렬하고, 체험행사명의 개수와 참석인원(단위:명)의 평균을 구하시오.
(2) 개요【윤곽】– 지우시오.
(3) 나머지 사항은 ≪출력형태≫에 맞게 작성하시오.

출력형태

A	B	C	D	E	F	G	H
1							
2	관리코드	체험행사명	구분	시작연도	행사기간(일)	체험비용	참석인원(단위:명)
3	NC-124	지진	안전	2001	14	12,000원	12,134
4	FG-688	화재	안전	1998	5	5,000원	3,215
5			안전 평균				7,675
6		2	안전 개수				
7	BE-524	갯벌	생태	2006	30	25,000원	2,500
8	UR-242	숲	생태	2002	20	20,000원	12,500
9	KD-166	습지	생태	2000	15	30,000원	15,000
10			생태 평균				10,000
11		3	생태 개수				
12	BC-546	목공	공예	1990	7	45,000원	6,552
13	QT-178	도자기	공예	2005	10	35,000원	7,231
14	BV-122	유리	공예	1995	10	10,000원	8,251
15			공예 평균				7,345
16		3	공예 개수				
17			전체 평균				8,423
18		8	전체 개수				
19							

| 제 4 작업 | 그래프 | 100점 |

"제1작업" 시트를 이용하여 조건에 따라 ≪출력형태≫와 같이 작업하시오.

| 조건 | (1) 차트 종류 ⇒ 〈묶은 세로 막대형〉으로 작업하시오.
(2) 데이터 범위 ⇒ "제1작업" 시트의 내용을 이용하여 작업하시오.
(3) 위치 ⇒ "새 시트"로 이동하고, "제4작업"으로 시트 이름을 바꾸시오.
(4) 차트 디자인 도구 ⇒ 레이아웃 3, 스타일 1을 선택하여 ≪출력형태≫에 맞게 작업하시오.
(5) 영역 서식 ⇒ 차트 : 글꼴(굴림, 11pt), 채우기 효과(질감 – 파랑 박엽지)
             그림 : 채우기(흰색, 배경1)
(6) 제목 서식 ⇒ 차트 제목 : 글꼴(굴림, 굵게, 20pt), 채우기(흰색, 배경1), 테두리
(7) 서식 ⇒ 참석인원(단위:명) 계열의 차트 종류를 〈표식이 있는 꺾은선형〉으로 변경한 후 보조 축으로 지정하시오.
      계열 : ≪출력형태≫를 참조하여 표식(네모, 크기 10)과 레이블 값을 표시하시오.
      눈금선 : 선 스타일 – 파선
      축 : ≪출력형태≫를 참조하시오.
(8) 범례 ⇒ 범례명을 변경하고 ≪출력형태≫를 참조하시오.
(9) 도형 ⇒ '모서리가 둥근 사각형 설명선'을 삽입한 후 ≪출력형태≫와 같이 내용을 입력하시오.
(10) 나머지 사항은 ≪출력형태≫에 맞게 작성하시오. |

| 출력형태 | 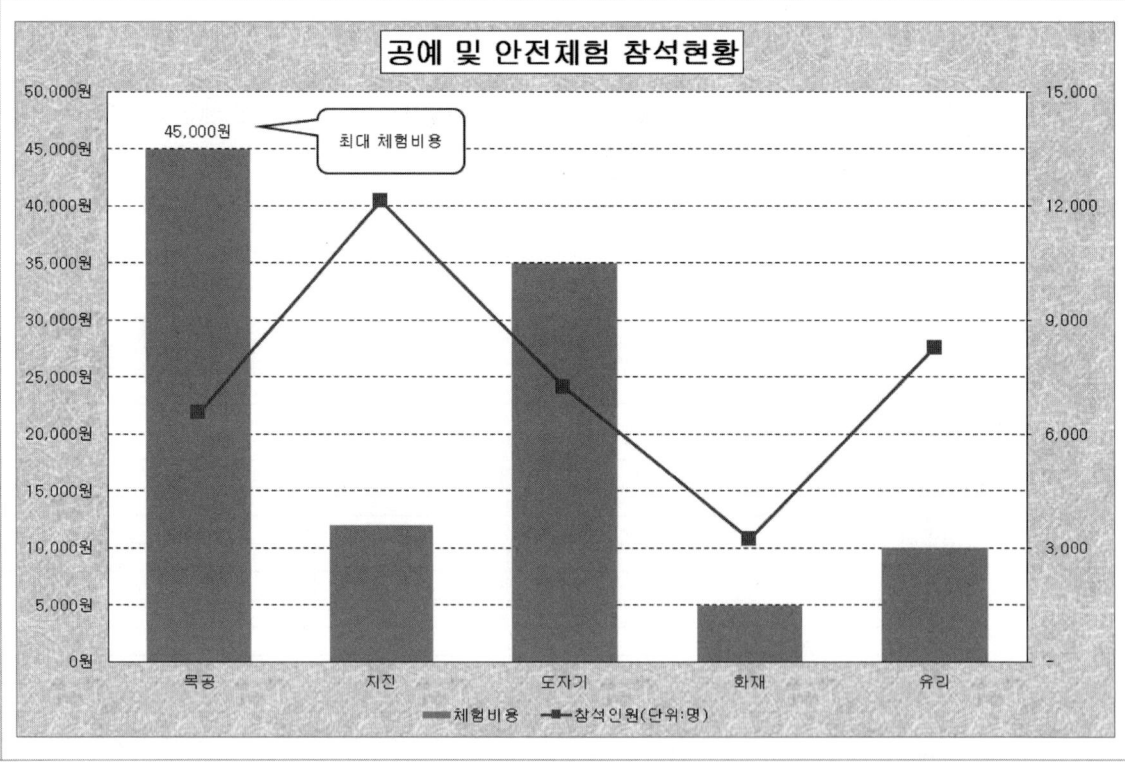 |

주의 시트명 순서가 차례대로 "제1작업", "제2작업", "제3작업", "제4작업"이 되도록 할 것

실전 모의고사 03회

수험번호 20263013　**정답파일** PART 04 실전 모의고사₩실전03회_정답.xlsx

제 1 작업　표 서식 작성 및 값 계산　240점

다음은 '한마음 수입식자재 관리 현황'에 대한 자료이다. 자료를 입력하고 조건에 맞도록 작업하시오.

출력형태

관리코드	분류	식품명	판매가(원)	원산지	중량	전월판매량(개)	구분	적립금
SA2-01	소스류	어니언크림드레싱	13,000	이탈리아	1.0	970	(1)	(2)
CH1-01	수입치즈	모짜렐라블록	17,500	이탈리아	0.5	850	(1)	(2)
SA3-02	소스류	홀그레인머스타드	37,500	프랑스	3.0	1,030	(1)	(2)
PD2-01	분말류	파스타밀가루	43,500	이탈리아	4.0	430	(1)	(2)
CH3-02	수입치즈	고다슬라이스	14,700	네덜란드	0.8	1,250	(1)	(2)
SA1-03	소스류	트러플페이스트	42,000	네덜란드	0.5	770	(1)	(2)
PD1-02	분말류	파마산치즈가루	21,000	프랑스	1.5	1,050	(1)	(2)
CH2-03	수입치즈	스트링치즈	28,500	프랑스	1.2	590	(1)	(2)
전월판매량(개) 1000 이상인 식품수			(3)			최대 전월판매량(개)		(5)
소스류 판매가(원) 평균			(4)			관리코드	SA2-01	원산지	(6)

조건

- 모든 데이터의 서식에는 글꼴(굴림, 11pt), 정렬은 숫자 및 회계 서식은 오른쪽 정렬, 나머지 서식은 가운데 정렬로 작성하며 예외적인 것은 ≪출력형태≫를 참조하시오.
- 제목 ⇒ 도형(십자형)과 그림자(오프셋 오른쪽)를 이용하여 작성하고 "한마음 수입식자재 관리 현황"을 입력한 후 다음 서식을 적용하시오(글꼴 – 굴림, 24pt, 검정, 굵게, 채우기 – 노랑).
- 임의의 셀에 결재란을 작성하여 그림으로 복사 기능을 이용하여 붙이기 하시오(단, 원본 삭제).
- 「B4:J4, G14, I14」 영역은 '주황'으로 채우기 하시오.
- 유효성 검사를 이용하여 「H14」 셀에 관리코드(「B5:B12」 영역)가 선택 표시되도록 하시오.
- 셀 서식 ⇒ 「G5:G12」 영역에 셀 서식을 이용하여 숫자 뒤에 'kg'을 표시하시오(예 : 1.0kg).
- 「H5:H12」 영역에 대해 '전월판매량'으로 이름정의를 하시오.

(1)~(6) 셀은 반드시 <u>주어진 함수를 이용하여</u> 값을 구하시오(결과값을 직접 입력하면 해당 셀은 0점 처리됨).

(1) 구분 ⇒ 관리코드의 세 번째 값이 1이면 '특가상품', 2이면 '베스트상품', 3이면 '무배상품'으로 표시하시오 (CHOOSE, MID 함수).
(2) 적립금 ⇒ 분류가 수입치즈이면 판매가(원)의 3%, 아니면 판매가(원)의 2%로 계산하시오(IF 함수).
(3) 전월판매량(개) 1000 이상인 식품수 ⇒ 결과값에 '개'를 붙이시오(COUNTIF 함수, & 연산자)(예 : 1개).
(4) 소스류 판매가(원) 평균 ⇒ 반올림하여 천원 단위까지 구하시오. 단, 조건은 입력데이터를 이용하시오 (ROUND, DAVERAGE 함수)(예 : 20,630 → 21,000).
(5) 최대 전월판매량(개) ⇒ 정의된 이름(전월판매량)을 이용하여 구하시오(MAX 함수).
(6) 원산지 ⇒ 「H14」 셀에서 선택한 관리코드에 대한 원산지를 구하시오(VLOOKUP 함수).
(7) 조건부 서식의 수식을 이용하여 판매가(원)가 '30,000' 이상인 행 전체에 다음의 서식을 적용하시오(글꼴 : 파랑, 굵게).

제 2 작업   필터 및 서식   80점

"제1작업" 시트의 「B4:H12」 영역을 복사하여 "제2작업" 시트의 「B2」 셀부터 모두 붙여넣기를 한 후 다음의 조건과 같이 작업하시오.

조건	

	(1) 고급 필터 – 분류가 '분말류'이거나, 전월판매량(개)이 '1,000' 이상인 자료의 관리코드, 원산지, 식품명, 판매가(원) 데이터만 추출하시오.
	     – 조건 범위 : 「B13」 셀부터 입력하시오.
	     – 복사 위치 : 「B18」 셀부터 나타나도록 하시오.
	(2) 표 서식 – 고급필터의 결과셀을 채우기 없음으로 설정한 후 '표 스타일 보통 7'의 서식을 적용하시오.
	     – 머리글 행, 줄무늬 행을 적용하시오.

제 3 작업   피벗 테이블   80점

"제1작업" 시트를 이용하여 "제3작업" 시트에 조건에 따라 ≪출력형태≫와 같이 작업하시오.

조건	
	(1) 판매가(원) 및 분류의 식품명의 개수와 전월판매량(개)의 평균을 구하시오. (2) 판매가(원)를 그룹화하고, 분류를 ≪출력형태≫와 같이 정렬하시오. (3) 레이블이 있는 셀 병합 및 가운데 맞춤 적용 및 빈 셀은 '***'로 표시하시오. (4) 행의 총합계는 지우고, 나머지 사항은 ≪출력형태≫에 맞게 작성하시오.

출력형태

	A	B	C	D	E	F	G	H
1								
2			분류					
3			수입치즈		소스류		분말류	
4		판매가(원)	개수 : 식품명	평균 : 전월판매량(개)	개수 : 식품명	평균 : 전월판매량(개)	개수 : 식품명	평균 : 전월판매량(개)
5		1-15000	1	1,250	1	970	***	***
6		15001-30000	2	720	***	***	1	1,050
7		30001-45000	***	***	2	900	1	430
8		총합계	3	897	3	923	2	740
9								

제 4 작업 　그래프　　　　　　　　　　　　　　　　　　　　　　100점

"제1작업" 시트를 이용하여 조건에 따라 ≪출력형태≫와 같이 작업하시오.

조건

(1) 차트 종류 ⇒ 〈묶은 세로 막대형〉으로 작업하시오.
(2) 데이터 범위 ⇒ "제1작업" 시트의 내용을 이용하여 작업하시오.
(3) 위치 ⇒ "새 시트"로 이동하고, "제4작업"으로 시트 이름을 바꾸시오.
(4) 차트 디자인 도구 ⇒ 레이아웃 3, 스타일 1을 선택하여 ≪출력형태≫에 맞게 작업하시오.
(5) 영역 서식 ⇒ 차트 : 글꼴(굴림, 11pt), 채우기 효과(질감 – 파랑 박엽지)
　　　　　　　　그림 : 채우기(흰색, 배경1)
(6) 제목 서식 ⇒ 차트 제목 : 글꼴(굴림, 굵게, 20pt), 채우기(흰색, 배경1), 테두리
(7) 서식 ⇒ 중량 계열의 차트 종류를 〈표식이 있는 꺾은선형〉으로 변경한 후 보조 축으로 지정하시오.
　　　　　계열 : ≪출력형태≫를 참조하여 표식(네모, 크기 10)과 레이블 값을 표시하시오.
　　　　　눈금선 : 선 스타일 – 파선
　　　　　축 : ≪출력형태≫를 참조하시오.
(8) 범례 ⇒ 범례명을 변경하고 ≪출력형태≫를 참조하시오.
(9) 도형 ⇒ '모서리가 둥근 사각형 설명선'을 삽입한 후 ≪출력형태≫와 같이 내용을 입력하시오.
(10) 나머지 사항은 ≪출력형태≫에 맞게 작성하시오.

출력형태

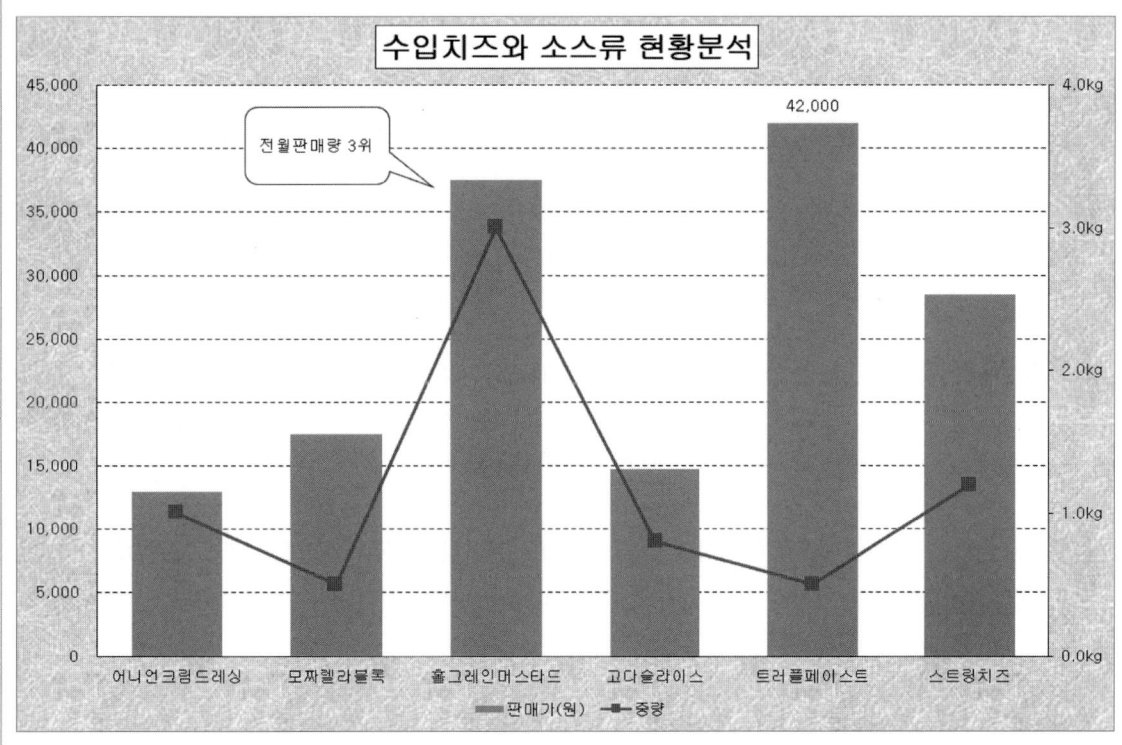

주의 시트명 순서가 차례대로 "제1작업", "제2작업", "제3작업", "제4작업"이 되도록 할 것

실전 모의고사 04회

수험번호 20263014 **정답파일** PART 04 실전 모의고사₩실전04회_정답.xlsx

제1작업 표 서식 작성 및 값 계산   240점

다음은 '인기 캡슐 커피머신 상품 비교'에 대한 자료이다. 자료를 입력하고 조건에 맞도록 작업하시오.

출력형태

관리번호	수입판매원	제품명	출시연도	물통용량(L)	소비전력(W)	판매가격	VIP 할인가	제조국
EF-100	네소프레소	시티즈플래티넘	2023년	1.00	1,150	315,000	(1)	(2)
XN-107	네소카페	지니오에스베이직	2020년	0.80	1,340	89,000	(1)	(2)
CP-206	일라오미	프란시스와이	2020년	0.75	850	112,750	(1)	(2)
FL-309	네소프레소	에센자미니	2017년	0.60	1,180	151,140	(1)	(2)
NS-201	네소카페	지니오에스쉐어	2022년	0.80	1,500	138,800	(1)	(2)
XF-405	네소프레소	크리아티스타플러스	2017년	1.50	1,600	789,500	(1)	(2)
SC-106	일라오미	씽킹캡슐머신	2022년	0.62	1,200	78,570	(1)	(2)
ML-308	일라오미	엑스원 이녹스	2021년	1.00	1,200	572,150	(1)	(2)
판매가격 전체평균			(3)		2022년 출시제품 개수			(5)
일라오미 소비전력(W) 합계			(4)		제품명	시티즈플래티넘	소비전력(W)	(6)

제목 도형(사다리꼴)과 결재란 포함. "인기 캡슐 커피머신 상품 비교"

조건

- 모든 데이터의 서식에는 글꼴(굴림, 11pt), 정렬은 숫자 및 회계 서식은 오른쪽 정렬, 나머지 서식은 가운데 정렬로 작성하며 예외적인 것은 ≪출력형태≫를 참조하시오.
- 제목 ⇒ 도형(사다리꼴)과 그림자(오프셋 오른쪽)를 이용하여 작성하고 "인기 캡슐 커피머신 상품 비교"를 입력한 후 다음 서식을 적용하시오(글꼴 – 굴림, 24pt, 검정, 굵게, 채우기 – 노랑).
- 임의의 셀에 결재란을 작성하여 그림으로 복사 기능을 이용하여 붙이기 하시오(단, 원본 삭제).
- 「B4:J4, G14, I14」 영역은 '주황'으로 채우기 하시오.
- 유효성 검사를 이용하여 「H14」 셀에 제품명(「D5:D12」 영역)이 선택 표시되도록 하시오.
- 셀 서식 ⇒ 「H5:H12」 영역에 셀 서식을 이용하여 숫자 뒤에 '원'을 표시하시오(예 : 89,000원).
- 「E5:E12」 영역에 대해 '출시연도'로 이름정의를 하시오.

(1)~(6) 셀은 반드시 주어진 함수를 이용하여 값을 구하시오(결과값을 직접 입력하면 해당 셀은 0점 처리됨).

(1) VIP 할인가 ⇒ 「판매가격 × 95%」를 계산하고, 반올림하여 천원 단위까지 구하시오(ROUND 함수)
         (예 : 84,550 → 85,000).
(2) 제조국 ⇒ 관리번호 네 번째 글자가 1이면 '중국', 2이면 '이탈리아', 그 외에는 '기타'로 구하시오(IF, MID 함수).
(3) 판매가격 전체평균 ⇒ 내림하여 백원 단위까지 구하시오(ROUNDDOWN, AVERAGE 함수)
         (예 : 280,864 → 280,800).
(4) 일라오미 소비전력(W) 합계 ⇒ (SUMIF 함수)
(5) 2022년 출시제품 개수 ⇒ 정의된 이름(출시연도)을 이용하여 구한 결과 값에 '건'을 붙이시오
         (COUNTIF 함수, & 연산자)(예 : 1건).
(6) 소비전력(W) ⇒ 「H14」 셀에서 선택한 제품명에 대한 소비전력(W)을 구하시오(VLOOKUP 함수).
(7) 조건부 서식의 수식을 이용하여 물통용량(L)이 '1' 이상인 행 전체에 다음의 서식을 적용하시오(글꼴 : 파랑, 굵게).

제 2 작업 | 목표값 찾기 및 필터 | 80점

"제1작업" 시트의 「B4:H12」 영역을 복사하여 "제2작업" 시트의 「B2」 셀부터 모두 붙여넣기를 한 후 다음의 조건과 같이 작업하시오.

조건

(1) 목표값 찾기 – 「B11:G11」 셀을 병합하고, 가운데 맞춤한 후 "네소프레소 소비전력(W) 평균"을 입력하고, 「H11」 셀에 네소프레소 소비전력(W) 평균을 구하시오. 단, 조건은 입력데이터를 이용하시오(DAVERAGE 함수, 테두리).
 – '네소프레소 소비전력(W) 평균'이 '1,300'이 되려면 시티즈플래티넘의 소비전력(W)이 얼마가 되어야 하는지 목표값을 구하시오.

(2) 고급필터 – 수입판매원이 '네소프레소'가 아니면서 판매가격이 '100,000' 이상인 자료의 관리번호, 제품명, 출시연도, 물통용량(L), 판매가격 데이터만 추출하시오.
 – 조건 범위 : 「B14」 셀부터 입력하시오.
 – 복사 위치 : 「B18」 셀부터 나타나도록 하시오.

제 3 작업 | 정렬 및 부분합 | 80점

"제1작업" 시트의 「B4:H12」 영역을 복사하여 "제3작업" 시트의 「B2」 셀부터 모두 붙여넣기를 한 후 다음의 조건과 같이 작업하시오.

조건

(1) 부분합 – ≪출력형태≫처럼 정렬하고, 제품명의 개수와 판매가격의 평균을 구하시오.
(2) 개요【윤곽】 – 지우시오.
(3) 나머지 사항은 ≪출력형태≫에 맞게 작성하시오.

출력형태

관리번호	수입판매원	제품명	출시연도	물통용량(L)	소비전력(W)	판매가격
EF-100	네소프레소	시티즈플래티넘	2023년	1.00	1,150	315,000원
FL-309	네소프레소	에센자미니	2017년	0.60	1,180	151,140원
XF-405	네소프레소	크리아티스타플러스	2017년	1.50	1,600	789,500원
	네소프레소 개수	3				
	네소프레소 평균					418,547원
CP-206	일라오미	프란시스와이	2020년	0.75	850	112,750원
SC-106	일라오미	씽킹캡슐머신	2022년	0.62	1,200	78,570원
ML-308	일라오미	엑스원 이녹스	2021년	1.00	1,200	572,150원
	일라오미 개수	3				
	일라오미 평균					254,490원
XN-107	네소카페	지니오에스베이직	2020년	0.80	1,340	89,000원
NS-201	네소카페	지니오에스쉐어	2022년	0.80	1,500	138,800원
	네소카페 개수	2				
	네소카페 평균					113,900원
	전체 개수	8				
	전체 평균					280,864원

제 4 작업   그래프   100점

"제1작업" 시트를 이용하여 조건에 따라 ≪출력형태≫와 같이 작업하시오.

조건	
	(1) 차트 종류 ⇒ 〈묶은 세로 막대형〉으로 작업하시오.
	(2) 데이터 범위 ⇒ "제1작업" 시트의 내용을 이용하여 작업하시오.
	(3) 위치 ⇒ "새 시트"로 이동하고, "제4작업"으로 시트 이름을 바꾸시오.
	(4) 차트 디자인 도구 ⇒ 레이아웃 3, 스타일 1을 선택하여 ≪출력형태≫에 맞게 작업하시오.
	(5) 영역 서식 ⇒ 차트 : 글꼴(굴림, 11pt), 채우기 효과(질감 - 파랑 박엽지) 그림 : 채우기(흰색, 배경1)
	(6) 제목 서식 ⇒ 차트 제목 : 글꼴(굴림, 굵게, 20pt), 채우기(흰색, 배경1), 테두리
	(7) 서식 ⇒ 소비전력(W) 계열의 차트 종류를 〈표식이 있는 꺾은선형〉으로 변경한 후 보조 축으로 지정하시오. 계열 : ≪출력형태≫를 참조하여 표식(네모, 크기 10)과 레이블 값을 표시하시오. 눈금선 : 선 스타일 - 파선 축 : ≪출력형태≫를 참조하시오.
	(8) 범례 ⇒ 범례명을 변경하고 ≪출력형태≫를 참조하시오.
	(9) 도형 ⇒ '모서리가 둥근 사각형 설명선'을 삽입한 후 ≪출력형태≫와 같이 내용을 입력하시오.
	(10) 나머지 사항은 ≪출력형태≫에 맞게 작성하시오.

출력형태	

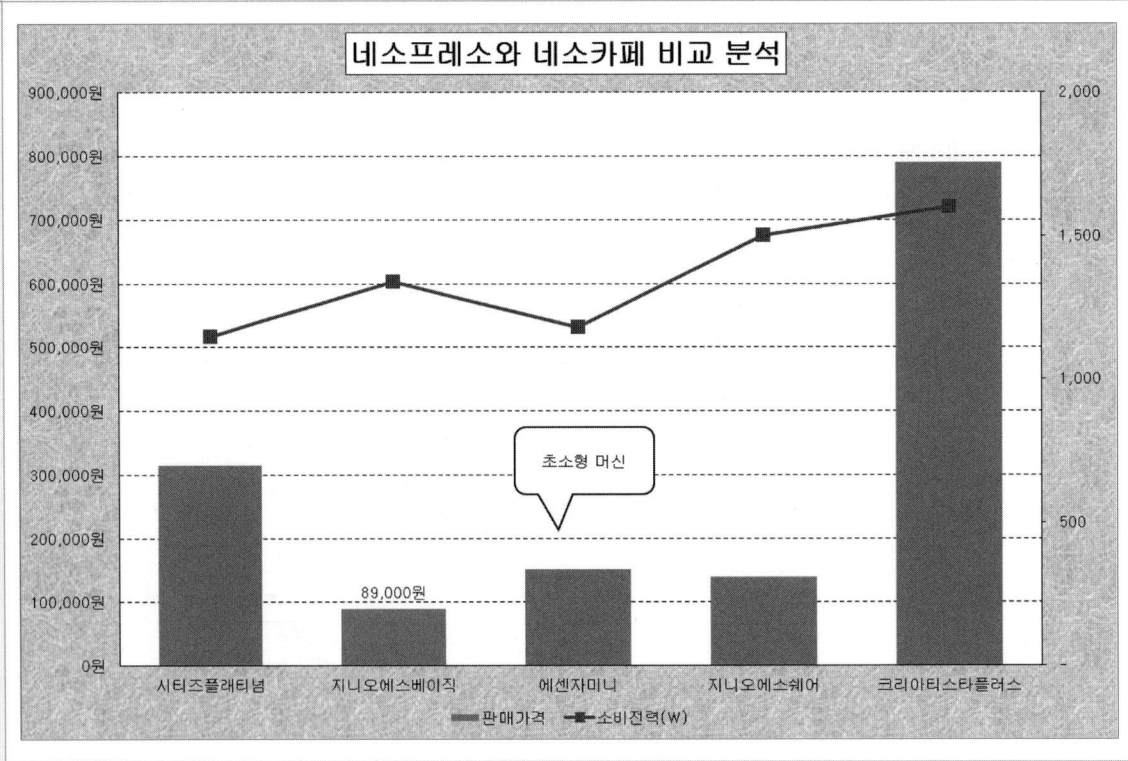

주의 시트명 순서가 차례대로 "제1작업", "제2작업", "제3작업", "제4작업"이 되도록 할 것

실전 모의고사 05회

수험번호 20263015　**정답파일** PART 04 실전 모의고사₩실전05회_정답.xlsx

제 1 작업　표 서식 작성 및 값 계산　240점

다음은 '연구사업 진행 현황'에 대한 자료이다. 자료를 입력하고 조건에 맞도록 작업하시오.

출력형태

관리코드	사업명	관리팀	사업구분	진행인원수	시작일	기본예산(단위:원)	진행기간	예산순위
EA4-06	이러닝	교육관리	교육	7	2023-07-10	46,200,000	(1)	(2)
TA3-07	AR개발	개발1팀	기술	11	2023-07-01	83,700,000	(1)	(2)
TS1-12	홈네트워크	개발1팀	기술	13	2023-06-20	185,000,000	(1)	(2)
MA2-03	마케팅	개발1팀	영업	3	2023-10-05	22,700,000	(1)	(2)
TE1-10	네트워크보안	개발1팀	기술	10	2023-06-01	136,000,000	(1)	(2)
SA2-05	VR개발	개발2팀	기술	9	2023-08-10	34,700,000	(1)	(2)
EA4-04	연수원관리	교육관리	교육	6	2023-09-20	28,000,000	(1)	(2)
TE3-05	환경개선	개발2팀	기술	7	2023-09-01	103,000,000	(1)	(2)
개발1팀 기본예산(단위:원) 평균			(3)		교육 사업의 총 기본예산(단위:원)			(5)
최다 진행인원수			(4)		사업명	이러닝	사업구분	(6)

조건

- 모든 데이터의 서식에는 글꼴(굴림, 11pt), 정렬은 숫자 및 회계 서식은 오른쪽 정렬, 나머지 서식은 가운데 정렬로 작성하며 예외적인 것은 ≪출력형태≫를 참조하시오.
- 제목 ⇒ 도형(십자형)과 그림자(오프셋 오른쪽)를 이용하여 작성하고 "연구사업 진행 현황"을 입력한 후 다음 서식을 적용하시오(글꼴 – 굴림, 24pt, 검정, 굵게, 채우기 – 노랑).
- 임의의 셀에 결재란을 작성하여 그림으로 복사 기능을 이용하여 붙이기 하시오(단, 원본 삭제).
- 「B4:J4, G14, I14」 영역은 '주황'으로 채우기 하시오.
- 유효성 검사를 이용하여 「H14」 셀에 사업명(「C5:C12」 영역)이 선택 표시되도록 하시오.
- 셀 서식 ⇒ 「F5:F12」 영역에 셀 서식을 이용하여 숫자 뒤에 '명'을 표시하시오(예 : 7명).
- 「F5:F12」 영역에 대해 '진행인원수'로 이름정의를 하시오.

(1)~(6) 셀은 반드시 주어진 함수를 이용하여 값을 구하시오(결과값을 직접 입력하면 해당 셀은 0점 처리됨).

(1) 진행기간 ⇒ 「14 – 시작일의 월」을 구한 값에 '개월'을 붙이시오(MONTH 함수, & 연산자)(예 : 1개월).
(2) 예산순위 ⇒ 기본예산(단위:원)의 내림차순 순위를 '1~3'만 표시하고 그 외에는 공백으로 구하시오(IF, RANK.EQ 함수).
(3) 개발1팀 기본예산(단위:원) 평균 ⇒ 개발1팀의 기본예산(단위:원) 평균을 구하시오(SUMIF, COUNTIF 함수).
(4) 최다 진행인원수 ⇒ 정의된 이름(진행인원수)을 이용하여 구하시오(MAX 함수).
(5) 교육 사업의 총 기본예산(단위:원) ⇒ 조건은 입력데이터를 이용하여 구하시오(DSUM 함수).
(6) 사업구분 ⇒ 「H14」 셀에서 선택한 사업명의 사업구분을 구하시오(VLOOKUP 함수).
(7) 조건부 서식의 수식을 이용하여 진행인원수가 '10' 이상인 행 전체에 다음의 서식을 적용하시오(글꼴 : 파랑, 굵게).

제 2 작업   필터 및 서식   80점

"제1작업" 시트의 「B4:H12」 영역을 복사하여 "제2작업" 시트의 「B2」 셀부터 모두 붙여넣기를 한 후 다음의 조건과 같이 작업하시오.

조건	(1) 고급 필터 – 사업구분이 '교육'이거나, 기본예산(단위:원)이 '130,000,000' 이상인 자료의 관리코드, 사업명, 진행인원수, 기본예산(단위:원) 데이터만 추출하시오.
	    – 조건 범위 : 「B13」 셀부터 입력하시오.
	    – 복사 위치 : 「B18」 셀부터 나타나도록 하시오.
	(2) 표 서식 – 고급필터의 결과셀을 채우기 없음으로 설정한 후 '표 스타일 보통 7'의 서식을 적용하시오.
	    – 머리글 행, 줄무늬 행을 적용하시오.

제 3 작업   피벗 테이블   80점

"제1작업" 시트를 이용하여 "제3작업" 시트에 조건에 따라 ≪출력형태≫와 같이 작업하시오.

조건	(1) 진행인원수 및 사업구분별 사업명의 개수와 기본예산(단위:원)의 평균을 구하시오. (2) 진행인원수를 그룹화하고, 사업구분을 ≪출력형태≫와 같이 정렬하시오. (3) 레이블이 있는 셀 병합 및 가운데 맞춤 적용 및 빈 셀은 '***'로 표시하시오. (4) 행의 총합계는 지우고, 나머지 사항은 ≪출력형태≫에 맞게 작성하시오.
출력형태	

	A	B	C	D	E	F	G	H
1								
2			사업구분					
3			영업		기술		교육	
4		진행인원수	개수 : 사업명	평균 : 기본예산(단위:원)	개수 : 사업명	평균 : 기본예산(단위:원)	개수 : 사업명	평균 : 기본예산(단위:원)
5		3-6	1	22,700,000	***	***	1	28,000,000
6		7-10	***	***	3	91,233,333	1	46,200,000
7		11-14	***	***	2	134,350,000	***	***
8		총합계	1	22,700,000	5	108,480,000	2	37,100,000
9								

제 4 작업   그래프   100점

"제1작업" 시트를 이용하여 조건에 따라 ≪출력형태≫와 같이 작업하시오.

조건

(1) 차트 종류 ⇒ 〈묶은 세로 막대형〉으로 작업하시오.
(2) 데이터 범위 ⇒ "제1작업" 시트의 내용을 이용하여 작업하시오.
(3) 위치 ⇒ "새 시트"로 이동하고, "제4작업"으로 시트 이름을 바꾸시오.
(4) 차트 디자인 도구 ⇒ 레이아웃 3, 스타일 1을 선택하여 ≪출력형태≫에 맞게 작업하시오.
(5) 영역 서식 ⇒ 차트 : 글꼴(굴림, 11pt), 채우기 효과(질감 – 파랑 박엽지)
              그림 : 채우기(흰색, 배경1)
(6) 제목 서식 ⇒ 차트 제목 : 글꼴(굴림, 굵게, 20pt), 채우기(흰색, 배경1), 테두리
(7) 서식 ⇒ 기본예산(단위:원) 계열의 차트 종류를 〈표식이 있는 꺾은선형〉으로 변경한 후 보조 축으로 지정하시오.
       계열 : ≪출력형태≫를 참조하여 표식(네모, 크기 10)과 레이블 값을 표시하시오.
       눈금선 : 선 스타일 – 파선
       축 : ≪출력형태≫를 참조하시오.
(8) 범례 ⇒ 범례명을 변경하고 ≪출력형태≫를 참조하시오.
(9) 도형 ⇒ '모서리가 둥근 사각형 설명선'을 삽입한 후 ≪출력형태≫와 같이 내용을 입력하시오.
(10) 나머지 사항은 ≪출력형태≫에 맞게 작성하시오.

출력형태

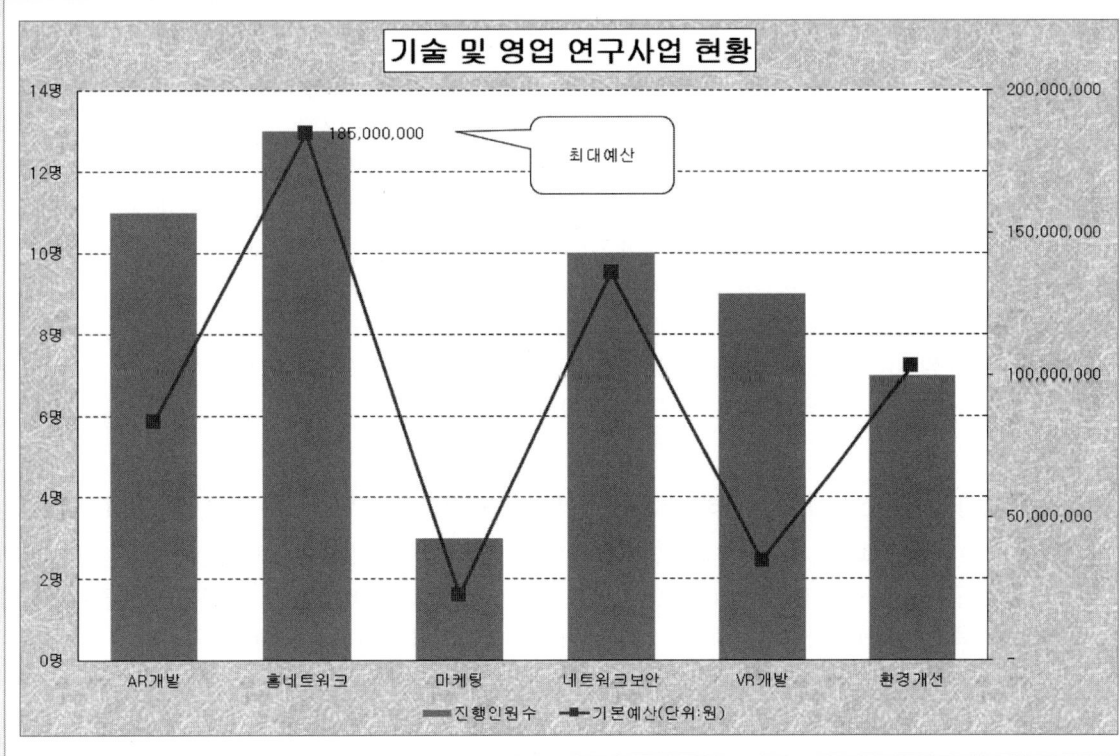

주의 시트명 순서가 차례대로 "제1작업", "제2작업", "제3작업", "제4작업"이 되도록 할 것

실전 모의고사 06회

수험번호 20263016　**정답파일** PART 04 실전 모의고사\실전06회_정답.xlsx

제1작업　표 서식 작성 및 값 계산　240점

다음은 '명재활의학과 1분기 환자 관리 현황'에 대한 자료이다. 자료를 입력하고 조건에 맞도록 작업하시오.

출력형태

관리번호	주민번호	환자명	치료구분	치료시작일	1회비용	치료횟수(1주)	성별	치료부위
SHD-01	541209-2******	박시선	도수치료	2024-03-11	87,000	3	(1)	(2)
KNE-01	671105-1******	이태호	통증치료	2024-01-19	55,000	2	(1)	(2)
SHD-02	020705-4******	홍규림	통증치료	2024-02-07	45,000	4	(1)	(2)
WAT-01	701210-1******	정상헌	운동치료	2024-02-23	102,000	3	(1)	(2)
KNE-02	910510-2******	김우윤	도수치료	2024-03-15	78,500	2	(1)	(2)
WAT-02	480731-2******	심명혜	통증치료	2024-01-15	57,500	2	(1)	(2)
SHD-03	851020-1******	최보근	도수치료	2024-02-13	83,000	4	(1)	(2)
WAT-03	030225-3******	정해림	운동치료	2024-03-05	98,500	3	(1)	(2)
도수치료 치료횟수(1주) 평균			(3)		운동치료 환자 수			(5)
가장 많은 치료횟수(1주)			(4)		관리번호	SHD-01	치료시작일	(6)

결재란: 담당 / 과장 / 원장

조건

- 모든 데이터의 서식에는 글꼴(굴림, 11pt), 정렬은 숫자 및 회계 서식은 오른쪽 정렬, 나머지 서식은 가운데 정렬로 작성하며 예외적인 것은 ≪출력형태≫를 참조하시오.
- 제목 ⇒ 도형(배지)과 그림자(오프셋 오른쪽)를 이용하여 작성하고 "명재활의학과 1분기 환자 관리 현황"을 입력한 후 다음 서식을 적용하시오(글꼴 – 굴림, 24pt, 검정, 굵게, 채우기 – 노랑).
- 임의의 셀에 결재란을 작성하여 그림으로 복사 기능을 이용하여 붙이기 하시오(단, 원본 삭제).
- 「B4:J4, G14, I14」 영역은 '주황'으로 채우기 하시오.
- 유효성 검사를 이용하여 「H14」 셀에 관리번호(「B5:B12」 영역)가 선택 표시되도록 하시오.
- 셀 서식 ⇒ 「G5:G12」 영역에 셀 서식을 이용하여 숫자 뒤에 '원'을 표시하시오(예 : 87,000원).
- 「H5:H12」 영역에 대해 '치료횟수'로 이름정의를 하시오.

(1)~(6) 셀은 반드시 <u>주어진 함수를 이용하여</u> 값을 구하시오(결과값을 직접 입력하면 해당 셀은 0점 처리됨).

(1) 성별 ⇒ 주민번호 8번째 값이 1이면 '남', 2이면 '여', 3이면 '남', 4이면 '여'로 구하시오(CHOOSE, MID 함수).
(2) 치료부위 ⇒ 관리번호 첫 번째 글자가 S이면 '어깨', K이면 '무릎', 그 외에는 '허리'로 구하시오(IF, LEFT 함수).
(3) 도수치료 치료횟수(1주) 평균 ⇒ 단, 조건은 입력데이터를 이용하시오(DAVERAGE 함수).
(4) 가장 많은 치료횟수(1주) ⇒ 정의된 이름(치료횟수)을 이용하여 구하시오(MAX 함수).
(5) 운동치료 환자 수 ⇒ 결과값에 '명'을 붙이시오(COUNTIF 함수, & 연산자)(예 : 1명).
(6) 치료시작일 ⇒ 「H14」 셀에서 선택한 관리번호에 대한 치료시작일을 구하시오 (VLOOKUP 함수)(예 : 2024-01-01).
(7) 조건부 서식의 수식을 이용하여 1회비용이 '85,000' 이상인 행 전체에 다음의 서식을 적용하시오(글꼴 : 파랑, 굵게).

제 2 작업   목표값 찾기 및 필터   80점

"제1작업" 시트의 「B4:H12」 영역을 복사하여 "제2작업" 시트의 「B2」 셀부터 모두 붙여넣기를 한 후 다음의 조건과 같이 작업하시오.

조건

(1) 목표값 찾기 – 「B11:G11」 셀을 병합하고, 가운데 맞춤한 후 "1회비용 전체 평균"을 입력하고, 「H11」 셀에 1회비용의 전체 평균을 구하시오(AVERAGE 함수, 테두리).
　　　　　　　– '1회비용 전체 평균'이 '76,000'이 되려면 박시선의 1회비용이 얼마가 되어야 하는지 목표값을 구하시오.
(2) 고급필터 – 치료구분이 '도수치료'가 아니면서 치료횟수(1주)가 '3' 이상인 자료의 관리번호, 주민번호, 환자명, 치료시작일 데이터만 추출하시오
　　　　　　– 조건 범위 : 「B14」 셀부터 입력하시오.
　　　　　　– 복사 위치 : 「B18」 셀부터 나타나도록 하시오.

제 3 작업   정렬 및 부분합   80점

"제1작업" 시트의 「B4:H12」 영역을 복사하여 "제3작업" 시트의 「B2」 셀부터 모두 붙여넣기를 한 후 다음의 조건과 같이 작업하시오.

조건

(1) 부분합 – ≪출력형태≫처럼 정렬하고, 환자명의 개수와 1회비용의 평균을 구하시오.
(2) 개요[윤곽] – 지우시오.
(3) 나머지 사항은 ≪출력형태≫에 맞게 작성하시오.

출력형태

	A	B	C	D	E	F	G	H
1								
2		관리번호	주민번호	환자명	치료구분	치료시작일	1회비용	치료횟수 (1주)
3		KNE-01	671105-1******	이태호	통증치료	2024-01-19	55,000원	2
4		SHD-02	020705-4******	홍규림	통증치료	2024-02-07	45,000원	4
5		WAT-02	480731-2******	심명혜	통증치료	2024-01-15	57,500원	2
6					통증치료 평균		52,500원	
7				3	통증치료 개수			
8		WAT-01	701210-1******	정상헌	운동치료	2024-02-23	102,000원	3
9		WAT-03	030225-3******	정혜림	운동치료	2024-03-05	98,500원	3
10					운동치료 평균		100,250원	
11				2	운동치료 개수			
12		SHD-01	541209-2******	박시선	도수치료	2024-03-11	87,000원	3
13		KNE-02	910510-2******	김우윤	도수치료	2024-03-15	78,500원	2
14		SHD-03	851020-1******	최보근	도수치료	2024-02-13	83,000원	4
15					도수치료 평균		82,833원	
16				3	도수치료 개수			
17					전체 평균		75,813원	
18				8	전체 개수			
19								

제 4 작업 그래프 100점

"제1작업" 시트를 이용하여 조건에 따라 ≪출력형태≫와 같이 작업하시오.

조건	
	(1) 차트 종류 ⇒ 〈묶은 세로 막대형〉으로 작업하시오.
	(2) 데이터 범위 ⇒ "제1작업" 시트의 내용을 이용하여 작업하시오.
	(3) 위치 ⇒ "새 시트"로 이동하고, "제4작업"으로 시트 이름을 바꾸시오.
	(4) 차트 디자인 도구 ⇒ 레이아웃 3, 스타일 1을 선택하여 ≪출력형태≫에 맞게 작업하시오.
	(5) 영역 서식 ⇒ 차트 : 글꼴(굴림, 11pt), 채우기 효과(질감 – 파랑 박엽지)
	그림 : 채우기(흰색, 배경1)
	(6) 제목 서식 ⇒ 차트 제목 : 글꼴(굴림, 굵게, 20pt), 채우기(흰색, 배경1), 테두리
	(7) 서식 ⇒ 치료횟수(1주) 계열의 차트 종류를 〈표식이 있는 꺾은선형〉으로 변경한 후 보조 축으로 지정하시오.
	계열 : ≪출력형태≫를 참조하여 표식(마름모, 크기 10)과 레이블 값을 표시하시오.
	눈금선 : 선 스타일 – 파선
	축 : ≪출력형태≫를 참조하시오.
	(8) 범례 ⇒ 범례명을 변경하고 ≪출력형태≫를 참조하시오.
	(9) 도형 ⇒ '모서리가 둥근 사각형 설명선'을 삽입한 후 ≪출력형태≫와 같이 내용을 입력하시오.
	(10) 나머지 사항은 ≪출력형태≫에 맞게 작성하시오.
출력형태	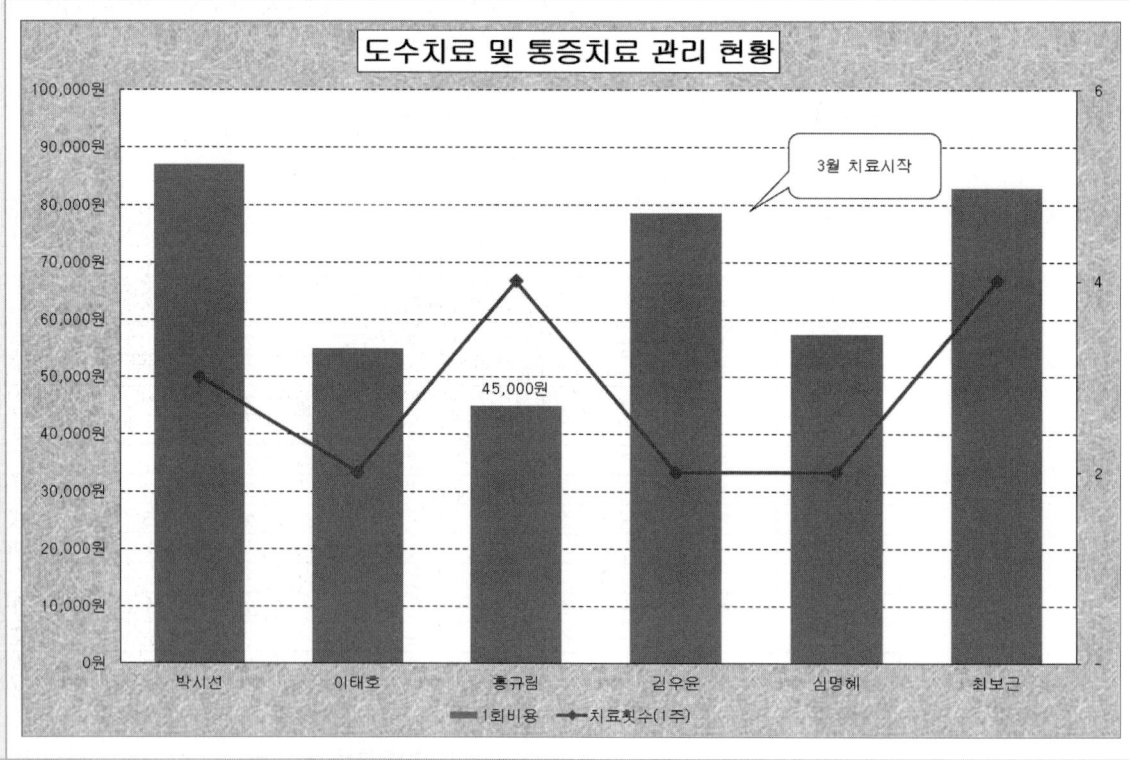

주의 시트명 순서가 차례대로 "제1작업", "제2작업", "제3작업", "제4작업"이 되도록 할 것

실전 모의고사 07회

수험번호 20263017　**정답파일** PART 04 실전 모의고사\실전07회_정답.xlsx

제 1 작업　표 서식 작성 및 값 계산　　　240점

다음은 '직접판매 유통업체 현황'에 대한 자료이다. 자료를 입력하고 조건에 맞도록 작업하시오.

출력형태

관리번호	회사명	분류	소재지	설립일	반품환불	매출액(백만)	설립연도	매출액 순위
B2-03	도담도담	애견용품	부산	2013-05-01	3,950	198,619	(1)	(2)
S1-01	그린웰빙	건강식품	서울	2011-01-20	2,694	43,766	(1)	(2)
J1-04	그린라이프	건강식품	제주	2011-11-16	3,405	156,373	(1)	(2)
S2-05	마이스토어	화장품	서울	2009-12-10	4,580	643,654	(1)	(2)
B1-01	뉴스타	건강식품	부산	2007-01-24	500	22,896	(1)	(2)
S3-02	뭉이월드	애견용품	서울	2011-01-24	1,220	126,100	(1)	(2)
J3-02	레옹샵	애견용품	제주	2007-03-03	1,587	64,817	(1)	(2)
S2-03	해피월드	화장품	서울	2009-10-20	409	84,540	(1)	(2)
평균 매출액(백만) 이상인 회사 수			(3)			최대 반품환불		(5)
애견용품 매출액(백만) 합계			(4)			회사명	도담도담	반품환불	(6)

확인　담당　대리　과장

조건

- 모든 데이터의 서식에는 글꼴(굴림, 11pt), 정렬은 숫자 및 회계 서식은 오른쪽 정렬, 나머지 서식은 가운데 정렬로 작성하며 예외적인 것은 ≪출력형태≫를 참조하시오.
- 제목 ⇒ 도형(평행 사변형)과 그림자(오프셋 오른쪽)를 이용하여 작성하고 "직접판매 유통업체 현황"을 입력한 후 다음 서식을 적용하시오(글꼴 – 굴림, 24pt, 검정, 굵게, 채우기 – 노랑).
- 임의의 셀에 결재란을 작성하여 그림으로 복사 기능을 이용하여 붙이기 하시오(단, 원본 삭제).
- 「B4:J4, G14, I14」 영역은 '주황'으로 채우기 하시오.
- 유효성 검사를 이용하여 「H14」 셀에 회사명(「C5:C12」 영역)이 선택 표시되도록 하시오.
- 셀 서식 ⇒ 「G5:G12」 영역에 셀 서식을 이용하여 숫자 뒤에 '건'을 표시하시오(예 : 3,950건).
- 「G5:G12」 영역에 대해 '반품환불'로 이름정의를 하시오.

(1)~(6) 셀은 반드시 주어진 함수를 이용하여 값을 구하시오(결과값을 직접 입력하면 해당 셀은 0점 처리됨).

(1) 설립연도 ⇒ 설립일의 연도를 구하시오(YEAR 함수).
(2) 매출액 순위 ⇒ 매출액(백만)의 내림차순 순위를 1~3까지 구하고, 그 외에는 공백으로 표시하시오(IF, RANK.EQ 함수).
(3) 평균 매출액(백만) 이상인 회사 수 ⇒ 매출액(백만)이 평균 이상인 회사 수를 구한 후 결과값에 '개'를 붙이시오 (COUNTIF, AVERAGE 함수, & 연산자)(예 : 3개).
(4) 애견용품 매출액(백만) 합계 ⇒ (SUMIF 함수)
(5) 최대 반품환불 ⇒ 정의된 이름(반품환불)을 이용하여 구하시오(MAX 함수).
(6) 반품환불 ⇒ 「H14」셀에서 선택한 회사명에 대한 반품환불을 구하시오(VLOOKUP 함수).
(7) 조건부 서식의 수식을 이용하여 반품환불이 '3,000' 이상인 행 전체에 다음의 서식을 적용하시오(글꼴 : 파랑, 굵게).

제 2 작업 | 필터 및 서식 — 80점

"제1작업" 시트의 「B4:H12」 영역을 복사하여 "제2작업" 시트의 「B2」 셀부터 모두 붙여넣기를 한 후 다음의 조건과 같이 작업하시오.

조건

(1) 고급 필터 – 소재지가 '제주'이거나 설립일이 '2010-01-01' 이후(해당일 포함)인 자료의 회사명, 소재지, 반품환불, 매출액(백만) 데이터만 추출하시오.
  - 조건 범위 : 「B14」 셀부터 입력하시오.
  - 복사 위치 : 「B18」 셀부터 나타나도록 하시오.
(2) 표 서식 – 고급필터의 결과셀을 채우기 없음으로 설정한 후 '표 스타일 밝게 9'의 서식을 적용하시오.
  - 머리글 행, 줄무늬 행을 적용하시오.

제 3 작업 | 피벗 테이블 — 80점

"제1작업" 시트를 이용하여 "제3작업" 시트에 조건에 따라 ≪출력형태≫와 같이 작업하시오.

조건

(1) 설립일 및 분류별 회사명의 개수와 매출액(백만)의 평균을 구하시오.
(2) 설립일을 그룹화하고, 분류를 ≪출력형태≫와 같이 정렬하시오.
(3) 레이블이 있는 셀 병합 및 가운데 맞춤 적용과 빈 셀은 '**'로 표시하시오.
(4) 행의 총합계는 지우고, 나머지 사항은 ≪출력형태≫에 맞게 작성하시오.

출력형태

	A	B	C	D	E	F	G	H
1								
2		분류 ↓						
3			화장품		애견용품		건강식품	
4		설립일 ▼	개수 : 회사명	평균 : 매출액(백만)	개수 : 회사명	평균 : 매출액(백만)	개수 : 회사명	평균 : 매출액(백만)
5		2007년	**	**	1	64,817	1	22,896
6		2009년	2	364,097	**	**	**	**
7		2011년	**	**	1	126,100	2	100,070
8		2013년	**	**	1	198,619	**	**
9		총합계	2	364,097	3	129,845	3	74,345

제 4 작업 : 그래프 (100점)

"제1작업" 시트를 이용하여 조건에 따라 ≪출력형태≫와 같이 작업하시오.

조건

(1) 차트 종류 ⇒ 〈묶은 세로 막대형〉으로 작업하시오.
(2) 데이터 범위 ⇒ "제1작업" 시트의 내용을 이용하여 작업하시오.
(3) 위치 ⇒ "새 시트"로 이동하고, "제4작업"으로 시트 이름을 바꾸시오.
(4) 차트 디자인 도구 ⇒ 레이아웃 3, 스타일 1을 선택하여 ≪출력형태≫에 맞게 작업하시오.
(5) 영역 서식 ⇒ 차트 : 글꼴(굴림, 11pt), 채우기 효과(질감 - 분홍 박엽지)
     그림 : 채우기(흰색, 배경1)
(6) 제목 서식 ⇒ 차트 제목 : 글꼴(굴림, 굵게, 20pt), 채우기(흰색, 배경1), 테두리
(7) 서식 ⇒ 매출액(백만) 계열의 차트 종류를 〈표식이 있는 꺾은선형〉으로 변경한 후 보조 축으로 지정하시오.
    계열 : ≪출력형태≫를 참조하여 표식(세모, 크기 10)과 레이블 값을 표시하시오.
    눈금선 : 선 스타일 - 파선
    축 : ≪출력형태≫를 참조하시오.
(8) 범례 ⇒ 범례명을 변경하고 ≪출력형태≫를 참조하시오.
(9) 도형 ⇒ '모서리가 둥근 사각형 설명선'을 삽입한 후 ≪출력형태≫와 같이 내용을 입력하시오.
(10) 나머지 사항은 ≪출력형태≫에 맞게 자선하시오.

출력형태

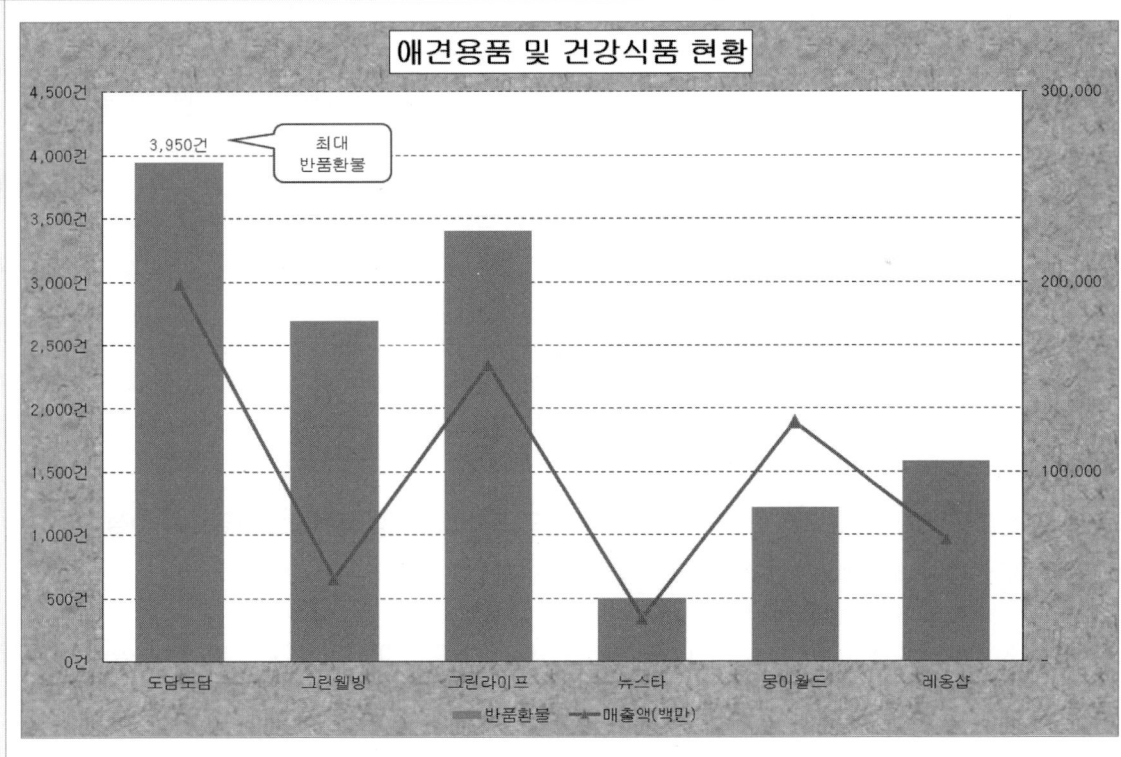

주의 시트명 순서가 차례대로 "제1작업", "제2작업", "제3작업", "제4작업"이 되도록 할 것

실전 모의고사 08회

수험번호 20263018 **정답파일** PART 04 실전 모의고사₩실전08회_정답.xlsx

제 1 작업 표 서식 작성 및 값 계산   240점

다음은 '소고기 부위별 판매 현황'에 대한 자료이다. 자료를 입력하고 조건에 맞도록 작업하시오.

출력형태

	A	B	C	D	E	F	G	H	I	J
1								결재	담당	팀장	부장
2			소고기 부위별 판매 현황								
3											
4		품목코드	부위	생산일	구분	kg당 가격	판매량(단위:kg)	납품한 시장 수	판매순위	비고
5		FVS-39	앞다리	2023-12-19	1+등급	75,600	1,294	39	(1)	(2)
6		SKR-86	앞다리	2023-12-29	2등급	52,000	4,188	73	(1)	(2)
7		ATE-38	안심	2023-12-24	1++등급	98,200	1,350	37	(1)	(2)
8		MYH-19	안심	2023-12-22	1등급	95,600	1,472	38	(1)	(2)
9		FEW-29	등심	2023-12-24	1등급	79,200	4,870	86	(1)	(2)
10		EUY-39	앞다리	2023-12-30	1++등급	73,000	3,765	71	(1)	(2)
11		TVE-68	등심	2023-12-27	2등급	66,400	5,760	98	(1)	(2)
12		MTT-92	등심	2023-12-24	1+등급	88,700	3,240	56	(1)	(2)
13		kg당 최고 가격			(3)		앞다리 부위 판매량(단위:kg) 합계			(5)
14		등심 부위 납품한 시장 수 평균			(4)		품목코드	FVS-39	생산일	(6)
15										

조건

- 모든 데이터의 서식에는 글꼴(굴림, 11pt), 정렬은 숫자 및 회계 서식은 오른쪽 정렬, 나머지 서식은 가운데 정렬로 작성하며 예외적인 것은 ≪출력형태≫를 참조하시오.
- 제목 ⇒ 도형(배지)과 그림자(오프셋 오른쪽)를 이용하여 작성하고 "소고기 부위별 판매 현황"을 입력한 후 다음 서식을 적용하시오(글꼴 – 굴림, 24pt, 검정, 굵게, 채우기 – 노랑).
- 임의의 셀에 결재란을 작성하여 그림으로 복사 기능을 이용하여 붙이기 하시오(단, 원본 삭제).
- 「B4:J4, G14, I14」 영역은 '주황'으로 채우기 하시오.
- 유효성 검사를 이용하여 「H14」 셀에 품목코드(「B5:B12」 영역)가 선택 표시되도록 하시오.
- 셀 서식 ⇒ 「F5:F12」 영역에 셀 서식을 이용하여 숫자 뒤에 '원'을 표시하시오(예 : 75,600원).
- 「F5:F12」 영역에 대해 '가격'으로 이름정의를 하시오.

(1)~(6) 셀은 반드시 <u>주어진 함수</u>를 이용하여 값을 구하시오(결과값을 직접 입력하면 해당 셀은 0점 처리됨).

(1) 판매순위 ⇒ 판매량(단위:kg)의 내림차순 순위를 구한 결과값에 '위'를 붙이시오 (RANK.EQ 함수, & 연산자)(예 : 1위).
(2) 비고 ⇒ kg당 가격이 90,000 이상이거나 판매량(단위:kg)이 5,000 이상이면 '★', 그 외에는 공백으로 구하시오 (IF, OR 함수).
(3) kg당 최고 가격 ⇒ 정의된 이름(가격)을 이용하여 구하시오(MAX 함수).
(4) 등심 부위 납품한 시장 수 평균 ⇒ (SUMIF, COUNTIF 함수)
(5) 앞다리 부위 판매량(단위:kg) 합계 ⇒ 조건은 입력데이터를 이용하시오(DSUM 함수).
(6) 생산일 ⇒ 「H14」 셀에서 선택한 품목코드에 대한 생산일을 구하시오(VLOOKUP 함수)(예 : 2024-01-01).
(7) 조건부 서식의 수식을 이용하여 납품한 시장 수가 '50' 이하인 행 전체에 다음의 서식을 적용하시오 (글꼴 : 파랑, 굵게).

제 2 작업   목표값 찾기 및 필터   80점

"제1작업" 시트의 「B4:H12」 영역을 복사하여 "제2작업" 시트의 「B2」 셀부터 모두 붙여넣기를 한 후 다음의 조건과 같이 작업하시오.

조건

(1) 목표값 찾기 – 「B11:G11」 셀을 병합하고, 가운데 맞춤한 후 "판매량(단위:kg) 전체 평균"을 입력하고, 「H11」 셀에 판매량(단위:kg) 전체 평균을 구하시오(AVERAGE 함수, 테두리).
  – '판매량(단위:kg) 전체 평균'이 '3,300'이 되려면 FVS-39의 판매량(단위:kg)이 얼마가 되어야 하는지 목표값을 구하시오.

(2) 고급필터 – 부위가 '앞다리'가 아니면서 kg당 가격이 '90,000' 이하인 자료의 품목코드, 구분, kg당 가격, 판매량(단위:kg) 데이터만 추출하시오.
  – 조건 범위 : 「B14」 셀부터 입력하시오.
  – 복사 위치 : 「B18」 셀부터 나타나도록 하시오.

제 3 작업   정렬 및 부분합   80점

"제1작업" 시트의 「B4:H12」 영역을 복사하여 "제3작업" 시트의 「B2」 셀부터 모두 붙여넣기를 한 후 다음의 조건과 같이 작업하시오.

조건

(1) 부분합 – ≪출력형태≫처럼 정렬하고, 품목코드의 개수와 판매량(단위:kg)의 평균을 구하시오.
(2) 개요【윤곽】 – 지우시오.
(3) 나머지 사항은 ≪출력형태≫에 맞게 작성하시오.

출력형태

	A	B	C	D	E	F	G	H
1								
2		품목코드	부위	생산일	구분	kg당 가격	판매량(단위:kg)	납품한 시장 수
3		FVS-39	앞다리	2023-12-19	1+등급	75,600원	1,294	39
4		SKR-86	앞다리	2023-12-29	2등급	52,000원	4,188	73
5		EUY-39	앞다리	2023-12-30	1++등급	73,000원	3,765	71
6			앞다리 평균				3,082	
7		3	앞다리 개수					
8		ATE-38	안심	2023-12-24	1++등급	98,200원	1,350	37
9		MYH-19	안심	2023-12-22	1등급	95,600원	1,472	38
10			안심 평균				1,411	
11		2	안심 개수					
12		FEW-29	등심	2023-12-24	1등급	79,200원	4,870	86
13		TVE-68	등심	2023-12-27	2등급	66,400원	5,760	98
14		MTT-92	등심	2023-12-24	1+등급	88,700원	3,240	56
15			등심 평균				4,623	
16		3	등심 개수					
17			전체 평균				3,242	
18		8	전체 개수					

제 4 작업   그래프   100점

"제1작업" 시트를 이용하여 조건에 따라 ≪출력형태≫와 같이 작업하시오.

조건	(1) 차트 종류 ⇒ 〈묶은 세로 막대형〉으로 작업하시오.
	(2) 데이터 범위 ⇒ "제1작업" 시트의 내용을 이용하여 작업하시오.
	(3) 위치 ⇒ "새 시트"로 이동하고, "제4작업"으로 시트 이름을 바꾸시오.
	(4) 차트 디자인 도구 ⇒ 레이아웃 3, 스타일 1을 선택하여 ≪출력형태≫에 맞게 작업하시오.
	(5) 영역 서식 ⇒ 차트 : 글꼴(굴림, 11pt), 채우기 효과(질감 – 파랑 박엽지)
	               그림 : 채우기(흰색, 배경1)
	(6) 제목 서식 ⇒ 차트 제목 : 글꼴(굴림, 굵게, 20pt), 채우기(흰색, 배경1), 테두리
	(7) 서식 ⇒ 판매량(단위:kg) 계열의 차트 종류를 〈표식이 있는 꺾은선형〉으로 변경한 후 보조 축으로 지정하시오.
	       계열 : ≪출력형태≫를 참조하여 표식(마름모, 크기 10)과 레이블 값을 표시하시오.
	       눈금선 : 선 스타일 – 파선
	       축 : ≪출력형태≫를 참조하시오.
	(8) 범례 ⇒ 범례명을 변경하고 ≪출력형태≫를 참조하시오.
	(9) 도형 ⇒ '모서리가 둥근 사각형 설명선'을 삽입한 후 ≪출력형태≫와 같이 내용을 입력하시오.
	(10) 나머지 사항은 ≪출력형태≫에 맞게 작성하시오.

출력형태	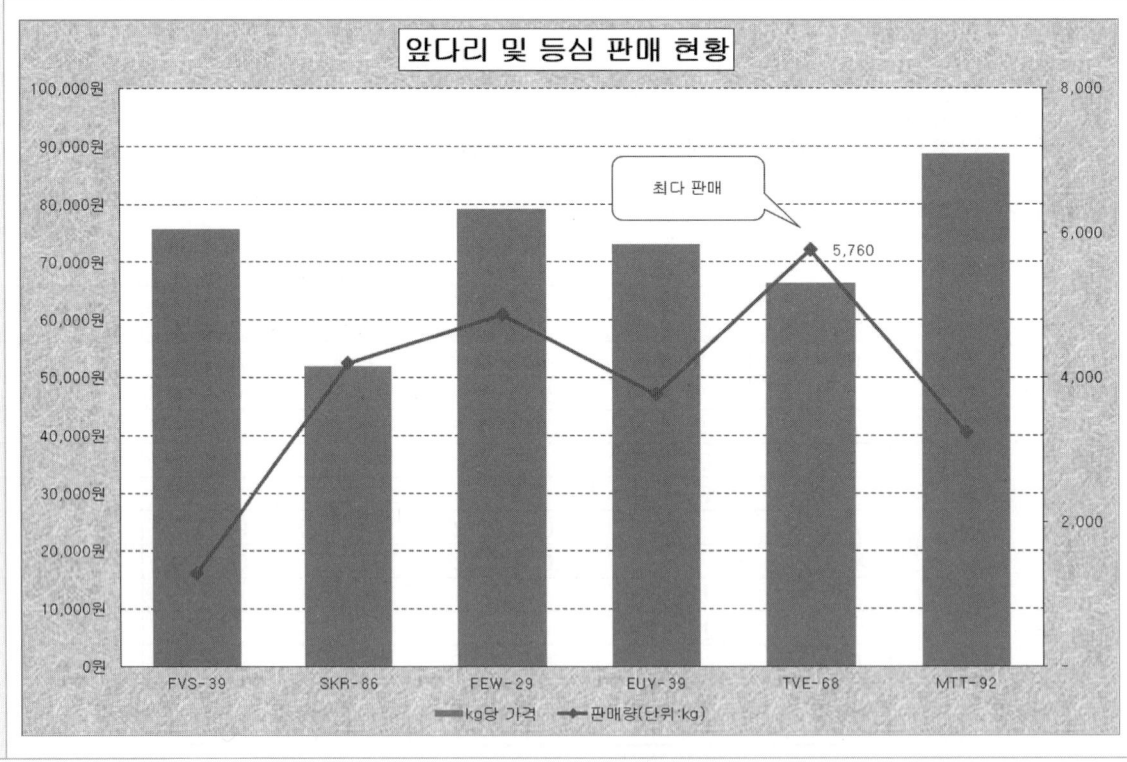

주의   시트명 순서가 차례대로 "제1작업", "제2작업", "제3작업", "제4작업"이 되도록 할 것

실전 모의고사 09회

수험번호 20263019 **정답파일** PART 04 실전 모의고사₩실전09회_정답.xlsx

제1작업 표 서식 작성 및 값 계산   240점

다음은 '2023년 하반기 아카데미 강좌'에 대한 자료이다. 자료를 입력하고 조건에 맞도록 작업하시오.

출력형태

	A	B	C	D	E	F	G	H	I	J
1								확인	사원	팀장	부장
2			2023년 하반기 아카데미 강좌								
3											
4		강좌코드	강좌명	대상	강사명	개강일	인원수	교육비(단위:원)	진행요일	개강월
5		HS-212	습지야 고마워	초등학생	최승희	2023-10-02	35	317,000	(1)	(2)
6		TW-543	좋은부모	일반인	이연아	2023-11-07	32	439,000	(1)	(2)
7		FE-761	낭만 통기타	초등학생	조승연	2023-12-09	25	344,000	(1)	(2)
8		FP-122	야생화 자수	일반인	기지우	2023-10-02	41	360,000	(1)	(2)
9		LE-633	미술전문강사	대학생	박지율	2023-11-03	26	425,000	(1)	(2)
10		NY-822	한국화	초등학생	김현정	2023-12-01	31	432,000	(1)	(2)
11		BT-263	커피와 핸드드립	대학생	박윤비	2023-12-04	43	300,000	(1)	(2)
12		FE-367	글라스 아트	대학생	김수연	2023-11-02	33	325,000	(1)	(2)
13		초등학생 평균 교육비(단위:원)			(3)			최대 인원수			(5)
14		전체 교육비(단위:원) 합계			(4)			강좌코드	HS-212	교육비(단위:원)	(6)

조건
- 모든 데이터의 서식에는 글꼴(굴림, 11pt), 정렬은 숫자 및 회계 서식은 오른쪽 정렬, 나머지 서식은 가운데 정렬로 작성하며 예외적인 것은 ≪출력형태≫를 참조하시오.
- 제목 ⇒ 도형(사다리꼴)과 그림자(오프셋 오른쪽)를 이용하여 작성하고 "2023년 하반기 아카데미 강좌"를 입력한 후 다음 서식을 적용하시오(글꼴 – 굴림, 24pt, 검정, 굵게, 채우기 – 노랑).
- 임의의 셀에 결재란을 작성하여 그림으로 복사 기능을 이용하여 붙이기 하시오(단, 원본 삭제).
- 「B4:J4, G14, I14」 영역은 '주황'으로 채우기 하시오.
- 유효성 검사를 이용하여 「H14」 셀에 강좌코드(「B5:B12」 영역)가 선택 표시되도록 하시오.
- 셀 서식 ⇒ 「G5:G12」 영역에 셀 서식을 이용하여 숫자 뒤에 '명'을 표시하시오(예 : 35명).
- 「G5:G12」 영역에 대해 '인원수'로 이름정의를 하시오.

(1)~(6) 셀은 반드시 주어진 함수를 이용하여 값을 구하시오(결과값을 직접 입력하면 해당 셀은 0점 처리됨).

(1) 진행요일 ⇒ 개강일에 대한 요일을 예와 같이 구하시오(CHOOSE, WEEKDAY 함수)(예 : 월요일).
(2) 개강월 ⇒ 개강일의 월을 추출한 결과값 뒤에 '월'을 붙이시오(MONTH 함수, & 연산자)(예 : 1월).
(3) 초등학생 평균 교육비(단위:원) ⇒ 조건은 입력데이터를 이용하고, 버림하여 천원 단위로 구하시오 (ROUNDDOWN, DAVERAGE 함수)(예 : 327,656 → 327,000).
(4) 전체 교육비(단위:원) 합계 ⇒ 「인원수×교육비(단위:원)」의 전체 합계를 구하시오(SUMPRODUCT 함수).
(5) 최대 인원수 ⇒ 정의된 이름(인원수)을 이용하여 구하시오(MAX 함수).
(6) 교육비(단위:원) ⇒ 「H14」 셀에서 선택한 강좌코드에 대한 '교육비(단위:원)'를 구하시오(VLOOKUP 함수).
(7) 조건부 서식의 수식을 이용하여 인원수가 '40' 이상인 행 전체에 다음의 서식을 적용하시오(글꼴 : 파랑, 굵게).

제 2 작업 | 필터 및 서식 (80점)

"제1작업" 시트의 「B4:H12」 영역을 복사하여 "제2작업" 시트의 「B2」 셀부터 모두 붙여넣기를 한 후 다음의 조건과 같이 작업하시오.

조건

(1) 고급 필터 – 강좌코드가 'B'로 시작하거나, 교육비(단위:원)가 '400,000' 이상인 자료의 강좌코드, 강좌명, 개강일, 교육비(단위:원) 데이터만 추출하시오.
 – 조건 범위 : 「B14」 셀부터 입력하시오.
 – 복사 위치 : 「B18」 셀부터 나타나도록 하시오.
(2) 표 서식 – 고급필터의 결과셀을 채우기 없음으로 설정한 후 '표 스타일 보통 6'의 서식을 적용하시오.
 – 머리글 행, 줄무늬 행을 적용하시오.

제 3 작업 | 피벗 테이블 (80점)

"제1작업" 시트를 이용하여 "제3작업" 시트에 조건에 따라 ≪출력형태≫와 같이 작업하시오.

조건

(1) 개강일 및 대상별 강좌명의 개수와 교육비(단위:원)의 평균을 구하시오.
(2) 개강일을 그룹화하고, 대상을 ≪출력형태≫와 같이 정렬하시오.
(3) 레이블이 있는 셀 병합 및 가운데 맞춤 적용과 빈 셀은 '**'로 표시하시오.
(4) 행의 총합계는 지우고, 나머지 사항은 ≪출력형태≫에 맞게 작성하시오.

출력형태

개강일	대상 초등학생 개수:강좌명	초등학생 평균:교육비(단위:원)	일반인 개수:강좌명	일반인 평균:교육비(단위:원)	대학생 개수:강좌명	대학생 평균:교육비(단위:원)
10월	1	317,000	1	360,000	**	**
11월	**	**	1	439,000	2	375,000
12월	2	388,000	**	**	1	300,000
총합계	3	364,333	2	399,500	3	350,000

제 4 작업 | 그래프 | 100점

"제1작업" 시트를 이용하여 조건에 따라 ≪출력형태≫와 같이 작업하시오.

조건
(1) 차트 종류 ⇒ 〈묶은 세로 막대형〉으로 작업하시오.
(2) 데이터 범위 ⇒ "제1작업" 시트의 내용을 이용하여 작업하시오.
(3) 위치 ⇒ "새 시트"로 이동하고, "제4작업"으로 시트 이름을 바꾸시오.
(4) 차트 디자인 도구 ⇒ 레이아웃 3, 스타일 1을 선택하여 ≪출력형태≫에 맞게 작업하시오.
(5) 영역 서식 ⇒ 차트 : 글꼴(굴림, 11pt), 채우기 효과(질감 – 파랑 박엽지)
  그림 : 채우기(흰색, 배경1)
(6) 제목 서식 ⇒ 차트 제목 : 글꼴(굴림, 굵게, 20pt), 채우기(흰색, 배경1), 테두리
(7) 서식 ⇒ 인원수 계열의 차트 종류를 〈표식이 있는 꺾은선형〉으로 변경한 후 보조 축으로 지정하시오.
  계열 : ≪출력형태≫를 참조하여 표식(마름모, 크기 10)과 레이블 값을 표시하시오.
  눈금선 : 선 스타일 – 파선
  축 : ≪출력형태≫를 참조하시오.
(8) 범례 ⇒ 범례명을 변경하고 ≪출력형태≫를 참조하시오.
(9) 도형 ⇒ '모서리가 둥근 사각형 설명선'을 삽입한 후 ≪출력형태≫와 같이 내용을 입력하시오.
(10) 나머지 사항은 ≪출력형태≫에 맞게 작성하시오.

출력형태

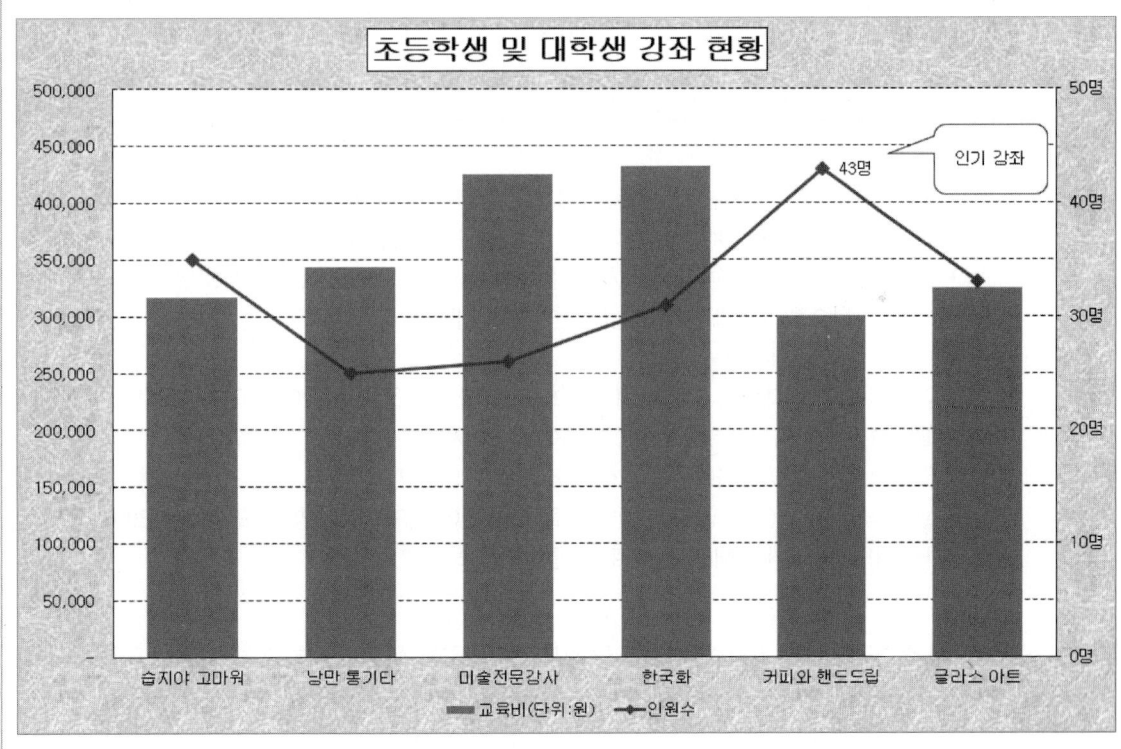

주의 시트명 순서가 차례대로 "제1작업", "제2작업", "제3작업", "제4작업"이 되도록 할 것

실전 모의고사 10회

수험번호 20263020　　**정답파일** PART 04 실전 모의고사₩실전10회_정답.xlsx

제 1 작업　표 서식 작성 및 값 계산　　240점

다음은 '평생학습센터 온라인 수강신청 현황'에 대한 자료이다. 자료를 입력하고 조건에 맞도록 작업하시오.

출력형태

수강코드	강좌명	분류	교육대상	개강날짜	신청인원	수강료(단위:원)	교육장소	신청인원 순위
CS-210	소통스피치	인문교양	성인	2023-04-03	101	60,000	(1)	(2)
SL-101	체형교정 발레	생활스포츠	청소년	2023-03-06	56	75,000	(1)	(2)
ST-211	스토리텔링 한국사	인문교양	직장인	2023-03-13	97	40,000	(1)	(2)
CE-310	어린이 영어회화	외국어	청소년	2023-04-10	87	55,000	(1)	(2)
YL-112	요가	생활스포츠	성인	2023-03-04	124	45,000	(1)	(2)
ME-312	미드로 배우는 영어	외국어	직장인	2023-03-10	78	65,000	(1)	(2)
PL-122	필라테스	생활스포츠	성인	2023-03-06	135	45,000	(1)	(2)
SU-231	자신감 UP	인문교양	청소년	2023-04-03	43	45,000	(1)	(2)
필라테스 수강료(단위:원)			(3)		최저 수강료(단위:원)			(5)
인문교양 최대 신청인원			(4)		강좌명	소통스피치	개강날짜	(6)

제목 영역에는 "평생학습센터 온라인 수강신청 현황", 확인란에는 담당/팀장/센터장.

조건

- 모든 데이터의 서식에는 글꼴(굴림, 11pt), 정렬은 숫자 및 회계 서식은 오른쪽 정렬, 나머지 서식은 가운데 정렬로 작성하며 예외적인 것은 ≪출력형태≫를 참조하시오.
- 제목 ⇒ 도형(대각선 방향의 모서리가 잘린 사각형)과 그림자(오프셋 오른쪽)를 이용하여 작성하고 "평생학습센터 온라인 수강신청 현황"을 입력한 후 다음 서식을 적용하시오(글꼴 – 굴림, 24pt, 검정, 굵게, 채우기 – 노랑).
- 임의의 셀에 결재란을 작성하여 그림으로 복사 기능을 이용하여 붙이기 하시오(단, 원본 삭제).
- 「B4:J4, G14, I14」 영역은 '주황'으로 채우기 하시오.
- 유효성 검사를 이용하여 「H14」 셀에 강좌명(「C5:C12」 영역)이 선택 표시되도록 하시오.
- 셀 서식 ⇒ 「G5:G12」 영역에 셀 서식을 이용하여 숫자 뒤에 '명'을 표시하시오(예 : 30명).
- 「H5:H12」 영역에 대해 '수강료'로 이름정의를 하시오.

(1)~(6) 셀은 반드시 주어진 함수를 이용하여 값을 구하시오(결과값을 직접 입력하면 해당 셀은 0점 처리됨).

(1) 교육장소 ⇒ 수강코드의 네 번째 글자가 1이면 '제2강의실', 2이면 '제3강의실', 3이면 '제4강의실'로 구하시오(IF, MID 함수).
(2) 신청인원 순위 ⇒ 신청인원의 내림차순 순위를 구하시오(RANK.EQ 함수).
(3) 필라테스 수강료(단위:원) ⇒ (INDEX, MATCH 함수).
(4) 인문교양 최대 신청인원 ⇒ 인문교양 강좌 중에서 최대 신청인원을 구한 후 결과값에 '명'을 붙이시오. 단, 조건은 입력데이터를 이용하시오(DMAX 함수, & 연산자)(예 : 10명).
(5) 최저 수강료(단위:원) ⇒ 정의된 이름(수강료)을 이용하여 구하시오(SMALL 함수).
(6) 개강날짜 ⇒ 「H14」 셀에서 선택한 강좌명에 대한 개강날짜를 구하시오(VLOOKUP 함수).
(7) 조건부 서식의 수식을 이용하여 신청인원이 '100' 이상인 행 전체에 다음의 서식을 적용하시오(글꼴 : 파랑, 굵게).

제 2 작업   목표값 찾기 및 필터   80점

"제1작업" 시트의 「B4:H12」 영역을 복사하여 "제2작업" 시트의 「B2」 셀부터 모두 붙여넣기를 한 후 다음의 조건과 같이 작업하시오.

조건	(1) 목표값 찾기 – 「B11:G11」 셀을 병합하고 가운데 맞춤한 후 "인문교양 신청인원 평균"을 입력하고 「H11」 셀에 인문교양 신청인원 평균을 구하시오. 단, 조건은 입력데이터를 이용하시오 (DAVERAGE 함수, 테두리).
	      – '인문교양 신청인원 평균'이 '85'가 되려면 소통스피치의 신청인원이 얼마가 되어야 하는지 목표값을 구하시오.
	 (2) 고급필터 – 교육대상이 '성인'이 아니면서, 수강료(단위:원)가 '50,000' 이상인 자료의 강좌명, 개강날짜, 신청인원, 수강료(단위:원) 데이터만 추출하시오.
	      – 조건 범위 : 「B14」 셀부터 입력하시오.
	      – 복사 위치 : 「B18」 셀부터 나타나도록 하시오.

제 3 작업   정렬 및 부분합   80점

"제1작업" 시트의 「B4:H12」 영역을 복사하여 "제3작업" 시트의 「B2」 셀부터 모두 붙여넣기를 한 후 다음의 조건과 같이 작업하시오.

조건	(1) 부분합 – 《출력형태》처럼 정렬하고, 강좌명의 개수와 신청인원의 평균을 구하시오. (2) 개요[윤곽] – 지우시오. (3) 나머지 사항은 《출력형태》에 맞게 작성하시오.

출력형태

A	B	C	D	E	F	G	H
	수강코드	강좌명	분류	교육대상	개강날짜	신청인원	수강료 (단위:원)
	CS-210	소통스피치	인문교양	성인	2023-04-03	101명	60,000
	ST-211	스토리텔링 한국사	인문교양	직장인	2023-03-13	97명	40,000
	SU-231	자신감 UP	인문교양	청소년	2023-04-03	43명	45,000
			인문교양 평균			80명	
		3	인문교양 개수				
	CE-310	어린이 영어회화	외국어	청소년	2023-04-10	87명	55,000
	ME-312	미드로 배우는 영어	외국어	직장인	2023-03-10	78명	65,000
			외국어 평균			83명	
		2	외국어 개수				
	SL-101	체형교정 발레	생활스포츠	청소년	2023-03-06	56명	75,000
	YL-112	요가	생활스포츠	성인	2023-03-04	124명	45,000
	PL-122	필라테스	생활스포츠	성인	2023-03-06	135명	45,000
			생활스포츠 평균			105명	
		3	생활스포츠 개수				
			전체 평균			90명	
		8	전체 개수				

제 4 작업   그래프   100점

"제1작업" 시트를 이용하여 조건에 따라 ≪출력형태≫와 같이 작업하시오.

조건
(1) 차트 종류 ⇒ 〈묶은 세로 막대형〉으로 작업하시오.
(2) 데이터 범위 ⇒ "제1작업" 시트의 내용을 이용하여 작업하시오.
(3) 위치 ⇒ "새 시트"로 이동하고, "제4작업"으로 시트 이름을 바꾸시오.
(4) 차트 디자인 도구 ⇒ 레이아웃 3, 스타일 1을 선택하여 ≪출력형태≫에 맞게 작업하시오.
(5) 영역 서식 ⇒ 차트 : 글꼴(굴림, 11pt), 채우기 효과(질감 – 분홍 박엽지)
               그림 : 채우기(흰색, 배경1)
(6) 제목 서식 ⇒ 차트 제목 : 글꼴(굴림, 굵게, 20pt), 채우기(흰색, 배경1), 테두리
(7) 서식 ⇒ 신청인원 계열의 차트 종류를 〈표식이 있는 꺾은선형〉으로 변경한 후 보조 축으로 지정하시오.
        계열 : ≪출력형태≫를 참조하여 표식(세모, 크기 10)과 레이블 값을 표시하시오.
        눈금선 : 선 스타일 – 파선
        축 : ≪출력형태≫를 참조하시오.
(8) 범례 ⇒ 범례명을 변경하고 ≪출력형태≫를 참조하시오.
(9) 도형 ⇒ '모서리가 둥근 사각형 설명선'을 삽입한 후 ≪출력형태≫와 같이 내용을 입력하시오.
(10) 나머지 사항은 ≪출력형태≫에 맞게 작성하시오.

출력형태

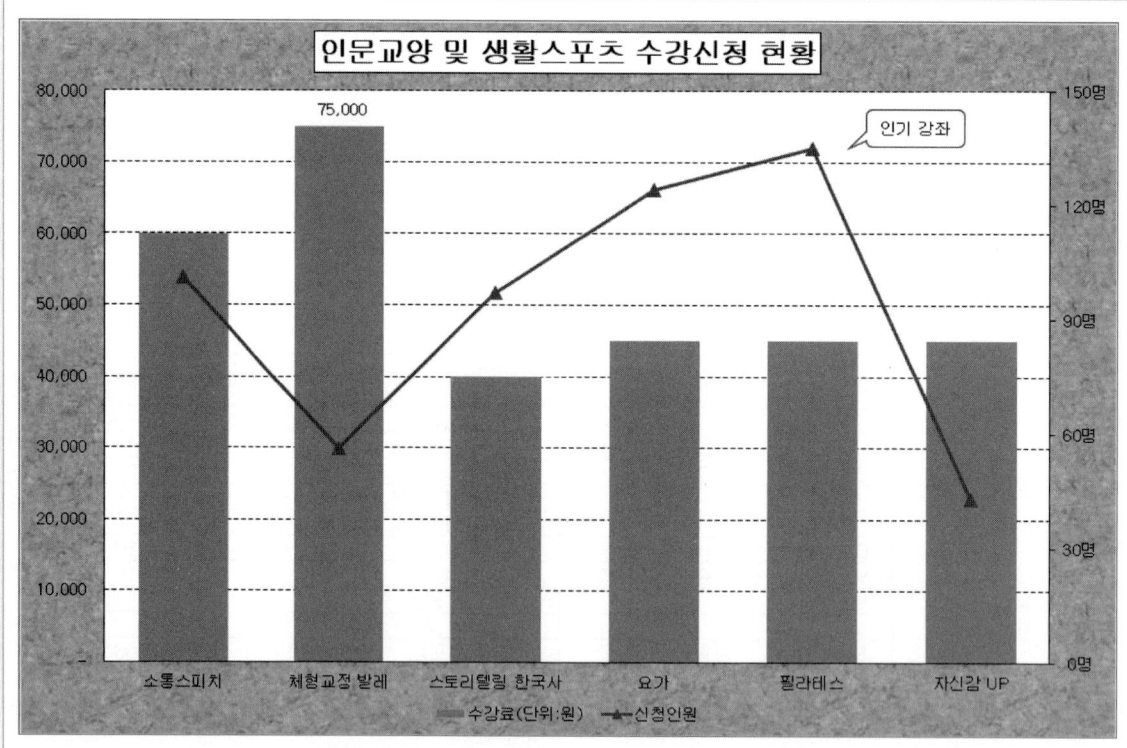

주의) 시트명 순서가 차례대로 "제1작업", "제2작업", "제3작업", "제4작업"이 되도록 할 것

MEMO

MEMO

MEMO

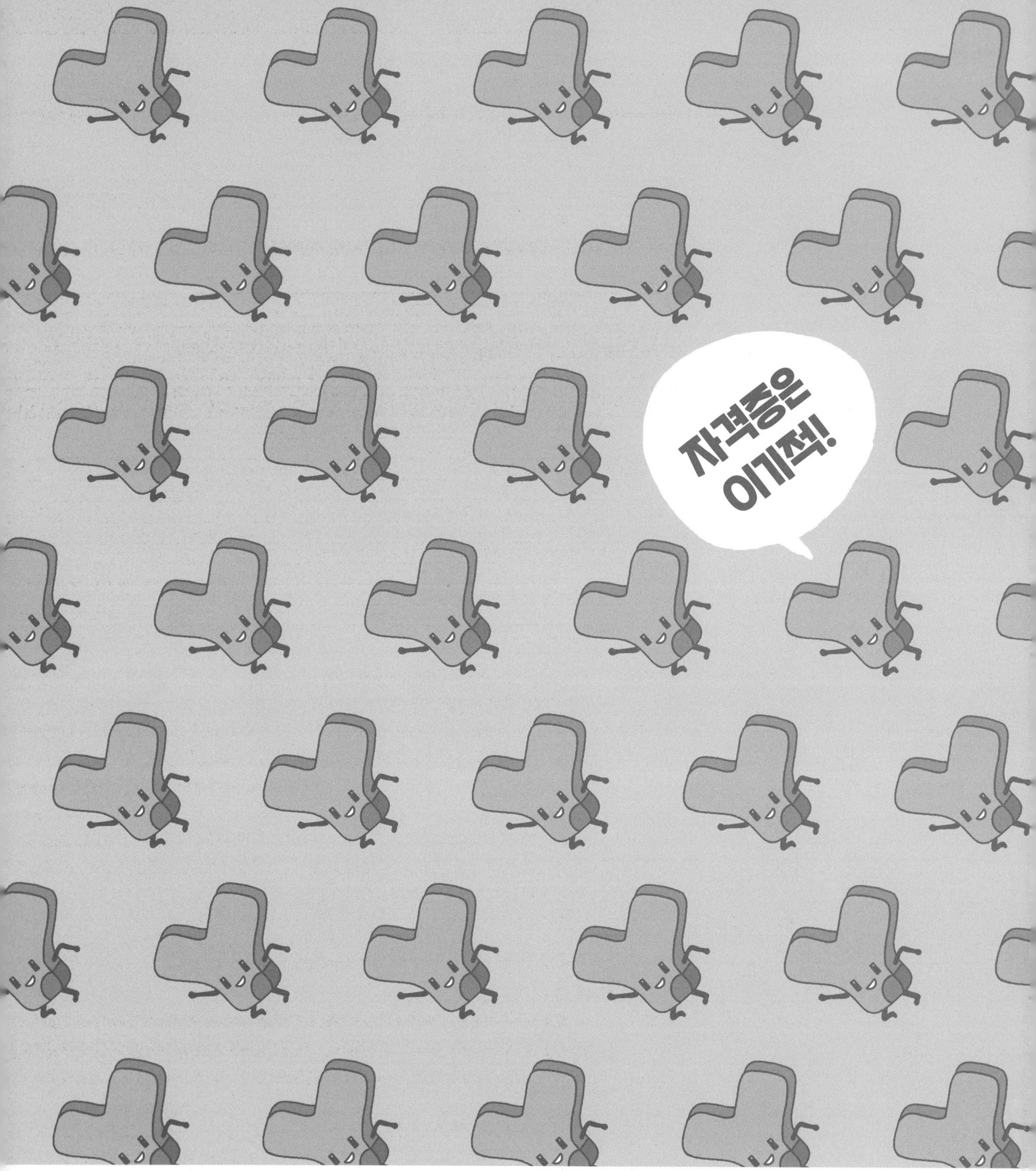